浙江大学董氏文史哲研究奖励基金资助
中央高校基本科研业务费专项资金资助

Research on Financial
Management of the Joint
Board of the Four Government
Banks (1937-1948)

四联总处
金融管理研究

（1937—1948）

尤云弟 著

浙江大学出版社
ZHEJIANG UNIVERSITY PRESS

序　言

　　尤云弟博士的专著《四联总处金融管理研究(1937—1948)》一书即将付梓。这部将近 36 万字的书稿,是在她的博士论文的基础上进行修订补充,前后历时六年,是研究四联总处的新作。作为抗战时期及战后最高金融管理机构,四联总处是研究国民政府战时及战后金融政策不可忽视的对象。这部书稿对金融管理的研究,不仅涉及金融政策文本,而且包括金融政策的实施与调整。作者分析了四联总处在中央银行和财政部金融管理政策的制订、实施过程中的作用,同时也论述了四联总处及其附设机构、在各地的分支处参与金融管理的基本情况。总体来看,这部书稿对于拓展中国近代经济史和金融史的研究领域和深化研究层次,有着重要的学术意义和实际意义。

　　金融是经济的血脉,在社会经济演进的过程中有着极为重要的地位和作用。近代中国金融的发展演变,有着与西方金融不同的内容和特点,呈现丰富的面相。特别是抗战时期,国内外局势发生大变动,国民政府急需掌控中央与地方多股金融力量,统制金融力量来应对战时之需。于是四联总处应运而生。以四联总处为渠道,大力推动国民政府金融体制向战时转型,而战时金融体制对于国民政府加强在经济、政治甚至军事诸领域的掌控力,无疑是非常重要的。

　　应当指出,尤云弟在复旦大学历史系攻读博士学位期间,得到了诸多老师的帮助和指导,曾赴台湾地区从事有关的学术调研和交流,并在美国耶鲁大学留学一年,进行大量的相关境外资料的收集、整理和研究工作,并且参与了中国金融史、经济史方面的多次学术会议,既开拓了学术视野,还有幸得到了诸多相关领域的专家学者的指教。上述获益,在这部书稿中得到了体现:全书结构合理,层次分明,加以新颖的专题式章节,印证丰富的中英文史料,系统论述了四联总处金融管理的历史演进及深层动因,评析金融管理的执行效果,总结近代中国金融管理的历史经验。

　　这部书稿凝聚了作者攻读博士学位期间和获得学位之后不止步的艰辛和努

力,但也有不足和缺陷之处,如对四联总处与中中交农四行的关系论述比较少;对与四联总处直接相关的金融人士群体、国际外交、盟国援助等复杂问题没有涉及;对四联总处金融监管机制的研究有待深入;对国外学者相关研究进展关注不够等等。作为尤云弟攻读博士学位的导师,我很乐意为这本书作序,希望把自己了解的情况与读者分享,同时更是希望尤云弟博士不止歇相关的研究努力,弥补这些缺憾,以更优秀的成果回报学界和广大读者。

吴景平
2019 年 1 月于复旦大学光华楼

目　　录

绪　论 ……………………………………………………………………（1）

　　一、问题缘起 …………………………………………………………（1）

　　二、研究回顾 …………………………………………………………（6）

　　三、资料介绍 …………………………………………………………（9）

　　四、篇章结构 ………………………………………………………（11）

第一章　四联总处历史沿革及体制变动 ……………………………（14）

　　第一节　四联总处的历史沿革 ……………………………………（14）

　　　　一、从初建到第一次改组 ……………………………………（14）

　　　　二、四联总处第二次改组 ……………………………………（22）

　　　　三、四联总处第三次改组 ……………………………………（27）

　　　　四、四联总处的存废讨论与撤销 ……………………………（30）

　　第二节　四联总处组织系统变动与经费来源 ……………………（38）

　　　　一、组织系统的变动比较 ……………………………………（38）

　　　　二、四联总处经费与薪酬 ……………………………………（44）

　　第三节　四联总处理事会议的人事变动与议案工作 ……………（48）

　　　　一、理事会议的设置与职能 …………………………………（48）

　　　　二、理事会高层人事的变动 …………………………………（53）

　　　　三、四联总处秘书长变更 ……………………………………（60）

　　　　四、理事会议议案工作 ………………………………………（62）

　　第四节　四联总处附设职能单位变更 ……………………………（73）

一、战时金融经济委员会的变更 …………………………………（73）

二、四联总处各地分支处的演变 …………………………………（79）

本章小结 …………………………………………………………（87）

第二章　从全面抗战初期到四行专业化前的四联总处金融管理 …………（89）

第一节　调节发行、安定金融 ……………………………………（89）

一、全面抗战初期的通货膨胀 ……………………………………（89）

二、四联总处应对币制不统一 ……………………………………（93）

三、四联总处推行银行本票和调剂钞券 …………………………（96）

第二节　四联总处贴放政策与实践 ………………………………（105）

一、四行联合贴放的展开 …………………………………………（105）

二、贴放运作方式的演进 …………………………………………（109）

三、贴放举措的得失评价 …………………………………………（119）

第三节　四联总处收兑金银工作 …………………………………（125）

一、收兑金银处的成立与政策 ……………………………………（125）

二、收兑金银处的撤销 ……………………………………………（135）

本章小结 …………………………………………………………（137）

第三章　从四行专业化到抗战胜利的四联总处金融管理 ……………（139）

第一节　四联总处贴放业务的专业分工 …………………………（139）

一、四行专业化的实行 ……………………………………………（139）

二、四联总处贴放工农矿业的成效 ………………………………（145）

第二节　四联总处与钞券发行 ……………………………………（150）

一、四联总处与统一发行 …………………………………………（150）

二、四联总处调整钞券印制运储 …………………………………（158）

三、应对集中发钞后的资金供应 …………………………………（160）

第三节　划一金融行政政策 ………………………………………（165）

一、划一人事制度 …………………………………………………（165）

二、划一会计制度 …………………………………………………（170）

　　　三、推行银行实务制度 ·················· （173）

　　　四、四行金融网的设置 ·················· （174）

　第四节　控制通货——以大小券为例·········· （180）

　　　一、大小券问题的出现及演变 ············ （180）

　　　二、大小券补救与比例搭配 ·············· （182）

　第五节　四联总处管理外汇与办理侨汇·········· （191）

　　　一、四联总处审核管理外汇 ·············· （191）

　　　二、央行统一管理四行外汇 ·············· （195）

　　　三、四联总处办理侨汇的困难及补救 ········ （197）

　本章小结··································· （209）

第四章　战后复员时期的四联总处金融管理·········· （211）

　第一节　四联总处参与战后金融复员·········· （211）

　　　一、开展战后金融复员 ·················· （211）

　　　二、机构和人事经费调整 ················ （215）

　　　三、四联总处参与钞券供应与本票管理 ······ （220）

　第二节　四联总处贷放款工作·················· （224）

　　　一、贷放款方针与机构的改变 ············ （224）

　　　二、贷放款工作的开展与成效 ············ （229）

　　　三、贷放款政策的紧缩与停止 ············ （232）

　第三节　四联总处督导行局的职权与角色定位·········· （236）

　　　一、四联总处督导行局的职权范围 ·········· （236）

　　　二、四联总处的角色定位 ················ （239）

　本章小结··································· （242）

结　语··································· （244）

　　　一、四联总处金融管理述评 ·············· （244）

　　　二、四联总处与四行关系分析 ············ （246）

　　　三、四联总处与蒋介石关系分析 ·········· （250）

四联总处大事记……………………………………………………（253）

参考文献……………………………………………………………（279）

后　记………………………………………………………………（286）

图表目录

图 1-1 1938 年 3 月迁渝之后的四联总处组织系统 ……………………（39）

图 1-2 1939 年 9 月第一次改组后的四联总处组织系统 ……………（40）

图 1-3 1942 年 9 月第二次改组后的四联总处组织系统 ……………（41）

图 1-4 1945 年 12 月第三次改组后的四联总处组织系统 …………（43）

图 1-5 1939 年至 1946 年底年度经常费临时费支出总数比较 ……（45）

图 1-6 1946 年经常费和临时费用支出情形比较 …………………（46）

图 1-7 1939 年至 1948 年四联总处理事会议举行会议次数比较 …（52）

图 1-8 秘书处邀请许性初参加四联总处第 86 次理事会议邀请帖 ………（58）

图 1-9 1939—1948 年度四联总处理事会议案件数比较图 …………（63）

图 1-10 1939—1948 年度四联总处理事会议案工作分类图 ………（71）

图 1-11 1939—1948 年度四联总处理事会贴放议案件数变化图 …………（72）

图 1-12 1940 年四联总处各地分支处组织系统 ……………………（81）

图 1-13 1943 年四联总处各地分支处组织系统 ……………………（83）

图 1-14 1946 年四联总处各地分支处组织系统 ……………………（86）

图 2-1 1940—1941 年重庆物价指数比较 …………………………（91）

图 2-2 1939 年度全国分区域收兑金类数量比较 …………………（129）

图 3-3 1939—1945 年度中国银行吸收侨汇收入折合国币总额比较 ……（207）

图 3-4 1940—1945 年度中国银行经收侨汇外币英镑数额 …………（208）

图 3-5 1940—1945 年度中国银行经收侨汇外币美元数额 …………（208）

表 1-1　1939 年至 1946 年底年度经常费临时费支出数额 ……………… （45）

表 1-2　1939—1948 年度四联总处理事会议案工作分类 ……………… （71）

表 1-3　1939—1948 年度议案总件数与贴放议案件数比较 …………… （72）

表 2-1　1939 年 10 月至 1943 年 11 月四联总处放款数额比较 ……… （118）

表 2-2　1940 年 3 月四行收兑金银折合国币数额简明报告 …………… （130）

表 2-3　1940 年 3 月四行实收兑金银数量及折合国币数额行别比较 … （131）

表 3-1　1939—1945 年四行及中央银行发行数比较 …………………… （154）

表 3-2　1942 年 5 亿美元借款的不同用途和获得日期记录 …………… （156）

表 3-3　1939—1945 年中国银行吸收侨汇收入折合国币总额统计 …… （206）

表 4-1　1946 年以来各行局在各地增设裁撤行处地点统计表 ………… （216）

表 4-2　1946 年以来各行局在各地增设裁撤行处地点全国分布统计 … （217）

表 4-3　复员以前与 1946 年年底四行二局员额变动比较 …………… （218）

表 4-4　1945 年 10 月—1946 年 1 月各行局派往收复区人员及运送钞券数量

………………………………………………………………… （221）

表 4-5　1945 年 9 月预定三行两局发行定额本票数额和面额种类比例比较

………………………………………………………………… （223）

表 4-6　1947 年 1—11 月四联总处核定放款笔数和数额 …………… （230）

表 4-7　1947 年 1—11 月四联总处核定放款对象分类 ……………… （231）

表 4-8　1947 年 1—11 月四联总处放款地域分布表 ………………… （232）

绪　　论

一、问题缘起

1937年全面抗战爆发后,国民政府为集中金融力量、安定国家金融市场,设置中央银行、中国银行、交通银行、中国农民银行四银行联合办事总处,简称"四联总处"。从1937年8月成立四行联合办事处到1939年9月第一次改组正式成立四联总处,再到1948年10月四联总处撤销,历时十余年,曾经三次改组,四易其址。初创时,它只是一个临时联络办事机构,至1939年9月第一次改组后,成为国民政府的经济金融中枢决策机构,具有举足轻重的地位,发挥过特殊而重大的作用,对国民政府金融管理产生过重大影响。精深研究四联总处对研究抗战时期乃至战后时期的金融管理具有深远的理论价值和实际意义。这既是国民政府经济史的重点研究时段,也是一部完整的近代中国经济史不可缺少的部分。因此,研究国民政府四联总处的金融管理具有非常重要的学术价值和现实意义。

本书研究对象是四联总处及其金融管理。四联总处[①]即中央银行(以下简

[①]　四联总处的英文译名,尚未有学者统一指出。笔者在史料中已发现多种英文译法。比如《北华捷报》(*The North-China Herald*,October 18th,1939,p. 90)报道四联总处于重庆成立的新闻标题是Joint Administration of Four Government Banks。孔祥熙在《抗战五年来的中国金融》(*China's finances in five years of war*,p. 26,Hoover Institution,Stanford University,Arthur N. Young Collection,Box75.)中提到在四联总处(The Four Government Banks Joint Administration)的推动下,全国节约建国储蓄形成全国范围内的积极运动。杨格致蒋介石的《中国财政及经济政策》呈文(*China's Financial and Economic Policies*,1947年12月5日,蒋中正总统档案,台北"国史馆"藏,档号002-080106-00042-008-013a)提及管制集中银行存款和钞券问题的管制移归四联总处(the Four Bank Joint Committee)办理。张嘉璈(Chang Kia-ngau,*The inflationary spiral: the experience in China*1939—1950,Massachusetts Cambridge:The MIT Press,1958,p. 187)论述1937—1945年政府、商业和私人银行存款统计表中采用四联总处(The Joint Board of Administration of Government Banks)数据。笔者在台湾"国史馆"藏"外交部档案"(《函请代为搜集英德两国战时统制经济等法规计划材料由》1940年9月28日。"外交部档案",台北"国史馆"新店藏原件,入藏登录号020000038544A)发现四联总处公布的英文通信为Joint Board of the Four Government Banks。鉴于此,笔者认为学术界将四联总处的英文统一译为Joint Board of the Four Government Banks为妥。

称"央行"）、中国银行（以下简称"中行"）、交通银行（以下简称"交行"）、中国农民银行（以下简称"农行"）四家银行（以下简称"中中交农"或"四行"）联合办事总处。实际上，四联总处督导范围包括"四行二局一库"。"二局"包括邮政储金汇业局、中央信托局。"一库"指 1946 年中央合作金库纳入四联总处金融管理范围。下文主要说明"四行"金融格局、"四联总处"、"金融管理"概念，以便理解。

首先，阐释"四行"金融格局。"四行"包括中央银行、中国银行、交通银行、中国农民银行四家国家银行。国民政府构建的"四行"金融格局，奠定了创建四联总处的金融基础。

1937 年"七七"事变后，全面抗战爆发。全国政治、经济、军事等被迫转入战时状态。"八一三"淞沪会战爆发后，沿海地区社会陷入不安。特别是全国金融中心上海的情况非常不稳定。为防止金融市场的剧烈动荡，国民政府成立四联总处来安定金融、稳定社会。那么国民政府为何能够此时针对金融时局快速做出决策和安排，来处理金融动荡不安的局面？这与全面抗战爆发前金融市场形成的"四行"金融格局息息相关。蒋介石正是利用四行的现有金融格局，实施其金融统制思想，从而初步创立四联总处。

早在 1935 年至 1937 年之间蒋介石对金融问题关注甚多，不断酝酿与策划统制中国金融的方案。1935 年初，蒋介石认为当时国家"财政困难，白银紧张，经济困穷"。[1] 1934 年各业总结账时候，中央银行、中国银行、交通银行（简称"中中交"）三家银行"特放巨款维持金融"。[2] 中中交三行是金融界的重要力量。整个中国经济、金融界对于三行的依赖程度极深，连军事也离不开金融力量。1935 年 2 月 15 日，蒋介石给孔祥熙发电报说："四川与贵州中央银行应从速赶设。则金融力量必可倍增。而补助解款等事。亦可解决中央部队已到重庆与贵阳。故不患不能保护与发展。"[3]蒋介石已意识到内陆地区各地设立各级金融机构的重要性和紧迫性。此事极好地验证了后来四联总处的重要任务之一是筹设"全国金融网"。到了 2 月 28 日，蒋介石在当月反省录中写到"中央以统制金融与统一

---

① 高明芳编注:《蒋中正总统档案·事略稿本》(1935 年 1 月—2 月)第 29 册,1 月反省录,台北"国史馆"2007 年版,第 193 页。

② 高明芳编注:《蒋中正总统档案·事略稿本》(1935 年 1 月—2 月)第 29 册,2 月 3 日,台北"国史馆"2007 年版,第 262 页。

③ 高明芳编注:《蒋中正总统档案·事略稿本》(1935 年 1 月—2 月)第 29 册,2 月 15 日,台北"国史馆"2007 年版,第 376—377 页。

币制为财政之命脉,此策或亦不误也"。① 由此可见,蒋介石对于统制金融力量颇多考量,伺机统筹金融力量并服务于军事。

1935 年 4 月,国民政府对中国银行和交通银行进行增资改组。中国银行新增官股 1500 万元,官股占其资本的 50%;交通银行新增官股 1000 万元,官股占其资本的 60%。经营中国银行多年的张嘉璈对此十分不满。蒋介石则不以为然,认为这次中交二行通过公债增加资本达到统一金融,"此为财政之策第一步之实施"。② 认为"而张公权(指张嘉璈——引者注)等竟从中作梗,余当切请中央,坚持到底"。③ 于是致电孙科院长,"此事不仅为本党成败所系,亦即为能否造成现代国家组织之一生死关键。请兄一致主张。贯澈到底。垂危党国或有一线之光明也"。④ 这次中交二行改组中,张嘉璈和李馥荪皆被动辞职,由宋子文任中国银行董事长,宋汉章任总经理。同时,国民政府把豫、鄂、皖、赣四省农民银行改组为中国农民银行,资本为 1000 万元,理事会主席为蒋介石、董事长为孔祥熙。

此时,中央银行改组也在紧锣密鼓进行中。1935 年国民党中央政治会议第 449 次、450 次、452 次会议,连续 3 次讨论中央银行监事人选变动和增资问题⑤,特任孔祥熙为中央银行总裁。1935 年 5 月 9 日,立法院会议通过《中央银行法》,全文凡 7 章共 36 条。其中第 3 章讲到"四总行事务得酌设局处办理"。⑥ 以中央银行法的形式对外透露设置总机构管理四行的设想。1935 年 5 月 23 日《中央银行法》公布施行,中央银行增资为 1 亿元股本,由国库拨足。⑦ 这次中中交三行改组,被蒋介石高度评价为"统制中央、中国与交通三银行之金融,此为最大之成功也"。⑧ 后来中国农民银行总行由汉口迁往上海,标志着中央银行、中国银行、交通银行、中国农民银行四大政府银行体系正式形成。政府实行金融统

---

①　《蒋介石日记》(手稿),1935 年 2 月 28 日本月反省录。

②　《蒋介石日记》(手稿),1935 年 3 月 23 日本周反省录。

③　《困勉记》1935 年 3 月 22 日,黄自进,潘光哲编:《蒋中正总统五记》,台北"国史馆"2011 年版,第 443 页。

④　高素兰编注:《蒋中正总统档案·事略稿本》(1935 年 3 月—4 月)第 30 册,3 月 22 日,新店市"国史馆"2008 年版,第 173 页。

⑤　洪葭管主编:《中央银行史料(1928.11—1949.5)》上卷,中国金融出版社 2005 年版,第 233—234 页。

⑥　高素兰编注:《蒋中正总统档案·事略稿本》(1935 年 5 月—7 月上)第 31 册,5 月 9 日,新店市"国史馆"2008 年版,第 46 页。

⑦　《中央银行法》,《银行周报》第 19 卷第 18 期,1935 年 5 月 14 日。

⑧　《蒋介石日记》(手稿),1935 年 3 月 31 日。

制的基础已基本具备。

抗战全面爆发后,国民政府为健全内地经济组织充实抗战力量,积极筹备中央银行向中央储备银行(Central Reserve Bank)[1]转制。从中央银行着手的原因在于自 1928 年至 1935 年末,中央银行手里的 40700 万元借款、贴现、透支和证券的大部分是供财政部和政府其他机关垫款或借支的。国民政府在今后相当一段时间内,继续向中央银行借贷。[2] 1935 年 11 月 3 日,财政部部长孔祥熙发表关于货币改革的声明,表示:国有的中央银行将改组成中央储备银行,将是一个独立机构,来保障国家货币的稳定。中央储备银行将保证银行体系的储备,且不会参与一般意义上的商业行为,两年后将享有唯一的货币发行权。[3] 1936 年,孔祥熙专门指派一个专家委员会负责此事。此时筹备的中央储备银行体制,结合了外国财政顾问和本国金融专家商讨的意见,较为完备且与国际接轨。1937 年6 月 25 日,立法院批准通过了修改后的中央储备银行方案,其中包括详细的过渡措施等。旋因"七七"事变发生,央行改组为中央储备银行的方案不得不搁置。[4] 而这一机构的设想证实对后来依据《战时健全中央金融机构办法》组建的"四联总处"有所影响。1942 年 5 月,国民党五届十中全会工作报告书中明确指出"惟原定中央银行应完成中央储备银行制度之主旨迄未变更,并随时随事督促向此目标迈进。至中国、交通及中国农民三行应各依条例所规定之职权及业务分别发展,经于《战时健全中央金融机构办法》纲要内明白规定"。[5] 验证了后来四联总处加强四行专业化和提升中央银行的地位及职权方面所做的工作。可以说这次中央储备银行的筹备影响深远,透露出中央政府统制管理四行的明确想法。

1935 年 11 月,国民政府宣布施行法币政策,由中央、中国、交通三大政府银行

---

① 应译为中央储备银行。见《中央社来函》,《申报》,1937 年 3 月 26 日。提及"中政会通过中央准备银行草案"中"该行名称已改为中央储备银行。储字误写'准'字,乞予更正为荷"。

② Arthur Nichols Young, *China's Nation － Building Ef fort* 1927 － 1937: *The Financial and Economic Record* (Hoover Institution Press, Stanford University, 1971), p. 274.

③ Frank M. Tamagna, *Banking And Finance In China* (New York: Institute of Public Relations, 1942), p. 219.

④ Arthur Nichols Young, *China's Nation － Building Ef fort* 1927 － 1937: *The Financial and Economic Record* (Hoover Institution Press, Stanford University, 1971), pp. 273－276.

⑤ 洪葭管主编:《中央银行史料(1928.11—1949.5)》上卷,中国金融出版社 2005 年版,第464 页。

独享发行权和集中各商业银行的发行准备金。这种统制方式（unified control）①，大大强化了国家金融资本的垄断。中中交农四行体系的形成，为抗战全面爆发后成立四行联合贴放委员会和四行联合办事处，奠定金融格局和金融体制基础。

其次，阐释研究对象"四联总处"。四联总处的历史和机制有其演变过程。1935年蒋介石提出设置"中中交之联合机关"的观点，是创建四联总处的最初构想。1937年8月四行联合办事处成立，开始配合和协助国民政府完成从平时经济到战时经济的过渡，拉开了四联总处金融管理的序幕。此后四联总处历经三次改组。三次改组时间分别为：第一次于1939年9月8日国民政府公布《战时健全中央金融机构办法》，改组成立"四联总处"作为"金融总枢机构"，确立了蒋介石作为四联总处理事会主席的领导地位，督导四行；第二次于1942年9月1日四联总处按照国防最高委员会第85次会议通过的《中央中国交通农民四银行办事总处组织章程》修正案，实行第二次改组。孔祥熙以行政院院长的名义兼任四联总处副主席，代蒋介石管理四联总处；第三次于抗战胜利后，1945年12月1日四联总处改组，随后回迁南京。直至1948年10月四联总处被行政院撤销。随着机构的不断变动，四联总处的业务由最初的贴放为主，到涉及金融管理的诸多方面。四联分支处和四行分支行处机构网络遍布全国各地，其地位和职权非一般经济行政机关可比拟。其重要性不言而喻。尽管四联总处在1939年9月才正式改组成立，但是为了弄清四联总处历史的来龙去脉，本书在研究时限上将从最初1937年7月四行联合贴放委员会、1937年8月四行临时办事处一直延续到1948年10月四联总处被行政院撤销，研究内容皆围绕四联总处的历史沿革、体制变动和金融管理问题。

其次，界定"金融管理"。经历多次组织变动之后，四联总处的工作目标和职能范围不限于金融领域，已触及经济领域。四联总处的组织章程规定总处下设战时金融委员会分管发行、贴放、汇兑、特种储蓄、收兑金银、农业金融；战时经济委员会分管特种投资、平市、物资。事实上，四联总处的业务活动远远超过金融和经济范围。因篇幅所限，本书不可能面面俱到地涵盖四联总处的所有业务。因此笔者将着手四联总处"金融管理"部分，考察四联总处在不同阶段的金融管理的政策和实践，希望从中提炼出可资借鉴的历史经验。四联总处不仅在特殊抗战时期发挥着至关重要的统制金融作用，而且在战后复员时期仍发挥作用，直至最终撤销。为了体现历史叙述的完整性，本书"金融管理"研究对象，不仅包括

---

① 〈China to conserve currency reserve〉，*The North-China Herald*，November 6th，1935，p. 222.

政策文本层面的研究,而且包括政策在实践中得到的丰富和拓展。一方面阐释四联总处在理事会领导人蒋介石、宋子文、孔祥熙等推动下,配合中央银行和财政部,制定、出台、实施金融管理政策及绩效的变迁过程;另一方面论述四联总处及其附设机构、四联各分支处以及中中交农四行等机构实践战时及战后金融管理的具体情况。

二、研究回顾

在中国近代经济史、金融史通史类著述中,大多数将四联总处视为国民政府战时金融的重大举措进行简要论述,尚未做深入探索和分析。经济史通史类著作如张宪文主编《中华民国史纲》(河南人民出版社 1985 年版)简要概述四联总处的成立过程。董长芝、李帆《中国现代经济史》(东北师范大学出版社 1988 年版)对四联总处的成立、四行专业化的完成及其作用作了简要概述。李新、陈铁健主编《中国新民主革命通史》(上海人民出版社 2001 年版)第 8 卷叙述四联总处成立、机构设置与业务,指出四联总处"综理战时金融设施和经济策划,享有掌握战时金融的最高地位"。赵德馨主编、王方中著《中国经济通史》(湖南人民出版社 2002 年版)第 9 卷简要介绍四联总处的成立和机构设置,指出四联总处是"国民政府的最高金融垄断机构","国民政府设立四联总处的过程,也是扶植中央银行的过程"。金融史通史类有石毓符《中国货币金融史略》(天津人民出版社 1984 年版)叙述四联总处的设立及其业务,认为四联总处加强中央银行地位。盛慕杰等编著《中国近代金融史》(中国金融出版社 1985 年版)对四联总处的成立、四行专业化、四行贴放活动等作简明概括。另外,洪葭管《中国金融通史》第 4 卷(中国金融出版社 2008 年版)简短地提及四联总处扶植中央银行的活动。

由于四联总处是国民政府战时金融的特殊机构,不少专门研究战时金融政策的著作述及四联总处,但着墨不足。徐朝鉴等编《抗战时期西南的金融》(西南师范大学出版社 1994 年版)、李平生《烽火映方舟——抗战时期大后方经济》(广西师范大学出版社 1996 年版)侧重战时大后方西南地区的经济金融活动,特别是对贴放业务活动作了较为详细的著述。崔国华《抗日战争时期国民政府财政金融政策》(西南财经大学出版社 1995 年版)涉及四联总处几种重要金融经济政策,但不够深入。王红曼《国民政府战时金融法律制度研究 1937—1945 年》(法律出版社 2011 年版)涉及四联总处业务中有关银行监管法律的方面。中国人民银行总行金融研究所金融历史研究室《近代中国金融业管理》(人民出版社 1990

年版)逐一点评近代以来的中国重要金融机构,来展示近代中国金融业管理的状况。姜宏业用非常简短的篇幅介绍了四联总处的组织管理和业务管理,其中不乏精彩的点评和想法,但未有细节阐释。值得一提的是,易棉阳《近代中国金融监管研究》(南京大学出版社 2014 年版)在第五章抗战时期的金融监管部分提到了四联总处参与金融监管的具体活动。以金融理论和方法来研究四联总处管制金融机构、管制金融市场和管制通货膨胀,认为抗战时期金融监管所带来的收益要大于成本,保证了战时金融体系的稳定。但篇幅较少,史料大多来自 3 卷本《四联总处史料》。以上学术成果不同程度地为研究四联总处提供了很好的背景或史料参考,提供了较好的研究基础。

下面介绍以"四联总处"为研究对象进行专题研究的专著和论文。大陆学者在 20 世纪 80 年代方才起步相关选题研究。最早是 1986 年黄立人在南京召开的"民国档案与民国史"国际学术研讨会上发表《论抗战时期的四联总处》。全文通过对四联总处的产生及历史背景的考察,分析其组织机构和职能,评价四联总处的历史地位,提出四联总处是战时国统区"宏观金融、经济和微观金融、经济的结合点"的新观点,对笔者颇有启发。黄立人将这一成果整理成长达 4 万余字的《四联总处的产生、发展和衰亡》(《中国经济史研究》1991 年第 2 期)发表。洪葭管《四联总处》(《中国金融》1989 年第 4 期)和姜宏业《四联总处与金融管理》(《中国经济史研究》1989 年第 2 期)详细论述四联总处的成立、机构设置、业务范围及其战时金融管理政策。直至 1993 年 7 月重庆市档案馆、重庆市人民银行金融研究所合编《四联总处史料》(上中下 3 卷本)和 2003 年中国第二历史档案馆编《四联总处会议录》(64 册档案原件影印本)出版,学界逐渐关注四联总处研究,先后有杨菁、王红曼、刘祯贵等人的研究成果发表。学术水平有所提高,研究视角有所拓展。

现有两篇博士论文侧重于"实证"其金融经济政策及四联总处与地方经济的关系。杨菁《四联总处与抗战时期的中国金融》(1995 年南京大学博士论文)主要运用《四联总处史料》、中国第二历史档案馆档案等,从四联总处内外汇政策、贴放业务、应对通货膨胀的方面进行分析,并对四联总处管理战时金融的绩效作总体评价。遗憾的是这篇博士论文囿于史料来源不充分,没有涉及其他重要的金融管理举措。王红曼《四联总处与战时西南地区经济》(2005 年厦门大学博士论文)主要运用四联总处史料、重庆市档案馆档案、第二历史档案馆档案和民国期刊杂志等史料,从工业投资、农业投资、金融网络建设三个方面研究四联总处对西南地区的金融政策与投资策略研究,最后总结四联总处对西南地区金融、经济建设的绩效。之后她研究四联总处与战时银行监管的问题,并发表了一系列成果。① 该成果尚未从国民政府层面的视角来分析四联总处金融管理政策如何产生与出台的决策过程。

此外,已发表的期刊论文侧重于研究四联总处的某一个问题。伍野春、阮荣《蒋介石与四联总处》(《民国档案》2001 年第 4 期)通过分析四联总处和财政部档案中蒋介石的手令、面谕和电报等,研究蒋介石如何通过掌控四联总处实现金融管制。在四联总处的业务方面,有不少学者研究农贷、工贷、盐贷贴放政策②。在金融货币问题上,缪明杨《抗战时期四联总处对法币流通的调控》(《档案史料与研究》1994 年第 2 期)论述四联总处如何管理战时货币。四联总处与四行二局的关系,也纳入学者研究范围。其中关注最多为四联总处与中央银行的关系,大多评价四联总处在扶植央行成为"国家的银行,银行的银行,发行的银行"中所起的推动作用③。

综观以上对四联总处的研究现状,可以得出如下特点。第一,目前对于四联总处研究专著已有问世,其中黄立人、王红曼成果贡献较为突出。由于四联总处机构庞杂、业务繁多、变动复杂,学界尚缺乏细致研究四联总处的专著。第二,专题性研究议题过于集中。四行二局中,研究中央银行的多,研究中国银行、交通银行、中国农民银行的少;研究农贷、工贷贴放的多,研究盐贷、交通贷款的少。货币问题上,研究通货膨胀问题的多,研究敌伪区、游击区和国统区之间钞票比较的少。研究时段上,涉及抗战时期的多,研究战后复员时期的少。关键人物研

---

① 王红曼:《战时四联总处侨汇处经营管理政策分析》,《贵州工业大学学报》2004 年第 1 期;《四联总处与战时西南地区的金融业》,《贵州社会科学》2005 年第 2 期;《徐柏园在"四联总处"中的经济金融思想实践》,《贵州大学学报》2006 年第 5 期;《四联总处与战时西南地区工业》,《贵州社会科学》2007 年第 1 期;《四联总处与战时西南地区的通货膨胀》,《中国社会经济史研究》2006 年第 4 期;《四联总处对战时银行机构的法律监管》,《安徽史学》2008 年第 6 期;《四联总处对战时银行内汇业务的法律监管》,《兰州学刊》2012 年第 4 期等一系列文章。《国民政府战时金融法律制度研究(1937—1945)》,法律出版社 2010 年版;《四联总处与战时西南地区经济》,复旦大学出版社 2011 年版。

② 黄立人:《论抗战时期国统区的农贷》,《近代史研究》1997 年第 6 期。值得一提刘祯贵发表了一系列农贷、盐贷、工贷等相关文章。譬如刘祯贵:《对抗日战争时期四联总处农贷政策的几点思考》,《四川师范大学学报》(社会科学版)1998 年第 2 期;刘祯贵:《试论抗日战争时期四联总处的工矿贴放政策》,《四川师范大学学报》(社会科学版)1997 年第 2 期。

③ 吴秀霞:《抗战时期国民政府中央银行体制的确立》,《山东师范大学学报》(社会科学版)2000 年第 4 期;刘慧宇:《论抗战时期国民政府中央银行金融监管职能》,《南开经济研究》2001 年第 3 期。

究上,仅出现研究四联总处理事会主席蒋介石和理事会秘书长徐柏园。许多领域有待进一步拓宽。即使现有研究成果已涉及的议题,仍存在进一步深入研究的必要。第三,史料利用单薄,细节问题缺乏多种史料的佐证。已有成果引用的史料大多限于《四联总处史料》《四联总处会议录》《四联总处重要文献汇编》及中国第二历史档案馆和重庆档案馆未刊档案。其中 64 册《四联总处会议录》有着丰富的原始档案,学者尚未充分利用。此外,已有成果尚少利用美国和台湾等地所藏的最新开放的中英文资料。第四,现有成果一般多采用定性分析,研究方法单一。缺乏深层分析四联总处金融管理政策,例如考量国民政府高层群体人物的金融决策布局战略。因此笔者在前人的研究基础上,侧重研究四联总处金融管理如何萌发、制定、部署、实践、调整等问题。同时以数据和实例支撑,加重定量分析和实例分析的阐释。第五,已有成果研究重心集中于金融管理政策的实施绩效,缺少分析政策的颁布过程中四联总处体制组织和关键人物群体研究。譬如国民政府高层领导蒋介石、孔祥熙、宋子文的金融管理思想。四联总处自身的组织体制、高层领导人事和附设机构的制度层面的研究还存在空白。

因此,20 世纪 80 年代以来的四联总处研究,不论从深度、广度还是角度来看,都给本书留下了继续研究的大量空间。

三、资料介绍

史料是历史研究的基石,历史研究必须充分地占有史料,必须建立在对史料的充分解读、分析和利用的基础上。近年来,随着史学研究的深化,一批批原始档案、文献汇编、报纸杂志、日记和回忆录等重要史料陆续整理对外开放或刊布。此外民国时期学者们关于金融管理的论著和各类报刊,银行界知名人士或其后人的回忆录,都为四联总处金融管理的问题研究提供了较为详实的史学资料和理论依据。

中国第二历史档案馆有"四联总处"全宗,约有 4630 份案卷,对此笔者已经掌握全部目录。由于中国第二历史档案馆正在对"四联总处"全宗档案进行数字化扫描,笔者无法看到档案原件,只能利用目录掌握大致情况。现行开放档案中"财政部(部分)"有 214 份案卷,"中央银行(部分)"有 532 份案卷与四联总处有关。上海市档案馆保存部分四联总处(全宗号 Q322)和四联总处沪分处近 1000 份案卷。重庆市档案馆保存四联总处和四联总处渝分处近 1200 份案卷,角度多侧重于西南经济建设研究,大部分内容涉及具体的业务个案。这些原始档案在重庆市档案馆编《四联总处史料》、中国第二历史档案馆编《四联总处会议录》、中国第二历史档案馆编《中华民国档案资料汇编》(第五辑第二编财政经济)已有涉及或重复出现。其中《四联总处史料》利用率最广,但并未被全面挖掘。由于年代久远,《四联总处史料》存在瑕疵,笔者将在本书的个别脚注中注明勘误明细。《四联总处会议录》收入了从1939年10月到1948年10月期间四联总处理事会共召开的372次理事会和若干次临时会议文件,包括议事议程(报告事项、讨论事项、临时提议事项、附件)和会议记录,全面详实地记录了四联总处金融管理的演化过程,是研究四联总处不可或缺的第一手资料。目前学者对64册《四联总处会议录》的利用率不高。这几套常用史料仍值得深入挖掘。此外一批四联总处秘书处编印的原始史料汇编①值得仔细梳理。

已有研究成果对相关的民国报纸、期刊及档案资料利用不够充分。民国时期相关金融业的报刊杂志主要有上海银行周报社《银行周报》《银行年鉴》、中国银行《中行月刊》、中央银行《中央银行月报》、交通银行总管理处《交通银行月刊》等。另外《北华捷报》《东方杂志》《申报》《大公报》等报刊有大量相关金融史料,为研究四联总处提供了较为详实的史学资料,对本书研究有着重要的启发和参考价值。

中华人民共和国成立以后整理出版的相关金融史料如《中华民国货币史资料1924—1949》第二辑(上海人民出版社1991年版)、《中华民国金融法规档案资料选编》(档案出版社1990年)、洪葭管主编《中央银行史料(1928.11—1949.5)》(中国金融出版社2005年版)、中国银行总行和中国第二历史档案馆合编《中国银行行史资料汇编》(档案出版社1991年版)、交通银行总行和中国第二历史档案馆合编的《交通银行史料》(上海人民出版社1995年版)、中国人民银行金融研究所编《中国农民银行》(中国财政经济出版社1980年)等。四家国家银行史料的整理出版,为研究四联总处的金融管理提供宝贵的史料。

除了中国第二历史档案馆、上海市档案馆、重庆市档案馆所藏的已刊未刊档案和报刊史料外,笔者利用了我国台湾地区以及美国各大高校和馆藏机构典藏的相关中国金融档案史料,这是之前研究者极少挖掘的部分。笔者于2012年

---

① 四联总处秘书处编印:《四联总处章则汇编》(1940年11月)、《四联总处三十一年度办理农业金融报告》(1942年)、《四联总处农业金融章则汇编》(1943年7月)、《四联总处投资放款章则汇编》(1943年10月)、《四联总处同人录》(1947年)、《四联总处业务章则汇编》(1947年5月)、《四联总处重要文献汇编》(1947年10月)、《四联总处文献选辑》(1948年1月)、《金融周刊》、《重要经济金融法规》、《工商调查通讯》、《经济通讯》、《现有工矿资料》。

9—11月前往"国史馆"台北馆和新店馆、台湾"中研院"近代史研究所档案馆、台湾政治大学社会科学资料中心收集史料,收集"蒋介石档案"(革命文献、特交文卷、特交文电、特交档案、事略稿本)、"国民政府档案"、"资源委员会档案"、"外交部档案"等史料。笔者于2013年7月至2014年7月在美国耶鲁大学留学期间,访问美国斯坦福大学胡佛研究院档案馆、美国国家档案馆马里兰分馆、哥伦比亚大学珍本手稿馆、哈佛燕京图书馆等机构,取得一手史料包括蒋介石日记、孔祥熙文件、张嘉璈文件、杨格文件、陈光甫文件、中国人口述历史计划等史料,挖掘其中跟本书相关的金融管理内容。目前学界利用有关四联总处的海外馆藏档案史料并不充分,给本书留下较大的研究空间。

四、篇章结构

本书在充分吸收和借鉴已有成果的基础上,尽力搜集和爬梳各种已刊及未刊档案和民国期刊资料,理清四联总处金融管理背后的人物关系、金融思想以及金融管理运行的表现,总结四联总处金融管理的历史经验。

本书分为四联总处历史沿革和体制变动、四联总处金融管理两个板块。在梳理史料的基础上,适当地运用具有代表性的实例来加强论证,更具有说服力。从而再认识和再评价四联总处金融管理的历史作用和地位。除了"绪论"及"结语",主体部分共四章:第一章研究四联总处的历史沿革及体制变动,第二章研究从抗战初期到四行专业化前的四联总处金融管理,第三章研究从四行专业化到抗战胜利的四联总处金融管理,第四章研究战后复员时期的四联总处金融管理。

第一章研究四联总处的历史沿革及体制变动。在历史沿革问题上,时间段包括1937年8月四行联合办事处初建、1939年9月四联总处创建后的三次改组及1948年存废问题讨论及撤销。与之前的研究成果梳理四联总处的历史脉络不同,本书将在史料和研究角度上有所突破。从四联总处理事会主席蒋介石着手,充分利用我国台湾地区未刊蒋介石档案、美国胡佛研究院典藏蒋介石日记、已出版的蒋中正档案事略稿本等史料,来梳理四联总处的历史沿革。在体制变动方面,论及四联总处组织系统的变动与经费来源、理事会的设置与人事变迁、附设职能单位的变迁等。这些都是前人尚未关注的议题,存在较大空白,值得研究。本书在第一章大量使用图表和数据来直观展示其中的机构、经费和选址位置变动,细致考察四联总处变迁历程。

接下来在第二章至第四章按照时间顺序研究金融管理政策。本书突破以往大多数学者习惯以三次改组时间为章节分割线的做法。第二、三章是以 1942 年 5 月"四行专业化"为时间分割线。第三、四章是以 1945 年 12 月复员时期四联总处回迁南京为时间分割线。围绕不同阶段四联总处金融管理的不同特点,本书选取典型案例佐证,使之更为直观、具有说服力。

第二章研究从全面抗战初期到四行专业化前的四联总处金融管理。这一时期即 1937 年 8 月至 1942 年 5 月正是中国抗战最艰难的阶段。而四联总处的前期运作和第一次改组,都发生在这个时间段。随着战事变动,金融管理范围有所变动。本书选取发行、贴放、收兑金银的政策来展开。选取"发行"问题,是鉴于全面抗战初期中国存在严重的通货膨胀。政府急需要调节发行、稳定金融。"贴放"政策是全面抗战初期四行贴放委员会及改组后的四联总处带动农工矿事业发展的重要举措。收兑金银是一项存在时间较短的政策,它反映了全面抗战初期政府集中力量应对战时金融困难。借助以上三个典型政策来理解全面抗战初期,四联总处如何拉开金融管理的序曲,并采取了一系列行动,收到了良好效果。

第三章研究从四行专业化到抗战胜利的四联总处金融管理。1942 年 5 月四行专业化到 1945 年 12 月间,四联总处经历 1942 年 9 月第二次改组和 1945 年 12 月第三次改组。金融政策不断调整,呈现了部分业务拓展与部分政策紧缩的特点。这一阶段四联总处、中央银行和财政部互相协作。国民政府在 1942 年 5 月实行"四行专业化"举措,达到了统制四行金融力量,提高中央银行职权的作用。四行专业化后,四联总处于 1942 年 9 月实行第二次改组,在业务和政策上调整。紧缩部分体现于中央银行集中发钞权和外汇管制,四联总处配合央行和财政部。至于拓展部分,四联总处贷放的企业数目、布局、贷放金额增加,深入拓展统一金融行政问题。也就是说,四联总处把一部分职权交给中央银行;专心拓展原先的贴放和统一金融行政问题。尽管如此,四联总处在顾全大局和完善中央银行制度方面,做出了退让和配合,但没有降低其影响力。

第四章关注在战后复员的大背景下四联总处 1945 年 12 月回迁南京后的金融管理。此时,四联总处的存在地位非常尴尬。金融管理政策表现出了反复性和矛盾性。鉴于战后金融复员的艰巨性,四联总处在战后并未立即撤销,而是参与了大量复员工作。同时自身的业务范围缩小至贷放款,逐渐收缩对各行局业务考核。一方面交织在利益纠葛中的四联总处想要继续指导金融管理,另一方面战后各家金融机构复员后,实力膨胀、各自为政,想要摆脱四联总处的督导。四联总处继续修订和出台一些金融管理政策,实际成效绵薄,甚至未投入实践。直至最后被行政院撤销。

　　四联总处是透视国民政府战时及战后金融管理的最具代表性的研究对象。本书既要论及其人事与机构，又要论及其具体金融管理。势必要突破单纯的机构研究和金融史研究，而触及"人""制度""机构""利益""军事"等在其中的纠葛。因此笔者将利用历史学、金融学等学科的理论作为指导，从四联总处的历史和人物、业务与运作研究方面来评价四联总处金融管理的运作、成就和影响，希望有所创新，分析历经 1937 年 8 月至 1948 年 10 月十多年历程的四联总处与金融管理成败的诸原因，重新认识并评价四联总处在战时及战后时期对中国金融业所做的贡献。

　　在结语部分，笔者首先述评四联总处金融管理的整个历史，然后回答两个至关重要的问题：四联总处与四行的关系、四联总处与蒋介石的关系。以此来总结在战争的特殊背景下，国家权力部门和重要领导人物处理金融问题的主动性。掌握党政军大权的蒋介石借助四联总处，意图实现统制金融与军事、政治的紧密结合。同时透视出近代多股重要金融力量的复杂性、多变性，与政治军事力量在实际利益层面的复杂关联。

　　由于笔者学识和能力有限，无论是在民国史和金融史研究领域的掌握上，还是在金融学理论的掌握上，都存在欠缺。在采取金融管理的典型个案中，偏重于史料集中、利于梳理的重要案例。那么如何从浩繁庞杂的档案史料中，选取有意义的典型案例，来全面掌握四联总处在三个不同分期的金融管理，成为本人努力追赶的方向。总之，本书对于四联总处的研究，只是初步成果，有待继续深化挖掘。

第一章 四联总处历史沿革及体制变动

第一节 四联总处的历史沿革

一、从初建到第一次改组

四联总处的初建要追溯到蒋介石"中中交"之联合机关的设想。

随着1935年5月中交改组和央行增资,后来中国农民银行总行由汉口迁往上海,标志着中央、中国、交通、中国农民四大政府银行体系正式形成。在蒋介石看来,国民政府实行金融垄断的程度远远不够,金融统制尚待加强。早在1935年4月3日,蒋介石给孔祥熙发电报,提出成立中中交之联合机关。电文称:"弟意中中交之总裁与理事长之上,应由一联合机关总揽三行业务,即以中国与交通两行之理事长及中央之总裁组织之,而以财政部长兼任该机关之主席,对政府监督三行负其全责,未知兄意如何? 至于中央银行增加常务董事等事不关紧要,待三行组织就绪再行讨论亦可。如何,盼复。"①蒋介石在这里提到"总揽三行业务"的"联合机关",是可查到的蒋介石首次对外传达其"联合"政府金融机构的想法,是后来设立中中交农四银行联合办事总处的最初构想。鉴于金融界人士对此见解各不同,遂未成立。

1937年"七七"卢沟桥事变发生,金融市场受到了较大影响。当时主管金融的财政部长兼中央银行总裁孔祥熙正在欧洲访问。蒋介石就嘱咐财政次长徐堪

---

① "蒋介石档案",台北"国史馆"藏,档号 002-020200-00033-022-001x、002-020200-00033-022-002x、002-020200-00033-022-003x。

必须考虑"中日局势,已届最后关头,上海市场,务须妥为应付"①,指示徐堪组织临时性金融管理机构,与时任中国银行董事长宋子文商讨如何稳定金融市场。据徐堪回忆,"迄'七七'事变后数日,委座(指蒋介石——引者注)以战时金融措施关系重要,不容稍有疏忽错误,面饬本席(指徐堪——引者注)迅组金融委员会,负执行国策之责。当由委座亲定委员名单,并由本席请以宋董事长为委员长"②,催促宋子文召集中中交农四行人员会商应变办法。无奈国民党内派系倾轧,利害相争,"殊明令发表后而阻碍重重"③。该金融委员会最终未能建立。

此时为谋求全国金融资金畅通并协助农矿工商业内迁,1937 年 7 月 29 日财政部授权中中交农四行各派代表 2 人在上海组织联合贴现委员会,嗣以贴现与放款应予并重,改称为贴放委员会。④ 8 月 2 日,徐堪向蒋介石报告已经由中中交农四行商定合组贴放委员会,"如各行有紧急情形,系属正当需要,而能提供相当押品者,由委员会予以贴现或放款,以资维持"。⑤ 同时,宋子文和徐堪多次在上海商讨稳定货币和市场的举措。⑥

1937 年 8 月 6 日《申报》发布预告,中央、中国、交通、农民等银行为调剂盈虚、活泼金融市场起见,成立贴现放款委员会,于最近期内开始营业云。⑦ 8 月 9 日,"四行联合贴放委员会"在上海正式成立⑧,核办对上海同业的贴现与放款事宜。"当时每日由四行代表商定贴现率和放款利率后,再由中央银行挂牌公布;凡经审定通过的贴放款额,由中中交农四行大体按照 35%、35%、20% 和 10% 的比例承担,放款的利息则就放款期间的平均利率计算。中央银行逐日把贴放款项收付报告表分别送中国、交通、农民三银行,以资接洽"。⑨ 申请和审核手续须

① 徐堪著:《徐可亭先生文存》,台北:徐可亭先生文存编印委员会 1970 年 5 月版,第 240 页。

② 《徐堪谈四联总处成立的经过》(1945 年 8 月 23 日),重庆市档案馆、重庆市人民银行金融研究所合编:《四联总处史料》上,档案出版社 1993 年版,第 66 页。

③ 黄立人:《四联总处的产生、发展和衰亡》(代序),重庆市档案馆、重庆市人民银行金融研究所合编:《四联总处史料》上,档案出版社 1993 年版,第 2 页。

④ 《投资贴放方针政策的演进》,重庆市档案馆、重庆市人民银行金融研究所合编:《四联总处史料》中,档案出版社 1993 年版,第 340 页。

⑤ 中国第二历史档案馆编:《中华民国史档案资料汇编》第 5 辑第 2 编,"财政经济"(4),江苏古籍出版社 1997 年版,第 438 页。

⑥ 〈Situation Discussed〉, *The North—China Herald*, August 4th, 1937, p. 187.

⑦ 《中中交等行合设贴现放款成立委会,不日开始营业》,《申报》,1937 年 8 月 6 日。

⑧ 王元照:《四行贴放工作之检讨》,《经济汇报》,1940 年第 1 卷第 4 期。

⑨ 中国银行行史编辑委员会编:《中国银行行史(1912—1949 年)》,中国金融出版社 1995 年版,第 441 页。

中中交农四银行理董事会备案后施行。① 之后在南京、汉口、重庆、芜湖、杭州、宁波、南昌、广州、无锡、郑州、长沙、济南等 12 个重要城市成立联合贴放委员会。② 四行联合贴放委员会从 1937 年 8 月至 1937 年底,贴放资金共 8900 万元③,帮助金融市场平稳渡过难关,意义重大。

"八一三"淞沪会战爆发后,立刻引起上海、汉口、重庆等城市的金融动荡。所有华商银行在财政部的紧急命令下停顿休整,外商银行照常对外工作。④ 停顿休整从 8 月 13 日(周五)开始,直至 8 月 17 日(次周周二)重新开业。中央、中国、交通三银行及中央信托局为调剂上海市金融起见,共同觅定法租界亚尔培路四三九号为临时办事处,决定 17 日上午 9 时迁入开业,营业办法决定按照财政部公布安定金融七条办法办理。⑤ 此时财政部长孔祥熙尚在英国,委托徐堪、邹琳财政次长代理财政事务,中国银行董事长宋子文从旁协助,中国银行总助理贝祖诒和中央银行业务部经理席德懋提出建议和负责实施,罗杰斯、杨格和林枢是顾问对象。⑥ 当时宋子文与孔祥熙关系不融洽。宋子文顾虑到"惟金融主管属财部,弟(指宋子文——引者注)只可从旁协助,实觉不便指挥,此责更无从负起"⑦,宋子文出面在各政府银行之间进行协调,选择从旁协助拟定并于 1937 年 8 月 15 日以财政部名义公布的《非常时期安定金融办法》应对危机。⑧ 该办法的实施是国民政府的金融管理由平时转向战时状态的重要标志。8 月 19 日财政部为维持国内各都市市面资金流通,通电上海市政府、各商会、各银钱业公会,"兹为安定整个金融并维持各地市面流通起见,业经由部函请中中交农四行先就

① 《贴放委员会办理贴放办法》(1937 年 8 月 9 日),重庆市档案馆、重庆市人民银行金融研究所合编:《四联总处史料》中,档案出版社 1993 年版,第 342 页。

② 〈New Measures by the Finance Ministry Successful〉,*The North—China Herald*,September 1st 1937,p. 332.

③ Frank M. Tamagna,*Banking And Finance In China*,New York:Institute of Public Relations,1942,p. 262.

④ 〈Emergency Measure Taken by Finance Ministry〉,*The North—China Herald*,August 18th,1937. 页码缺损。

⑤ 《中中交农四银行今日先行复业》,《申报》,1937 年 8 月 17 日。

⑥ Arthur N. Young,*China and the Helping Hand* 1937—1945,Harvard University Press,Cambridge,Massachusetts,1963. p. 36.

⑦ 宋子文致蒋介石电(1937 年 8 月 1 日),"蒋介石档案",台北"国史馆"藏,档号 002-080109-001-003-012a。

⑧ 中国第二历史档案馆等合编:《中华民国金融法规档案资料选编》(上),档案出版社 1989 年版,第 627 页。

设有分支行之重要都市,各设联合办事处,即日成立,责成体察当地情形,妥拟适当办法,报请核定施行"。① 这是笔者所见"四行联合办事处"的最早记载。而第一次出现了"四行联合办事总处"在"自安定金融办法公布后,财政部以内地农工商矿各业资金,仍应维持流通,经函中中交农四行联合办事总处,于设有分支行之重要都市,成立联合办事处"。② 此时在上海成立的四行联合办事处,最初由宋子文负责主持,"每日开会一次或数次不等","凡财政部决定之措施,如安定金融办法等等,均由本总处赞襄及执行"。③ 仅由四行各派一人代表参加,其业务范围很小,局限于督促四行贴现、放款和审核支款等普通业务,"每次集会,先冀遇事取得联络"④,纯粹是联络与协调的办事机构,上海与其他都市的四行联合办事处并不存在总处与分处的关系。但它是后来战时金融最高决策机构——中中交农四银行联合办事总处的前身。

1937 年 8 月 30 日,以蒋介石为主席的国防最高会议通过《总动员计划大纲》。蒋介石在"七七"事变爆发后,曾对徐堪提议"组金融委员会,以安定金融,组劝募公债委员会,发行救国公债,以筹措战费。其后并拟定经济人力物力动员办法,设置农业、工矿、贸易三委员会,分别主持农业改良增产,加强粮食运输,安定粮价,工厂迁建及维持对外贸易等"⑤,这都在总动员计划大纲中得到体现,在后来的四联总处职权中得到实践。1937 年 10 月底,财政部部长孔祥熙回国,由其主持四行联合办事处事务。

1937 年 11 月,因上海和整个华东战局失利,中中交农四行纷纷内迁。四行联合办事处工作一度停顿。11 月 25 日,四行代表在汉口组成四行联合办事处总处,上海改设分处,"除对贴放等项加以管理外,对于财政方面之紧急措施,亦开始协同推进"⑥。此时汉口时期的四联总处职能与早期的四行联合办事处已有所不同。它对外宣称为"总处",其他各地则称为分处。但在职权范围和性质上,汉口时期的四联总处仍与 1939 年 9 月第一次改组成立的四联总处存在着根

---

① 《财部公布办法后　金融益臻安定》,《申报》,1937 年 8 月 19 日。
② 《财政部流通内部资金函令四行设立联合贴放会》,《申报》,1937 年 8 月 27 日。
③ 《徐堪谈四联总处成立的经过》(1945 年 8 月 23 日),重庆市档案馆、重庆市人民银行金融研究所合编:《四联总处史料》上,档案出版社 1993 年版,第 66 页。
④ 刘攻芸:《四联总处之任务》(1944 年 3 月),重庆市档案馆、重庆市人民银行金融研究所合编:《四联总处史料》上,档案出版社 1993 年版,第 62 页。
⑤ 徐堪著:《徐可亭先生文存》,台北:徐可亭先生文存编印委员会 1970 年 5 月版,第 240 页。
⑥ 刘攻芸:《四联总处之任务》(1944 年 3 月),重庆市档案馆、重庆市人民银行金融研究所合编:《四联总处史料》上,档案出版社 1993 年版,第 62 页。

本差异。后来随着时局变迁、战线转移,1938 年四联总处自汉口迁至重庆,1938 年 3 月四联渝分处亦告成立。此时四联总处的业务渐趋扩大,"添设政策业务考核事务四组,分掌四行之计划,贴放发行之调拨,及收兑金银之考核,以及运输工程各项事宜"。①

国民政府设立四行联合办事处,旨在避免四行各自为政,以集聚金融力量,实行统筹管理和指挥。但四行之间协调一致并不顺利。中央银行对中国银行表示过不满。中国银行总裁宋子文与财政部部长、中央银行总裁孔祥熙的矛盾并非空穴来风。1938 年 1 月 16 日,孔祥熙长子孔令侃致电孔祥熙称,"杜月笙对宋部长颇表不满……反之目下中国银行在宋手中,对人毫无帮助之处,是以对宋无好感……副总裁初来港时,颇拟向宋进言,以妥协方式劝其赴汉。但宋对人称:彼有何资格与我商谈及此,于是副总裁日来亦知无挽回之余地矣"。② 但孔祥熙表面上与宋子文保持和畅关系。1938 年 2 月 14 日孔祥熙从香港致电蒋介石,报告抵港后与宋子文商谈,认为"以中国银行竭力拥护党国,弟等见解尚无隔阂"。③ 后来外汇平准基金事情爆发,孔宋纠葛加剧。④ 所以蒋介石尽管在金融方面倚重孔宋二人,但若依靠孔宋的其中一人或双方来实践其"联合机关"加强金融统制的想法,恐怕都不能轻易地圆满完成。这也导致蒋介石拟定 1939 年 9 月四联总处改组成立后的第一任秘书长人选时,颇多顾虑到孔宋二人的特殊关系。

1939 年 1 月 28 日,国民党中央执行委员会设置国防最高委员会,统一党政军的指挥,作为战时最高决策机关,由蒋介石担任委员长,规定"对于党政军一切事务,得不依平时程序,以命令为便宜之措施"。⑤ 由于金融经济决策并不是党政军所能决定,加上四行业务经营存在各自为政的情况,于是蒋介石加紧策划金融管制方案,以达到全盘掌控目的。更何况抗战以来至 1939 年 6 月,孔祥熙上报蒋介石《最近财政实况》报告,称国库收支亏短已达 30 万万元,"均恃债款已资挹注"。发行公债共达 33 万万元,其中 21 万万元由中中交农四行押借的。并感

---

① 徐堪:《中中交农四银行联合办事总处之组织及其工作》(1940 年 1 月),重庆市档案馆、重庆市人民银行金融研究所合编:《四联总处史料》上,档案出版社 1993 年版,第 54 页。

② 《孔令侃致孔祥熙电》(1938 年 1 月 16 日),洪葭管主编:《中央银行史料(1928.11—1949.5)》下卷,中国金融出版社 2005 年版,第 806 页。

③ "蒋介石档案",台北"国史馆"藏,档号 002-090106-00013-070-001a。

④ 尤云弟:《四联总处的创建及初期运作——以蒋介石为中心的考察》,《史学月刊》2013 年第 8 期。

⑤ 《国防最高委员会组织大纲》(1939 年 1 月 28 日),荣孟源主编:《中国国民党历次代表大会及中央全会资料(下)》,光明日报出版社 1985 年版,第 564 页。

慨"财政情形及国民负担能力，实已竭蹶万分"。① 依照目前国民政府财政依赖四行的情况，一旦失去对四行的掌控，那国民政府的财政和军事将处于无木之本、无水之源的状态。

1939年7月20日，中中交农四行共派20多人经济考察团赴欧美各国考察一战后各国经济推进情形。② 此时蒋介石一心研究四行联合机构的建制。他在7月26日日记中记载"研究四银行联合总部之组织，取部长制，并有最后决定与用舍之权。经济委员会以财经二部与四行联合组成，为执行机关，而财经二部之行政系统仍属于行政院"③，决定赋予四行联合机关独立于行政院之外的职权。7月29日他又认为"金融机构，如不能由中央统制，则无异养痈致患，应即设立四行联合库"。④ 同一天的日记则写道"金融机关如不能由中央统制，则无疑养痈致患，岂子文一人而已也"。⑤《困勉记》和《蒋介石日记》中的一句之差，把蒋对宋子文的矛盾心理表露出来。1939年7月30日，蒋介石审核健全中央金融机构，设立四行联合库的步骤⑥，并把八月大事预定表为"四行联合库组织开始，巩固法币基金案实施"。⑦ 8月2日，蒋介石记载道："研究组织联合库理事会实施职权"，"联合库实施职权之准备"。⑧ 此时，蒋介石对于四联总处的名称尚未定夺，称呼为"联合库"。1939年8月，财政次长徐堪由香港到重庆后，"草拟巩固金融办法草案，加强本总处（指四联总处）组织"⑨，将《巩固金融办法纲要》和《战时健全中央金融机构办法纲要》呈蒋介石亲自核正。

8月3日，国民政府召开最高国防会议，通过决议设立四行联合总处。蒋介石认为"此事欲实施职权，健全金融，非余亲任主席不可！"⑩，并感慨"财政金融

---

① 洪葭管主编：《中央银行史料（1928.11—1949.5）》上卷，中国金融出版社2005年版，第442页。

② 《中中交农四行组织经济考察团考察各国战后经济》，《中央日报》，1939年7月20日。

③ 《蒋介石日记》（手稿），1939年7月26日。

④ 《困勉记》，1939年7月29日，黄自进、潘光哲编：《蒋中正"总统"五记》，台北"国史馆"2011年12月，第671页。

⑤ 《蒋介石日记》（手稿），1939年7月29日。

⑥ 《蒋介石日记》（手稿），1939年7月30日。

⑦ 《蒋介石日记》（手稿），1939年8月1日本月大事预定表。

⑧ 《蒋介石日记》（手稿），1939年8月2日。

⑨ 《徐堪谈四联总处成立的经过》（1945年8月23日），重庆市档案馆、重庆市人民银行金融研究所合编：《四联总处史料》上，档案出版社1993年版，第66页。

⑩ 《困勉记》，1939年8月3日，黄自进、潘光哲编：《蒋中正"总统"五记》，台北"国史馆"2011年12月，第673页。

问题渐能如计集中。此亦转败为胜因祸得福之机"。① 8 月 26 日,蒋介石仍心系研究金融与财政机构。② 蒋介石对于孔宋的金融意见相当看重,但又觉得孔祥熙的名声舆论不好,宋子文还没到重庆,心中感到十分焦灼。③ 1939 年 9 月 5 日孔祥熙呈文致蒋介石称,战时健全中央金融机构办法纲要已与宋子文商讨过,"已于本月四日约集在渝四行重要人员会商",并请示蒋介石可以亲临开会的时间及地点。④ 此时宋子文让中国银行贝淞荪转告孔祥熙"欧局情势未见松弛,弟拟请缓成行,部方所拟金融方案弟无成见,关于技术问题弟于淞荪兄行前已经接洽请与面谈一切,不必俟弟来渝再行集议以免延误"。⑤ 同时在蒋介石的多次亲自催促下,宋子文 31 日发电报致蒋,称打算下星期秘密到重庆,"惟请对任何人勿告"。⑥

这一阶段的蒋介石一直对于构建四行联合机构抱有极大热心。"联合总部""联合库"等类似词语在日记中密集出现。蒋介石与宋子文、孔祥熙、徐堪等多次商讨意见,主导和推进四联总处特组成立的前期准备和法令制定。四行联合办事处初创时,是一个松散的协调性联络机构,对中中交农各行都不能下达强制性命令。遇到情势急迫,无暇顾及正常程序时,蒋介石往往以个人名义指令四行配合。《战时健全中央金融机构办法纲要》的颁布为四联总处 1939 年 9 月改组成立确立法理依据。

1939 年 9 月 8 日,经国防最高委员会核定,国民政府公布《战时健全中央金融机构办法》,宣布"中央、中国、交通、中国农民四银行合组联合办事总处,负责办理政府战时金融政策有关各特种业务"。⑦ 四联总处设理事会,理事会是最高权力机构和决策机构,实行主席负责制。由中央银行总裁、副总裁,中国、交通两行董事长、总经理,中国农民银行理事长、总经理以及财政部代表共同组成。"财政部授权联合总处理事会主席在非常时期内,对中央、中国、交通、农民四银行可

① 《蒋介石日记》(手稿),1939 年 8 月 19 日上星期反省录。
② 《蒋介石日记》(手稿),1939 年 8 月 26 日本星期预定工作课目。
③ 《困勉记》,1939 年 8 月 26 日,黄自进、潘光哲编:《蒋中正"总统"五记》,台北"国史馆"2011 年 12 月,第 676 页。
④ "蒋介石档案",台北"国史馆"藏,档号 002-080109-00001-003-086a。
⑤ "蒋介石档案",台北"国史馆"藏,档号 002-080109-00001-003-089a。
⑥ "蒋介石档案",台北"国史馆"藏,档号 002-080109-00001-003-085a。
⑦ 《战时健全中央金融机构办法》(1939 年 9 月 8 日),重庆市档案馆、重庆市人民银行金融研究所合编:《四联总处史料》上,档案出版社 1993 年版,第 67 页。

为便宜之措施,并代行之职权"。① 蒋介石以中国农民银行理事长身份,担任四联总处理事,并由国民政府于 1939 年 9 月 8 日特派为四联总处理事会主席②,总揽一切事务。9 月 24 日,张群呈蒋中正战时健全中央金融机构办法纲要与四行联合办事总处组织规程业务大纲等。③ 此后 26 日④、28 日⑤、30 日⑥蒋介石都在设计四联总处组织事宜,直至预定 10 月份大事为成立四行总处。⑦

10 月,四联总处完成第一次改组。虽然名称上还是四联总处,但性质已发生重大变化。时人评价此乃"我中央金融机构,至此乃奠定真正集权管制之基础"。⑧ 10 月 1 日夜间 11 时半至 10 月 2 日凌晨四时半,日军袭击成都,炸宜宾机场,重庆警报响了一夜。⑨ 10 月 2 日,蒋介石亲自主持四联总处理事会第一次会议,通过《中中交农四行联合办事总处组织章程》,特组成立"四行联合办事总处",简称"四联总处",承担金融经济方面的 14 条职权。决议四联总处经费由四行分摊拨付;四联总处职员尽先于中中交农四行职员中调用。⑩ 中央银行、中国银行和交通银行的最高负责人孔祥熙、宋子文、钱永铭为理事会常务理事。翁文灏、张嘉璈、徐堪、陈行、周佩箴、叶琢堂、贝祖诒等为理事。理事会集中了当时财政金融重要人物,主要讨论通过重大的放款案。蒋介石任四联总处主席期间主要在甄选人事成员、主持四联总处理事会议,用手令指示政策方针、批核秘书长的签呈、召集四行人员以口头或会谈方式研究金融经济方针等方面有所作为。据钱大章回忆,蒋介石经常出席主持会议,凡他来主持会议,他总要在放款案件

① 中国第二历史档案馆等合编:《中华民国金融法规档案资料选编》(上),档案出版社 1989 年版,第 634—635 页。
② 《中中交农四行联合办事处主席特派状》1939 年 9 月 8 日,"蒋介石档案",台北"国史馆"新店藏原件,入藏登录号 002000002560A。
③ "蒋介石档案",台北"国史馆"藏,档号 002-080109-00013-007-014a。
④ 《蒋介石日记》(手稿),1939 年 9 月 26 日。
⑤ 《蒋介石日记》(手稿),1939 年 9 月 28 日。
⑥ 《蒋介石日记》(手稿),1939 年 9 月 30 日。
⑦ 《蒋介石日记》(手稿),1939 年 9 月 30 日。
⑧ 中国国民经济研究所:近代中国史料丛刊三编第 60 辑《中外经济年报第 2 册》(1940 年),台北:文海出版社 1990 年版,第 200 页。
⑨ 翁文灏著:《翁文灏日记》,1939 年 10 月 2 日,中华书局 2009 年版,第 380 页。
⑩ 《中中交农四行联合办事总处理事会第一次会议记录》(1939 年 10 月 2 日),中国第二历史档案馆编:《四联总处会议录》(1),广西师范大学出版社 2003 年版,第 1—3 页。

之外,对各行局业务或有关的金融措施有所指示。[①] 再如1939年12月7日约了四联总处理事谈设计经济与金融组织。[②] 徐柏园曾担任四联总处副秘书长,后升任秘书长。徐柏园回忆蒋介石"常有手令给总处,指示方针或交核案件"。[③] 蒋介石还让孔祥熙等就四联总处工作定期报告,"每月定期举行会报……两星期(或一个月)来最重要兴办事务及其进展之报告,请示中或待请示决定之报告、最近手令特交办理事件之报告"。[④]

蒋介石在日记1939年大事表中记载"四大银行联处成立,金融事权集中,此亦为一大进步也"[⑤],认为"此实抗战胜负攸关之事也"。[⑥] 通过特组成立四联总处,蒋介石以四联总处理事会主席一职实现了对四行力量的集中掌控,在法理依据上对四行体制、机构、职能、人事等以手令加以指挥,形成了"蒋介石——手令——财政部——四行及各局库"和"蒋介石——手令——四联总处——四行及各局库"的双管渠道,实践其金融统制目标。

二、四联总处第二次改组

1939年10月,蒋介石任四联总处理事会主席。四联总处确立了最高金融机构的权职和地位。四联总处成为指导、监督、考核四行的领导机构。蒋介石本意由四联总处出发统制金融,奠定整个战时金融财政的基础。[⑦] 但实际情况没有因为四联总处的设置而得到全面改善。当时国民政府行政院长、中央银行总裁孔祥熙给蒋介石递交了一份绝密报告,指出1939—1940年份财政收不抵支状况日益严重,除了增税、发公债外,国库支出主要靠银行垫款,超发钞票,甚至利

---

① 钱大章:《回忆"四联总处"的十年》,寿充一等编:《中央银行史话》,中国文史出版社1987年版,第87页。

② 《蒋介石日记》(手稿),1939年12月7日。

③ 徐柏园:《蒋总统与四联总处》,《蒋"总统"八十晋九诞辰纪念论文集》,华冈出版有限公司,1975年10月,第402页。

④ 《规定汇报范围》(四联总处卷,1941年6月28日),洪葭管主编:《中央银行史料(1928.11—1949.5)》下卷,中国金融出版社2005年版,第813页。

⑤ 《蒋介石日记》(手稿),1939年1月1日民国28年大事表。

⑥ 《蒋介石日记》(手稿),1939年9月9日上周反省录。

⑦ 尤云弟:《四联总处的创建及初期运作——以蒋介石为中心的考察》,《史学月刊》2013年第8期。

用银行存款,吸收游资。由于"现在战事延长,财政与军事前途关系益切"①,孔祥熙不得已对蒋介石实情相报。与此同时,蒋在日记中忧心忡忡地提到"金融外汇势甚危急,物价飞涨,经济已入险境"。② 抗战历经多年,国民政府所剩无几的财政被消耗殆尽。

随着英美封存资金和太平洋战争爆发,上海和香港两大金融中心受到冲击,金融经济情况愈加复杂。在此之前,1940 年 7 月日本宣布封锁闽浙沿海交通;同月,英国宣布封闭滇缅公路三个月。中国东南和西南地区运输线均被切断,国外币钞内运和物资运输受到影响。抗日战争进入了军事胶着状态:日本咄咄逼人、中国硬撑抗战。1941 年三四月份,四联总处、四行负责人以及孔祥熙皆在商议国外币钞经香港或缅甸尽快内运,不得滞留;紧急时刻上海四行撤到美军租界防区内营业。一旦租界当局不提供切实保障,即当停业撤退。③ 7 月,日本军队占领越南军事基地及飞机场后,美英两国的远东利益受到威胁。美英政府即宣布封存中国和日本在美、英资金,防止资金外流。英美封存资金四个月后即1941 年 11 月 15 日,美军决定短期内从上海撤退。④ 港沪金融中心均为法币流通区域,有国民政府力图维系的外汇市场。而且抗战后方和沦陷区所需的国外物资常常要转经港沪而输入内地。一旦美军撤退,上海四行的处境会更加困难,港沪金融中心将失去保障。而随后爆发的太平洋战争,打破了内地对港沪依存关系的平衡点,给金融、经济带来重大冲击。

至此,坚持抗战多年的金融与军事战局变动交织促成的金融困境骤显,经济大受影响。蒋介石甚至评价 1941 年底中国经济"俨如一染有第三期肺病病

---

① 洪葭管主编:《中央银行史料(1928.11—1949.5)》上卷,中国金融出版社 2005 年版,第439 页。

② 《蒋介石日记》(手稿),1940 年 5 月 31 日。

③ 《四联总处关于上海金融机关撤退及国外币钞内运各项办法密代电》(1941 年 3 月 25日)、《四联总处关于港沪四行之措施节略》(1941 年 3 月)、《中央银行报告沪港两行部署撤退情形函》(1941 年 4 月 4 日)、《孔祥熙指示上海四行应变措施密电》(1941 年 4 月 24 日),中国第二历史档案馆编:《中华民国史档案资料汇编》第 5 辑第 2 编,"财政经济"(3),江苏古籍出版社 1997 年版,第 210—214 页。

④ 《四行驻港总处致四联总处电》(1941 年 11 月 20 日),洪葭管主编:《中央银行史料(1928.11—1949.5)》上卷,中国金融出版社 2005 年版,第 645 页。

人"。① 1941年12月太平洋战争爆发后,国际运输线相继断绝,财政金融陷于困境。蒋介石日夜盼望,日本能够南进或北进,引起俄国或者美国参战,打破这个军事僵局。他认为珍珠港事变爆发之前,"美国限制倭不许其南进北进,而独不反对其西进,然其全力侵华之危机"。突然珍珠港事变爆发,英美对日宣战。蒋介石甚为欣喜,认为此为抗战以来,"最大之效果,亦惟一之目的也"。② 马上组织政府官员开会,嘱咐下属"须把握住目前这个千载难得的时机,来审慎运用我们抗战所已得的地位与力量"。③ 甚至乐观地估计中国只要继续保持抗战的英勇状态,"危险已过大半"。④ 蒋介石此时非常关切国内经济金融情势,认为倘若此时经济金融崩溃,将使之前抗战多年的成果功亏一篑。蒋介石开始研究四行统一计划⑤,把"金融机构之调整"列入1941年大事表。⑥

　　1942年1月23日,蒋介石预定本星期事项有"四行统制与全国金融之统制方案"⑦等。1942年3月中旬,蒋介石研究四联总处改组计划和统制四行实施办法。⑧ 这些表明蒋介石决心要统一四行,并考虑四联总处的工作调整。⑨ 1942年3月22日,蒋介石交办孔祥熙手令,希望"以后对于中中交农四行应加强统制",特别指出其中七部分"(一)四行人员之考核调用与统制;(二)限制四行发行钞券改由中央统一发行;(三)统一四行外汇之管理;(四)考核并规定四行之业务;(五)重新检讨并审核四行之预算;(六)稽核四行国外之存款与国内之放款,并饬其按月呈报;(七)四行人事薪给奖惩以及预算与各种业务皆须编订法规与细则,俾各银行皆能一律遵行,此为最急之要务,须限期完成为要。此外对于各

----

① 《蒋委员长在重庆接见美国财部代表柯克朗指陈中国经济危机之严重性嘱其回美后转陈政府使美国对华经济援助能有一整个的、固定的具体方案谈话纪录》(1941年11月9日),秦孝仪主编:《中华民国重要史料初编:对日抗战时期》第3编,"战时外交"(1),台北:中国国民党中央委员会党史委员会1981年版,第322页。

② 《蒋介石日记》(手稿),1941年12月13日上星期反省录。

③ 周美华编:《蒋中正总统档案·事略稿本》(1941年9月—12月)第47册,1941年12月8日,台北"国史馆"2010年7月,第608页。

④ 《蒋介石日记》(手稿),1941年12月13日上星期反省录。

⑤ 《蒋介石日记》(手稿),1941年12月20日。

⑥ 《蒋介石日记》(手稿),1941年大事表。

⑦ 《蒋介石日记》(手稿),1942年1月23日。

⑧ 《蒋介石日记》(手稿),1942年3月13日,3月17日。

⑨ 周美华编:《蒋中正总统档案·事略稿本》(1942年4月—6月上)第49册,1942年4月21日,台北"国史馆"2011年9月,第163页。

省银行以及商业银行等,对其存款放款以及业务等亦应切实统制,希照此详加研究。"①可以说,蒋介石对于四行的统制从业务到法规细则,从国家银行到省银行都作了全盘的细致考虑。

1942年3月27日,蒋介石决定"统一金融与调整四联总处方案",认为得到四行统一根本解决之道。② 4月中旬,孔祥熙上报蒋介石已由财政部会同四联总处及四行主管人员详商各项办法草案,由财政部分别订定办法实行各省省银行以及商业银行业务的考核。并提出调查各地金融市场时,应该由财政部和中央银行合作办理,才能切实收效。③ 希望提高中央银行地位,与财政部合作控制金融市场。下旬,蒋介石批准了四行统一方案与四联总处工作方针④。5月9日,蒋介石预定本星期事项之一是"四联总处改组之实施"⑤。此时国民政府亦对外宣称,四联总处研究出中中交农四行专业化实践方案,可使中央银行实现"银行之银行"的理想。⑥

蒋介石并且在1942年5月30日特意提到"四联总处改组与四行统制会议完成,此一要务也"。⑦ 蒋介石将四行专业化与四联总处改组事宜紧密挂钩。换言之,四行专业化后,四联总处的自身工作职能将发生相应变化。1942年7月6日,四联总处副秘书长徐柏园呈报蒋中正,认为过去工作中"四联总处之组织与财政部组织法所定之职权及各行条例之职掌,难免抵触。故实际事务之推动,常感困难"。⑧ 四联总处对各行局的控制做得不够,包括调整各行局组织机构、审核各行局开支、考核与培养各行局人事、宣传与解释各项政策计划。⑨ 徐柏园认为急需要加紧推动以下方面"(一)消除四行间彼此门户之见,联合运用其力量适应财政需要协助经济建设。(二)陆续订定各项关于放款存款发行汇兑储蓄与农贷等业务之办法与标准,督促各行一致遵照政府金融政策分头推进。(三)多方加紧考核各行业务成绩或派员密查或凭表报审核纠正。(四)统一发行集中外汇

---

① "蒋介石档案",台北"国史馆"藏,档号002-080200-00565-001-041x。
② 《蒋介石日记》(手稿),1942年3月27日,4月2日。
③ "蒋介石档案",台北"国史馆"藏,档号002-080200-00565-001-041x。
④ 《蒋介石日记》(手稿),1942年4月21日。
⑤ 《蒋介石日记》(手稿),1942年5月9日。
⑥ 《国家银行专业化》,《大公报(天津版)》1942年5月11日,人民出版社1983年影印版,第148册。
⑦ 《蒋介石日记》(手稿),1942年5月30日上星期反省录。
⑧ "蒋介石档案",台北"国史馆"藏,档号002-080109-00022-001-001x。
⑨ "蒋介石档案",台北"国史馆"藏,档号002-080109-00022-001-002x。

划分四行业务促使其趋向专业化,并进一步考核各行之开支与人事,换言之即第一步注重联系,第二步注重一般方针之推动,第三步加强考核,第四步实行合理调整与澈底管理"。① 这四点表明,四联总处改组的目标是加强对四行的监督与管理。

1942 年 9 月 1 日,四联总处依照此前 5 月 28 日临时理事会议所通过的修正章程实行改组。发行小组委员会因为央行集中钞券发行权而撤销。在机构设置上,原战时金融委员会和战时经济委员会合并为战时金融经济委员会。该委员会及储蓄、放款、农贷、汇兑、特种 5 个小组委员会正式成立。委员人选均由主席、副主席派定。此次修正后的章程不再提"负责办理政府战时金融政策有关各特种业务",其具体任务由以前的 14 项减为 10 项。主要工作任务是监督指导国家行局的业务,并"协助财政部"管理其他金融事宜。② 第二次改组后的四联总处理事会增设副主席一职,由孔祥熙以行政院长名义兼任。直至抗战结束,蒋介石较少出席或主持理事会议。

虽然表面上第二次改组后,四联总处权责缩小,机构裁并,不再直接负责办理政府战时金融的有关特种业务,"在国统区金融经济领域的地位有所下降"③,但其在督导国家行局、管理商业行庄和金融市场方面,推出了许多具有划时代意义的举措。首先,四联总处继续督导中国、交通、农民三行协同中央银行推行政府金融政策,并为加强中央银行控制金融力量,推动中央银行办理重贴现、重抵押等业务,在重庆首先成立票据承兑所和筹设产业证券市场。④ 与此同时,它加强对民营银行的统制、监督与管理。其次,四联总处定期召开理事会讨论工矿、交通、农林等企业的贷款和投资。各地区的四联分处或四联支处接办贴放事项。西南、西北大后方的各种生产事业单位可以原料、成品或机器等作抵押品向银行申请贷款,积极推进大后方经济建设。再次,四联总处对四行二局及其他官立银行等推行计政制度,向各行局派出会计人员,并由审计部派出审计人员,驻在各

---

① "蒋介石档案",台北"国史馆"藏,档号 002-080109-00022-001-003x。

② 《秘书处关于四联总处改组情况的报告》(1942 年),重庆市档案馆、重庆市人民银行金融研究所合编:《四联总处史料》上,档案出版社 1993 年版,第 91 页。

③ 黄立人:《四联总处的产生、发展和衰亡》(代序),重庆市档案馆、重庆市人民银行金融研究所合编:《四联总处史料》上,档案出版社 1993 年版,第 31 页。

④ 《四联总处关于筹设票据联合承兑所和证券市场的报告》(1943 年),重庆市档案馆、重庆市人民银行金融研究所合编:《四联总处史料》下,档案出版社 1993 年版,第 596－597 页。

行局工作①，划一会计、稽核和银行实务制度，筹办银行人员训练所，划一人事制度和培养人才等。② 这些举措对于中央银行地位的巩固、战时大后方产业建设、中国金融制度的完善有着重大影响。第二次改组后的四联总处在国统区金融经济领域的地位并未马上下降，仍是国民政府巩固健全金融制度、完善金融监管、控制经济金融颇为重要的机构。

三、四联总处第三次改组

经过长期抗战的消耗和破坏，中国社会满目疮痍，经济笼罩在恶性通货膨胀的阴霾中。随着内战爆发，中国经济注定得不到丝毫休养，最终走向全面崩溃。同时四联总处对恢复战后金融经济无计可施，以致 1948 年四联总处被行政院撤销。

四联总处在抗战胜利之后、回迁南京之前，在 1945 年 12 月进行了第三次改组。蒋介石早在抗战结束之前已经开始酝酿四联总处改组，来应对战后金融复员。既然四联总处在四行专业化之后，把一部分职权给了中央银行，那么四联总处自身功能的改组和职权明确，也应该提上日程。此次的改组谋划与 1942 年四行专业化的手段如出一辙：先改组四行，再改组四联总处。

首先，蒋介石下令对央行、中行、交行、农行四大银行实行增资改组。1942年 6 月，孔祥熙根据蒋介石的指示着力提升四大银行的实力，建议拟将中国银行资本增为 6000 万元（原 4000 万元）、交通银行增为 5000 万元（原 2000 万元）、农民银行增为 5000 万元（原 1000 万元）、中央银行为 1 万万元不变化③。但没有全部实施。1944 年财政部再次修正《中国银行条例》规定中国银行股本总额为

---

① 《秘书处关于指派会计与审计人员前往官立银行工作的报告》（1943 年 1 月 7 日）、《四联总处关于各行局计政制度之推行事宜的报告》（1943 年），重庆市档案馆、重庆市人民银行金融研究所合编：《四联总处史料》上，档案出版社 1993 年版，第 704、711 页。

② 《秘书处关于银行人员训练所筹办经过的报告》（1942 年 9—12 月）、《理事会关于划一各行局人事制度规则的决议》（1943 年 10—11 月），重庆市档案馆、重庆市人民银行金融研究所合编：《四联总处史料》上，档案出版社 1993 年版，第 678—689 页。

③ "蒋介石档案"，台北"国史馆"藏，档号 002-080200-00565-001-043x。

6000 万。① 中国农民银行由 1941 年 2000 万元变为 1942 年 6000 万元。② 交通银行由 1942 年 2000 万元变为 1943 年 6000 万元。③ 中交农三行增加资本,由国库拨足,形成实力均等,以便央行更好地发挥控制金融市场的"银行之银行"职能。之后蒋介石在日记中把 1943 年 12 月的大事表定为"十二月四行统制计划"。④ 在 1943 年 12 月 28 日日记里记录"四行总管理处章则之拟订"。⑤ 1944 年 1 月 19 日,蒋介石着手"四联总处规章之查报与修正"。⑥ 2 月 19 日,蒋介石在上星期反省录中透露"交通与农民各银行皆如期改组,金融上已绝对统一",认为本星期着重"中央银行与四联总处之改组"。⑦ 3 月 17 日,蒋介石制定"四联总处组织、章则"。⑧ 3 月 31 日,蒋介石制定本月大事预定表之一为"四联总处之改组"。⑨ 1944 年 7 月初到 11 月初,蒋介石接连多次亲自主持四联总处理事会议⑩,并不断在日记中提及四联总处改组事宜。改组问题已在蒋介石的考虑之中。

1945 年初,抗战胜利的曙光已经显现。蒋介石开始着手调整四联总处的人事。由于之前免去了孔祥熙财政部长的职位,相应地孔祥熙辞去了四联总处理事会副主席的职位。蒋介石准备启用另一个财政方面的得力助手宋子文管理四联总处。1945 年 1 月 22 日,蒋介石在日记中记道"预定派宋代理四联总处副主席"⑪。随后蒋介石在 1945 年 2 月 9 日日记中预定四联总处改组会议的确切日

① 《民国三十三年二月四日财政部部令修正的中国银行条例》,中国银行总行、中国第二历史档案馆合编:《中国银行行史资料汇编上编(1912—1949 年)》(1),档案出版社 1991 年版,第 130 页。

② 《民国三十年(1941 年)中国农民银行资产负债平衡表》《民国三十一年(1942 年)中国农民银行资产负债平衡表》,中国人民银行金融研究所编:《中国农民银行》,中国财政经济出版社 1980 年版,第 352—353 页。

③ 《交通银行全体资产负债表》(1942 年 12 月 31 日)、《交通银行全体资产负债表》(1943 年 12 月 31 日),交通银行总行、中国第二历史档案馆编:《交通银行史料第一卷(1907—1949)》(上册),中国金融出版社 1995 年版,第 766—767 页。

④ 《蒋介石日记》(手稿),1943 年每月大事表。

⑤ 《蒋介石日记》(手稿),1943 年 12 月 28 日。

⑥ 《蒋介石日记》(手稿),1944 年 1 月 19 日。

⑦ 《蒋介石日记》(手稿),1944 年 2 月 19 日。

⑧ 《蒋介石日记》(手稿),1944 年 3 月 17 日。

⑨ 《蒋介石日记》(手稿),1944 年 3 月 31 日。

⑩ 《蒋介石日记》(手稿),1944 年 7 月 6 日、8 月 7 日、9 月 4 日、9 月 28 日、10 月 5 日、10 月 19 日、11 月 9 日。

⑪ 《蒋介石日记》(手稿),1945 年 1 月 22 日。

期①。1945 年 3 月 3 日晚上,相约四联总处的理事们一起聚餐②。1945 年 9 月 7 日,蒋介石决定任命银行家顾翊群担任四联总处秘书长③。9 月 15 日,蒋介石再次预定四联总处改组会议的日期④。9 月 16 日,蒋介石在日记中,不断感慨"币制金融物价金价伪币之复杂动荡之险象,实与接收降敌、接收东北与处置俄国对新疆之方针,其危状相等"⑤。9 月 20 日上午,蒋介石参加四联总处理事会,听取对金价、伪钞及接收敌军经济等有关重要事宜的建议,正午跟人讨论东北经济及接收问题⑥。1945 年 11 月 10 日上午,蒋介石与宋子文谈经济与金融问题,正午军事会议上,十分担忧物价与经济以及社会与军纪问题⑦。可以说,此时举国上下正在欢庆抗日战争胜利,而蒋介石满腹忧愁,非常担忧金融经济形势,不断与人商讨金融问题。

同时,蒋介石逐步展开对四行人事的掌控。1945 年 10 月 17 日,蒋介石与陈果夫、李叔明等人商讨改组农行方案与农行营业方针⑧。1945 年 12 月 22 日,他预定了中央银行总裁与中国银行人选⑨。

四联总处于 1945 年 12 月 1 日改组。四联总处理事会副主席宋子文认为四联总处原为非常时期的特殊组织,"兹战事虽告结束,而复员期间政府各项金融经济设施仍须赓续协助推进,惟为适合当前环境起见,此后工作应以审核放款及研讨物价为主"。⑩ 因此提出调整八项办法和具体的调整实施办法。⑪ 此次是四联总处历史上的第三次改组,也是最后一次改组。1945 年 12 月 31 日,蒋介石在日记中评价道:国立四银行之改组及法币发行之统一,实现此为国家金融基础,建立之功效也⑫。可以说,在蒋介石看来,四联总处改组是备受期盼和赞同

---

① 《蒋介石日记》(手稿),1945 年 2 月 9 日。

② 《蒋介石日记》(手稿),1945 年 3 月 3 日。

③ 《蒋介石日记》(手稿),1945 年 9 月 7 日。

④ 《蒋介石日记》(手稿),1945 年 9 月 15 日。

⑤ 《蒋介石日记》(手稿),1945 年 9 月 16 日。

⑥ 《蒋介石日记》(手稿),1945 年 9 月 20 日。

⑦ 《蒋介石日记》(手稿),1945 年 11 月 10 日。

⑧ 《蒋介石日记》(手稿),1945 年 10 月 17 日。

⑨ 《蒋介石日记》(手稿),1945 年 12 月 22 日。

⑩ 《四联总处第 295 次理事会议记录》(1945 年 11 月 29 日),中国第二历史档案馆编:《四联总处会议录》(43),广西师范大学出版社 2003 年版,第 350 页。

⑪ 《秘书处关于四联总处第三次改组情况的报告》(1945 年 11 月 29 日),重庆市档案馆、重庆市人民银行金融研究所合编:《四联总处史料》上,档案出版社 1993 年版,第 105 页。

⑫ 《蒋介石日记》(手稿),1945 年 12 月 31 日。

的举措。基本上确定了四联总处在战后的任务是以审核放款和研讨物价为主。审核放款任务,是贯穿四联总处始终的一项事业。至于研讨物价,四联总处有制定相关的政策,但是最终历史表明没有成效。"研讨"的政策在具体实践上无法开展。通货膨胀最终陷入恶性循环。同时四联总处开始谋划复员回迁南京。到1946年4月底,四联总处大部分工作人员及重要文卷均已运到南京,照常办公。仅留少数人员在重庆继续办理剩余事项。迨至7月初,留在重庆的少数工作人员及全部档案被包船运到南京。四联总处回迁南京的工作至此完成。①

四联总处作为抗战大背景下应运而生的战时金融统制机构,是抗日战争的特殊产物。它得以存在的法律依据是《战时健全中央金融机构办法》。随着抗战胜利,特殊的战时状态结束。这个办法自然而然被废止。那么战后时期,四联总处是否具备继续存在的合法性?早在抗战期间,立法院已经有人质疑四联总处存在的必要性。四联总处对四行二局的管控效果是有限的。四行二局各自为政的现象是众所周知。四行二局对于四联总处的插手管理,颇有微词。因此,到了战后,撤销四联总处的言论在政府和金融界中有所流传。

从蒋介石日记可得,蒋介石试图利用保留四联总处继续掌控四行二局,并且希望四联总处能够配合和协助战后金融复员的工作,于是决定整体回迁四联总处到南京,继续维持办公。但战后的时代大背景已经不同于战时集中金融力量一致抗日的社会潮流,所以四联总处虽然维持存在,但是其业务范围发生重大变更。战时四联总处在金融经济领域举足轻重的地位一去不复返。一方面国民政府废止战时金融经济管制的相关法规,另一方面中央银行地位提升和实力增强,四联总处对四行二局的掌控能力下降,其在金融经济领域里的活动范围和职权也逐渐缩小。1945年12月四联总处第三次改组以后,以往大刀阔斧的指导和监督四行二局的职权不复存在。四联总处业务范围在督办"金融复员"、主持"紧急贷款"等事业中有所作为,金融管理活动大体不超出审核放款和研讨政策的范围。

四、四联总处的存废讨论与撤销

1948年9月28日,立法院通过议案:撤销四联总处。10月5日,行政院会议通过议案:四联总处应即撤销,限10月底结束。10月7日,四联总处召开了

---

① 《四联总处三十五年度工作报告》,重庆市档案馆、重庆市人民银行金融研究所合编:《四联总处史料》上,档案出版社1993年版,第108页。

最后一次理事会议即第 372 次理事会议讨论撤销事宜。10 月 12 日徐柏园在秘书处召开四联总处结束工作会议。至此,四联总处的历史画上了句号。

四联总处的撤销和其他机构的撤销情况有所不同。一般政府机构的撤销,大抵是由于它在工作上或业务上已无存在的必要,然后由这个机构自己或其上级主管部门提出撤销。可是四联总处的撤销,既不是理事会自己提出的,也不是行政院主动决定的,而是出自立法院的决议。也就是说,四联总处的撤销不是当时国民政府行政院或四联总处理事会主席蒋介石"主动"向行政院提出的;而是在法律程序上被弹劾撤销,属于"被动"性质的撤销。

四联总处的存废问题一直在国民政府中得到关注。特别在抗战胜利后,各界对四联总处存在的必要性和合法性问题展开讨论。这引起了四联总处理事会的关注。早在 1946 年 7 月 25 日《理事会关于四联总处存废问题的决议》首先肯定了四联总处 1939 年 9 月遵照政府《战时健全中央金融机构办法纲要》改组成立以来,秉承理事会主席蒋介石、副主席孔祥熙、宋子文的指示,在四行二局的协同合作的基础上,协助政府对战时、战后各项金融管理,努力策划实践,收到了良好效果。全面抗战的八年中,四联总处的工作范围涉及面广,内容繁复,业务范围遍布中国重要金融管理事业领域。但是抗战胜利后,各界人士对四联总处的存在产生质疑,多次讨论其存废问题,认为四联总处作为战时金融机构已经完成自身的任务,应该撤销[①]。如 1946 年 7 月 15 日,《商报》刊载工贷座谈会记录。在座谈会上,吴承基认为"工贷举办应由各国家银行分工合作,四联总处之任务既已完了,再无存在必要,应早日予以撤销,关于工贷之指导与管理任务,应由中央银行继续办理。交通银行之使命既为发展实业,则今后对一般工商业[应]多多给予帮助"[②]。1946 年 7 月 19 日,《商报》刊载《如何发挥中央银行的效能》,认为四联总处原是适应战时需要而成立的临时机构,言其任务,亦不过在于通信联络,谈不上权力二字。……抗战胜利后,多少战时性质的机构裁的裁,减的减,而这一机构反到处分设。俨然以金融机构自居,乃至今日,所谓四联总处,在实际上对于中央银行已握有操纵指挥的权力,既有审核权,又有决策权。文章分析国民政府在金融行政方面,已有财政部钱币司;在金融业务方面,已有四行两局;在金融监督方面,曾有过金融监理官。于是认为四联总处在各种金融机构中地位

---

① 《理事会关于四联总处存废问题的决议》(1946 年 7 月 25 日),重庆市档案馆、重庆市人民银行金融研究所合编:《四联总处史料》上,档案出版社 1993 年版,第 146 页。

② 《理事会关于四联总处存废问题的决议》(1946 年 7 月 25 日),重庆市档案馆、重庆市人民银行金融研究所合编:《四联总处史料》上,档案出版社 1993 年版,第 147 页。

极其尴尬①。1946 年 7 月 20 日《商报》刊载《该是经济政策转变的时期》,认为中央银行虽有银行之银行的实力与职能,却不行使此种职权。而同时又有四联总处,介乎财政部与银行之间,各机构各业行,各自为政,造成银行之间实力互相抵消②。1946 年 7 月 21 日《商报》刊载《工商界经济计划委员会拟订当前经济危机及其对策》,形象比喻四联总处为"今日政府金融机构之太上皇",认为四联总处根本不必存在。第一,四联总处在工商界中的印象是衙门化的金融机构,办事效率低,没有时间观念。第二,四联总处办事不求实际,任意削减贷款额度,使工业界无法运用,致使贷款被用于投机盈利。第三,四联总处没有提携扶助生产事业的政策,对厂家苛求押品,使生产无法运行。第四,四大国家银行因为四联总处的请核限制,四行本身业务得不到顺利发展。因此得出结论四联总处可以解散③。1946 年 7 月 23 日《商报》刊载《工商各业公会联名呼请确立经济政策挽救危机》对撤销四联总处事宜提出具体看法④。《商报》杂志连续刊载关于四联总处存废问题的评论,总体意见认为四联总处没有存在的必要性,提出了机构撤销的具体意见供政府参考。尽管金融界经济界流言四起,四联总处第 313 次理事会议针对存废问题通过决议,认为"关于本处存废问题不予讨论。二、对本处过去工作情形,应在既定金融政策范围内,针对各方批评,加以检讨,设法改善。三、今后本处任务,仍应配合政府经济政策,就挽救当前经济危机,协助生产之原则下,并将前拟放款方针,并案迅速研究"。⑤ 四联总处表示一方面根据各方建议,改善四联总处机构,另一方面会按照政府要求,继续从事金融管理和经济建设,并调整四联总处的工作范围和人事机构。可以说四联总处一概不理会外界的质疑,遵照四联总处理事会主席蒋介石的指示,继续运作。

　　1947 年 1 月 16 日,蒋介石继续召见四联总处人员指示贷款要旨⑥。1947

---

　　① 《理事会关于四联总处存废问题的决议》(1946 年 7 月 25 日),重庆市档案馆、重庆市人民银行金融研究所合编:《四联总处史料》上,档案出版社 1993 年版,第 147 页。

　　② 《理事会关于四联总处存废问题的决议》(1946 年 7 月 25 日),重庆市档案馆、重庆市人民银行金融研究所合编:《四联总处史料》上,档案出版社 1993 年版,第 147 页。

　　③ 《理事会关于四联总处存废问题的决议》(1946 年 7 月 25 日),重庆市档案馆、重庆市人民银行金融研究所合编:《四联总处史料》上,档案出版社 1993 年版,第 148 页。

　　④ 《理事会关于四联总处存废问题的决议》(1946 年 7 月 25 日),重庆市档案馆、重庆市人民银行金融研究所合编:《四联总处史料》上,档案出版社 1993 年版,第 148 页。

　　⑤ 《理事会关于四联总处存废问题的决议》(1946 年 7 月 25 日),重庆市档案馆、重庆市人民银行金融研究所合编:《四联总处史料》上,档案出版社 1993 年版,第 148 页。

　　⑥ 《蒋介石日记》(手稿),1947 年 1 月 16 日。

年 2 月 1 日,蒋介石预定本星期工作课目"四联总处与政府银行年会之准备"。[①]
1947 年 2 月 27 日,蒋介石在四联总处第 338 次理事会议上发表训词,评价和肯
定四联总处的作用,认为"自抗战开始以至于今,九年之间,四联总处及各行局对
于国家的贡献至为重大,可以说在全面抗战期中,我们中国金融经济之所以能免
于崩溃,大部分是各行局能够同心一德,照四联总处的计划努力推行的结果,由
此可见四联总处在过去战时以及今后国家建设期中,确有存在的必要,所以今后
四联总处和各行局无论为裨补国计,抑为改善民生,均应一本以往的精神,共同
一致遵照政府所颁政策以及既定方针通力合作,期使国家行局业务益能开
展"。[②] 由此说明,蒋介石本人肯定了四联总处在战后继续存在的必要性,不愿
意卸下理事会主席这一职位。蒋介石意图利用四联总处这个机构协助金融复
员,继续控制四行,于是决定把这个机构回迁到南京,继续维持。

当时四联总处机构庞大,人员多,待遇比一般公职机关优厚;同时,四联总处
可以干预各大银行的事务,相当于各行多了一个"顶头上司"。这样就不免形成
一种撤销四联总处的舆论。这种舆论通过立法委员反映出来。1947 年 2 月,上
海掀起黄金风潮。四联总处秘书长、财政次长徐柏园派四联总处秘书处和财政
部钱币司人员一起到上海去检查各私营银行有无倒卖金钞行为。按规定,四联
总处只针对四行二局行使业务指导,没有管理一般私营银行(包括有"官股"的银
行)的权限。显然这次四联总处派人前去检查私营银行,已经越出自身权限范
围[③]。此举遭到银行人员的抵制和反感。社会上反映四联总处冗员,薪酬待遇
优厚。1947 年春,蒋介石手令徐柏园,希望四联总处商拟调整国家行局员工待
遇并于一周内彻查人事小组的非法行为并予以处理改正[④]。1947 年 3 月 8 日,
蒋介石在本星期预定工作课目中还在考虑四联总处理事会副主席的人选[⑤]。但
这一考虑并没有实践。四联总处仅有过 2 位理事会副主席,孔祥熙和宋子文。
蒋介石下达的最后一次关于四联总处的手令,是解决机构人事冗员问题。他希
望裁减冗员,减少经费,让四联总处的情况有所改善。1947 年 8 月 28 日蒋介石
手令"为国家银行与国营事业机关冗员过多,应照节约规章裁减,并减少经费至

①　《蒋介石日记》(手稿),1947 年 2 月 1 日。
②　《四联总处理事会第 338 次会议记录》(1947 年 2 月 27 日),中国第二历史档案馆编:《四
联总处会议录》(54),广西师范大学出版社 2003 年版,第 301 页。
③　寿充一等编:《中央银行史话》,中国文史出版社 1987 年版,第 104 页。
④　"蒋介石档案",台北"国史馆"藏,档号 002-080200-00555-091。
⑤　《蒋介石日记》(手稿),1947 年 3 月 8 日。

百分之三十为标准。其资负情形,应限每六个月公布一次。本年上半年之营业实况,务限于九月十五日前公布"①。回迁南京后,四联总处机构和人事有所紧缩。

尽管 1947 年 11 月 18 日蒋介石与徐柏园商谈四联总处放款办法与方针②,但是转眼三天后,11 月 21 日,蒋介石就下令四联总处转国家行局暂停各种放款并严格收回已到期的款项③,以紧缩游资,平抑物价。1947 年 12 月,蒋介石开始考虑四联总处撤销的问题。1947 年 12 月 3 日,蒋介石召见四联总处秘书长徐柏园和财政部长俞鸿钧,斥责徐柏园工作不得力,要求徐柏园立即遵办以下三点:(一)四联总处立即暂停对外贷款;(二)各处汇至上海的汇款应该严格限制并检查其户名与汇款来源;(三)各国家行局不得以收益关系擅自开放贷款业务。同时蒋介石斥责俞鸿钧督导行局不严④。1947 年 12 月 6 日,蒋介石在本星期预定工作课目上写下"四联总处之取消"⑤。1947 年 12 月 7 日,蒋介石与张群商谈财政金融及外交问题。此时蒋介石责怪宋子文"每忆以往财政金融基础之雄厚以及今日之困穷与美国之压迫,所有一切之耻辱皆由子文一人无能荒唐所造成"⑥。1947 年 12 月 13 日,蒋介石预定要撤销四联总处⑦。1947 年 12 月 18 日上午,蒋介石到四联总处集合全体理事,痛骂"四行总处办事之自私与秘书长之不负责任"⑧。晚上宴请四联总处理事成员⑨。可以说,蒋介石不满意四联总处的工作。

蒋介石对于撤销四联总处的想法表现出反复性和矛盾性。1948 年 1 月,蒋介石再次指示四联总处 1948 年度应以农贷为第一要务⑩。希望可以调整四联

① 《理事会关于蒋介石手令裁减冗员等应切实遵办的决议》(1947 年 8 月 28 日),重庆市档案馆、重庆市人民银行金融研究所合编:《四联总处史料》上,档案出版社 1993 年版,第 698 页。

② 周美华编注:《蒋中正总统档案·事略稿本》(1947 年 9 月—12 月)第 71 册,1947 年 11 月 18 日,台北"国史馆",2012 年 10 月,第 472 页。

③ 周美华编注:《蒋中正总统档案·事略稿本》(1947 年 9 月—12 月)第 71 册,1947 年 11 月 21 日,台北"国史馆",2012 年 10 月,第 508—509 页。

④ 周美华编注:《蒋中正总统档案·事略稿本》(1947 年 9 月—12 月)第 71 册,1947 年 12 月 3 日,台北"国史馆",2012 年 10 月,第 557—558 页。

⑤ 《蒋介石日记》(手稿),1947 年 12 月 6 日。

⑥ 《蒋介石日记》(手稿),1947 年 12 月 7 日。

⑦ 《蒋介石日记》(手稿),1947 年 12 月 13 日。

⑧ 周美华编注:《蒋中正总统档案·事略稿本》(1947 年 9 月—12 月)第 71 册,1947 年 12 月 18 日,台北"国史馆",2012 年 10 月,第 652 页。

⑨ 《蒋介石日记》(手稿),1947 年 12 月 18 日。

⑩ "蒋介石档案",台北"国史馆"藏,档号 002-060100-00232-006-001x。

总处的职权任务。因此 1948 年春天，四联总处对外公开表示今后只是一个"真正负责设计、联系、考核和审核贷款合乎国策的机关"，对于贷款帮助生产事业一概不提及。尽管如此，各方仍在质疑四联总处是否有继续存在的必要性。7 月 16 日，立法院正式向行政院提出质询：四联总处究竟是否还有存在的必要？接着各类报纸杂志，不断刊登诸如四联总处即将撤销，财政部另成立金融管理署以及上海四联分处将先撤销等新闻消息。此时四联总处秘书长徐柏园出来辟谣，坚称四联总处不会撤销，继续协助政府处理金融经济事务①。但四联总处被撤销的命运，已经显现。

　　立法委员束云章向行政院长翁文灏提出"质询关于四联机构案"之后，四联总处被迫决定撤销。束云章质询四联机构案的内容摘要如下："关于金融政策方面财政部只须透过中央银行即可付诸实施。但是财政部及中央银行以外又添了一个四联总处，结果财政部对金融可不负责，专踢皮球，以致转来转去失去时效。中央银行本为银行之银行，金融政策本可由财政部透过中央银行办理，现在添了四联总处，请问是否不信任中央银行，如果是不信任，究竟为了什么？机构不好还是人不好？要是机构不好或人不好，尽可将中央银行撤销或改组，为什么要设立四联总处？表面上四联总处是集中国家金融机构的力量，办理贷放活泼金融，事实上该处办理贷款究竟有无一定标准，是否不徇私情？几年来有什么成绩拿给我们看，比未有四联总处以前有什么进步？这种机构应否裁并，请翁院长考虑"②。之后，9 月 28 日立法院通过了撤销四联总处的决议，行政院照办决议。有当时人士甚至揣测分析，此时正值国民政府"行宪"的关键时刻，蒋介石不愿在四联总处撤销问题上继续强硬和独裁决策以至于撕破他行宪的外衣。一意孤行保存四联总处，对于蒋介石来说没有好处。立法院正是看中这个特殊政治时期，才正式决定上报"质询关于四联机构案"。③

　　1948 年 10 月，行政院决议认为四联总处"以配合复员建设之进展，现因实施宪政，该处任务多已完成，政府乃决定予以撤销"。行政院将这一决议报请蒋介石。蒋介石同意行政院通过撤销四联总处，于 10 月底前结束，所有业务分交中央银行及财政部接管等④。也就是说，最后一刻，蒋介石才不得不同意行政院

---

　　①　寿充一等编：《中央银行史话》，中国文史出版社 1987 年版，第 105 页。
　　②　中国人民银行总行金融研究所金融历史研究室编：《近代中国金融业管理》，人民出版社 1990 年版，第 281 页。
　　③　寿充一等编：《中央银行史话》，中国文史出版社 1987 年版，第 105 页。
　　④　"蒋介石档案"，台北"国史馆"藏，档号 002-060100-00244-006-005a。

撤销四联总处的决议。

10月7日上午四联总处举行第372次理事会议,由翁文灏院长主持,出席理事有俞鸿钧、宋汉章、钱新之、关吉玉、陈行、刘攻芸、赵棣华、李叔明及秘书长徐柏园等。首先由翁文灏宣布6日行政院政务会议决议,依照立法院决议案,撤销四联总处,于十月底结束①,对于金融管理业务今后如何通盘筹划,应由财政部研拟具体办法上报行政院核定。之后,理事会为决议裁撤而拟具结束办法六项,内容有:"一、本处秘书处自10月8日起,停止接受申请贷款文件,并即开始办理结束,于本月内结束完竣。二、所有未了放款案件,移由中央银行审核办理。三、档案文卷,属于行政管理部分者移由财政部接管,属于业务处理部分者移由中央银行接管。四、各项资产会商负担开支,各行局接管处理。五、专任职员分发四行及中信局,按本处原薪级比照相当职务,衔接年资分别任用。六、以上结束事宜,由各行局推派代表会同本处指定人员组织结束委员会办理之。"②至于以后的生产贷款方针,各项原则条文应配合修正。经决定先交由财政部及中央银行会同邀请各行局库首长商议修正,再行陈报行政院核定③。这次会议还通过了其他重要的决议。四联总处秘书处遵照理事会议核定的六项原则,进行结束工作。11月1日起办理点交手续:属于行政管理部分移交财政部接管;属于业务处理部分移由中央银行接管。至此,四联总处初创于1937年"八一三"沪战爆发全面抗战之际,从战时延至战后,历时长达11年零2个月,终于在1948年10月31日正式结束,落下帷幕。

笔者在台北"国史馆"新店馆藏"行政院档案"里收获《四联总处结束案》档案原件。这批史料之前从未有学者用过,也是首次披露四联总处这一庞大的机构撤销后的善后工作。

首先是1948年11月2日,四联总处徐柏园上报结束处理的总体情况。

一、档案文卷属于行政管理部分者,移由财政部接管,属于业务处理部分者,移由中央银行接管,均已分别造册于十一月一日移交清楚。

二、所有未结待办案件,曾经先行分别专案检同原案卷,移请财政部及中央

---

① 《金融周报关于四联总处撤销的报导》(1948年10月13日),重庆市档案馆、重庆市人民银行金融研究所合编:《四联总处史料》上,档案出版社1993年版,第149页。

② 中国人民银行总行金融研究所金融历史研究室编:《近代中国金融业管理》,人民出版社1990年版,第281页。

③ 《金融周报关于四联总处撤销的报导》(1948年10月13日),重庆市档案馆、重庆市人民银行金融研究所合编:《四联总处史料》上,档案出版社1993年版,第150页。

银行继续办理。

三、专任职员分发各行局任用,计中央银行五十九人,中国银行十三人,交通银行十二人,中国农民银行十三人,中央信托局十五人,邮政储金汇业局一人,共一百一十三人。

四、工役全部遣散,分别年资比例发给遣散费。

五、本处奉颁关防及官章均经备文缴销。

六、各项资产由各行局推由中央银行代表接收处理。

七、历年会计账册,移交中央银行保管。①

1948年11月5日,四联总处秘书长徐柏园向行政院上报资遣专任员工的情况。四联总处的专任人员全部遣散至各行局继续任用。各地分支处的专任人员除了当地行局留任外,一律采取资遣。情况如下:

甲、职员部份

一、分发行局任用人员一律不发遣散费。

二、遣散人员,按各该员十月份所得计算核发遣散费至多不得超过三个月。

乙、工役部份

一、到处不足半年者,发给遣散费一个月。

二、到处不足一年者,发给遣散费一个半月。

三、一年以上不足二年者,发给遣散费二个月。

四、二年以上者,发给遣散费三个月。

五、一年以上者,加发回籍旅费一个月,不足一年者折半。

以上遣散费及回籍旅费,均按个该役十月份所得为计算标准。②

徐柏园将四联总处遣散各员工发放遣散费和回籍旅费的情况向行政院汇报。徐柏园在四联总处的任职,从最初的副秘书长到秘书长,参与了四联总处从改组成立到撤销的整个过程。最后的撤销过程中,徐柏园所做的妥善善后措施,也得到了行政院院长翁文灏的认同。翁文灏11月5日回复徐柏园称"四联总处结束事宜承兄悉心主持迅速部署办理妥适,至用佩慰,兹有四联同人均获分发各行局任职,尤以为慰,尚希代向各同人转为嘉勉之意为荷,专此函达并颂时祈"。③

历时11年零2个月,从初创时期只是一个临时联络办事机构,至1939年10

---

① 《四联总处结束案》,"行政院档案",台北"国史馆"新店藏原件,入藏登录号 014000008007A。

② 《四联总处结束案》,"行政院档案",台北"国史馆"新店藏原件,入藏登录号 014000008007A。

③ 《四联总处结束案》,"行政院档案",台北"国史馆"新店藏原件,入藏登录号 014000008007A。

月改组成立,经历三次改组,四易其址的四联总处成为国民政府的经济金融中枢决策机构,直至撤销。四联总处组织与任务亦屡有变更,变迁过程是颇为复杂的。其中四联总处整段历史中,蒋介石的角色是至关重要的。中国对日作战,最终取得胜利,有着四联总处等金融力量的强大支持,这是毋庸置疑的。

第二节　四联总处组织系统变动与经费来源

一、组织系统的变动比较

　　1937 年 8 月 30 日,以蒋介石为主席的国防最高会议通过《总动员计划大纲》。蒋介石在"七七"事变爆发后,曾对徐堪提议"组金融委员会,以安定金融,组劝募公债委员会,发行救国公债,以筹措战费。其后并拟定经济人力物力动员办法,设置农业、工矿、贸易三委员会,分别主持农业改良增产,加强粮食运输,安定粮价,工厂迁建及维持对外贸易等"①,都在总动员纲要中得到体现,在四联总处职权中也有所实践。1937 年 10 月底,财政部长孔祥熙回国,由其主持四行联合办事处事务。1937 年 11 月,因上海和整个华东战局失利,中中交农四行纷纷内迁,四行联合办事处工作一度停顿。11 月 25 日,四行代表在汉口组成四行联合办事处总处,上海改设分处,"除对贴放等项加以管理外,对于财政方面之紧急措施,亦开始协同推进"。② 此时汉口时期的四联总处职能与早期的四行联合办事处已有所不同。它对外宣称为"总处",其他各地则称为分处。但在职权范围和性质上,汉口时期的四联总处仍与 1939 年特组成立的四联总处存在根本差异。

　　随着战局的变动,1938 年四联总处自汉口迁至重庆,1938 年 3 月四联渝分处亦告成立。此时四联总处的业务渐趋扩大,"添设政策业务考核事务四组,分掌四行之计划,贴放发行之调拨,及收兑金银之考核,以及运输工程各项事宜"③。根据史料,可以勾勒出 1938 年 3 月迁到重庆之后的四联总处组织系统

---

　　① 徐堪著:《徐可亭先生文存》,台北:徐可亭先生文存编印委员会 1970 年 5 月版,第 240 页。
　　② 刘攻芸:《四联总处之任务》(1944 年 3 月),重庆市档案馆、重庆市人民银行金融研究所合编:《四联总处史料》上,档案出版社 1993 年版,第 62 页。
　　③ 徐堪:《中中交农四银行联合办事总处之组织及其工作》(1940 年 1 月),重庆市档案馆、重庆市人民银行金融研究所合编:《四联总处史料》上,档案出版社 1993 年版,第 54 页。

图(见图 1-1)。

图 1-1　1938 年 3 月迁渝之后的四联总处组织系统

资料来源:徐堪:《中中交农四银行联合办事总处之组织及其工作》(1940 年 1 月),重庆市档案馆、重庆市人民银行金融研究所合编:《四联总处史料》上,档案出版社 1993 年版,第 54 页。

1939 年 9 月 8 日,经国防最高委员会核定,国民政府公布《战时健全中央金融机构办法》,宣布"中央、中国、交通、中国农民四银行合组联合办事总处,负责办理政府战时金融政策有关各特种业务"①。

笔者根据 1939 年章程自制了 1939 年 9 月第一次改组后的四联总处组织系统图(见图 1-2)。

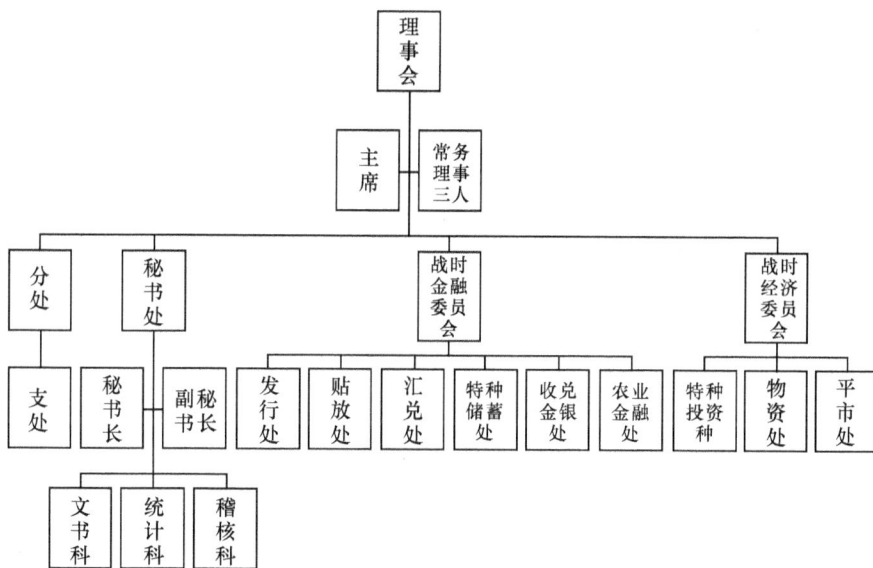

图 1-2　1939 年 9 月第一次改组后的四联总处组织系统

资料来源:《战时健全中央金融机构办法》(1939 年 9 月 8 日),重庆市档案馆、重庆市人民银行金融研究所合编:《四联总处史料》上,档案出版社 1993 年版,第 67 页。

---

①　《战时健全中央金融机构办法》(1939 年 9 月 8 日),重庆市档案馆、重庆市人民银行金融研究所合编:《四联总处史料》上,档案出版社 1993 年版,第 67 页。

1939 年 11 月 21 日四联总处第 9 次会议上,秘书处决定在文书科和统计科之外添设稽核科,以便专责办理记载各项贴放、汇兑、储蓄等账册,并随时考核各分处的工作。①

1940 年,四联总处对于自身的组织演变情况进行报告。特别是"战时经济委员会之下,原设特种投资、平市、物资三处。惟平市工作,自经理事会通过平价方案,建议政府设立平价购销处后,各项平价工作,已由经济部平价购销处及其他主管机关分别执行,余为协助平价及平价之建议事项。至物资事项,因有财政部贸易委员会等专司其事,故本总处之物资处仅于资金方面协助进行而已"②。原定四联总处组织章程与实际情形不符合,"一、主席前曾面谕;公忙不及兼理总处事务时,由孔常务理事代理;二、原定平市处之组织,与经济部平价购销处及现正筹设之物资局职掌重复;三、原定物资处之组织,与财政部贸易委员会之职掌重复;四、收兑金银事项,已决定交由中央银行办理;五、汇兑处原拿外汇审核工作,已移交外汇管理委员会主办,该处现仅负国内军政大宗汇款之审核与摊汇;六、特种储蓄处除推行各项储蓄业务外,并负计划推进吸收普通存款之责;七、又现有各处多系委员会性质,负审核或设计之责。至其日常事务,多由秘书处稽核科或指定之专员洽办。惟职务未予规定,似应酌予调整,以专责成"③。在这种实际情况下,四联总处组织有所调整。

1942 年 9 月四联总处第二次改组时,组织再次有所变化。具体可见笔者自制图(见图 1-3)。

1943 年,四联总处再次调整秘书处组织:文书科改称为总务科;稽核科原职掌稽核及人事事项,除有关人事事项移归总务科办理外,有关稽核事项应归会计长办事处办理,稽核科已无存在必要即予撤销;统计科改隶会计长办事处。于是变更后的六科为总务、发行、储蓄、放款、农贷、汇兑六科。④ 业务分类更加细致。设立的会计长办事处是 1943 年 8 月国民政府主计处依法在四联总处设置的会

① 《理事会关于添设稽核科的决议(1939 年 11 月 21 日)》,重庆市档案馆、重庆市人民银行金融研究所合编:《四联总处史料》上,档案出版社 1993 年版,第 78 页。

② 《四联总处关于 1940 年度本处组织演变情况》(1940 年),重庆市档案馆、重庆市人民银行金融研究所合编:《四联总处史料》上,档案出版社 1993 年版,第 84 页。

③ 《徐堪徐柏园为拟定调整四联总处组织办法草案等呈稿》(1942 年 1 月 25 日),重庆市档案馆、重庆市人民银行金融研究所合编:《四联总处史料》上,档案出版社 1993 年版,第 85—86 页。

④ 《四联总处关于调整秘书处组织等情况的报告稿》(1943 年),重庆市档案馆、重庆市人民银行金融研究所合编:《四联总处史料》上,档案出版社 1993 年版,第 97 页。

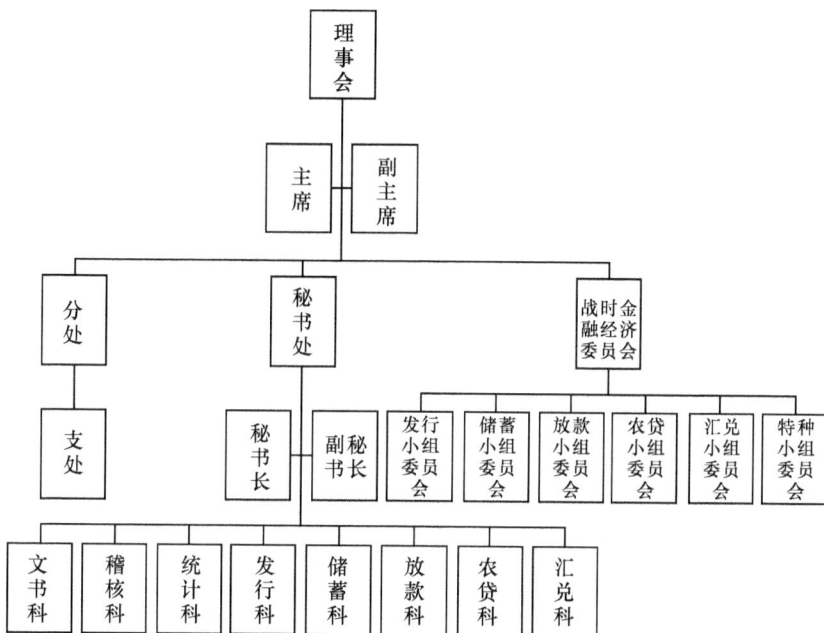

图 1-3　1942 年 9 月第二次改组后的四联总处组织系统

资料来源:《中央中国交通农民四银行联合办事总处组织章程》(1942 年 9 月),重庆市档案馆、重庆市人民银行金融研究所合编:《四联总处史料》上,档案出版社 1993 年版,第 87 页。

计机构。四联总处第 187 次理事会议上,任命杨众先为会计长,即日筹备设置会计机构。[①] 依照主计处核定的会计长办事处的组织规程规定分设三科:第一科掌理岁计会计事项;第二科掌理统计事项;第三科掌理文书事项。[②]

1942 年 5 月四行专业化完成,由中央银行统一发行,发行案件逐渐减少。购料事务原先由发行科兼办,现在购料事务增多,于是 1944 年 3 月,四联总处第 212 次理事会议决定将发行科改为购料科,此后发行案件仍由该科兼办。并改派原任发行科科长为购料科科长。[③]

1944 年 4 月 6 日四联总处第 217 次理事会议上,秘书处做了设立放款考核委员会和考核科的报告。1942 年四行业务专业化后,各行局办理生产事业贷

---

① 《秘书处关于杨众先代理会计长的报告》(1943 年 8 月 26 日),重庆市档案馆、重庆市人民银行金融研究所合编:《四联总处史料》上,档案出版社 1993 年版,第 96 页。

② 《四联总处关于调整秘书处组织等情况的报告稿》(1943 年),重庆市档案馆、重庆市人民银行金融研究所合编:《四联总处史料》上,档案出版社 1993 年版,第 98 页。

③ 《秘书处关于将发行科改为购料科的报告》(1944 年 3 月 2 日),重庆市档案馆、重庆市人民银行金融研究所合编:《四联总处史料》上,档案出版社 1993 年版,第 99 页。

款。宋子文认为:各行局扶持生产贷款后应该切实督导,才能达到增加生产、平抑物价的作用。如果经营不善或者信用不佳的,应该收回贷款。为了切实考核放款效果,四联总处决定成立放款考核委员会,由各行局及有关机关和四联总处代表共同组织,负责贷款机关财务业务的后续考核事宜。并在秘书处下设立考核科,处理放款考核委员会有关事务,由宋子文指派夏晋熊、张兹阖等九人担任放款考核委员会委员,指定夏晋熊为主任委员、张兹阖为副主任委员[①]。

1945年12月1日,四联总处实行第三次改组。宋子文发布手谕认为:四联总处在战后特殊时期,战争刚刚结束的情况下,仍需要协助复员时期的政府推行各项金融经济政策。宋子文认为,这个时期应该以审核放款及研讨物价为主。所以需要进行第三次四联总处改组,提高办事效率。提出了调整办法八项[②]。于是四联总处组织系统有以下改变:(一)原隶属理事会的战后金融复员计划实施委员会、各行局实务研究委员会及划一各行局人事制度设计委员会一律撤销;(二)战时金融经济委员会改称金融经济委员会,其下各小组委员会除特种小组委员会及放款小组委员会仍予保留外,其余储蓄、农贷、土地金融及放款考核等小组合并改组为普通业务小组委员会;(三)会计处裁撤;(四)秘书处下原有各科合并改组为总务及业务两科。会计处原设的统计科改隶秘书处;(五)定12月1日改组;(六)改组后紧缩员额,编余人员尽量介绍各行局录;(七)业务清闲,确实无继续存在必要的分支处,均予裁撤。(八)收复区业务繁要地点,将来视实际情况酌设分支处[③]。

笔者制作1945年12月第三次改组后的四联总处组织系统图,如图1-4。

---

① 《秘书处关于设立放款考核委员会和考核科的报告》(1944年4月6日),重庆市档案馆、重庆市人民银行金融研究所合编:《四联总处史料》上,档案出版社1993年版,第100页。

② 《秘书处关于四联总处第三次改组情况的报告》(1945年11月29日),重庆市档案馆、重庆市人民银行金融研究所合编:《四联总处史料》上,档案出版社1993年版,第107页。

③ 《秘书处关于四联总处第三次改组情况的报告》(1945年11月29日),重庆市档案馆、重庆市人民银行金融研究所合编:《四联总处史料》上,档案出版社1993年版,第105、107页。

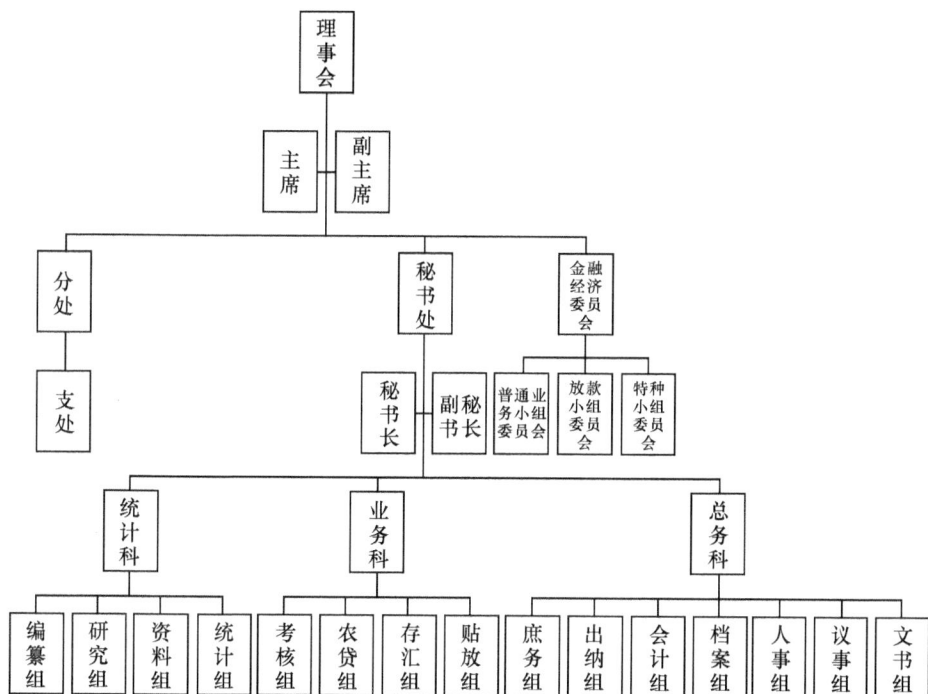

图 1-4　1945 年 12 月第三次改组后的四联总处组织系统

资料来源:《秘书处关于四联总处第三次改组情况的报告》(1945 年 11 月 29 日),重庆市档案馆、重庆市人民银行金融研究所合编:《四联总处史料》上,档案出版社 1993 年版,第 105、107 页。

经过 1945 年 12 月四联总处第三次改组调整系统后,四联总处组织更为紧缩。复员时期,配合政府协助推行各项金融经济设施的过程中,四联总处内部系统组织又有所改变。虽然 1945 年 12 月四联总处紧缩组织调整后,将农贷会与储蓄、汇兑等小组委员会合并设立普通业务小组委员会,但之后考虑到农贷案件与水利合作及农林等行政机构息息相关,且农贷案情较为专业而复杂繁琐,于是重新专门设置农贷小组委员会。[①] 四联总处迁回南京办公之后,原来南京分处撤销,所有有关南京当地的各项业务,由四联总处 1946 年 8 月 21 日所设置的首都地方业务小组委员会办理。[②] 1946 年 12 月 10 日,四联总处为协助生产事业、解除工矿厂家当前困难起见,设置生产事业贷款临时审核委员会,暂先办理上海

[①]　《四联总处关于 1946 年度组织演变情况的报告》,重庆市档案馆、重庆市人民银行金融研究所合编:《四联总处史料》上,档案出版社 1993 年版,第 108 页。

[②]　《四联总处关于 1946 年度组织演变情况的报告》,重庆市档案馆、重庆市人民银行金融研究所合编:《四联总处史料》上,档案出版社 1993 年版,第 109 页。

各急需的生产事业。① 这些调整,都是四联总处为了适应战后复员时期的经济金融形势所做出的。

二、四联总处经费与薪酬

1939 年 9 月四联总处正式改组成立以来,运作经费一直采取由国家行局比例分担的方式。最初的时候,四联总处每月开支经费,理事会议决议由中中交农四行按照三、三、二、二的比例摊派。"由中中交农四行分担,四行各派代表一人组织审核委员会,审核各项开支、账册、单据,按月缮具报告书送呈主席核销"。② 后来经特种小组会议讨论之后,从 1944 年 10 月份起,决定中央银行三成,中国银行二成,交通银行和农民银行各一成半,中央信托局和邮政储金汇业局各一成的比例来摊派。③

众所周知的四行二局一库中,中央合作金库是最晚成立,也是最晚加入四联总处的。中央合作金库于 1946 年 11 月 1 日正式成立。同样作为国家金融机构,与四行二局在业务上关系非常紧密。所以在 1946 年 11 月 7 日四联总处第 327 次理事会议上,四联总处理事会决定中央合作金库加入四联总处④。中央合作金库总经理列席理事会议,并派有关主管人员参加四联总处的有关小组委员会。

随后 1947 年 4 月 10 日四联总处理事会召开第 341 次理事会议,讨论中央合作金库各地分支库与四联总处各地分支处应如何联系。决议认为,中央合作金库设有分支库地方,如四联总处设有分支处者,各分支库参加但不必分担四联总处分支处经费⑤。于是四联总处运作所需的经费由最初的四行比例分担演变为四行二局比例摊派。

自 1939 年 10 月起至 1946 年底止,四联总处年度经常费和临时费各支出总

---

① 《四联总处关于 1946 年度组织演变情况的报告》,重庆市档案馆、重庆市人民银行金融研究所合编:《四联总处史料》上,档案出版社 1993 年版,第 109 页。

② 《中央中国交通农民四银行联合办事总处办事细则》(1939 年 10 月 24 日),重庆市档案馆、重庆市人民银行金融研究所合编:《四联总处史料》上,档案出版社 1993 年版,第 73 页。

③ 《四联总处理事会第 239 次会议记录》(1944 年 9 月 28 日),中国第二历史档案馆编:《四联总处会议录》(32),广西师范大学出版社 2003 年版,第 341 页。

④ 重庆市档案馆、重庆市人民银行金融研究所合编:《四联总处史料》上,档案出版社 1993 年版,第 116 页。

⑤ 《四联总处理事会第 341 次会议记录》(1947 年 4 月 10 日),中国第二历史档案馆编:《四联总处会议录》(55),广西师范大学出版社 2003 年版,第 443 页。

数如表 1-1 所示。

表 1-1 1939 年至 1946 年底年度经常费临时费支出数额

年份费用	经常费临时费总额/国币元
1939 年	36000
1940 年	505000
1941 年	1139000
1942 年	3093000
1943 年	10570000
1944 年	37370000
1945 年	188219000
1946 年	1331060000
总额	15719920000

注:1939 年经常费和临时费包括 1939 年 10 月、11 月、12 月共 3 个月。

资料来源:《四联总处理事会第 340 次理事会议记录》(1947 年 3 月 27 日),中国第二历史档案馆编:《四联总处会议录》(55),广西师范大学出版社 2003 年版,第 211 页。

以上 8 年的经费共计国币 15719920000 元。其中 1946 年的费用总额最多,已经占到了 1939—1946 年度四联总处经常费临时费支出所有总额的 84.7%。我们可以看到经费总额逐年上升的速度非常快。1943 年是 1942 年的 3.4 倍。1944 年是 1943 年的 3.5 倍。1945 年是 1944 年的 5.0 倍。1946 年是 1945 年的 7.1 倍。

笔者制作了一份曲线图做一个比较(如图 1-5)。

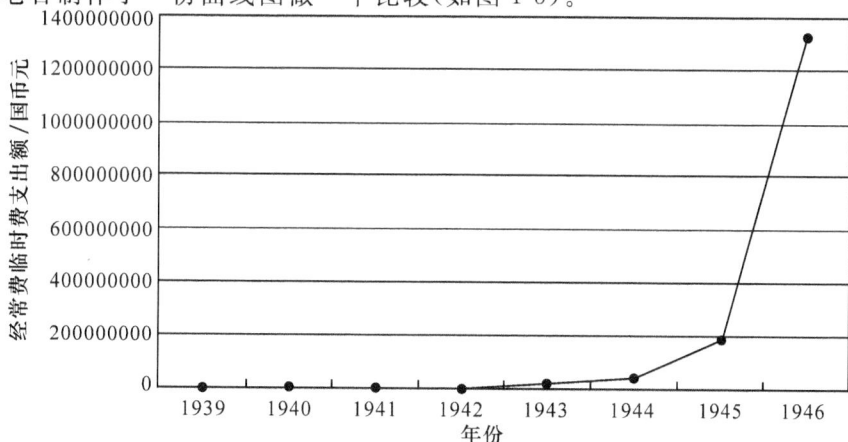

图 1-5 1939 年至 1946 年底年度经常费临时费支出总数比较

资料来源:《四联总处理事会第 340 次理事会议记录》(1947 年 3 月 27 日),中国第二历史档案馆编:《四联总处会议录》(55),广西师范大学出版社 2003 年版,第 211 页。

1946 年的经费额度高得惊人。实际上,此时四联总处已经刻意缩减机构和人员,刻意减少开支。但是为什么出现巨额开支? 主要原因在于当时惊人的通货膨胀、法币贬值问题。

笔者选取 1946 年巨额经费为例,经常费和临时费支出情形为:

(一)经常费 1154590000 元

    一、人事费用 791810000 元

    二、办公费用 362780000 元(包括房租及购置费等)

(二)临时费 176470000 元

    一、复员经费 136470000 元

    二、生产事业贷款临时审核委员会办公费用及举行各项业务会议等计
       37470000 元。

以上共计 1331060000 元[1]。

如图 1-6 展示 1946 年经常费和临时费支出情况的比较。

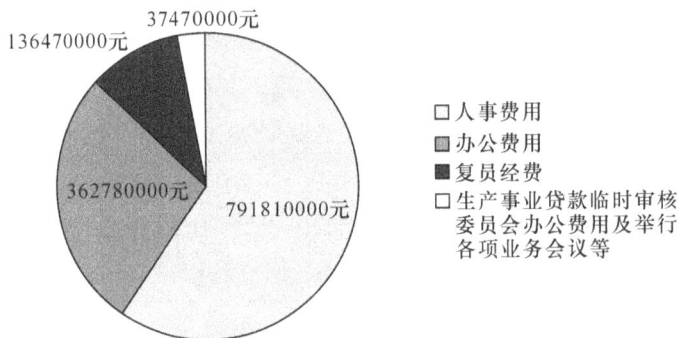

图 1-6　1946 年经常费和临时费支出情形比较

资料来源:《四联总处理事会第 340 次理事会议记录》(1947 年 3 月 27 日),中国第二历史档案馆编:《四联总处会议录》(55),广西师范大学出版社 2003 年版,第 212 页。

由此可得,人事支出费用所占比例最大,接近 65%。其次为办公费用。由于 1946 年度主要是复员工作,所以 1946 年复员经费付出较多。最少的是生产事业贷款临时审核委员会办公费用及举行各项业务会议等。此外各行局分担联合征信所 1946 年 5 月至 10 月不敷经费 128010000 元。

战后初期对于四联总处的质疑和批评蜂拥而至。其中备受指责的一点是四

---

[1]　《四联总处理事会第 340 次理事会议记录》(1947 年 3 月 27 日),中国第二历史档案馆编:《四联总处会议录》(55),广西师范大学出版社 2003 年版,第 212 页。

联总处的经费薪酬问题。不少人抱怨四联总处的人员冗多,工资比其他银行人员高,引起很多银行界人士的不满。加上大家纷纷指责四联总处办事效率低,导致四联总处的处境异常尴尬。早在 1945 年 5 月 24 日,四联总处理事会第 270 次会议讨论道:四联总处各分支处组织通则系于 1943 年 10 月间提第 194 次理事会议核定施行。通则认为,战后形势变动很大。鉴于 1942 年四行专业化后,四联总处业务划分,各行业务均各自专门办理。所以四联各分支处承办的业务大多是中转性质的。因此决定裁掉四联总处各分支处多余的工作人员以减少开支①。

1946 年 7 月 18 日,四联总处理事会第 312 次会议认为,自复员以来四联总处各地分支处业务多有变迁,原有人员不合需要,反而影响工作增加开支,为节约费用加强工作效能起见,拟调整原则②如下:(一)各分支处办事人员员额不予先行规定由总处视其业务需要核定;(二)各分支处专任人员应尽量减少,不敷时由当地各行局调派兼办;(三)各分支处会计事务简单可调用当地行局会计人员或处中专任人员兼办的原有专任人员名额即予取消;(四)总处应视事实需要遣派专任人员在分支处办事;(五)由行局调兼之正副主任委员及委员得月给车马费,其余兼任办事人员得月给公费及津贴其数额另案核定;(六)关于调整征信工作当地如设有征信所机构者应委托该所办理,其余各处应调用行局人员兼办;(七)各分支处办公地址除特准者外,应借用当地各行局现有房屋应用以利接洽;(八)各分支处除会议记录应随时陈送外并于每月终编具工作报告陈备总处查核;(九)各分支处每月开支按月编具报表呈经总处核定后方可向行局摊收。共九条。依照上列原则将各分支处现有人员员额重加调整,视各该分支处业务情形,其专任人员可予减少者,按各员在处年资并参酌各分支处所报考绩成绩分别核定去留,共计予以裁遣者有 38 人,经此调整后各分支处现有办事人员连兼任人员在内平均每处不过 4 人,所有前领各分支处组织通则经依照上项原则重加修正并将设置各收复区分支处暂行办法予以废止。此外规定四联总处专任人员经察酌实际需要并考核各员工作成绩予以裁遣者 4 人。会议上提出的九个原则对各分支处的人员精简到最低。并且大量起用兼职和兼任人员,减少人员酬劳的支出。全国如此之多的分支处,减少员工力度非常大。最后各分支处现有办事人员连兼任人员每处不过 4 人。

---

① 《四联总处理事会第 270 次会议记录》(1945 年 5 月 24 日),中国第二历史档案馆编:《四联总处会议录》(38),广西师范大学出版社 2003 年版,第 365 页。

② 《四联总处理事会第 312 次会议记录》(1946 年 7 月 18 日),中国第二历史档案馆编:《四联总处会议录》(48),广西师范大学出版社 2003 年版,第 142 页。

但是 1946 年 12 月 26 日,四联总处理事会第 333 次会议上,宋子文质问复员以来中央银行撤销行处甚多,为什么还大量添用新行员;既然各行局声称开支庞大却为何不限制添用新人员。宋子文指示如果需要新进人员,应该要向上级申请并开始讨论各行局今后新进行员的考试办法①。但是实际上冗员现象仍然存在。于是 1947 年 8 月 28 日,蒋介石手令下达为国家银行与国营事业机关冗员过多,应照节约规章裁减并减少经费至 30% 为标准,其资负情形,应限每 6 个月公布一次,1947 年上半年的营业实况限于 1947 年 9 月 15 日公布等②。会议决定各行局员工待遇暂准照秘书处所拟五项办法办理。而且蒋介石手令要求各行局裁减冗员减少经费公布营业实况与盈亏数目情况,要求各行局切实遵办具报。

在四联总处的运作过程中,尽管多次颁布和实施了裁减冗员和控制经费的举措,但是实际上直到 1948 年四联总处被撤销时,仍有外界人士指责四联总处冗员严重和花费巨额经费。其实机构冗员和经费浪费的现象并不是孤立地存在于四联总处中,而是广泛存在于战后国民政府大规模复员工作之中。

第三节 四联总处理事会议的人事变动与议案工作

一、理事会议的设置与职能

自抗战全面爆发后,四联总处经历三次改组,四易其址。四联总处在上海初建、迁移汉口、再迁重庆及回迁南京的四个阶段,前后在各地开会次数繁多,留下大量会议记录。据中国第二历史档案馆馆藏中央银行全宗号(三九六)目录得知,档号:三九六－7332(1)～(10)是四联总处第 1～109 次会议(1937 年 11 月—1938 年 7 月),如四联总处第 59 次会议(1938 年 3 月 8 日)③。档号:三九六—7333(1)～(10)和三九六—7330(1)～(4)是四联总处移渝第 1～139 次会议

---

① 《四联总处理事会第 333 次会议记录》(1946 年 12 月 26 日),中国第二历史档案馆编:《四联总处会议录》(52),广西师范大学出版社 2003 年版,第 474 页。

② 《四联总处理事会第 351 次会议记录》(1947 年 8 月 28 日),中国第二历史档案馆编:《四联总处会议录》(60),广西师范大学出版社 2003 年版,第 36 页。

③ 《中央银行总行为转复兴区域金融措施办法函稿》(1938 年 3 月 8 日),重庆市档案馆、重庆市人民银行金融研究所合编:《四联总处史料》上,档案出版社 1993 年版,第 404 页。

（1938 年 8 月—1939 年 9 年）。档号：三九六—7329(1)～(46)是关于四联总处理事会第 1～481 次会议①（1939 年 10 月—1948 年 10 月）。不同时段、不同地点、不同名目所开的会议均有记录。笔者主要是研究 1939 年 10 月到 1948 年 10 月四联总处第一次改组成立之后共 372 次理事会议和期间举行 5 次临时性的理事会议。

在上海成立的四行联合办事处，最初由宋子文负责主持，"每日开会一次或数次不等"，"凡财政部决定之措施，如安定金融办法等等，均由本总处赞襄及执行"。② 仅由四行各派代表一人参加，其业务范围很小，局限于督促四行贴现、放款和审核支款等普通业务，"每次集会，先冀遇事取得联络"③，纯粹是联络与协调的办事机构。开会的模式是由四行各派代表一人参加。每次遇到情况，代表们之间取得联络再来集会。

1937 年 10 月底，财政部长孔祥熙回国，由其主持四行联合办事处事务。11 月，因上海和整个华东战局失利，中中交农四行纷纷内迁，四行联合办事处工作一度停顿。11 月 25 日，四行代表在汉口组成四行联合办事处总处，上海改设分处，"除对贴放等项加以管理外，对于财政方面之紧急措施，亦开始协同推进"④。1938 年四联总处迁移到重庆。1939 年 3 月四联渝分处亦告成立。此时四联总处的范围渐趋扩大，除原有的贴放考核等组而外，同时办理收兑金银，管理汇兑、推行储蓄等事务⑤。工作范围的扩大，致使四联总处会议的召开必然要正规化、规律化和制度化。

1939 年 9 月 8 日，经国防最高委员会核定，国民政府公布《战时健全中央金融机构办法》，宣布"中央、中国、交通、中国农民四银行合组联合办事总处，负责

---

① 这里出现第 481 次理事会会议记录，疑是笔误。1948 年 10 月 7 日召开第 372 次理事会议，决议撤销四联总处，此为最后一次理事会议。四联总处理事会自 1939 年 10 月 2 日至 1948 年 10 月 7 日共 372 次例会和若干次临时会议。参见中国第二历史档案馆编：《四联总处会议录》，广西师范大学出版社 2003 年版。

② 《徐堪谈四联总处成立的经过》（1945 年 8 月 23 日），重庆市档案馆、重庆市人民银行金融研究所合编：《四联总处史料》上，档案出版社 1993 年版，第 66 页。

③ 刘攻芸：《四联总处之任务》（1944 年 3 月），重庆市档案馆、重庆市人民银行金融研究所合编：《四联总处史料》上，档案出版社 1993 年版，第 62 页。

④ 刘攻芸：《四联总处之任务》（1944 年 3 月），重庆市档案馆、重庆市人民银行金融研究所合编：《四联总处史料》上，档案出版社 1993 年版，第 62 页。

⑤ 刘攻芸：《四联总处之任务》（1944 年 3 月），重庆市档案馆、重庆市人民银行金融研究所合编：《四联总处史料》上，档案出版社 1993 年版，第 62 页。

办理政府战时金融政策有关各特种业务"①,总处设理事会,理事会是最高权力机构和决策机构,实行主席负责制。"财政部授权联合总处理事会主席在非常时期内,对中央、中国、交通、农民四银行可为便宜之措施,并代行之职权"②。蒋介石以中国农民银行理事长身份,担任四联总处理事,由国民政府于 1939 年 9 月 8 日特派为四联总处理事会主席③,总揽一切事务。

1939 年 10 月 1 日,四联总处实行第一次改组。10 月 2 日召开第 1 次四联总处理事会议④。《中央中国交通农民四银行联合办事总处组织章程》规定,"四联总处设理事会,由中央银行总裁、副总裁,中国银行董事长、总经理,交通银行董事长、总经理,中国农民银行理事长、总经理,及财政部、经济部代表组织之。四联总处理事会设主席一人,总揽一切事务,常务理事三人,襄助主席执行一切事务,均由国民政府特派之。……理事会得视各地需要情形组织四联分处,办理四联总处委办一切事项,其组织章程另订之"⑤。四联总处职员尽先于中中交农四行职员中调用。中央银行、中国银行和交通银行的最高负责人孔祥熙、宋子文、钱永铭为理事会常务理事。翁文灏、张嘉璈、徐堪、陈行、周佩箴、叶琢堂、贝祖诒等为理事。可以说,理事会集中了当时财政金融首要人物,主要讨论通过重大的放款案件⑥,理事会在四联总处施行金融管理问题上起了关键性的引导和决策作用。

1939 年 10 月 24 日,《中央中国交通农民四银行联合办事总处办事细则》对理事会组织形式进行修订补充,"理事会每星期开常会一次,必要时由主席召开

---

① 《战时健全中央金融机构办法》(1939 年 9 月 8 日),重庆市档案馆、重庆市人民银行金融研究所合编:《四联总处史料》上,档案出版社 1993 年版,第 67 页。

② 中国第二历史档案馆等合编:《中华民国金融法规档案资料选编》(上),档案出版社 1989 年版,第 634-635 页。

③ 《中中交农四行联合办事处主席特派状》1939 年 9 月 8 日,"蒋介石档案",台北"国史馆"新店藏原件,入藏登录号 002000002560A。

④ 四联总处史料(上)册第 69 和 87 页文后注释"四联总处第一次理事会(1939 年 10 月 2 日)";第 68 页"四联总处第一次会议(1939 年 10 月 2 日)"条目。经在四联总处会议录(一)册比较,四联总处理事会第一次会议(即四联总处第一次理事会议)会议记录第 1 页时间为 1939 年 10 月 2 日下午四时,地点范庄。因此,此处需要认清,四联总处史料(上)第 68 页四联总处第一次会议即四联总处第一次理事会议。

⑤ 《中央中国交通农民四银行联合办事总处组织章程》(1939 年 10 月 2 日),重庆市档案馆、重庆市人民银行金融研究所合编:《四联总处史料》上,档案出版社 1993 年版,第 70-71 页。

⑥ 《中中交农四行联合办事总处理事会第一次会记录》(1939 年 10 月 2 日),中国第二历史档案馆编:《四联总处会议录》(1),广西师范大学出版社 2003 年版,第 1-3 页。

临时会。理事如因事他往不能出席会议时,得指派代表出席。理事会开会如有与金融、经济两委员会有关之案件,得通知各委员及有关处处长列席。理事会每次开会时,先由秘书处编订议事日程,陈请主席核定并分送各理事,其决议案件由秘书处记录,于下次会议时宣读之"①。中国第二历史档案馆编辑的 64 册《四联总处会议录》原始档案影印件包括了议事日程和会议记录。这批四联总处理事会议事日程和会议记录保存相当完善,与会议记录者的细致工作密不可分。根据 1939 年四联总处组织章程规定,理事会每次开会时,先由秘书处编订议事日程,陈请主席核定并分送各理事,其决议案件由秘书处记录,于下次会议时宣读②。理事会议记录者也有变动。据笔者统计,前期主要由任兑和房启明记录。偶尔是徐柏园来代替记录。后期人员变动较为频繁,主要由田定庵、谢湛如、丑伦杰、章祖绳、季颐芬、胡石如、朱盛荃、许荣荫、吴长赋、龚强等先后参与会议记录。

　　1941 年 9 月,四联总处理事会增设副主席,取消常务理事,并加入交通、粮食两部长担任理事。将原设金融、经济两委员会取消,所辖八处合并,而将秘书处机构加强。各项事务分科管理。至对各行间之联系,则分设放款、汇兑等小组委员会办理。为增强力量起见,中信、邮汇两局亦加入四联总处,但各行局一切事务,仍各自行分别负责。秘书处根据各行局所负责任,并顾及战时金融实际,同时尊重各行局意见,采取协商态度,提供意见于理事会,所有一切议案,悉遵理事会决定,付诸实施③。可见理事会议是四联总处的最高执行机构。

　　四联总处理事会议开会的地点并不在四联总处自己的办公楼。第 1 次理事会议在范庄孔公馆举行。之后,蒋介石交由孔祥熙代理主持会议的前提下,四联总处理事会议有 6 次在财政部会议室和 8 次在范庄孔公馆举行。比较特别的是战后复员时期,四联总处刚从重庆返南京,宋子文在上海中国银行会议室召开了 2 次理事会议。虽然蒋介石为四联总处理事会主席,但其少出席会议,他出席的 18 次会议,都是以主持人身份出席,选择的地点为主席官邸、国民政府会议室和行政院会议室。此外,绝大多数的理事会议在行政院会议室举行。

　　四联总处召开会议的周期是有变化的。在最初召开的时候,决定是每周举

---

① 《中央中国交通农民四银行联合办事总处办事细则》(1939 年 10 月 24 日),重庆市档案馆、重庆市人民银行金融研究所合编:《四联总处史料》上,档案出版社 1993 年版,第 72—73 页。

② 《中央中国交通农民四银行联合办事总处办事细则》(1939 年 10 月 24 日),重庆市档案馆、重庆市人民银行金融研究所合编:《四联总处史料》上,档案出版社 1993 年版,第 72 页。

③ 刘攻芸:《四联总处之任务》(1944 年 3 月),重庆市档案馆、重庆市人民银行金融研究所合编:《四联总处史料》上,档案出版社 1993 年版,第 62 页。

行一次,时间定为每星期二下午四时。[①] 后来翁文灏和张嘉璈经常缺席理事会,于是第 27 次理事会决议以后四联总处理事会改在每周三下午开会[②],希望张嘉璈和翁文灏能够出席。于是第 28 次理事会议就在 1940 年 5 月 1 日星期三举行。但是根据笔者对 64 册会议记录的统计,发现即使会议安排在周三,张嘉璈和翁文灏仍很少出席。后来四联总处理事会固定在星期四开会,比如 1941 年 7 月 10 日星期四,召开第 85 次理事会议[③]。到了后来从 1947 年 3 月 27 日四联总处第 340 次理事会议开始,奉蒋介石和宋子文指示四联总处理事会议改为每两周举行一次[④],直至机构撤销。

从 1939 年 10 月 2 日召开四联总处第一次理事会议开始到 1948 年 10 月 7 日召开四联总处第 372 次理事会议结束,主席、副主席、代理副主席主持召集理事和列席者总共召开了 377 次会议,包括了 372 次理事会议、四联总处理事临时会议(1940 年 2 月 17 日)、四联总处全体理事会第 1 次会议(1940 年 3 月 27 日)、四联总处全体理事会第 2 次会议(1940 年 3 月 30 日)、四联总处临时理事会议(1942 年 5 月 28 日)、四联总处理事会临时会议(1946 年 3 月 2 日)。具体分布到每一年的会议次数是 1939 年 14 次,1940 年 49 次,1941 年 47 次,1942 年 50 次,1943 年 47 次,1944 年 49 次,1945 年 47 次,1946 年 35 次,1947 年 25 次,1948 年 14 次。图 1-7 是展示了每年度四联总处理事会议举行会议次数的。

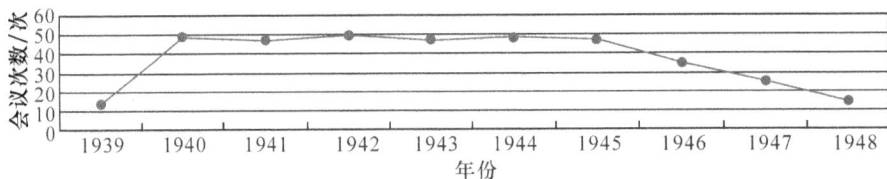

图 1-7 1939 年至 1948 年四联总处理事会议举行会议次数比较

资料来源:中国第二历史档案馆编:《四联总处会议录》(1)-(64),广西师范大学出版社 2003 年版。

显然,四联总处在战时 1940 年到 1945 年期间,理事会议的开会频率较为固

---

① 《四联总处第二次会议记录》(1939 年 10 月 3 日),重庆市档案馆、重庆市人民银行金融研究所合编:《四联总处史料》上,档案出版社 1993 年版,第 74 页。

② 中国第二历史档案馆编:《四联总处会议录》(3),广西师范大学出版社 2003 年版。

③ 《四联总处第 85 次理事会议记录》(1941 年 7 月 10 日),中国第二历史档案馆编:《四联总处会议录》(9),广西师范大学出版社 2003 年版,第 399 页。

④ 《四联总处理事会第 340 次会议记录》(1947 年 3 月 27 日),中国第二历史档案馆编:《四联总处会议录》(55),广西师范大学出版社 2003 年版,第 213 页。

定。战后，从 1946 年开始开会频率逐步降低。开会频率的变动，与不同时期四联总处决定政策、指示方针、考核工作的职权范围和商议议案件数有关。

二、理事会高层人事的变动

四联总处理事会每次召开例会，参加人员由主席、副主席、出席理事、列席者和会议记录人员组成。四联总处人事变动复杂。除了各理事成员有如走马灯似的变换频繁外，实际主持理事会的理事会主席、副主席和主持秘书处的秘书长也是常有变换。本处子目所阐述高层人事包括主席、副主席、理事成员的人选变动，下一子目介绍秘书长人事变动，以助于从人事变动中理解四联总处的职能变动，理解四联总处在国民政府中的实际地位变动。

四联总处最初设立的时候，设立主席总揽一切事务，由常务理事在旁协助。蒋介石作为四联总处理事会主席，每次出席理事会议，并作为主持人主持会议。据统计，蒋介石共亲自主持 18 次理事会议。但是蒋介石事务繁忙，请孔祥熙代理管理四联总处事务。在 1944 年 6 月 15 日第 226 次理事会议之前，一直是孔祥熙代理主持。偶尔孔祥熙事情忙，指派钱永铭、徐堪、翁文灏代理主持会议。

孔祥熙 1938 年在汉口主持四联总处以后，一直处于一人之下，众人之上的地位，任常务理事。1942 年 1 月 25 日，徐堪、徐柏园在理事会报告中说"主席前曾面谕：公忙，不及兼理总处事务时，由孔常务理事代理"[1]。同时徐堪、徐柏园力拟定调整四联总处组织办法草案等呈稿就提出，总处增设副主席一人[2]。随后经奉国防最高委员会第八十五次常务会议决议修正备案。原任四联总处理事会孔常务理事祥熙并奉国府特派为理事会副主席[3]。1942 年 9 月孔祥熙任四联总处副主席。1942 年 9 月，《中央中国交通农民四银行联合办事总处组织章程》规定，中央信托局、邮政储金汇业局业务，同受四联总处督导。财政部授权四联总处理事会主席副主席，在非常时期内全权处理中央、中国、交通、农民四行及中

---

①　《徐堪徐柏园为拟定调整四联总处组织办法草案等呈稿》(1942 年 1 月 25 日)，重庆市档案馆、重庆市人民银行金融研究所合编：《四联总处史料》上，档案出版社 1993 年版，第 86 页。

②　《徐堪徐柏园力拟定调整四联总处组织办法草案等呈稿》(1942 年 1 月 25 日)，重庆市档案馆、重庆市人民银行金融研究所合编：《四联总处史料》上，档案出版社 1993 年版，第 87 页。

③　《秘书处关于四联总处改组情况的报告》(1942 年)，重庆市档案馆、重庆市人民银行金融研究所合编：《四联总处史料》上，档案出版社 1993 年版，第 92 页。

信邮汇两局的业务事务,必要时可并代行其职权①。可见副主席职权广泛。

而宋子文虽然是常务理事,但是他作为外交部长长期驻美之后,就极少出席四联总处理事会议②。孔祥熙1944年6月辞职行政院长后,再也没有出席会议。1945年春季爆发了黄金提价舞弊案和美金公债舞弊案,使得孔祥熙在国内声誉大损。在1944年6月22日第227次理事会议到1945年1月25日第256次理事会议期间,一直是蒋介石、宋子文、钱永铭、陈行、俞鸿钧、徐堪、翁文灏轮流主持会议。直至蒋介石手令1945年1月24日,派宋子文为四联总处理事会代理副主席③,宋子文开始从四联总处理事会第257次会议连续主持理事会议。然而宋子文经常出国,没法前来主持四联总处理事会议。1945年4月19日四联总处第267次理事会议上,秘书处请示由于宋子文经常出国,在宋子文代理副主席出国期间,四联总处每周理事会议如何开展。蒋介石批示"在宋代副主席出国期间该处每周理事会议仍照前例,在每月初由蒋介石亲自参加1次,其余各周仍由理事翁文灏、徐堪、俞鸿钧、陈行、钱永铭五人轮流主席轮流主持可也"④。1945年8月2日四联总处第278次理事会议宣布:中央、中国、交通、农民四银行联合办事总处理事会副主席孔祥熙辞职,准免孔祥熙辞去职位。同时正式特派宋子文为中央、中国、交通、农民四银行联合办事总处理事会副主席⑤。可见蒋介石信任孔宋来处理四联总处金融事务。孔祥熙辞去职位后,马上启用宋子文接任金融要职。

自从宋子文被正式任命为四联总处副主席后,在任期内(1945年7月25日—1947年3月),宋子文仍较少主持和出席理事会议。后来,四联总处第339次理事会议接到蒋介石口谕指派俞鸿钧代理四联总处理事会副主席(1947年3

---

① 《中央中国交通农民四银行联合办事总处组织章程》(1942年9月),重庆市档案馆、重庆市人民银行金融研究所合编:《四联总处史料》上,档案出版社1993年版,第88页。

② 《四联总处1942年5月临时理事会议记录》(1942年5月28日),中国第二历史档案馆编:《四联总处会议录》(15),广西师范大学出版社2003年版,第1页。

③ 《四联总处理事会第256次会议记录》(1945年1月25日),中国第二历史档案馆:《四联总处会议录》(35),广西师范大学出版社2003年版,第398页。

④ 《秘书处关于在宋子文出国期间理事会主持办法的报告》(1945年4月19日),重庆市档案馆、重庆市人民银行金融研究所合编:《四联总处史料》上,档案出版社1993年版,第103页。

⑤ 《秘书处关于国民政府特派宋子文为理事会副主席的报告》(1945年8月2日),重庆市档案馆、重庆市人民银行金融研究所合编:《四联总处史料》上,档案出版社1993年版,第104页。

月 13 日—1947 年 5 月 12 日)①。俞鸿钧主持时间最多。直到 1947 年 5 月 22 日四联总处第 344 次理事会议宣布:国民政府特派张群为中央、中国、交通、农民四银行联合办事总处理事会副主席②,主持会议。很快副主席人选再次变动。1948 年 6 月 10 日第 365 次理事会议,翁文灏接任副主席一职,成为四联总处最后一任副主席,任职到最后一次理事会议和善后四联总处结束事宜。从宋子文到翁文灏,四联总处理事会副主席职位在三年时间内四易其主,高层领导人事变动频繁。与四联总处前几个历史阶段相比,实属罕见③。值得注意的是,蒋介石始终任职四联总处主席。

一般来说,蒋介石、孔祥熙、宋子文、俞鸿钧、张群、翁文灏,作为主席或者副主席或者代理副主席,理应主持四联总处理事会议。实际上由于公务繁忙,主席、副主席、代理副主席都不能保证主持理事会议。因此,其他多人曾代理主持过四联总处理事会议,人员不固定。据笔者统计,共有钱永铭、陈行、徐堪、王云五、陈果夫、张嘉璈、徐柏园等人代理主持过理事会议。

理事会议上的出席理事和列席理事同样不固定,时有增减。这跟战时和战后机构频繁调整,人员频繁更换职务有关系。最初 1939 年四联总处组织章程规定四联总处设理事会,由中央银行总裁、副总裁,中国银行董事长、总经理,交通银行董事长、总经理,中国农民银行理事长、总经理及财政部、经济部作为理事成员④。后来 1940 年 4 月 23 日第 27 次理事会议通过批准邮政储金汇业局加入四联总处⑤。1946 年 11 月 7 日,四联总处第 327 次理事会议理事会通过批准中央合作金库加入四联总处⑥。他们的负责人也出席理事会议。

① 黄立人:《四联总处的产生、发展和衰亡》(代序),重庆市档案馆、重庆市人民银行金融研究所合编:《四联总处史料》上,档案出版社 1993 年版,第 45 页。《四联总处理事会第 339 次会议记录》(1947 年 3 月 13 日),中国第二历史档案馆编:《四联总处会议录》(54),广西师范大学出版社 2003 年版,第 479 页。
② 《秘书处关于特派张群为理事会副主席的报告》(1947 年 5 月 22 日),重庆市档案馆、重庆市人民银行金融研究所合编:《四联总处史料》上,档案出版社 1993 年版,第 118 页。
③ 黄立人:《四联总处的产生、发展和衰亡》(代序),重庆市档案馆、重庆市人民银行金融研究所合编:《四联总处史料》上,档案出版社 1993 年版,第 46 页。
④ 《中央、中国、交通、中国农民四银行联合办事总处组织章程》(1939 年 10 月 2 日),重庆市档案馆、重庆市人民银行金融研究所合编:《四联总处史料》上,档案出版社 1993 年版,第 70 页。
⑤ 《管理邮政储金汇业局业务实施办法》,重庆市档案馆、重庆市人民银行金融研究所合编:《四联总处史料》上,档案出版社 1993 年版,第 80 页。
⑥ 《理事会关于中央合作金库加入四联总处的决议》(1946 年 11 月 7 日),重庆市档案馆、重庆市人民银行金融研究所合编:《四联总处史料》上,档案出版社 1993 年版,第 116 页。

1941 年 7 月 17 日,四联总处第 86 次理事会议四联总处秘书处报告,据蒋介石手谕战时粮食与金融关系至为密切,现粮食部成立后,应由粮食部选派代表一人担任总处理事会理事。徐堪时任粮食部部长,作为理事出席会议①。

1942 年 1 月 8 日,四联总处第 108 次理事会议提出,由于中国农民银行总管理处叶琢堂因病出缺,职位由顾翊群递补。因此顾翊群继任四联总处理事②。

最初四联总处理事会的理事名单较为固定。除了四行二局一库的负责人担任理事出席会议外,其他跟四联总处业务相关的部门负责人也会担任理事、出席理事会议。1943 年 2 月份,名单上主席蒋介石,副主席孔祥熙,理事宋子文、钱永铭、翁文灏、张嘉璈、徐堪、曾养甫、俞鸿钧、陈行、宋汉章、赵棣华、顾翊群③。特别需要指出的是,到了战后,国民政府内部的各机构人事变更非常频繁。每一次人事更替之后,四联总处秘书处就会议通知新任的相关机构负责人担任理事、出席理事会议来商议案件。笔者从会议录里梳理了 1945—1947 年之间的理事人员变动。

1945 年 2 月 8 日四联总处第 258 次理事会议提出四联总处组织章程规定,交通部部长为四联总处当然理事。交通部部长俞飞鹏因此出席理事会议④。

1945 年 11 月 1 日,四联总处第 291 次理事会议提出,四联总处组织章程规定,中国农民银行董事长及总经理均兼任四联总处当然理事。既然孔祥熙董事长和顾翊群总经理均已辞职,那么新任董事长陈果夫、总经理李叔明继任理事并出席理事会议⑤。

1946 年 3 月四联总处理事会临时会议提出四联总处组织章程规定,中央银行总裁为四联总处当然理事,出席总处理事会议,决定中央银行新任总裁贝祖诒

---

① 《秘书处关于粮食部部长加入理事会的报告》(1941 年 7 月 17 日),重庆市档案馆、重庆市人民银行金融研究所合编:《四联总处史料》上,档案出版社 1993 年版,第 84 页。

② 《秘书处关于由顾翊群继任理事的报告》(1942 年 1 月 8 日),重庆市档案馆、重庆市人民银行金融研究所合编:《四联总处史料》上,档案出版社 1993 年版,第 85 页。

③ 《四联总处科以上人员一览表》(1943 年 2 月),重庆市档案馆、重庆市人民银行金融研究所合编:《四联总处史料》上,档案出版社 1993 年版,第 93 页。

④ 《四联总处理事会第 258 次会议记录》(1945 年 2 月 8 日),中国第二历史档案馆编:《四联总处会议录》(36),广西师范大学出版社 2003 年版,第 58 页。

⑤ 《四联总处理事会第 291 次会议记录》(1945 年 11 月 1 日),中国第二历史档案馆编:《四联总处会议录》(43),广西师范大学出版社 2003 年版,第 52 页。

出席四联总处理事会议①。

1946 年 6 月 13 日,四联总处第 308 次理事会议提出四联总处组织章程规定,交通部暨经济部两部部长同为四联总处当然理事,新任交通部部长俞大维,经济部部长王云五为理事并出席理事会议②。

1946 年 11 月 7 日四联总处第 327 次理事会议提出,粮食部新任部长谷正伦出席四联总处理事③。

1947 年 3 月 13 日四联总处第 339 次理事会议,中央银行总裁贝祖诒辞职后,继任者张嘉璈为总裁,并任命刘攻芸为副总裁。二人应出席理事会议④。

1947 年 5 月 8 日,四联总处第 343 次理事会议指出,资源委员会委员长为四联总处当然理事,翁文灏委员长应出席理事会议⑤。

1947 年 7 月 31 日,四联总处第 349 次理事会议指出,新任粮食部部长俞飞鹏应出席理事会议⑥。

每一次理事位置的人事变更后,四联总处秘书处就会通知新任人员来出席理事会议。每次召开理事会议之前,四联总处秘书处会事先制作请帖,并附上会议日程寄送给理事或者列席者,提醒出席会议。笔者从四联总处理事会议记录中找到一份邀请列席理事出席理事会议的请帖,即 1941 年 7 月份四联总处秘书处邀请许性初委员列席四联总处第 86 次理事会议⑦的请帖。请帖上详细写明时间地点,并附上一份会议议事日程。如图 1-8。

除了按照四联总处组织章程邀请理事出席会议外,还有一种情况是邀请业务与理事会议关系紧密的相关单位主管人员列席会议。例如主席副主席认为资

①　《秘书处关于中央银行新任总裁贝祖诒为理事的报告》(1946 年 3 月),重庆市档案馆、重庆市人民银行金融研究所合编:《四联总处史料》上,档案出版社 1993 年版,第 110 页。

②　《秘书处关于知照俞大维王云五为理事的报告》(1946 年 6 月 13 日),重庆市档案馆、重庆市人民银行金融研究所合编:《四联总处史料》上,档案出版社 1993 年版,第 115 页。

③　《秘书处关于函请谷正伦为理事的报告》(1946 年 11 月 7 日),重庆市档案馆、重庆市人民银行金融研究所合编:《四联总处史料》上,档案出版社 1993 年版,第 116 页。

④　《秘书处关于知照张嘉璈刘攻芸为理事的报告》(1947 年 3 月 13 日),重庆市档案馆、重庆市人民银行金融研究所合编:《四联总处史料》上,档案出版社 1993 年版,第 117 页。

⑤　《秘书处关于函请翁文灏为理事的报告》(1947 年 5 月 8 日),重庆市档案馆、重庆市人民银行金融研究所合编:《四联总处史料》上,档案出版社 1993 年版,第 117 页。

⑥　《秘书处关于函请俞飞鹏为理事的报告》(1947 年 7 月 31 日),重庆市档案馆、重庆市人民银行金融研究所合编:《四联总处史料》上,档案出版社 1993 年版,第 118 页。

⑦　《四联总处理事会第 86 次会议记录》(1941 年 7 月 17 日),中国第二历史档案馆编:《四联总处会议录》(9),广西师范大学出版社 2003 年版,第 457 页。

兹定於 七 月 十七 日（星期四）上午八時借

行政院會議室舉行總處第 八十六 次理事會議

即請

查照準時列席爲荷

此致

許委員性初

附議事日程一份請攜帶出席

四聯總處秘書處啟

图 1-8　秘书处邀请许性初参加四联总处第 86 次理事会议邀请帖

资料来源:《四联总处理事会第 86 次会议记录》(1941 年 7 月 17 日),中国第二历史档案馆编:《四联总处会议录》(9),广西师范大学出版社 2003 年 7 月版,第 457 页。

源委员会与四联总处业务关系密切,该会主任委员应加入四联总处为当然理事,以资联系。比如 1947 年 5 月 8 日,四联总处第 343 次理事会议指出,资源委员会委员长为四联总处当然理事,资源委员会委员长翁文灏应出席理事会议①。

据笔者统计,作为理事出席会议的人有孔祥熙、宋子文、钱永铭、张嘉璈、翁文灏、徐堪、俞鸿钧、陈行、宋汉章、唐寿民、顾翊群、贝祖诒、曾养甫、俞飞鹏、陈果夫、李叔明、谷正伦、宋汉章、席德懋、孙越崎、关吉玉、张群、庞松舟、刘攻芸等。由于公务繁忙,不少人会请别人来代替出席会议。譬如中国农民银行总经理李叔明奉主席命赴美考察农业金融,在出国期间,由该行协理吴任沧代表出席理事会议等②。等李叔明回国后,李叔明继续亲自出席理事会议。比如贝祖诒以公

① 《秘书处关于函请翁文灏为理事的报告》(1947 年 5 月 8 日),重庆市档案馆、重庆市人民银行金融研究所合编:《四联总处史料》上,档案出版社 1993 年版,第 117 页。
② 《四联总处理事会第 337 次会议记录》(1947 年 2 月 6 日),中国第二历史档案馆:《四联总处会议录》(54),广西师范大学出版社 2003 年版,第 129 页。

务繁忙、经常不在重庆为理由,委托赵祖武代表列席理事会及各种小组会议①。

在列席者方面,人员不断变动。不少列席者后来变成理事。通常情况下,业务跟理事会议内容关系密切的话,理事会会邀请相关单位主管人员列席会议。根据 1939 年四联总处组织章程规定,理事会开会如有与金融、经济两委员会有关的案件,就会通知各委员及相关处长列席②。譬如全国经济委员会秘书处奉蒋介石命令在四联总处讨论与全国经济委员会相关的议案时,全国经济委员会秘书长副秘书长可列席四联总处理事会③。据笔者统计,作为列席者出席会议的人有刘攻芸、徐柏园、陈其采、周佩箴、戴志骞、许性初、戴铭礼、浦拯东、李骏耀、郭景琨、吕咸、吕名榜、张度、张朔、陈钟声、汤钜、朱润生、孔雪雄、霍宝树、萧铮、陈果夫、谷正纲、徐广迟、徐维明、赵李言、王华、庄鹤年、赵祖武、钟锷、吴任沧、宋子良、夏晋熊、陈述曾、罗呤圃、张厉生、李嘉隆、何纵炎、俞寿沧、程志颐、朱通九、王裕葵、徐维明、李道南、张兹闿、林凤苞、张大同、范鹤言、王紫霜、沈镜、王君韧、刁民仁、彭湖、刁培然、寿勉成、谷春藩、谭熙鸿、楼桐孙、顾毓琭、王伯天、黄通、陈汉平、方善桂、程远帆、林崇墉、王抚洲、蔡公椿。其中个别人员,譬如宋子良仅仅出席数次,就未再出现。譬如蒋介石手令 1944 年 8 月 1 日起四联总处每周理事会议应请张厉生列入理事会议④。实际上张厉生仅出席四联总处理事会第 234 次会议和 236 次会议,后来再也没有出席。

另外两次规模比较大的会议值得一提。蒋介石亲自主持在国民政府会议室召开的 1947 年 2 月 27 日四联总处理事会第 338 次会议和 1947 年 12 月 18 日四联总处理事会第 358 次会议。会议中出现了国民政府文官长吴鼎昌、国民政府主计长徐堪、行政院秘书长蒋梦麟、国民政府文官处政务局长陈方⑤等人。1947年正是讨论四联总处的职能变动和机构存废问题的关键时刻,会议内容很重要,显示了蒋介石对这两次理事会的重视。

---

① 参见《四联总处理事会第 61 次理事会议记录》(1941 年 1 月 9 日),中国第二历史档案馆编:《四联总处会议录》(6),广西师范大学出版社 2003 年版。

② 《中央中国交通农民四银行联合办事总处办事细则》(1939 年 10 月 24 日),重庆市档案馆、重庆市人民银行金融研究所合编:《四联总处史料》上,档案出版社 1993 年版,第 72 页。

③ 《四联总处理事会第 345 次会议记录》(1947 年 6 月 5 日),中国第二历史档案馆编:《四联总处会议录》(57),广西师范大学出版社 2003 年版,第 162 页。

④ 《四联总处理事会第 233 次会议记录》(1944 年 8 月 3 日),中国第二历史档案馆编:《四联总处会议录》(31),广西师范大学出版社 2003 年版,第 349 页。

⑤ 《四联总处理事会第 338 次会议记录》(1947 年 2 月 27 日),中国第二历史档案馆编:《四联总处会议录》(54),广西师范大学出版社 2003 年版,第 244 页。

实际上,四联总处理事会召开次数频繁而实际办事效率低。笔者在通读 64 册《四联总处会议录》之后发现问题的根源所在。经过前后会议记录的比较,笔者发现很多理事由他人代为出席,人员变动更替频繁。所以议案的结果大多都是照案通过或者延后讨论。这种情况的出现,笔者在后文会专门讨论理事会议的议案工作。

三、四联总处秘书长变更

秘书处是四联总处理事会闭会期间处理四联总处行政和内务工作的常设机构。据 1939 年四联总处的组织章程规定,四联总处理事会秘书处主管一切日常事务。分设文书、统计、稽核三科:文书科掌管文牍、会计、庶务等事项;统计科掌管各项业务的统计事项;稽核科掌管各种贴放、投资及汇兑的考核事项。理事会内"设秘书长、副秘书长各一人,由主席任命之。各科设科长一人,由秘书长呈请主席任用之"[①]。由理事会主席蒋介石亲自决定秘书长人选。

1939 年 10 月 24 日《中央中国交通农民四银行联合办事总处办事细则》对秘书处的任务进行修订补充,"理事会每次开会时,先由秘书处编订议事日程,陈请主席核定并分送各理事,其决议案件由秘书处记录,于下次会议时宣读。四联总处对外行文以总处名义加盖总处关防及主席小官章,但已经理事会决议或例行的案件及开会通告等,以四联总处秘书处名义执行。四联总处秘书处文书科收文后,在摘由编号注明月日登入收文总簿,递送科长、副秘书长、秘书长核阅批办,其应分送各主管处办理者,另行登簿分送。四联总处发文由文书科拟稿编号、登簿,递呈科长、副秘书长、秘书长核呈主席判行。金融、经济两委员会各处收到秘书处分交的文件,应签注意见,送还秘书处,分别提请理事会讨论或拟稿呈核。其关系两处以上的案件,应由各处共同签注意见。文件办毕后,由秘书处将原稿连同来文暨附件装成卷宗,交管卷员登入保存簿,分别种类编号归档"[②]。可以说秘书处扮演的角色是根据各行局所负责任,并顾及战时金融的情况,同时尊重各行局意见,采取协商态度,提供意见于理事会。所有议案由理事会议决

---

① 《中央、中国、交通、中国农民四银行联合办事总处组织章程》(1939 年 10 月 2 日),重庆市档案馆、重庆市人民银行金融研究所合编:《四联总处史料》上,档案出版社 1993 年版,第 70—71 页。

② 《中央中国交通农民四银行联合办事总处办事细则》(1939 年 10 月 24 日),重庆市档案馆、重庆市人民银行金融研究所合编:《四联总处史料》上,档案出版社 1993 年版,第 72—73 页。

后,再付诸实施。

四联总处共有过四任秘书长。首任秘书长人选由蒋介石斟酌。1939 年 9 月 9 日蒋介石在考虑秘书长人选①。9 月 21 日,蒋介石考虑由吴国桢担任,并手令张群、王世杰等人,"对于四行办事处之组织与其工作之中心业务秘书长人选似以吴国桢为宜,请兄等切实设计以期早日实施"②。9 月 24 日,张群请示吴国桢愿意担任秘书长,请蒋介石核示③。蒋介石旋即考虑由席德懋和徐柏园出任秘书长④。蒋介石既要选一名懂得金融财政的人,资历足以担任这一重职,又想在孔祥熙和宋子文的金融人脉关系基础上不偏重于其中一方的人,还得对蒋忠心耿耿。时任财政次长徐堪历任金融管理局副局长、钱币司司长(1928 年 11 月)、常务次长(1935 年 5 月)、政务次长(1940 年),至 1941 年 6 月出任粮食部部长为止,先后在财政部任职达 15 年。任职期间,辅佐孔祥熙处理金融事务非常得力,尤其擅长金融方面,战前法币方案策划,即出自其手⑤。据 1935 年至 1938 年期间的《中央日报》来看,徐堪跟孔宋的关系都不错,经常共商财政与金融问题⑥。最终蒋介石确定四联总处理事会首任秘书长为财政次长徐堪,副秘书长为徐柏园。后来继任的三任秘书长刘攻芸、顾翊群、徐柏园皆由蒋介石以手令形式亲自任命。

首任秘书长徐堪任期期间,正是四联总处大刀阔斧制订多项金融管理政策、督导行局的时期。徐堪是国民政府金融财政领域的重要人物,参与四联总处在 1937 年 8 月的初建事宜,并一直协助四联总处应对 1942 年 5 月四行专业化的金融大事件。后来以担任粮食部长一职,公务过于繁忙,无法兼任四联总处秘书长为由,向蒋介石提出了辞呈。

第二任秘书长是刘攻芸。1942 年 7 月 2 日,四联总处理事会第 132 次会议

---

① 《蒋介石日记》(手稿),1939 年 9 月 9 日上周反省录。

② 《蒋介石致张群、王世杰函》(1939 年 9 月 21 日),"蒋介石档案",台北"国史馆"藏,档号 002-010300-00027-020-001x。

③ "蒋介石档案",台北"国史馆"藏,档号 002-080109-00013-007-014a。

④ 《蒋介石日记》(手稿),1939 年 9 月 24 日。

⑤ 徐堪著:《徐可亭先生文存》,台北:徐可亭先生文存编印委员会 1970 年 5 月版,第 237—240 页。

⑥ 《孔财长病痊下周销假视事　徐堪到沪报告部务》,《中央日报》,1936 年 11 月 7 日。《孔昨与徐堪及公子通话》,《中央日报》,1937 年 6 月 5 日。《徐堪宋子良昨谒宋孔请示金融问题》,《中央日报》,1935 年 10 月 4 日。《徐堪昨谒宋商财政金融问题》,《中央日报》,1937 年 8 月 1 日。

上,发布蒋介石指示"徐兼秘书长辞职照准,遗缺改派刘攻芸继任"①。在刘攻芸任期期间,四联总处设秘书处,秉承主席副主席主管日常事务。秘书处分设下列各科办事:文书科,稽核科,统计科,发行科,储蓄科,放款科,农贷科,汇兑科。各科得分组办事。设办事员雇员若干人,由秘书长派人任职。秘书处设秘书二人至四人,专员视察稽核若干人,由秘书长呈请主席副主席任命。必要时,得呈准主席副主席调用各行局职员。所有调用职员的薪金,仍由原服务行局支给②。刘攻芸任职秘书长一直到抗战胜利后的 1945 年 11 月,任期较长。在刘攻芸任职期间,四联总处的组织系统多次变动。

第三任秘书长是顾翊群。1945 年 11 月 1 日四联总处第 291 次理事会议宣布蒋介石手令"四联总处秘书长刘攻芸另有任用,应予免职,派顾翊群为四联总处秘书长"③。顾翊群就职秘书长从 1945 年 11 月到 1946 年 3 月,总共才 4 个月任期,非常短暂。

1946 年 3 月国民政府令四联总处原副秘书长徐柏园继任秘书长。1946 年3 月 29 日,国民政府文官处发布蒋介石手令"四联总处秘书长顾翊群另有任用,应予免职,派徐柏园为四联总处秘书长"④。徐柏园最初担任四联总处副秘书长职位任期从 1939 年 9 月至 1946 年 3 月已经长达 7 年,1946 年 3 月继任秘书长直到四联总处 1948 年 10 月撤销,在四联总处任职最久。

四联总处在后期阶段副主席、理事、秘书长等高层领导职位的人事频繁变更,既是四联总处本身组织存在不稳定的真实写照,也是国民政府战后面临内战局面,统治体制自身混乱的反映。

四、理事会议议案工作

四联总处理事会议的议案工作随着不同历史时期和四联总处职权范围的变

---

① 《四联总处理事会第 132 次会议记录》(1942 年 7 月 2 日),中国第二历史档案馆编:《四联总处会议录》(15),广西师范大学出版社 2003 年版,第 367 页。

② 《中央中国交通农民四银行联合办事总处组织章程》(1942 年 9 月),重庆市档案馆、重庆市人民银行金融研究所合编:《四联总处史料》上,档案出版社 1993 年版,第 90 页。

③ 《秘书处关于派顾翊群为秘书长的报告》(1945 年 11 月 1 日),重庆市档案馆、重庆市人民银行金融研究所合编:《四联总处史料》上,档案出版社 1993 年版,第 105 页。

④ 《秘书处关于徐柏园接任秘书长的报告》(1946 年 3 月),重庆市档案馆、重庆市人民银行金融研究所合编:《四联总处史料》上,档案出版社 1993 年版,第 110 页。

动而变化。理事会为四联总处最高的执行机构,其任务包括了决定金融经济政策、指示方针、考核行局等。工作范围涉及金融经济方方面面。因此四联总处的议案工作非常繁重。

　　从 1939 年 10 月 2 日四联总处理事会第 1 次会议到 1948 年 10 月 7 日四联总处最后一次理事会即第 372 次理事会议,加上 5 次临时理事会议,总共 377 次理事会议。据笔者梳理 64 册《四联总处会议录》,统计得四联总处报告事项共 6053 件,讨论事项共 7098 件,临时提议事项共 315 件,总共四联总处提交理事会议议案总数为 13475 件。

　　由于四联总处每一年度的工作任务轻重有别,所以每一年度各自的议案工作总件数不同。根据每一年度的议案工作总件数制图 1-9 做一比较。

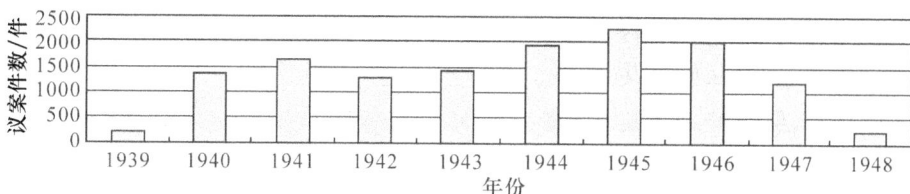

图 1-9　1939—1948 年度四联总处理事会议案件数比较

资料来源:中国第二历史档案馆编:《四联总处会议录》(1)—(64),广西师范大学出版社 2003 年版。

　　由图 1-9 可得,十年的时间里,除了 1939 年和 1948 年的议案件数较少外,1940—1947 年四联总处的议案工作件数一直保持每年多于 1000 件的工作量。1944—1946 年连续三年工作量最多。其中 1945 年议案案件数目最多,超过 2000 件。1939 年四联总处才运行 10、11、12 月三个月,工作量自然较少。1948 年运行共十个月,议案工作总量最少。

　　考虑到四联总处理事会议的议案工作种类多样,笔者根据 64 册《四联总处会议录》原始档案影印件,对每一年度的每一次理事会的议案工作进行了系统梳理和分类。将议案工作分类为发行、贴放、汇兑、特种储蓄、收兑金银、农业金融、特种投资、物资、平市平价、金融网、金融调查设计、经济调查设计、机构调整、核定章则、人事调整、经费薪酬、其他事项共 17 类。议案工作具体情况为发行类别涉及四行联合发行准备审核、券料调剂及大小额币券支配;贴放涉及四行联合承做押款、押汇及透支、贷放款;汇兑涉及四行内地与口岸汇款、外汇侨汇等;特种储蓄涉及各种战时特殊存款储蓄;收兑金银涉及收兑金银事项;农业金融涉及农贷土地金融;特种投资涉及四行对于战时特种生产事业的投资;物资涉及调剂战时物资;平市平价涉及平抑物价;完成金融网涉及四行金融网和四行分支处变动;金融调查设计涉及金融问题的调查;经济调查设计涉及经济问题的调查;机构调整涉及四联总处分支处和组织系统附属单位的变动;人事调整涉及四联总处分支处及附设机构的人事变动;核定章则涉及通过的章程条例;经费薪酬涉及四联总处分支处及附设机构的经费来源和人事薪酬;其他事项则是不属于以上分类的事务。

经过整理,1939—1948年整整10年的时间里,四联总处理事会会议案工作分年度的详细情况如下。

(1)1939年度。四联总处理事会共举行例会14次。议案共209件,内计报告事项72件,讨论事项124件,临时提议事项12件。其中:

　　一、属于发行者共7件。

　　二、属于贴放者共85件。

　　三、属于汇兑者共4件。

　　四、属于特种储蓄者共8件。

　　五、属于收兑金银者共7件。

　　六、属于农业金融者共11件。

　　七、属于特种投资者共2件。

　　八、属于物资者2件。

　　九、属于平市平价者共3件。

　　十、属于金融网者共6件。

　　十一、属于金融调查设计者共5件。

　　十二、属于经济调查设计者共1件。

　　十三、属于机构调整者共3件。

　　十四、属于核定章则者共10件。

　　十五、属于人事调整者共16件。

　　十六、属于经费薪酬者共4件。

　　十七、其他事项共35件。

(2)1940年度。四联总处该年共举行例会46次,临时会议1次,全体理事会议 2 次①。议案共 1351 件，内计报告事项 653 件，讨论事项 606 件，临时提议事项 92 件。其中：

一、属于发行者共 74 件。

二、属于贴放者共 602 件。

三、属于汇兑者共 60 件。

四、属于特种储蓄者共 44 件。

五、属于收兑金银者共 26 件。

六、属于农业金融者共 151 件。

七、属于特种投资者共 4 件。

八、属于物资者 3 件。

九、属于平市平价者共 63 件。

十、属于金融网者共 19 件。

十一、属于金融调查设计者共 1 件。

十二、属于经济调查设计者共 8 件。

十三、属于机构调整者共 6 件。

十四、属于核定章则者共 34 件。

十五、属于人事调整者共 48 件。

十六、属于经费薪酬者共 18 件。

十七、其他事项共 192 件。

（3）1941 年度。四联总处理事会本年度共举行例会 47 次。议案共 1617 件，内计报告事项 904 件，讨论事项 653 件，临时提议事项 58 件。其中：

---

① 四联总处史料（上）册文后注释第 153 页涉及"蒋介石关于拟订三年经济金融计划的讲话（四联总处第 1 次理事会议，1940 年 3 月 27 日）"，经考证四联总处会议录（二）册中，四联总处全体理事会第一次会议记录第 302 页，时间为 1940 年 3 月 27 日下午四时，地点主席官邸。因此此处"四联总处第 1 次理事会议"实际应为"四联总处全体理事会第一次会议"。四联总处史料（上）册文后注释第 79 页涉及"徐堪关于秘书处及各处工作状况的报告（四联总处第 2 次理事会议，1940 年 3 月 30 日）"；第 547 页涉及"理事会关于各行局 1939 年工作报告的决议（四联总处第 2 次理事会议，1940 年 3 月 30 日）"；第 165 页涉及"理事会关于三年经济金融计划的决议（四联总处第 2 次理事会议，1940 年 3 月 30 日）"；第 418 页涉及"蒋介石关于第二次理事会各项议案的指示（四联总处第 2 次理事会议，1940 年 3 月 30 日）"。经考证，四联总处会议录（二）册中第 328 页，四联总处全体理事会第二次会议记录时间为 1940 年 3 月 30 日下午四时，地点主席官邸。因此此处"四联总处第 2 次理事会议"实际应为"四联总处全体理事会第二次会议"。另外参考四联总处会议录（一）册第 9 页中，真正的四联总处理事会第二次会议（即四联总处第二次理事会议）会议记录时间为 1939 年 10 月 3 日下午五时，地点财政部。

一、属于发行者共 80 件。

二、属于贴放者共 912 件。

三、属于汇兑者共 97 件。

四、属于特种储蓄者共 64 件。

五、属于收兑金银者共 31 件。

六、属于农业金融者共 123 件。

七、属于特种投资者共 2 件。

八、属于物资者 0 件。

九、属于平市平价者共 22 件。

十、属于金融网者共 10 件。

十一、属于金融调查设计者共 0 件。

十二、属于经济调查设计者共 3 件。

十三、属于机构调整者共 11 件。

十四、属于核定章则者共 39 件。

十五、属于人事调整者共 42 件。

十六、属于经费薪酬者共 16 件。

十七、其他事项共 165 件。

(4)1942 年度。四联总处理事会一年来共举行例会 49 次,临时会议 1 次。议案共 1270 件,内计报告事项 630 件,讨论事项 613 件,临时提议事项 27 件。其中:

一、属于发行者共 51 件。

二、属于贴放者共 706 件。

三、属于汇兑者共 61 件。

四、属于特种储蓄者共 37 件。

五、属于收兑金银者共 10 件。

六、属于农业金融者共 133 件。

七、属于特种投资者共 1 件。

八、属于物资者 0 件。

九、属于平市平价者共 3 件。

十、属于金融网者共 13 件。

十一、属于金融调查设计者共 0 件。

十二、属于经济调查设计者共 0 件。

十三、属于机构调整者共 12 件。

十四、属于核定章则者共 47 件。

十五、属于人事调整者共 7 件。

十六、属于经费薪酬者共 5 件。

十七、其他事项共 184 件。

(5)1943 年度。四联总处理事会一年来共举行例会 47 次。议案共 1406 件,内计报告事项 645 件,讨论事项 758 件,临时提议事项 3 件。其中:

一、属于发行者共 8 件。

二、属于贴放者共 934 件。

三、属于汇兑者共 36 件。

四、属于特种储蓄者共 20 件。

五、属于收兑金银者共 0 件。

六、属于农业金融者共 163 件。

七、属于特种投资者共 0 件。

八、属于物资者 0 件。

九、属于平市平价者共 1 件。

十、属于金融网者共 14 件。

十一、属于金融调查设计者共 0 件。

十二、属于经济调查设计者共 0 件。

十三、属于机构调整者共 2 件。

十四、属于核定章则者共 37 件。

十五、属于人事调整者共 6 件。

十六、属于经费薪酬者共 4 件。

十七、其他事项共 181 件。

(6)1944 年度。四联总处理事会一年来共举行例会 49 次。议案共 1928 件,内计报告事项 835 件,讨论事项 1089 件,临时提议事项 4 件。其中:

一、属于发行者共 2 件。

二、属于贴放者共 1495 件。

三、属于汇兑者共 29 件。

四、属于特种储蓄者共 27 件。

五、属于收兑金银者共 0 件。

六、属于农业金融者共 130 件。

　　七、属于特种投资者共 0 件。

　　八、属于物资者 0 件。

　　九、属于平市平价者共 1 件。

　　十、属于金融网者共 10 件。

　　十一、属于金融调查设计者共 0 件。

　　十二、属于经济调查设计者共 0 件。

　　十三、属于机构调整者共 6 件。

　　十四、属于核定章则者共 27 件。

　　十五、属于人事调整者共 10 件。

　　十六、属于经费薪酬者共 5 件。

　　十七、其他事项共 186 件。

　　(7)1945 年度。四联总处理事会一年来共举行例会 47 次。议案共 2256 件,内计报告事项 813 件,讨论事项 1413 件,临时提议事项 30 件。其中:

　　一、属于发行者共 22 件。

　　二、属于贴放者共 1816 件。

　　三、属于汇兑者共 48 件。

　　四、属于特种储蓄者共 17 件。

　　五、属于收兑金银者共 0 件。

　　六、属于农业金融者共 118 件。

　　七、属于特种投资者共 0 件。

　　八、属于物资者 0 件。

　　九、属于平市平价者共 0 件。

　　十、属于金融网者共 4 件。

　　十一、属于金融调查设计者共 0 件。

　　十二、属于经济调查设计者共 0 件。

　　十三、属于机构调整者共 19 件。

　　十四、属于核定章则者共 21 件。

　　十五、属于人事调整者共 10 件。

　　十六、属于经费薪酬者共 7 件。

　　十七、其他事项共 174 件。

　　(8)1946 年度。四联总处理事会一年来共举行例会 34 次,临时会议 1 次。议案共 1996 件,内计报告事项 922 件,讨论事项 1039 件,临时提议事项 35 件。其中:

一、属于发行者共 9 件。

二、属于贴放者共 1680 件。

三、属于汇兑者共 41 件。

四、属于特种储蓄者共 10 件。

五、属于收兑金银者共 0 件。

六、属于农业金融者共 80 件。

七、属于特种投资者共 0 件。

八、属于物资者共 0 件。

九、属于平市平价者共 0 件。

十、属于金融网者共 0 件。

十一、属于金融调查设计者共 0 件。

十二、属于经济调查设计者共 0 件。

十三、属于机构调整者共 22 件。

十四、属于核定章则者共 53 件。

十五、属于人事调整者共 20 件。

十六、属于经费薪酬者共 4 件。

十七、其他事项共 77 件。

(9)1947 年度。四联总处理事会一年来共举行例会 25 次。议案共 1195 件,内计报告事项 520 件,讨论事项 637 件,临时提议事项 38 件。其中:

一、属于发行者共 2 件。

二、属于贴放者共 810 件。

三、属于汇兑者共 46 件。

四、属于特种储蓄者共 11 件。

五、属于收兑金银者共 0 件。

六、属于农业金融者共 150 件。

七、属于特种投资者共 0 件。

八、属于物资者共 0 件。

九、属于平市平价者共 0 件。

十、属于金融网者共 1 件。

十一、属于金融调查设计者共 0 件。

十二、属于经济调查设计者共 0 件。

十三、属于机构调整者共 11 件。

十四、属于核定章则者共 45 件。

十五、属于人事调整者共 35 件。

十六、属于经费薪酬者共 2 件。

十七、其他事项共 82 件。

(10)1948 年度。四联总处理事会一年来共举行例会 14 次。议案共 241 件,内计报告事项 59 件,讨论事项 166 件,临时提议事项 16 件。其中:

一、属于发行者共 1 件。

二、属于贴放者共 143 件。

三、属于汇兑者共 5 件。

四、属于特种储蓄者共 0 件。

五、属于收兑金银者共 0 件。

六、属于农业金融者共 9 件。

七、属于特种投资者共 0 件。

八、属于物资者共 0 件。

九、属于平市平价者共 0 件。

十、属于金融网者共 0 件。

十一、属于金融调查设计者共 0 件。

十二、属于经济调查设计者共 0 件。

十三、属于机构调整者共 1 件。

十四、属于核定章则者共 38 件。

十五、属于人事调整者共 0 件。

十六、属于经费薪酬者共 0 件。

十七、其他事项共 44 件。

由上可得,17 种议案在不同年份里的受理情况不一。譬如收兑金银议案在 1942 年收兑金银处撤销之后就没有了。譬如发行议案在央行集中发钞券之后,就极少出现了。譬如金融网议案在最初的 1939—1944 年有所讨论,后来鉴于各行局各地分支机构网点布置较为完善就较少出现了。譬如机构调整议案在 1945 年四联总处第三次改组回迁南京的关键时期内较为密集出现。笔者将以上不同种类的议案工作经过整理,可以得出 1939—1948 年期间,四联总处理事会议处理的不同种类的议案件数情况如表 1-2。

表 1-2　1939—1948 年度四联总处理事会议案工作分类

议案工作	件数	议案工作	件数
发行	256	金融网	77
贴放	9183	金融调查设计	6
汇兑	427	经济调查设计	12
特种储蓄	238	机构调整	93
收兑金银	74	核定章则	351
农业金融	1068	人事调整	194
特种投资	9	经费薪酬	65
物资	5	其他事项	1320
平市平价	93	议案工作总件数	13471

资料来源:中国第二历史档案馆编:《四联总处会议录》(1)—(64),广西师范大学出版社 2003 年版。

可以说十年时间里,四联总处理事会议案种类丰富,议案的工作对象大致在金融、经济、督导行局范围之内。笔者根据表格信息,将 1939—1948 年四联总处理事会议案做成图 1-10 作比较。

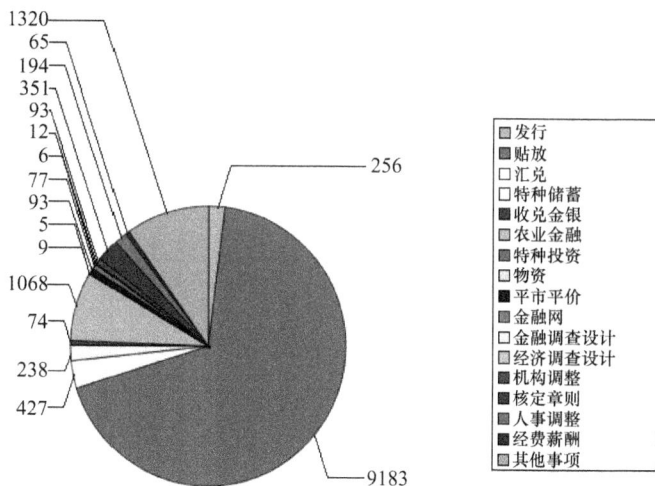

图 1-10　1939—1948 年度四联总处理事会议案工作分类
资料来源:中国第二历史档案馆编:《四联总处会议录》(1)—(64),广西师范大学出版社 2003 年版。

上图可得四联总处理事会的贴放议案件数最多。贴放案件在 1939—1948 年度四联总处理事会议案工作总数里占 68.15％,为最大比例,说明了四联总处的业务重心一直是贴放。其次是农业金融为 1063 件,反映四联总处在农贷问题上所作的努力。

贴放作为四联总处主要业务。每年的贴放议案件数最多。笔者制作了1939—1948 年度四联总处理事会处理贴放议案件数的逐年变化比较图(如图 1-11 所示)。

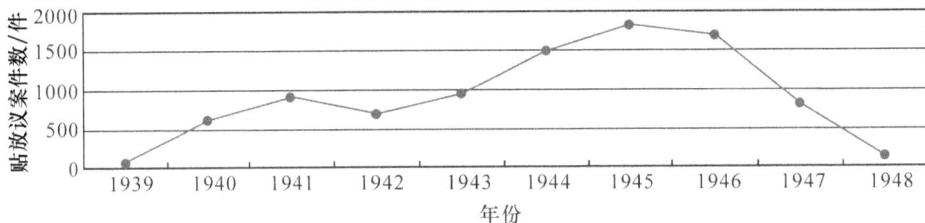

图 1-11　1939—1948 年度四联总处理事会贴放议案件数变化

资料来源:中国第二历史档案馆编:《四联总处会议录》(1)—(64),广西师范大学出版社 2003 年版。

经比较得出,在 1940—1947 年,在理事会议议案总数逐年增多的情况下,贴放议案总件数也在逐年提升。笔者以表格数据直观展示贴放议案占议案总件数的比例变化情况(如表 1-3 所示)。

表 1-3　1939—1948 年度议案总件数与贴放议案件数比较

年度日期	议案总件数	贴放议案件数	贴放所占百分比
1939 年度	208	85	40.87％
1940 年度	1360	602	44.26％
1941 年度	1615	912	56.47％
1942 年度	1270	706	55.59％
1943 年度	1406	934	66.43％
1944 年度	1928	1495	77.54％
1945 年度	2256	1816	80.50％
1946 年度	1996	1680	84.17％
1947 年度	1195	810	67.78％
1948 年度	241	143	59.34％

资料来源:中国第二历史档案馆编:《四联总处会议录》(1)—(64),广西师范大学出版社 2003 年版。

　　总体而言,贴放议案是四联总处的工作重心。经比较得出,1942 年四行专业化后,贴放议案总件数在逐年增加,比例显著提升。到了 1945 年达到最高值。而贴放案件占总议案数的比例在 1946 年所占百分比最大,达到 84.17%。之后开始缓慢下降。1948 年运行的 10 个月时间里,贴放案件相当少。

　　四联总处在 1939 年 10 月 2 日召开的四联总处第 1 次理事会议到 1948 年 10 月 7 日召开的四联总处最后一次理事会议即第 372 次理事会议,加上额外的 5 次临时理事会议的时间里,完成了非常繁重的议案工作。议案工作的内容涉及种类繁多、数量庞大,其中最重要的议案工作是贴放。四联总处金融管理在一次次理事会议上的讨论议案、实施决议、调整政策的过程中得以开展。

第四节　四联总处附设职能单位变更

一、战时金融经济委员会的变更

　　四联总处初建的目的是稳定金融,而后为了配合国民政府提出的抗战建国的任务,发展经济建设和金融建设。于是在四联总处下设战时金融委员会和经济委员会,委员会下设各处处长,均需奉蒋介石主席批准照派主管人员。[①] 1939年 9 月,国防最高委员会通过战时金融机构加强办法,决定在抗战期内,由财政部授权四联总处管理四行,并负有筹划金融政策、指导方针及实施政策的任务。四联总处下设战时金融委员会,下辖 5 处;设经济委员会,下辖 3 处,各司其责。

　　1939 年四联总处设战时金融委员会和战时经济委员会,由蒋介石指定若干位理事组织起来。战时金融委员会分设发行、贴放、汇兑、特种储蓄、收兑金银、农业金融 6 处。发行处主管审核四行联合发行准备、调剂券料及支配小额币券等事项;贴放处主管四行联合承做的押款、押汇及透支等事项;汇兑处主管调度四行内地与口岸汇款及审核外汇申请等事项;特种储蓄处主管推行特种储蓄事项;收兑金银处主管收兑金银事项。战时经济委员会分设特种投资、物资、平市三处。特种投资处主管四行对于战时特种生产事业的联合投资事项;物资处主

---

　　① 《徐堪关于蒋介石批准各处处长人选的报告》(1939 年 10 月 13 日),重庆市档案馆、重庆市人民银行金融研究所合编:《四联总处史料》上,档案出版社 1993 年版,第 75 页。

管调剂物资事项;平市处主管物资的平价事项。战时金融委员会及战时经济委员会所设各处,各设处长一人,专员若干人,由理事会主席蒋介石选派①。

1939年10月3日,四联总处第2次理事会议讨论战时金融委员会和战时经济委员会的委员和各处处长人选。蒋介石提议以席德懋为四联总处战时金融委员会委员。这个提议得到通过。会议决议:拟以金国宝为战时金融委员会发行处处长,浦拯东为战时金融委员会贴放处处长,戴铭礼为战时金融委员会汇兑处处长,王华为战时金融委员会特种储蓄处处长,李嘉隆为战时金融委员会收兑金银处处长;拟以徐广墀为战时经济委员会特种投资处处长;庞松舟为战时经济委员会物资处处长。至于战时经济委员会平市处处长人选,应该与翁文灏商量后再提出合适的人员,等到下次会议讨论决定后,一并提请蒋介石任命②。然后金融经济委员会的各处依照四联总处金融经济委员会各处的组织通则,开始设立各自的委员会,商议事务。

1939年10月13日,理事会决议通过战时金融委员会贴放处,应即依据金融经济委员会各处组织通则,设立贴放审核委员会。以该处处长为当然委员,并由四行各派代表1人为委员③。1939年10月31日,理事会通过发行处依据战时金融、经济委员会各处组织通则,设立发行设计委员会,以该处处长为当然委员,由四行各派代表1位作为委员④。1939年11月21日,理事会通过特种储蓄处依据金融经济委员会各处组织通则,设立储蓄设计委员会。以各处处长为当然委员外,并由四行二局各派1名代表,另聘专家3~5人⑤。

1940年,为了办理各项贴放、储蓄等账册记载及考核各分支处工作,战时金融委员会原下设发行、贴放、汇兑、收兑金银、特种储蓄五处,经由第13次理事会决议,增设农业金融处。聘请国内专家及有关机关主管人员组设农业金融设计委员会,同时各省、市、县设立省县农业金融促进委员会。省级别的促进会有八

① 《中央中国交通农民四银行联合办事总处组织章程》(1939年10月2日),重庆市档案馆、重庆市人民银行金融研究所合编:《四联总处史料》上,档案出版社1993年版,第70—71页。

② 《四联总处第二次会议记录》(1939年10月3日),重庆市档案馆、重庆市人民银行金融研究所合编:《四联总处史料》上,档案出版社1993年版,第73—74页。

③ 《理事会关于设立贴放审核委员会的决议》(1939年10月13日),重庆市档案馆、重庆市人民银行金融研究所合编:《四联总处史料》上,档案出版社1993年版,第76页。

④ 《理事会关于设立发行设计委员会的决议》(1939年10月31日),重庆市档案馆、重庆市人民银行金融研究所合编:《四联总处史料》上,档案出版社1993年版第77页。

⑤ 《理事会关于设立储蓄设计委员会的决议》(1939年11月21日),重庆市档案馆、重庆市人民银行金融研究所合编:《四联总处史料》上,档案出版社1993年版,第77页。

个，县级别的促进会有八个。战时经济委员会原下设特种投资、平市、物资三处。由于平价工作已由经济部平价购销处及其他主管机关执行，因此四联总处协助平价及平价建议即可。由于物资事项已由财政部贸易委员会等专司其事。因此四联总处物资处只用在资金方面协助即可①。

1940 年，四联总处战时经济金融两委员会的各委员大半因为公务繁忙不能常驻在重庆，因此集会时较少。据统计 1940 年战时经济委员会仅举行 1 次，战时金融委员会仅举行 5 次。实际工作，则分由各主管审查会或设计会及联席会议或小组会议施行。1940 年度，战时经济金融两委员会下设各处委员讨论议案及开会次数统计如下：贴放审核委员会，举行例会 51 次，临时会 13 次，审核案件共达 840 件；发行设计委员会举行例会 52 次，临时会 1 次，审查案件共达 965 件；特种储蓄设计委员会举行例会 38 次，审查案件共达 147 件；农贷审核委员会举行例会 42 次，审核案件共达 416 件；内汇审核委员会举行例会 63 次，审核案件共达 1261 件；外汇审核委员会举行例会 155 次，审核案件共达 1472 件；联席会议 5 次，审查案件 7 件；检讨每周重要案件而设的小组会议 72 次，出席人均为四联总处及四行高级职员，每遇紧急或者重要案件，方便随时召开小组会议商讨②。由此可得，1940 年度战时经济委员会和战时金融委员会的业务非常繁忙，下设各处委员会讨论的议案都是重大案件。

1941 年 9 月，四联总处机构再度调整，理事会增设副主席，取消常务理事，并加入交通、粮食两部长担任理事。取消原设战时金融委员会和战时经济委员会。原来战时金融委员会和战时经济委员会所管辖 8 处合并。把各项事务分科管理。额外分设放款、汇兑等小组委员会办理四行二局事宜。

1942 年 1 月 25 日，徐堪、徐柏园拟定调整四联总处组织办法。认为平市处与经济部平价购销处及现正筹设的物资局职能重复；物资处与财政部贸易委员会的职能重复；收兑金银任务交给中央银行办理；汇兑处的外汇审核工作，移交外汇管理委员会办理，汇兑处仅仅承担国内军政大宗汇款审核和摊汇；特种储蓄处除推行各项储蓄业务外，并承担推进吸收普通存款的任务；现在各处还负责审核或

① 《四联总处关于 1940 年度本处组织演变情况的报告》(1940 年)，重庆市档案馆、重庆市人民银行金融研究所合编：《四联总处史料》上，档案出版社 1993 年版，第 84 页。
② 洪葭管主编：《中央银行史料(1928.11—1949.5)》下卷，中国金融出版社 2005 年版，第 775 页。

设计政策的任务。日常事务,多由秘书处稽核科或指定专员办理①。因此决定调整四联总处组织:撤销平市处、物资处、收兑金银处;汇兑处改称国内汇兑处;特种储蓄处改称储蓄处;其他如发行处、贴放处、特种投资处、农业金融处照旧运行②。

1942 年 9 月,《中央中国交通农民四银行联合办事总处组织章程》通过。与以往不同,四联总处将金融和经济业务合并,设立战时金融经济委员会,设计各项业务方针,由四联总处理事会主席指派各行局重要职员或专家若干人为委员。战时金融经济委员会分设发行小组委员会、储蓄小组委员会、放款小组委员会、农贷小组委员会、汇兑小组委员会、特种小组委员会来审核相关案件。战时金融经济委员会及小组委员会,设主任副主任各一人,委员若干人,均由主席、副主席指派人员担任。小组委员会举行会议时,得由四联总处秘书处临时邀请有关业务人员列席。③

1942 年 9 月 3 日,四联总处第 140 次理事会议确定战时金融经济委员会委员及各小组委员会委员名单如下。

中中交农四行联合办事总处战时金融经济委员会委员及各小组委员会委员名单:孔祥熙　宋子文　钱永铭　翁文灏　张嘉璈　徐堪　俞鸿钧　陈行　唐寿民　顾翊群　贝祖诒　赵棣华　刘攻芸　徐柏园　戴铭礼　席德懋　汪楞柏　戴志骞　徐继庄　徐寄顾　浦拯东　何廉　章乃器　章桐　许性初　沈熙瑞　杨荫溥

储蓄小组委员会

主任委员:俞鸿钧

副主任委员:王华

委员:董孝逸　童蒙正　王冕　王紫霜　许继廉　陶祖诚　邢必信

放款小组委员会

主任委员:贝祖诒

副主任委员:浦拯东

委员:郭锦坤　卞白眉　赵棣华　周守良　张度　徐继庄　沈熙瑞

---

① 《徐堪徐柏园力拟定调整四联总处组织办法草案等呈稿》(1942 年 1 月 25 日),重庆市档案馆、重庆市人民银行金融研究所合编:《四联总处史料》上,档案出版社 1993 年版,第 86 页。

② 《徐堪徐柏园力拟定调整四联总处组织办法草案等呈稿》(1942 年 1 月 25 日),重庆市档案馆、重庆市人民银行金融研究所合编:《四联总处史料》上,档案出版社 1993 年版,第 87 页。

③ 《中央中国交通农民四银行联合办事总处组织章程》(1942 年 9 月),重庆市档案馆、重庆市人民银行金融研究所合编:《四联总处史料》上,档案出版社 1993 年版,第 88 页。

农贷小组委员会

主任委员：赵棣华

副主任委员：乔启明　孔雪雄

委员：黄通　陶桓棻　徐仲迪　梁庆椿

汇兑小组委员会

主任委员：戴铭礼

副主任委员：吕名榜

委员：陆长丰　任定兹　贾士彦　汪一鹤

特种小组委员会

主任委员：刘攻芸

副主任委员：徐柏园①

因 1942 年 6 月中央银行集中发钞权后，发行小组委员会没有必要存在。其余各小组委员会都已经选派委员人选，并每周分别举行例会，审核与设计相关业务事宜②。

尽管四联总处是为抗战非常时期而设立的特殊机构，但是战后仍有其发挥作用的地方。复员时期政府仍然需要四联总处协助推行各项金融经济政策。1945 年 11 月底，为配合即将进行的四联总处第三次改组，宋子文把四联总处的工作定位以审核放款和研讨物价为主。并对原来的组织机构进行调整。原隶属理事会的战后金融复员计划实施委员会、各行局实务研究委员会及划一各行局人事制度设计委员会一律撤销③。裁撤 1943 年 9 月成立的会计处。会计处下设的统计科改隶秘书处。改组后的四联总处机构大为紧缩：原战时金融经济委员会改称金融经济委员会，原下设各小组委员会除保留"特种""放款"两小组委员会外，"储蓄""农贷""土地金融""放款考核"四小组委员会合并改组为普通业务小组委员会。除特种小组委员会外，所有放款及普通业务两小组委员会均重新组织；秘书处原下设的"发行""储蓄""农贷"等七科合并改组为"总务""业务"

---

① 《秘书处关于四联总处改组情况的报告》（1942 年），重庆市档案馆、重庆市人民银行金融研究所合编：《四联总处史料》上，档案出版社 1993 年版，第 91 页。

② 《秘书处关于四联总处改组情况的报告》（1942 年），重庆市档案馆、重庆市人民银行金融研究所合编：《四联总处史料》上，档案出版社 1993 年版，第 92 页。

③ 《秘书处关于四联总处第三次改组情况的报告》（1945 年 11 月 29 日），重庆市档案馆、重庆市人民银行金融研究所合编：《四联总处史料》上，档案出版社 1993 年版，第 107 页。

两科①。至于南京方面的有关农矿工商放款的审核事宜,在四联总处回迁南京之前,仍由四联总处在南京临时设置的首都地方业务小组委员会暂行负责②。等到四联总处全部回迁南京之后,原设四联总处南京分处工作与四联总处工作重复,应予裁撤。由四联总处设立首都地方业务小组委员会,并派当地四行二局经理为委员。派中央银行经理李嘉隆、中国银行经理彭湖、交通银行经理程志颐、中国农民银行经理陈勉修、中信局经理丁世祺、邮汇局经理沈鄂为首都地方业务小组委员会委员。指派李嘉隆为主任委员、彭湖为副主任委员,并加派四联总处田定庵秘书为该会委员③督导联系。四联总处第 320 次理事会议通过四联总处首都地方业务小组委员会组织规程规定:"本会掌理事项如左:一、关于总处交办事项。二、关于当地各行局联合业务事项。三、关于当地银钱同业之联系与指导事项。四、关于当地金融市场之策划调剂事项。五、关于当地行局对总处联合建议事项。六、关于当地行局其他联合事项。……本委员会决议事项,送由总处秘书处陈报核定行本会日常事务由总处秘书处原有人员兼办之。惟会报经总处核有必要者,得以本会名义对当地各行局本会与当地各行局间应随时取得联系"④。

　　复员时期,四联总处的附设机构需要配合政府各项金融经济政策实施调整。1946 年四联总处再次进行内部调整:(1)重行设置农贷小组委员会。原先的农贷小组委员会与储蓄、汇兑等小组委员会合并设立普通业务小组委员会。但是鉴于农贷案件与水利合作及农林等行政设施息息相关,且农贷案件更有专业技术和复杂性,因此决定 7 月 26 日正式重行设置农贷小组委员会,并指派中国农民银行李叔明为该会主任委员。(2)设置盐贷审核委员会。食盐产销和盐价关系民生问题。四联总处为配合国策,统筹核办盐务放款,核准 7 月 19 日正式成立盐贷审核委员会,由四联总处及四行二局暨盐政总局各指派代表 2 人为委员,以霍宝树为主任委员,后来改派蔡公椿为主任委员,朱通九、吴长赋为副主任委

---

　　① 黄立人:《四联总处的产生、发展和衰亡》(代序),重庆市档案馆、重庆市人民银行金融研究所合编:《四联总处史料》上,档案出版社 1993 年版,第 45 页。
　　② 《秘书处关于核准放款普通业务两小组委员会人选的报告》(1946 年 5 月 8 日),重庆市档案馆、重庆市人民银行金融研究所合编:《四联总处史料》上,档案出版社 1993 年版,第 111 页。
　　③ 《秘书处关于成立首都地方业务小组委员会的报告》(1946 年 6—9 月),重庆市档案馆、重庆市人民银行金融研究所合编:《四联总处史料》上,档案出版社 1993 年版,第 114 页。
　　④ 《秘书处关于成立首都地方业务小组委员会的报告》(1946 年 6—9 月),重庆市档案馆、重庆市人民银行金融研究所合编:《四联总处史料》上,档案出版社 1993 年版,第 115 页。

员[1]。(3)上文述及的首都地方业务小组委员会于 8 月 21 日成立。(4)设置生产事业贷款临时审核委员会。1946 年 12 月 10 日四联总处为协助生产事业,解决工矿厂家当前困难,核准成立生产事业贷款临时审核委员会。所有委员人选聘请各行局及沪市银钱两业负责人担任,指定霍宝树为主任委员,李馥荪、徐寄顾、谷春帆、林风苞为常务委员[2]。

可以说战时金融委员会和战时经济委员会作为四联总处附设职能单位,与四联总处的自身的金融管理任务直接相关。它们承载了四联总处金融经济政策的制度、实践和调整工作。在整个历史演变过程中,金融委员会和经济委员会经历了"设立战时金融委员会和战时经济委员——撤销战时金融委员会和战时经济委员会——设立战时金融经济委员会——设立金融经济委员会"的变动,下设各小组委员会历经诸多变动。这些变动与战时和战后历史大背景的变动相关,也与四联总处处于不同历史阶段承载不同任务密切相关。

二、四联总处各地分支处的演变

在四联总处掌控全国金融的谋划中,各地分支处是必不可少的角色。它体现了国民政府由中央到地方的竖向管理、分层级别的金融掌控模式。为了更为清晰看到分支处的分布格局经历的地理选址变化和数目的增减情况,笔者采用了图表的方式来展现。

1937 年 11 月,因上海和整个华东战局失利。中中交农四行纷纷内迁。11 月 25 日,四行代表在汉口组成四行联合办事处总处,上海改设分处,业务上"除对贴放等项加以管理外,对于财政方面之紧急措施,亦开始协同推进"。[3] 此时汉口时期的四联总处职能与早期的四行联合办事处已有所不同。它对外宣称为"总处",其他各地则称为分处。但在职权范围和性质上,汉口时期的四联总处仍与 1939 年特组成立的四联总处存在根本差异。但是已有总分处的区别。随着战局的变动,1938 年四联总处自汉口迁至重庆,1938 年 3 月四联渝分处亦告成立。

---

①　《四联总处关于 1946 年度组织演变情况的报告》(1946 年),重庆市档案馆、重庆市人民银行金融研究所合编:《四联总处史料》上,档案出版社 1993 年版,第 108 页。
②　《四联总处关于 1946 年度组织演变情况的报告》(1946 年),重庆市档案馆、重庆市人民银行金融研究所合编:《四联总处史料》上,档案出版社 1993 年版,第 109 页。
③　刘攻芸:《四联总处之任务》(1944 年 3 月),重庆市档案馆、重庆市人民银行金融研究所合编:《四联总处史料》上,档案出版社 1993 年版,第 62 页。

1939 年 11 月 28 日,四联总处第 10 次理事会①通过《中央中国交通农民四银行联合办事处分处组织章程》,规定各地分处定名为中央、中国、交通、农民四银行联合办事处分处,简称分处。分处的职责在于:关于总处交办事项;关于联合贴放、投资、汇兑事项;关于发行、储蓄及收兑金银事项;关于金融经济的调查研究事项;其他关于金融事项。并规定四联各分处设置委员会,所有重要事务须经委员会议通过施行。分处委员会由中、中、交、农四行各派代表一人或二人组织,其一人须为各行主管人,另一人得由各行其他重要职员担任,并由委员互推一人为主任,呈请总处核准。主任不在时,由委员互推一人代理,并陈报四联总处备案。并在分处设文书、业务、会计、调查四组。各组职掌情况各有不同。文书组职掌关于会议及文电收发、缮拟暨案卷、印信、契据的保管及不属于其他各组事宜。业务组职掌关于四行联合贴放、投资、汇兑及推行储蓄、支配券料、收兑金银等事项的办理等事宜②。会计组职掌关于业务及经费表报、账册记载、考核及奉分处开支出纳事宜。调查组职掌关于金融经济的调查研究事宜。各组各设组长一人,由委员中公推兼任或另选适当人员专任,陈报四联总处核准③。为拓展农贷和推进储蓄业务,四联各分支处根据实际需要,可以增设农贷、储蓄两组④。此外,四联各分支处可以聘请业务专家为名誉顾问,还可以根据实际需要以办理文书及抄写者为限,雇佣专用办事员及雇员若干人。其余人员一律从四行现有人员里面调用。⑤

为了掌控全国各地的金融,四联总处在全国各地设立四联分支处。因此1940 年度分支处组织演变较大。规定在业务重要区域,设立分处;次要区域改设支处。并将各地原有的贴放分会归并于各该地的分支处,统一管理。1940 年

---

① 四联总处史料(下)文后注释第 238 页涉及"秘书处关于屯粮工作未甚满意应如何改善案的说明(四联总处第 10 次理事会议,1940 年 5 月 25 日)"。经考证,四联总处会议录(一)册中,四联总处理事会第十次会议(即四联总处第十次理事会会议)议事日程第 175 页为 1939 年 11 月 28 日下午四时,其会议记录第 183 页时间为 1939 年 11 月 28 日下午四时,地点:行政院。因此,四联总处史料显然存误。

② 《中央中国交通农民四银行联合办事处分处组织章程》(1939 年 11 月 28 日),重庆市档案馆、重庆市人民银行金融研究所合编:《四联总处史料》上,档案出版社 1993 年版,第 123 页。

③ 《中央中国交通农民四银行联合办事处分处组织章程》(1939 年 11 月 28 日),重庆市档案馆、重庆市人民银行金融研究所合编:《四联总处史料》上,档案出版社 1993 年版,第 123—124 页。

④ 《四联总处关于 1940 年度分支处组织演变情况的报告》(1940 年),重庆市档案馆、重庆市人民银行金融研究所合编:《四联总处史料》上,档案出版社 1993 年版,第 127 页。

⑤ 《中央中国交通农民四银行联合办事处分处组织章程》(1939 年 11 月 28 日),重庆市档案馆、重庆市人民银行金融研究所合编:《四联总处史料》上,档案出版社 1993 年版,第 123—124 页。

度的四联总处的分支处设置覆盖了西南地区和华南地区。四联分处有重庆、成都、上海、香港、杭州、宜昌、福州,贵阳、桂林、长沙、西安、衡阳、南昌、昆明、兰州等15处。四联支处计有内江、自流井、叙府(四川省宜宾市别称),嘉定、泸县、万县、北碚、宁波、吉安、泉州、永安、梧州、零陵、常德、南郑、柳州、西宁等17处。此外四联总处设置直辖支处。譬如2月1日韶关直辖支处成立,又增设宁夏、雅安直辖支处、天水直辖支处①。因此,四联总处下属有四联分处、四联支处、四联直辖支处三种级别。而且每一个分支处的银行构成有所区别,大致是中中交农四行或者四行的某几行,譬如中中交三行、中中农三行、中交农三行。1940年四联总处各地分支处组织的具体情况如图1-12所示。

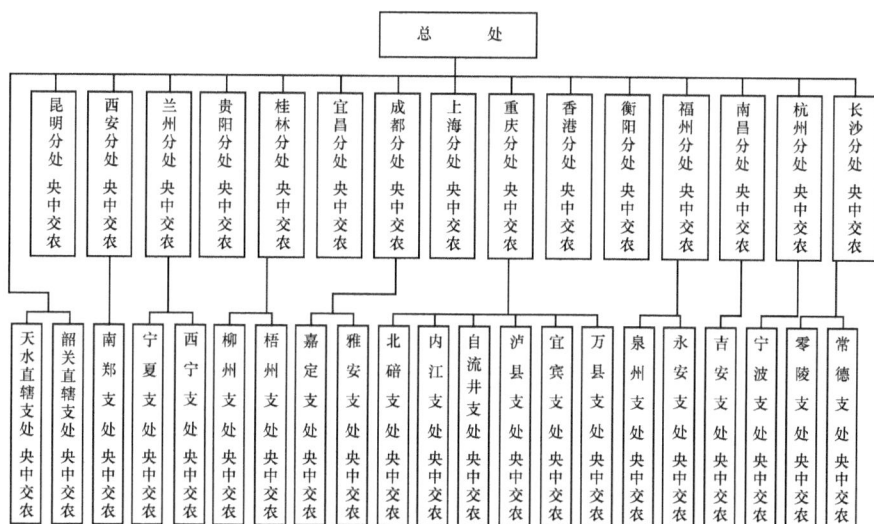

图 1-12　1940 年四联总处各地分支处组织系统②

资料来源:《四联总处关于1940年度分支组织演变情况的报告(1940年)》,重庆市档案馆、重庆市人民银行金融研究所合编:《四联总处史料》上,档案出版社1993年版,第127页。

　　可得1940年正处于抗战初期阶段,此时四联分支处集中分布在东南和西南部分。这正与当时的军事战局形势相一致。说明东南和西南地区需要中央掌控金融力量,避免被敌人所攻陷或者利用。

　　鉴于1941年和1942年的四行联合业务发展的需要,四联分支处机构继续

---

　　①　《四联总处关于1940年度分支组织演变情况的报告》(1940年),重庆市档案馆、重庆市人民银行金融研究所合编:《四联总处史料》上,档案出版社1993年版,第127页。
　　②　《四联总处关于1940年度分支组织演变情况的报告》(1940年),重庆市档案馆、重庆市人民银行金融研究所合编:《四联总处史料》上,档案出版社1993年版,第128页。

增加。到 1942 年 4 月份,四联分处已有 12 处,四联直辖支处 4 个,四联支处 28 个(内有平凉、上饶、宝鸡、广元四支处获准筹设中)。其中杭州、南昌两分处经先后移驻永康、赣县,分别改称为浙江分处与江西分处。广州湾支处原属香港分处管辖,香港沦陷后,广州湾支处改为直辖支处①。

1943 年 10 月 28 日,四联总处第 194 次理事会议通过修正分支处组织章则的决议②,认为中央信托局和邮政储金汇业局已经受四联总处的监督和指导,那么各地四联分支处的经费应该由中央银行、中国银行、交通银行、中国农民银行和中央信托局、邮政储金汇业局四行二局共同承担。各地分支处由四联总处理事会核定设置。四联分支处职责在于:(一)关于总处交办事项。(二)关于联合放款、投资及汇兑等事项。(三)关于联合购办生产原料等事项。(四)关于储蓄及存款等业务的策划推进事项。(五)关于农业贷款投资、土地金融、合作金融等事项。(六)关于金融经济的调查研究及贷款、投资工矿的征信等事项。(七)关于岁计、会计、统计等事项。(八)关于其他有关金融及一切事务事项。四联分支处设立委员会,由中、中、交、农四行,各派代表一人或二人为委员,所有重要事项须经委员会议通过再实行。分支处所在地中央信托局、邮政储金汇业局设有分支机构的,各派代表一人为委员。各行局所派代表须为各该行局主管人。如四行各派二人时,其另一人应由其他重要职员担任,并由委员互推一人为主任委员,由四联总处核准。为了更加清晰地分工处理事宜,分支处下设六组:文书组、业务组、储蓄组、农贷组、调查组、会计组。各组各设组长一人,由委员兼任或调用各行局职员、其他合适人员兼任。均呈请四联总处核准。此次在分支处的人事和经费上的规定更加详细。分支处因办理各项事务、业务,得调用各行局职员或专用办事员及雇员,需要随时呈报四联总处核准。分支处任用专兼任人员,应根据实际需要情形,拟定人选由四联总处核定。分支处可以聘请专家顾问,但不支给薪津或车马费③。

1943 年度,四联总处各地分支处的变动情况较小。通常来说,以地理位置处于交通要塞、商业发展需要资金等理由向四联总处理事会议申请设立分支处。

---

① 《秘书处关于截至 1942 年 4 月分支处设立情况的报告》(1942 年 4 月 9 日),重庆市档案馆、重庆市人民银行金融研究所合编:《四联总处史料》上,档案出版社 1993 年版,第 129 页。

② 《理事会关于修正分支处组织章则的决议》(1943 年 10 月 28 日),重庆市档案馆、重庆市人民银行金融研究所合编:《四联总处史料》上,档案出版社 1993 年版,第 129 页。

③ 《理事会关于修正分支处组织章则的决议》(1943 年 10 月 28 日),重庆市档案馆、重庆市人民银行金融研究所合编:《四联总处史料》上,档案出版社 1993 年版,第 130—131 页。

例如 1943 年 11 月 11 日四联总处第 196 次理事会议报告关于设立郁林、合川两支处。提及郁林四行等为运用资金办理投放押汇,拟组织四联支处;合川为川东要道,交通便利,近年来工商业繁荣,商业银行已设有十余家,为加强四行业务联系,协助财政部管理战时金融,扶助后方生产事业起见,拟组织四联支处。于是四联总处邀请四行主管人员举行特种小组会议,商讨拟具意见,批准成立中央、中国、交通、中国农民四银行联合办事处郁林支处,归桂林分处管辖;中央、中国、交通、中国农民四银行联合办事处合川支处,归重庆分处管辖①。1943 年度四联总处共裁撤宁波、平凉两个支处;韶关支处改组为广东分处;成立下关、郁林、合川、南充等四个支处。

截至 1943 年年底,共计分处 12 处,支处 34 处。此外温州支处正在筹备中。② 四联总处下属有四联分处、四联支处两个级别。而且每一个分支处的银行构成有所区别,大致是中中交农四行或者四行的某几行,譬如中中农三行。截至 1943 年底,四联总处各地分支处组织情况如图 1-13 所示。

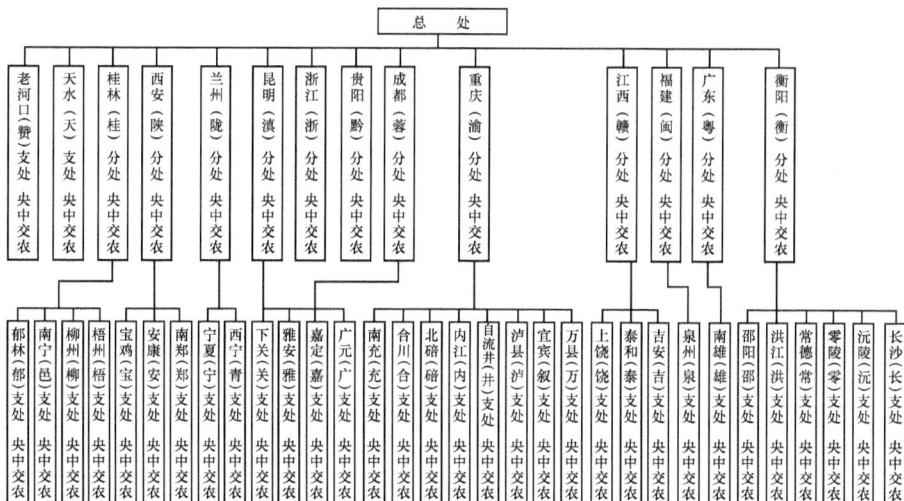

图 1-13　1943 年四联总处各地分支处组织系统③

资料来源:《四联总处关于调整秘书处组织等情况的报告稿》(1943 年),重庆市档案馆、重庆市人民银行金融研究所合编:《四联总处史料》上,档案出版社 1993 年版,第 98 页。

---

①　《秘书处关于设立郁合两支处的报告》(1943 年 11 月 11 日),重庆市档案馆、重庆市人民银行金融研究所合编:《四联总处史料》上,档案出版社 1993 年版,第 132 页。

②　《四联总处关于调整秘书处组织等情况的报告稿》(1943 年),重庆市档案馆、重庆市人民银行金融研究所合编:《四联总处史料》上,档案出版社 1993 年版,第 98 页。

③　《四联总处关于 1943 年度分支处演变情况的报告》(1943 年),重庆市档案馆、重庆市人民银行金融研究所合编:《四联总处史料》上,档案出版社 1993 年版,第 133 页。

可得 1943 年四联总处分支处机构已达 46 处。集中在南方区域。其中西南部分金融机构最为密集,以四川和重庆的分量最重。这与中国军事战局、金融经济中心的整个重心移到西南区域密切相关。西南部分沦陷区的金融机构为了避免被敌人所利用,已经撤离。

1944 年 9 月 21 日四联总处第 238 次理事会议通过"改进各分支处、裁汰冗员、紧缩开支"三原则,分(支)处机构开始精简。原分(支)处下设"文书""业务""储蓄""农贷""调查""会计"各组一律撤销,每一分支处仅设专任秘书 1 人、专任办事员 1～3 人。随着国统区金融、经济中心的东移,原设在西部地区的分支处,凡是"业务清简核无继续存在必要者,均予裁撤",有的分处则降格为支处。抗战胜利以后,国统区的范围由西南部地区扩展到包括东北、台湾在内的前所未有的广大地域,但四联总处在整个国统区设置的分支处仅 30 余处①,侧面反映出四联总处在全国金融机构设置上的全面收缩,在分布位置上的地理转移。

1945 年 5 月 24 日,四联总处第 270 次理事会议再次修订分支处组织通则。认为鉴于 1942 年四行业务划分后,各行业务均系专责办理,分支处承办者大都为承转工作。组织与员额应该紧缩,以节省经费开支。根据"改进各分支处、裁汰冗员、紧缩开支"三项原则,决定原设各组一律取消,分处改设专任秘书一人,专任办事员 2～3 人;支处设专任文书一人,专任办事员 1～2 人。分处设专任会计一人②。四联总处分支处的员额紧缩更加细致化和明确化。

抗战胜利后,各地分支处开展收复区工作,四联总处各分支处的组织机构也进行调整。1945 年 8 月 23 日,四联总处第 281 次理事会议决定为督导各收复区行局复员便利,在收复区设置四联分支处。收复区分支处的设立规定:收复区分支处设委员会,由各该区行局复业主持人员担任委员。并由四联总处在委员里指定主任委员及副主任委员各一人。四联总处可以根据事实需要,遴派专任人员,常驻收复区分支处办事。四联总处派驻收复区分支处人员为当然委员,必要时可以兼任分处秘书,支处文书职务③。1945 年 9 月 20 日四联总处理事会第 285 次会议公布收复区各分处包括上海分处、南京分处、天津分处、汉口分处、广

---

① 黄立人:《四联总处的产生、发展和衰亡》(代序),重庆市档案馆、重庆市人民银行金融研究所合编:《四联总处史料》上,档案出版社 1993 年版,第 45 页。

② 《秘书处关于修订分支处组织通则的报告》(1945 年 5 月 24 日),重庆市档案馆、重庆市人民银行金融研究所合编:《四联总处史料》上,档案出版社 1993 年版,第 134 页。

③ 《设置各收复区分支处暂行办法》(1945 年 8 月 23 日),重庆市档案馆、重庆市人民银行金融研究所合编:《四联总处史料》上,档案出版社 1993 年版,第 138－139 页。

州分处、青岛分处、台湾分处、东北分处的主任委员、副主任委员、委员的名单①。

其中上海分处于1945年9月19日开始办公②。天津、汉口、广州、浙江等分处陆续成立,各行局复业③。同时西南地区的个别分支处撤销。如合川、洪江、江津、老河口、北碚等五支处因为当地中央银行移撤,该支处已无存在必要。因此四联总处核准各该处于1945年11月底以前结束④。

因此为了适应战争结束后,复员时期的特殊经济形势,同时协助政府推行金融经济政策,四联总处在1945年12月进行了第三次改组。无继续存在必要的分支处均予裁撤。收复区根据业务繁忙需要,酌设分支处⑤。1946年度四联总处各分支处筹设情况变动较多。核准增设汕头、太原、长春、四平、济南、九江等六支处,恢复衡阳支处一处。四联总处回迁南京后,南京分处与四联总处工作重复,内江支处业务清简,均予裁撤。截至1946年年底,共计有四联分处16处,支处14处⑥。四联总处下属有四联分处、四联支处两个级别。每一个分支处的行局构成有所区别,大致是中中交农信邮四行二局或者四行二局的某几行某局,譬如中中交农四行、中中农三行、中中交农邮四行一局、中中交农信四行一局等。1946年四联总处各地分支处组织具体可见图1-14。

① 《四联总处理事会第285次会议记录》(1945年9月20日),中国第二历史档案馆编:《四联总处会议录》(42),广西师范大学出版社2003年版,第33页。

② 《理事会关于令饬速即成立沪分处加强贷放的决议》(1945年10月18日),重庆市档案馆、重庆市人民银行金融研究所合编:《四联总处史料》上,档案出版社1993年版,第140页。

③ 《秘书处关于天津等分处成立的报告》(1945年10月18日),重庆市档案馆、重庆市人民银行金融研究所合编:《四联总处史料》上,档案出版社1993年版,第141页。

④ 《秘书处关于合川等支处撤销的报告》(1945年11月8日),重庆市档案馆、重庆市人民银行金融研究所合编:《四联总处史料》上,档案出版社1993年版,第141页。

⑤ 《秘书处关于四联总处第三次改组情况的报告》(1945年11月29日),重庆市档案馆、重庆市人民银行金融研究所合编:《四联总处史料》上,档案出版社1993年版,,第107页。

⑥ 《四联总处关于1946年分支处筹设情况的报告》(1946年),重庆市档案馆、重庆市人民银行金融研究所合编:《四联总处史料》上,档案出版社1993年版,第144页。

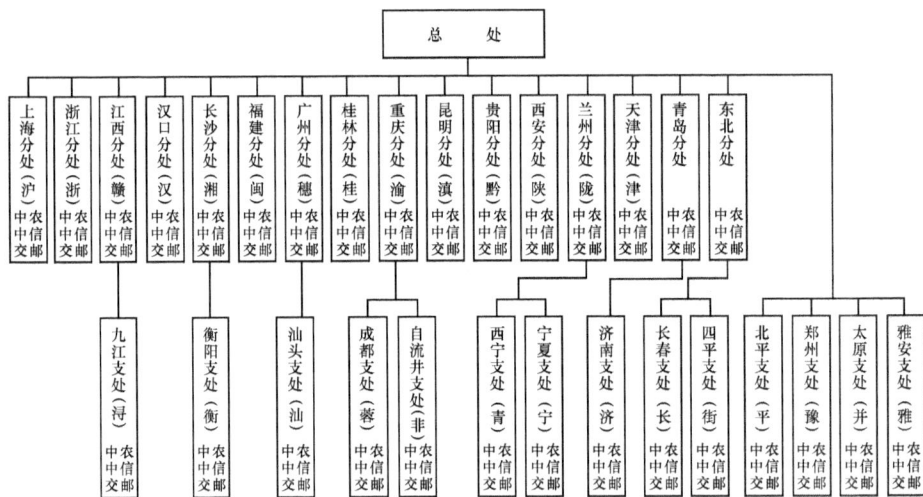

图 1-14　1946 年四联总处各地分支处组织系统

资料来源:《四联总处关于 1946 年分支处筹设情况的报告》(1946 年),重庆市档案馆、重庆市人民银行金融研究所合编:《四联总处史料》上,档案出版社 1993 年版,第 144 页。

可得,此时 1946 年正是抗日战争胜利之后,全国全面金融复员时刻。因此四联分支处在全国的地理位置分布非常均衡。几乎每一处收复区和原先统治区都有分支处设立,便利全国范围内的金融复员。

除了机构调整外,四联总处再次修订了各分支处的组织通则。1946 年 7 月 18 日四联总处第 312 次理事会议通过各分支处调查原则修订和组织通则。认为:自复员以来,四联总处所属各地分支处业务多有变迁,原有人员不合实际需要,反而影响工作效率,徒增开支。为节约费用,加强工作效率,拟定新原则:各分支处办事人员员额由总处视其业务需要核定;各分支处专任人员应尽量减少,不敷时由当地各行局中调派兼办;各分支处会计事务简单,可调用当地行局中会计人员或处中专任人员兼办,取消原有专任人员名额;总处应视事实需要,遴派专任人员在分支处办事;由各行局过来四联总处兼职的正、副主任委员及委员给车马费,其余兼任办事人员得月给公费及津贴;当地如设有征信所机构者,应委托征信所办理调查征信工作,其余各处应调用行局人员兼办;各分支处办公地址应借用当地各行局现有房屋应用,以利接洽;各分支处将会议记录应随时报送总处,并每月终编具工作报告总处查核;各分支处每月开支经总处核定后,方可向行局摊收。依照上列原则,将各分支处现有人员员额重加调整分支处的专任人员和会计人员。按各员的资历并参酌各分支处所报考成绩,核定去留。共计予以裁遣 38 人。经此调整后,各分支处现有办事人员连兼任人员在内,平均每处不过 4 人。所有各分支处组织通则重加修正,并废止各收复区分支处暂行办法①。可以说为了适应战后时局的变动,四联总处大大紧缩机构设置和员额分配。

这次会议同时报告了四联分支处的职能限定于以下六项任务:关于总处交办事项;关于放款、投资等事项;关于储蓄、汇兑、存款等业务的策划推进事项;关于农业贷款投资、土地金融、合作金融等事项;关于金融经济的调查研究及贷款投资工矿的征信等事项;关于其他有关金融及一切事务事项。在四联分支处设立委员会,由中中交农四行各派代表一人或二人为委员。四联分支处所在地中央信托局、邮政储金汇业局正式设有分支机构者,各派代表一人为委员,分支处所在地由当地邮局代理储汇业务者,视同邮汇局正式机构。并由委员互推一人为主任委员,必要时加推一人为副主任委员,均需总处核准。此外规定分支处委员会至少每周举行一次会议,必要时举行临时会议,各委员必须经常出席,非不得已时不得请人代表。每周会议记录应按时呈报四联总处②。

四联总处分支处位置分布的演变反映中国金融中心和军事战局转移的过程,同时呈现从偏重南方到广设西南再到平均遍布全国的变化过程。四联总处全面掌控四联分支处的地理选址、核准筹设、人事甄选、经费开支、业务范围、会议记录。机构设置、人事变动和经费决定权保留在四联总处的最高领导层面——理事会议,没有下放到地方。四联分支处在全国的分布达到了均衡,在大部分省份均有设立。力图铺开金融网,由总处掌控分支处的人事和体制,然后在四联总处的协调和努力下,达到了战后利用四联总处分支处的全面布置,意图全面掌控和参与战后金融复员具体实践,来指导地方四行分支处完成地方性金融管理事业。体现了国民政府统制和掌控战时、战后中央和地方金融力量的谋划。

本章小结

第一章展现四联总处的历史沿革与体制变动。体制变动包括不同时期不同地域不同机构的人事和组织变更。四联总处因势变动,呈现了多种表象和内在

① 《秘书处关于拟定各分支处调查原则及修订组织通则的报告》(1946 年 7 月 18 日),重庆市档案馆、重庆市人民银行金融研究所合编:《四联总处史料》上,档案出版社 1993 年版,第 135—137 页。

② 《秘书处关于拟定各分支处调查原则及修订组织通则的报告》(1946 年 7 月 18 日),重庆市档案馆、重庆市人民银行金融研究所合编:《四联总处史料》上,档案出版社 1993 年版,第 136—137 页。

特点。

首先,以四联总处的历史沿革梳理了四联总处的基本史实。基本上是从时间先后顺序,依照四联总处的初建、三次改组及最后撤销的历史脉络厘清四联总处的变动。其中本章以蒋介石为切入点着重突出了人物的思想和变动在其中的作用。在四联总处的历次变动中,蒋介石的角色毋庸置疑是至关重要的,体现蒋介石金融统制思想和实践的演变过程。

其次,四联总处组织系统在三次改组前后,职权和职能有所增减。采用结构图的方法,展现四联总处的最高层面的体制变动,既体现了国民政府在四联总处上寄托了金融管理的谋划,也反映四联总处自身职能定位和职权变动过程的复杂和艰巨。为了适应这些变化,组织系统需要不断调整。由于四联总处本身不参与实体经营,其经费和薪酬是由四行二局分担的。很大部分经费花在人事和行政上。这也导致四联总处存在的尴尬。一旦四行各自为政,四联总处经费不足,就会寸步难行。

第三,四联总处理事会议的设置与人事变迁。这是本章工作量较为庞大的部分。笔者仔细梳理 64 册《四联总处会议录》内容,并利用大量的比较图、数据统计表等多种论证手段,多样化直观呈现四联总处理事会议的基本情况。这些会议记录都是原始档案的扫描件,记录详实,见证了四联总处庞杂的工作范围和巨大的工作量。四联总处理事会议案众多、事务繁忙,但是工作效率低下,经常重复议案。在高层人事变迁方面,四联总处理事会议的主席、副主席、理事成员、秘书长人选变更频繁,既与抗战步入不同时间阶段息息相关,又与四联总处的地位变动和职权范围变动息息相关。

第四,关于四联总处附设职能单位,以战时金融经济委员会和四联总处分支处的演变为研究切入点。这两个机构的变更跟整个战时、战后的时代背景密切相关。不同阶段呈现了不同工作任务侧重点、地理区域侧重点。

本章研究四联总处的历史沿革和体制变动,是下文细化研究四联总处在1937—1948 年间实践金融管理的前提。

第二章　从全面抗战初期到四行专业化前的四联总处金融管理

第一节　调节发行、安定金融

一、全面抗战初期的通货膨胀

1937 年 8 月四行联合办事处初建之后,初步提出和实践金融管理政策,揭开了四联总处作为金融作战大本营,实施金融管理的序幕。直至 1939 年 9 月四联总处改组成立,此时的四联总处正处于初步涉足战时金融管理阶段,厘订各项规章,审定金融策划。此时的中国正备受军事煎熬。在军事紧张和金融管理日益迫切的情况下,国民政府于 1939 年 9 月实行了四联总处第一次改组。直到 1942 年 5 月四行专业化之前,四联总处提出了诸多颇有意义的金融管理举措。

随着英美封存资金和太平洋战争爆发,上海和香港两大金融中心受到冲击,金融经济情况愈加复杂。在此之前,1940 年 7 月日本宣布封锁闽浙沿海交通;同月,英国宣布封闭滇缅公路三个月。中国东南和西南地区运输线均被切断,国外币钞内运和物资运输受到影响。1941 年 3、4 月份,四联总处、四行负责人以及孔祥熙皆在商议国外币钞经香港或缅甸尽快内运,不得滞留;紧急时刻上海四行撤到美军租界防区内营业。一旦租界当局不提供切实保障,即当停业撤退。①

---

① 《四联总处关于上海金融机关撤退及国外币钞内运各项办法密代电》(1941 年 3 月 25 日),《四联总处关于港沪四行之措施节略》(1941 年 3 月),《中央银行报告沪港两行部署撤退情形函》(1941 年 4 月 4 日),《孔祥熙指示上海四行应变措施密电》(1941 年 4 月 24 日),中国第二历史档案馆编:《中华民国史档案资料汇编》第 5 辑第 2 编,"财政经济"(3),江苏古籍出版社 1997 年版,第 210—214 页。

7月,日本军队占领越南军事基地及飞机场后,美英两国的远东利益受到威胁。美英政府即宣布封存中国和日本在美、英资金,防止资金外流。四联总处副秘书长徐柏园认为此事给中国带来"金融上划时代之变化"。① 随后徐柏园呈文蒋介石,提出掌控战时金融的两个基本原则,即把握金融主动权和按照国内外局势因时制宜,并提出应着重从"调节通货发行,以免过度膨胀""节制公司金融机关之放款投资业务,充分发挥金融力量""管理外汇""划一金融行政并加强管理金融市场"②四个方面来掌控金融。这就抓住了当时战时金融的关键问题。其中首要的问题是控制通货。

控制通货的理由来自市面物价疯涨、法币贬值、银行滥发货币的连锁反应。由于战时物资困乏,大量从外国进口和从外省输入的货物,带动了战时初期的物价。由于百姓消费力度不够,消费品价钱上涨稍显缓慢。但1940年中国遭受严重欠收,各省夏季作物收成约为十足年份的7成左右,甘肃、陕西、河南等三省因受春旱夏雨的影响,收成仅为5成左右③,粮食不足。加上太平洋战争爆发,国际运输路线阻断,物资外运和内运皆有困难,"故外销货物势须看跌,内运商品将见暴涨""涨风之烈实足惊人"④。据国民政府美籍财政顾问杨格统计⑤,市场零售价在1937—1945年间每年逐步以40%～50%的速度膨胀,直至1943年后增加频率才减缓至10%左右。百姓生活成本剧增。蒋介石多次在日记中关切物价,非常担忧物价暴涨带来危险。其在1941年反省录表示"法币之价更贬,物价暴涨,而财政部统制金融无策,竟使高利贷放囤积之风更炽,此为本年最恶劣亦最危险之一事"⑥。以重庆为例,整个中国后方商品物价指数从1939年6月100

---

① 《徐柏园就封存资金后之金融方针给蒋介石的呈》(1940年9月8日),重庆市档案馆、重庆市人民银行金融研究所合编:《四联总处史料》上,档案出版社1993年版,第277页。

② 《徐柏园就封存资金后之金融方针给蒋介石的呈》(1940年9月8日),重庆市档案馆、重庆市人民银行金融研究所合编:《四联总处史料》上,档案出版社1993年版,第280页。

③ 中国第二历史档案馆编:《中华民国史档案资料汇编》第5辑第2编,"财政经济"(8),江苏古籍出版社1997年版,第262页。

④ 中国第二历史档案馆编:《中华民国史档案资料汇编》第5辑第2编,"财政经济"(3),江苏古籍出版社1997年版,第216—217页。

⑤ Arthur N. Young, *China's Wartime Finance And Inflation* 1937—1945, (Harvard University: Cambridge Massachusetts, 1965), p.349.

⑥ 《蒋介石日记》(手稿),1941年反省录。

基数为准,到 1940 年 12 月已达到指数 391,到 1941 年 12 月已达到指数 1029①。如图 2-1 所示。

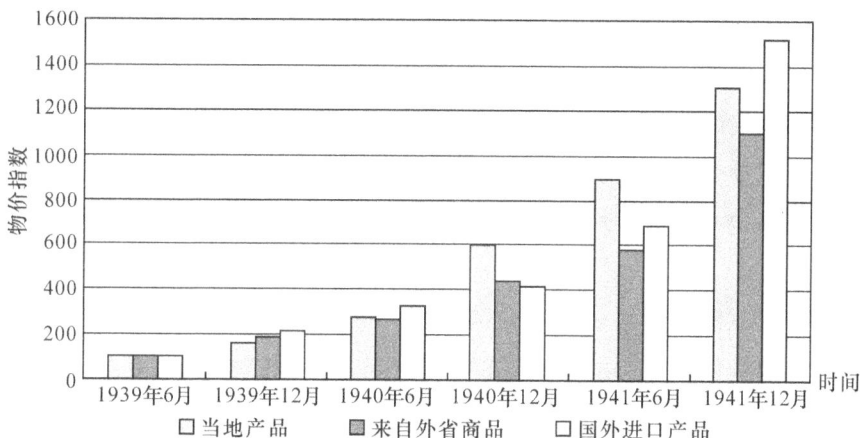

图 2-1 1940—1941 年重庆物价指数比较(1939 年 6 月指数为 100)

资料来源:张公权著,杨志信译:《中国通货膨胀史》,文史资料出版社 1986 年版,第 18 页。数据引自中央银行经济研究处所编制的统计报表。

物价上涨的因素至为复杂,物资供应不足只是其一。1940 年后物价指数的增加率比政府支出的增加率更高更快。由于战时中国需要大量购买军备,政府收入停滞,支出逐年膨胀,财政赤字有增无减②。政府罔顾通货膨胀的危害,用增加四行发行来抵销财政赤字,以致市面上的货币流通大大超过了需求量。四行不得不增加给政府的垫款。新钞票的发行额远远不能满足银行对政府的垫款。1940 年国家银行钞票发行增加额达到 3580 百万元法币,对政府垫款额为 3831 百万元法币。1941 年钞票发行增加额达到 7230 百万元法币,对政府垫款额为 9443 百万元法币③。此外银行大力鼓动存款业务,吸收游资。但四行的存款储蓄亦跟不上银行对政府的巨额垫款,如 1941 年年底四行普通存款和储蓄存

---

① Chang Kia-ngau. ,*The inflationary spiral :the experience in China* 1939—1950,(Massachusetts Cambridge:The MIT Press,1958),p. 36.〈Table 10. Indexes Of Prices In Free China,1940—1941〉.

② Chang Kia-ngau. ,*The inflationary spiral :the experience in China* 1939—1950,(Massachusetts Cambridge:The MIT Press,1958),p. 38.〈Table 11. Chinese Government Expenditure,Revenue,And Deficit〉.

③ Chang Kia-ngau. ,*The inflationary spiral :the experience in China* 1939—1950,(Massachusetts Cambridge:The MIT Press,1958),p. 40.〈Table 12. Government Bank Loans And The Note Issue,1940—1941〉.

款的总额才 10464 百万元法币,而给政府垫款额为 9443 百万元法币,比例高达 90.24%①。为应对有增无减的货币需求,早在 1939 年 3 月中央银行常务理事会议决定"另账登记"增加发行,四联总处、财政部、中央银行、农民银行均参与其中②。1940 年 11 月中央银行发行局呈报相继发行大额交通银行 25 元钞券和农民银行 50 元钞券。同时各行纷纷向英美等印制厂增印钞券,如央行续向中华书局订印 1 亿元钞券,中国银行赶印钞券 5 亿元钞券,交通银行也有参与③。如果一味增发货币,物资生产没有跟进,那么经济会陷入物价疯涨的恶性循环,通货信用荡然无存。

蒋介石曾试图控制通货。1940 年 9 月,蒋介石发手令给孔祥熙和徐堪,表示应该严加限制四行 50 元和 100 元券大券发行数额,"务使大券不致常在市面流通,以免往年德国马克与俄国卢布逐日加圈,恶性膨胀之危殆"④。1941 年 4 月 15 日,蒋介石再次手令致徐堪和徐柏园,要求封存赣湘川黔地区 2 亿元法币⑤。19 日,蒋介石加批 6000 万元,共封存 2.6 亿元法币⑥。旋至当年 6、7 月,因为四行库存短绌,奉蒋介石手令封存钞券 2.6 亿元法币陆续解封提回应用⑦。蒋介石意识到银行巨额发行数额和物价疯涨折射出来的恶性通胀已接近到不可收拾的临界点。1942 年 3 月中旬蒋介石手令四联总处加强对四行的统制,要求特别注重"限制四行发行钞券,改由中央银行统一发行",声称"此为最急之要务,须限期完成"⑧。必须由中央银行统一发行,集中保管各行存款准备金,统制四行,控制通货。

---

① 国民政府主计处统计局编印《统计月报》原件,1947 年 11、12 月第 123、124 号,"财政部档案",台北"国史馆"新店藏原件,入藏登录号 018000034282A。注:储蓄存款包括普通储蓄、节建储蓄、乡镇公益储蓄、乡镇公益造产基金储蓄、外币储蓄、有奖储蓄、黄金储蓄、美金储蓄等。原表由财政部统计处根据四联总处之材料编制。中央银行在 1942 年之前没有储蓄存款。

② 洪葭管主编:《中央银行史料(1928.11—1949.5)》上卷,中国金融出版社 2005 年版,第 383 页。

③ 洪葭管主编:《中央银行史料(1928.11—1949.5)》下卷,中国金融出版社 2005 年版,第 598—601 页。

④ 中国第二历史档案馆编:《中华民国史档案资料汇编》第 5 辑第 2 编,"财政经济"(3),江苏古籍出版社 1997 年版,第 45 页。

⑤ 洪葭管主编:《中央银行史料(1928.11—1949.5)》下卷,中国金融出版社 2005 年版,第 818 页。

⑥ 洪葭管主编:《中央银行史料(1928.11—1949.5)》下卷,中国金融出版社 2005 年版,第 818 页。

⑦ 洪葭管主编:《中央银行史料(1928.11—1949.5)》下卷,中国金融出版社 2005 年版,第 824 页。

⑧ 《四联总处 1942 年度重要工作报告目录》,洪葭管主编:《中央银行史料(1928.11—1949.5)》下卷,中国金融出版社 2005 年版,第 781 页。

二、四联总处应对币制不统一

通货膨胀的原因除了上文军费支出、物资供不应求、超发钞券之外,还在于钞券制度混杂、不统一。1935 年币制改革以后,钞券发行集中于国家银行办理,所有商业银行发行的钞券,分别由中央、中国、交通三行接收。至各省地方银行仍保留发行一元券及辅币券等小额钞券的发行权。原本货币制度渐趋正轨。实际上地方券省钞泛滥、辅币停铸、敌伪发行伪钞和其他党派发行杂钞等问题引起通货膨胀。据统计,四联总处为了研究物价和钞券问题,收集了市面上流通的钞券样本,包括了中央银行、中国银行、交通银行、农民银行、各商业银行、各省地方银行、新疆商业银行所发钞券,其他党派所发的杂钞,敌伪所发伪钞,军用票,假钞等名目众多的钞券①。由于"劣币驱逐良币"的货币流通规律,因此伪劣钞票反而受市场欢迎,扰乱金融秩序。如果币制混乱、不统一的问题不解决,那么通胀问题将难以平息。四联总处、财政部提出了相应措施,进行解决。

第一,管理省钞、地方券。抗战以来,四家国家银行为垫付政府军事开支,增加发行。同时政府为防止敌伪吸收法币以套取外汇,对于省地方银行发行钞券的限制有所放宽,造成了币制混乱。各省地方银行主要是发行一元券及辅币券等小额钞券。其发行钞券,大多不遵照财政部既定办法发行或者缴纳准备金。譬如粤桂军携带的钞券非常复杂,包括湖北省银行、湖南省银行、长沙银行、江西裕民银行、广西省金库券、广州市立银行、浙江地方银行、安徽地方银行各项钞券。针对这个情况,1938 年 12 月 7 日四联总处咨询财政部后,专门电函四行各分支处,"部队原已持有当地钞券者,应向原发行行调换法币,至携带在途之广州市立银行毫券应按毫券一四四、大洋券一二折合国币收受兑换,湖北省银行、浙江省地方银行钞票应按面额折合国币予以收换,分别归入接收发行准备案内核算,其余各行钞券及辅券想为数无多,姑由当地四行照市收换,仍于收换后向原发行行换回法币"②。一支部队持有的钞券种类如此混乱,更何况百姓日常生活中流通的钞券种类。这种混乱的钞券制度必然造成诸多问题。

1940 年 7 月 18 日,四联总处第 38 次理事会议修正通过《管理各省省银行发

---

① 《四联总处关于 1941 年处置法币流通等项工作的报告》(1941 年),重庆市档案馆、重庆市人民银行金融研究所合编:《四联总处史料》中,档案出版社 1993 年版,第 29 页。

② 《四联总处为收换粤桂军携带钞券代电》(1938 年 12 月 7 日),重庆市档案馆、重庆市人民银行金融研究所合编:《四联总处史料》中,档案出版社 1993 年版,第 9 页。

行一元券及辅币券办法》规定,各省银行或地方银行发行或增发一元券辅币券要实现拟具运用计划和印券类数额,需要呈请财政部核准,并缴交准备金,由发行准备管理委员会监督。所需印制费用,均由发行银行自行负担。规定各省银行或地方银行钞券,应在省内区域流通为限。发行券及准备金明细除了各自银行内保存两份备查外,其余三份分送财政部、发行准备管理委员会和四联总处备查等。并附上了"整理办法",要求各省银行或地方银行在管理办法公布后3个月整理发行券及准备金明细表上报发行准备管理委员会,由财政部统盘筹划,重行核定各行发行数额。所有各省地方银行发行钞券的准备金,由四行分别负责保管,缴足发行准备金,按月报由四联总处查核。[①] 截至1941年,各省地方银行包括四川省银行、绥远省银行、湖北省银行、湖南省银行、陕西省银行、浙江地方银行、广东省银行、西康省银行、安徽地方银行、甘肃省银行、福建省银行均已按照规定缴足发行准备金[②]。之后,财政部再次规定,省地方银行只准印发一元券或辅币券。1941年10月23日四联总处第100次理事会议转发财政部的决定,停止筹印省地方银行五元券和十元券,如有增发一元券或辅币券的必要时,可依照管理各省银行或地方银行发行一元券及辅币券办法办理[③]。使得省钞和地方券的发行权限制于单一的小额钞券。

第二,调剂小额币券及停铸辅币、收兑破损钞券。小额币券为零星交易及一般小额收付的辅币。百姓的需求比较大。据财政部参政会川康建设观察团秘书罗厚安报告称内地及边区充斥破烂钞票,一元券及辅币券及镍币铜币缺乏,急需解决困难。小券缺乏的原因在于四行未能充分接济银行钞券;小券分配地域不合理,造币厂铸造能力有限,运输困难,地方银行未能切实遵照改善地方金融机构办法办理[④]。

四联总处依据财政部规定的推行小额币券实施办法督促四行积极改善地方小额币券和辅币问题。1940年1月,四联总处拟具集中定制辅币券办法,函请

---

① 《管理各省省银行发行一元券及辅币券办法》(1940年7月18日),重庆市档案馆、重庆市人民银行金融研究所合编:《四联总处史料》中,档案出版社1993年版,第13—14页。

② 《四联总处关于1941年处置法币流通等项工作的报告》(1941年),重庆市档案馆、重庆市人民银行金融研究所合编:《四联总处史料》中,档案出版社1993年版,第30页。

③ 《秘书处关于停止筹印省地方银行五元十元券的报告》(1941年10月23日),重庆市档案馆、重庆市人民银行金融研究所合编:《四联总处史料》中,档案出版社1993年版,第100页。

④ 《财政部为解决川南及宁雅两属小券辅币缺乏及破钞充斥问题函》(1939年10月18日),重庆市档案馆、重庆市人民银行金融研究所合编:《四联总处史料》中,档案出版社1993年版,第9页。

财政部订印 4000 万元。后来估计一年内四行需要量 10000 万元,又请财政部继续加印。10 月份,这批财政部集中订印的钞券,陆续在香港接收,并分批运到国内使用。1940 年 3 月间,四联总处决定将存于中央银行的 3600 万元镍币,在后方各地酌量发行。1940 年度内,地方金融机关频繁领用一元券及辅币券。1 月份核准甘肃省银行领券 500 万元;3 月份核准四川合作金库领券 400 万元;5 月间核准广西省银行领券 1000 万元,共计 1900 万元。但是 1941 年下半年后,物价趋涨,市面上使用的钞券面额增大。市面上对辅币的需求减少,但是对五元券和十元券需求增加。根据四行报告各地分支行处辅币券存数较充足,库房不敷容纳。加上各地运输困难,难以租到运券车辆。为兼顾各种困难和实际需要,四联总处函请财政部转商中华书局暂停印制辅币券,转而专门印制五元券、十元券①。

此外,为了保持法币的高利用率和流通总量,四联总处收兑破损钞券。尽管战时国民政府积极建设西南西北四行金融网点,但是偏僻地方和较小乡镇地方仍未能普遍设立金融机构。那么偏远地区持有四行破损钞券的百姓,难以将破旧钞券调换成新钞券。四行与邮政储金汇业局曾订立合约,凡是没有设立四行分支处而邮局设有分局的地方,所有四行破损钞券,均由四行委托邮政储金汇业局代兑。邮政储金汇业局在全国分布极广,是最合适的代兑机关②。因此合约订立以来,成效显著。合约满期后,一再展期,继续委托代兑。1940 年 2 月,四行与邮政储金汇业局继续订立新约,由四行拨给基金 10 万元,不计利息。邮政储金汇业局为收换破损一元券及辅券所需用的小额币券,由各就近四行分支处随时供应③。为了各地人民更加便利兑换破钞,四联总处 1939 年曾先后与安徽地方银行、河南农工银行、湖北省银行、湖南省银行等订立合约;1940 年 2 月与广东省银行,3 月与四川省合作金库,10 月与中国农民银行黔行辅设的合作金库,11 月与广西省银行,先后订立代兑破钞合约,委托各该行就地代兑破钞。各地人民兑换破钞,比以前更为便利④。

① 《四联总处关于 1941 年钞券运存印制等情况的报告》(1941 年),重庆市档案馆、重庆市人民银行金融研究所合编:《四联总处史料》中,档案出版社 1993 年版,第 114 页。

② 《财政部为解决川南及宁雅两属小券辅币缺乏及破钞充斥问题函》(1939 年 10 月 18 日),重庆市档案馆、重庆市人民银行金融研究所合编:《四联总处史料》中,档案出版社 1993 年版,第 11 页。

③ 《四联总处关于 1940 年度钞券印制运存等工作情况的报告》(1940 年),重庆市档案馆、重庆市人民银行金融研究所合编:《四联总处史料》中,档案出版社 1993 年版,第 90 页。

④ 《四联总处关于 1940 年度钞券印制运存等工作情况的报告》(1940 年),重庆市档案馆、重庆市人民银行金融研究所合编:《四联总处史料》中,档案出版社 1993 年版,第 90 页。

第三,处理敌伪滥发的军用票、伪钞、假钞。据统计截至 1941 年年底,敌伪在沦陷区已经发行伪满州中央银行钞券约 12 亿元;伪联合准备银行钞券约 8 亿元;伪储备银行钞券约 1 亿元;伪蒙疆银行钞券约 1.5 亿元;敌军用票约 3 亿元;其他伪钞约 1 亿元,共计约 26.5 亿元①。尽管法币作为国民政府官方钞券,具有群众基础和政府信用,但是在沦陷区钞券混乱,正统的法币容易被敌伪发行的伪币、假钞、军用票所驱逐,造成金融秩序混乱。四联总处依照制订《取缔敌伪钞券办法》及"宣传纲领"商同各有关机关积极办理,做了不少工作,意图抵制敌伪扰乱金融秩序。

第四,处理其他党派发行的杂钞。其他党派②在其势力区域内,擅自设立银行,发行杂钞等,致使目前市面上流通的钞券种类愈益庞杂。1941 年 3 月,四联总处调查发现其他党派发行钞券数共计 90470000 元③,致使河北、山西、山东、察哈尔、陕西等省份的市面上完全排斥法币,导致法币跌价。商家等人贬价收兑法币图利。华中的湖北、河南、苏北等地,军事变动较大,其他党派则设法多设银行发行杂钞,意图减少法币在区域市面上的流通数量。因此,为了防止其他党派擅发钞券、破坏法币信用,四联总处与财政部等各机关决定实行金融经济的封锁,以配合军事封锁其他党派,禁止其他党派的杂钞流入国统区,禁止物资流入其他党派势力范围④。

可以说,此时国内的币制不统一的程度非常严重。除了四家国有银行中央银行、中国银行、交通银行、中国农民银行所发行的法币外,还有地方券,省钞泛滥,辅币停铸,敌伪发行伪钞假钞军用票和其他党派发行杂钞,从而引起通货膨胀。四联总处均针对这些作出了相应的金融管理措施,试图维护百姓的利益和法币的信用,以此安稳金融。

三、四联总处推行银行本票和调剂钞券

除了上文的应对举措,四联总处主动推出银行本票举措。并根据 1941 年 7

---

① 《四联总处关于 1941 年处置法币流通等项工作的报告》(1941 年),重庆市档案馆、重庆市人民银行金融研究所合编:《四联总处史料》中,档案出版社 1993 年版,第 26 页。

② 档案原文称为"异党"。

③ 《四联总处关于 1941 年处置法币流通等项工作的报告》(1941 年),重庆市档案馆、重庆市人民银行金融研究所合编:《四联总处史料》中,档案出版社 1993 年版,第 27 页。

④ 《四联总处关于 1941 年处置法币流通等项工作的报告》(1941 年),重庆市档案馆、重庆市人民银行金融研究所合编:《四联总处史料》中,档案出版社 1993 年版,第 28 页。

月英美封存资金和 1941 年 12 月美国对日宣战的关键时刻,调整钞券运输、保存和印制,调剂国内钞券以安定金融。

首先是银行本票。由于市面上钞券的流通量不足,1940 年 8 月 1 日四联总处决议通过推行银行本票,来解决券料缺乏的难题①。四联总处推行银行本票的方法有四行分支行处节省法币,尽量用本票解付款项。特别是同业用款应该使用本票支付。同业或顾客要求换小额本票应该通融照办。四行以营业方法各自发行有利本票,分印多种固定票额,便利流通。有利本票比普通本票有利可图,易于被接受。此外,四联总处组织四行总库发行特种本票,分票面 100 元、200 元、500 元、1000 元、5000 元、10000 元券 6 种,由总库分发各分库,或由分库向总库领用,或经四联总处核定数额,准由分库印发。凡是四行应付款项,除财政部核准及百元以内的零数可付法币外,其余一律以特种本票付款。推行本票后,四行对于新存户,要按照收入票类,分别开户,支取时亦分别付给,对旧存户支取法币,亦规定搭付本票。四行付款党政军务款,应搭付本票。分省行使的本票要载明某省字样,规定只可以在该省区域内使用等。

四联总处在货币管理问题上,推行银行本票有多个目的和作用,保证市面钞券流通顺畅。但是银行本票也存在诸多缺点。推行银行本票的目的在于:第一,代替法币,保证市面上法币流通量,资金往来更为灵活。第二,本票限分省使用后,不致于流通到口岸影响外汇。第三,可以减免法币运输的困难。第四,直接在国内印刷和使用,不用在外国印钞。第五,同时发行有利本票,可以加大吸收游资。不得不承认,发行本票也有令人担忧的缺点。第一,法币容易与银行本票之间发生差价贴水,引起投机者兑换。第二,推行银行本票功能等同于货币,与外汇不挂钩,导致金融发生波动。第三,敌伪以此来散播新闻,煽风点火扰乱金融秩序。第四,银行本票一般面额较大,会影响物价。第五,银行本票容易被伪造。第六,市面上的头寸之间大多变为汇划制度,活动资金并不能内流。第七,银行对存户强制搭付本票,各商业银行存款可能会受影响。第八,法币流通量被稀释,法币价值上升,造成法币在市面逃避。第九,军款因功能所限,不可彻底搭付。第十,对旧存户搭付本票,难以确定标准和比例②。可见银行本票有诸多弊端,并非最佳的应对举措,并非长久之计。随着通货膨胀越来越严重,市面需要

---

① 《理事会关于推行银行本票意见的决议》(1940 年 8 月 1 日),重庆市档案馆、重庆市人民银行金融研究所合编:《四联总处史料》中,档案出版社 1993 年版,第 14 页。

② 《理事会关于推行银行本票意见的决议》(1940 年 8 月 1 日),重庆市档案馆、重庆市人民银行金融研究所合编:《四联总处史料》中,档案出版社 1993 年版,第 16 页。

的钞券量越来越多,印银行本票来调剂发行,风险小,只能是暂时应付困难的权宜之计。一旦市面对钞券的需求越来越大,钞券就越印越多,通胀也越来越厉害。继而,通胀问题与钞券需求陷入了恶性循环。银行本票直到1946年还在市面上流通。1945年5月26日,财政部给东南各省包括浙江、福建、广东、广西各管理局电文:由于各省钞券运输不便利,要求各省中中交农四行所发行的定额本票与法币同样行使①。1946年2月,财政部给各直辖区货物税分局通令,要求遵守中中交农四行所发定额本票应与钞券同样行使的规定②。银行本票并没有从根本上解决法币钞票供应短缺的问题。

其次是调剂钞券的印制运存。当时1940年7月,四联总处认为各地四行存券不足。为了支付军政汇款,四行钞券库存日益减少,无法满足解汇要求,各行纷纷要求调剂钞券的印制运存。因此1940年7月18日,四联总处专门召开第38次理事会议通过调剂钞券的办法:第一条,遇有实际需要,准予搭配行使各行旧存50元、100元大券;第二条,增发欧美各印钞公司订印钞券;第三条,向苏联购置油墨纸张,由财政部印刷局赶印钞券;第四条,积极推行银行本票,同业收受,严厉追究支取巨额现钞的流向;第五条,四行酌量提高存款利息;第六条,各地分支行注意吸收农工小额存款;第七条,严格审查公库支票用途;第八条,停做与抗战建国无直接关系的贴放业务;第九条,催收各商业银行欠款;第十条,各行发行与业务人员应相互合作联系紧密③。举措概况起来可以分成三个部分:一是集中国内已有的钞券供应解汇;二是在军事金融大变动的背景下,把国外印制的钞券抓紧运回国内;三是推动在国内印刷厂自行印制钞券,避免损失。

第一,建立钞券集中运存站,集中国内已有的钞券供应解汇。四联总处鉴于钞券运输困难,各地四行不易洽解大宗款项,因而订定钞券集中运存站办法,有助调剂钞券。1940年8月8日,四联总处拟定昆明、贵阳、桂林、沅陵、衡阳、赣州、永康、永安、屯溪、万县、重庆、成都、西安、兰州,老河口、立煌16处为四行钞

---

① 《东南各省中中交农四行发行定额本票与钞券同样行使》,"财政部档案",台北"国史馆"新店藏原件,入藏登录号:018000007030A(1)。

② 《财政部通令中中交农四行所发定额本票应与钞券同样行使》,"财政部档案",台北"国史馆"新店藏原件,入藏登录号:018000004077A。

③ 《调剂钞券缺乏办法》(1940年7月18日),重庆市档案馆、重庆市人民银行金融研究所合编:《四联总处史料》中,档案出版社1993年版,第82页。

券集中运存站,各地军汇及大量汇款,均指定由该十六站拨付①。四联总处制定各行在四行钞券集中运存站的运储钞券最低限度,以便应对钞券集中运存站及其附近地区的钞券需要。蒋介石要求四联总处应切实负责通盘规划。于是四联总处再次订定各行筹运券料及解付款项暂行办法②,1940 年 10 月 1 日起,由四联总处依照此项规定,于每月初计算各行应在各地分别解付数额,由四行运储备付。效果初显。1940 年 10 月、11 月、12 月三个月,拨付各种大宗军政款项均无延误。1941 年,四行每月运储各钞券集中站的钞券数额较多,拨付各种大宗军政款项,均无延误③。

抗战以来,战区钞券的供应尤为紧张。根据蒋介石电示规定 1940 年度各战区预存钞券。譬如在陕、甘、豫、宁、青区,中央应存 4000 万元,中国、交通各存 1900 万元,农民应存 4000 万元,约共 1 亿元;桂、粤、湘、鄂区,中央应存 8700 万元,中国应存 4500 万元,交通、农民各存 3000 万元,约共 2 亿元;浙、皖、赣区,中央应存 3600 万元,中国应存 3300 万元,交通应存 1700 万元,农民应存 1300 万元,约共 1 亿元等。据各行报告,1940 年内 5、6、7 份战区存钞较应存量短缺虽然巨大,尽管四联总处督促实施预存钞券后渐有改善,11 月份四行存钞数量超出应存量 6300 万元④。

除了建立钞券集中运存站和在战区预存钞券外,国民政府还采取封存钞券的办法,来试图控制市面上流通的法币量。

徐堪奉蒋介石手令在江西、湖南两省各存法币 5000 万元,四川和贵州共存法币 1 亿元,务于 1941 年 6 月以前存足。"此项法币,非有本委员长手令,不得动用"。1941 年 4 月 18 日,徐堪邀集四行主管发行人员会商并拟定分区存钞备用办法,并把事情经过和拟定办法呈上孔祥熙⑤。分区预存钞券备用办法规定:(1)各地应存钞券,一律按照中央 35%,中国 30%,交通 20%,中农 15%比例分

---

①　《秘书处关于拟定昆明等十六处为钞券集中运存站的报告》(1940 年 8 月 8 日),重庆市档案馆、重庆市人民银行金融研究所合编:《四联总处史料》中,档案出版社 1993 年版,第 82 页。

②　《四联总处关于 1940 年度钞券印制运存等工作情况的报告》(1940 年),重庆市档案馆、重庆市人民银行金融研究所合编:《四联总处史料》中,档案出版社 1993 年版,第 89 页。

③　《四联总处关于 1941 年钞券运存印制等情况的报告》(1941 年),重庆市档案馆、重庆市人民银行金融研究所合编:《四联总处史料》中,档案出版社 1993 年版,第 112 页。

④　《四联总处关于 1940 年度钞券印制运存等工作情况的报告》(1940 年),重庆市档案馆、重庆市人民银行金融研究所合编:《四联总处史料》中,档案出版社 1993 年版,第 88 页。

⑤　《徐堪等就遵令拟定分区存钞备用办法呈》(1941 年 4 月 18 日),重庆市档案馆、重庆市人民银行金融研究所合编:《四联总处史料》中,档案出版社 1993 年版,第 93 页。

存。(2)各行按照比例,将应存额送交负责保管行收存。(3)负责保管行收到各行所送应存钞券后,应出具寄库证,分别交由送存行存证。至于存钞种类规定:一元、五元券尽量多存。五十元、一百元大券最多不得超过二成。至于封存办法,由当地四联分支处主任会同四行经理共同加封,非经总处特约密电通知,不得动用。所有封存手续,限于 1941 年 5 月 15 日之前办妥等等。取用手续需要四联总处特约密电通知当地四联分支处主任及负责保管行经理,会同启封,照数提取。其未提取部分,依旧封存。倘有违误,其负责人应受军法处分[1]。截至 1941 年 5 月 15 日,四联总处奉命在重庆、成都、贵阳、衡阳、沅陵、赣州、吉安七处共存足法币 2 亿元。6 月 15 日以前在成都、衡阳、赣州三处再加存 6000 万元。两次共 2.6 亿元[2]。

第二,在军事金融大变动的背景下,增订在国外的印钞数量,同时加快将国外印制的钞券运回国内。

首先是钞券的催运及增印。1940 年 3、4 月,各地钞券供给经常短缺。于是四行多次把香港存钞用飞机或者火车加紧运入内地;或者把新加坡存券运到仰光后,再取道滇缅公路运入国内;至于伦敦等处则催促印钞公司限期交货。钞券印制数量最大的是英国的德纳罗公司。随着世界反法西斯的局势日趋紧张,德纳罗公司有时不能履行各行订印钞券合约交货。于是国民政府要求德纳罗公司在仰光设立分厂,在 1940 年 8 月开始出货。自 1940 年 11 月份起,出货数量增至每月 800 万张,陆续内运。关于 1941 年度的所需的钞券券料也由四联总处会同财政部及四行负责人员商定计划,与德纳罗公司代表洽商办理[3]。四联总处鉴于德纳罗公司可能无法按期交货,且欧亚海运有中断可能,与四行商议,向美国钞票公司订印钞券。实际上抗战期间,直到 1945 年初,国民政府仍一直与英国德纳罗公司联系赶印钞券。1945 年 2 月 8 日,孔祥熙在纽约致电蒋介石报告已经积极办理印制新钞券。雕版在印制中。但是由于人力物力存在诸多困难,生产能力有限。因此孔祥熙电请伦敦的德纳罗公司负责人赴美跟孔祥熙一起洽商如

---

① 《遵令分区预存钞券备用办法》,重庆市档案馆、重庆市人民银行金融研究所合编:《四联总处史料》中,档案出版社 1993 年版,第 94 页。

② 《徐堪等就第一批钞券封存办妥呈稿》(1941 年 5 月 16 日),重庆市档案馆、重庆市人民银行金融研究所合编:《四联总处史料》中,档案出版社 1993 年版,第 95 页。

③ 《四联总处关于 1940 年度钞券印制运存等工作情况的报告》(1940 年),重庆市档案馆、重庆市人民银行金融研究所合编:《四联总处史料》中,档案出版社 1993 年版,第 87 页。

何在英国继续印制钞券。这样一来,可以在美英两国同时进行印钞,增加钞券量①。

其次是催运钞券运到国内。钞券运输主要是两个渠道:四行把香港存钞用飞机或者火车运入内地或钞券先运入仰光再取道滇缅公路运入国内。四行在国外订印的钞券的大额券,大部分由香港用飞机运入,小额券则由滇缅公路内运。由于内地军政需款急切,小额券有时候也需要包机运送国内。四联总处随时与欧亚、中国两家航空公司洽商,加派飞机运送钞券。1941 年,由香港包机运钞次数平均每月约 50、60 次,业务非常忙碌。国内运输钞券,大部分使用卡车运送。1941 年,四行依照四联总处制定的"增置车辆加强运输机构办法"认真办理。运钞车辆有中央银行(信托局代办)有卡车 140 辆,中国银行有卡车 80 余辆,交通银行有卡车 95 辆,中国农民银行有卡车 115 辆。1941 年 4 月,商准运输统制局将四行运钞车辆列为特种车,免予限制运输路线②,优先钞券运输。

到了 1941 年 5 月,四行需要拨付较多各地军政款项,所有自备车辆不敷应用,尤以仰昆、昆筑、筑桂、筑渝各路段,钞券运输最为紧张,不得不租雇商车协助运输。四联总处与运输统制局商议后,运输统制局允许四行在仰昆路段每月租雇商车 50 辆,在昆筑、筑桂、筑渝各线每月租雇商车 80 辆③。护送运钞车的士兵均由西南运输处派出。限于兵力有限,如遇到四行同时运输钞券时,西南运输处限于兵力,无法分派士兵。于是 1941 年 6 月 12 日四联总处第 81 次理事会议商议,决定由交通部分派路警协助护运④。

1941 年珍珠港事变后,美国对日宣战。此时中国香港地区以及东南亚受到战争的影响,四行向国外订印和运输钞券受到影响。四行钞券供应及调剂形势再次发生大变动。四联总处邀同四行主管人员商定今后四行钞券供应及调度办法六项:各行内地存钞应统筹运用;仰光、腊戍等地存钞加紧内运,并请运输统制局协助内运;尽可能催印催运海外订印钞券;商请交通部即速开辟加尔各答航空

---

① 《孔祥熙致电蒋介石另制新样式法币往来电文》,"蒋介石档案",台北"国史馆"藏,档号 002-080109-00002-005-006a。

② 《四联总处关于 1941 年钞券运存印制等情况的报告》(1941 年),重庆市档案馆、重庆市人民银行金融研究所合编:《四联总处史料》中,档案出版社 1993 年版,第 116 页。

③ 《四联总处关于 1941 年钞券运存印制等情况的报告》(1941 年),重庆市档案馆、重庆市人民银行金融研究所合编:《四联总处史料》中,档案出版社 1993 年版,第 114 页。

④ 《秘书处关于滇缅路运钞护运问题的报告》(1941 年 6 月 12 日),重庆市档案馆、重庆市人民银行金融研究所合编:《四联总处史料》中,档案出版社 1993 年版,第 96 页。

线;加紧办理内地印钞;各行设法推广银行票据支付。这些建议由孔祥熙批准,并蒋介石面谕照办①。运输统制局对于四行存仰光及即将运到仰光的钞券、印券用纸、油墨等按照紧急军需用品,全部抢运到国内②。中国农民银行总管理处就存储在香港的钞券抢运情况进行了报告。截至 1941 年 12 月 2 日,存港库存为 4100.2896 万元,已经在 3 日和 5 日先后飞运南雄共 1015 万元,6 日又飞运桂林 2600 万元,以上三批共计运出券料 3615 万元,均在太平洋战事未爆发前运出。其余未运出数目为 485.2896 万元,内有农行 20 元券 400 万元。③ 可见农行已经抢运大部分钞券回到国内,避免可能发生的损失。

随着战事剧烈,存储和运送钞券途中难免有因被炸或沉没致使损失惨重。据香港《立报》转载诺福克合电报称:诺福克海岸及外赫布里底群岛上继续发现无数中国纸币。有一学生由海上拾获金属小箱,内藏二元的纸币共 5 万张。为了避免钞券运输失事,1941 年 12 月 4 日四联总处第 105 次理事会议针对钞券损失的问题,通过三项决议办法:炸毁沉没钞券的号码不再重印,但损失张数仍应补印足额,其号码另行编列;炸毁沉没的钞券如在国内外市面上有所发现,银行无法停止其使用。银行如果发现该项号码钞券,由承印公司负责赔偿票值;四联总处请财政部函嘱德纳罗公司查明运券沉没的损失情形和伦敦印钞厂内被炸的损失情形④。钞券损失的情况经常发生。譬如 1942 年英美装运钞券开往印度的轮船有 10 艘,实际仅有 3 艘到达,其余 7 艘不知去向⑤。到了 1943 年继续有德纳罗公司运钞损失的情况上报。1943 年 6 月,中央银行向财政部和四联总处报告了多起 1943 年以来英美各印钞公司交付的钞券时常发生券箱破裂、张数短缺、被人盗窃的事件。希望财政部能追查 1943 年 4 月以来丢失钞券的情况。⑥ 当时

① 《秘书处就英美对日开战后四行钞券供应及调度办法电稿》(1941 年),重庆市档案馆、重庆市人民银行金融研究所合编:《四联总处史料》中,档案出版社 1993 年版,第 107 页。

② 《四联总处关于 1941 年钞券运存印制等情况的报告》(1941 年),重庆市档案馆、重庆市人民银行金融研究所合编:《四联总处史料》中,档案出版社 1993 年版,第 114 页。

③ 《中国农民银行总管理处就存港钞券抢运情况代电》(1941 年 12 月 6 日),重庆市档案馆、重庆市人民银行金融研究所合编:《四联总处史料》中,档案出版社 1993 年版,第 109 页。

④ 《秘书处关于钞运失事防止流弊办法的报告》(1941 年 12 月 4 日),重庆市档案馆、重庆市人民银行金融研究所合编:《四联总处史料》中,档案出版社 1993 年版,第 108 页。

⑤ 《四联总处关于向英美订印钞券及其内运情形的报告》(1942 年),重庆市档案馆、重庆市人民银行金融研究所合编:《四联总处史料》中,档案出版社 1993 年版,第 121 页。

⑥ 《中央银行德纳罗印钞被窃及被炸各案》,"财政部档案",台北"国史馆"新店藏原件,入藏登录号:018000037039A。

囿于军事国际运输存在困难,钞券损失巨大,战时钞券运输的复杂性可见一斑。

截至 1942 年 3 月底,四行向英美订印钞券未交部分,共约 600 亿元。计 1942 年 3、4 月份,四行共有钞券 2555 箱运抵加尔各答,共计 12.3 亿元。四行向英美订印的钞券运抵加尔各答后,仅能借助飞机运回国内。经于 3 月 26 日蒋介石核定由中国航空公司每日至少拨专机 1 架由加尔各答飞运四行钞券,由腊戌转运昆明回国。计自 3 月 9 日至 4 月 18 日共飞 33 次,运券 978 箱,约 7 亿元。四行现存加尔各答钞券尚有 1577 箱,约共 5 亿元。自 4 月 19 日以后,缅甸战事爆发,中印钞券运输停顿。蒋介石命令每日拨专机一架直接飞运四行钞券由印度到昆明[1]。可见整个国外钞券的印制、运输、保存的任务艰巨,这些与战争局势的变动密切相关。

第三,加大在国内钞券的自行印刷量。为了使钞券不受国际局势影响,避免损失,国民政府考虑在国内自行印制钞券。四行印制钞券原先大多向英国德纳罗公司订印。欧洲战场战事发生以后,德纳罗公司不能依约按期交货。加上德纳罗公司伦敦总厂被炸,出货量更少。截至 1941 年 7 月底,该公司欠交四行钞券共约 80 亿元。四联总处自 1940 年 6 月起即洽由四行分向美国钞票公司及安全钞票公司订印钞券以图补救。1941 年内美制钞券陆续交货,由四行内运使用。在香港和仰光的印钞公司情况也不乐观。英、美印钞公司承印钞券数额虽巨,但国际局势瞬息万变,亚太地区的战争形势日趋险恶。四联总处为减低风险,一方面请财政部商请德纳罗公司在仰光添设分厂,由四行继续向德纳罗公司洽印钞券。同时并嘱各行在国内各家印刷公司分别洽印钞券。譬如中央银行向中华书局洽印,中国银行、交通银行向商务印书馆、大东公司洽印,中国农民银行向大业公司洽印[2]。在内地印制钞券的筹划情况逐渐加紧实施。

1940 年 5 月,四联总处原先拟在中华书局内设印钞机开工印制钞券,以应需要。中华书局印钞大电机共有 5 部,是 1936 年向德国订购的,机件精良,出品钞券可与英美公司印制的钞券媲美。钞券出产量估计每月 2500 万张,如均印 10 元券,每月可印 2.5 亿元。在四联总处设置迁移委员会,选派委员数人,负责筹办。所需款项由四行按照贴放比例垫付,或由中央银行独家垫付。蒋介石批准照办,由财政部指派人员筹划。遗憾是由于机器过重,运输困难,未能如期实

---

[1]　《四联总处关于向英美订印钞券及其内运情形的报告》(1942 年),重庆市档案馆、重庆市人民银行金融研究所合编:《四联总处史料》中,档案出版社 1993 年版,第 121 页。

[2]　《四联总处关于 1941 年钞券运存印制等情况的报告》(1941 年),重庆市档案馆、重庆市人民银行金融研究所合编:《四联总处史料》中,档案出版社 1993 年版,第 113 页。

现。四联总处转向国内现有规模较小的印刷公司商定洽印,规定:(一)中央银行向财政部印刷局洽印钞券;(二)中国银行向大东书局接洽;(三)交通银行向京华书局订印钞券;(四)中国农民银行向大业公司及福建印刷公司接洽订印钞券,预计1941年春季,均可完成准备,开工铸印①。中央银行于1941年初向中央信托局印制处订印一元券与十元券,中国银行于5月初与大东书局签订合约,委托该书局赣州厂印制一元券与十元券,交通银行于4月下旬与大东书局订约,委托大东书局在赣州印制十元券,并于5月初向商务印书馆赣州厂订印十元券。至于中国农民银行原向福建百城公司洽印,但该公司开价过于昂贵而中止接洽②。可以说四联总处在国内印制钞券问题上,主动参与商议和拟定计划。

国民政府逐步展开在国内集中印制四行钞券,停止印刷省钞。迨至1941年底,四联总处多次邀集四行主管发行人员暨中央信托局、大东书局负责人,切实商定在内地印钞办法,并洽由四行与中信、大东两局签订合约,由中信、大东两局在重庆、赣州、来阳、丽水四处分别承印四行50元券37.5亿元,预定1942年4月起开始交货,5个月内交足。并请财政部通令各地印制厂停印省钞,以便集中力量来印制四行钞券。各地市面纸张及其他印制厂的机器材料及人力统由中信、大东两局分别接洽利用,由四行协助所需款项。四行五元、十元券,拟改用一面胶版一面凹版办法印制,以便快捷交货③。

总之,在调节发行安定金融问题上,面对日益严峻的通货膨胀问题,四联总处协同财政部、中中交农四行,推出发行多种银行本票和管理调剂印制运存钞券的办法。一方面调剂钞券建立钞券集中运存站和在战区预存钞券,采取封存钞券的办法,来试图控制市面上流通的法币。另一方面在太平洋战事全面爆发之前,加大运输力度从国外尽快运回订印的钞券。同时集中国内书局和印刷公司的力量印制钞券工作。四联总处做出应对举措。只有实行统一币制和集中发行权,才能从根本上有效解决币制不统一造成的种种难题。因此后来1942年5月中央银行实施集中发行才应运而生。

---

① 《四联总处关于1940年度钞券印制运存等工作情况的报告》(1940年),重庆市档案馆、重庆市人民银行金融研究所合编:《四联总处史料》中,档案出版社1993年版,第88页

② 《四联总处关于1941年钞券运存印制等情况的报告》(1941年),重庆市档案馆、重庆市人民银行金融研究所合编:《四联总处史料》中,档案出版社1993年版,第113页。

③ 《四联总处关于1941年钞券运存印制等情况的报告》(1941年),重庆市档案馆、重庆市人民银行金融研究所合编:《四联总处史料》中,档案出版社1993年版,第116页。

第二节　四联总处贴放政策与实践

一、四行联合贴放的展开

1937年"七七"事变后,上海金融领域大受影响,大量存户纷纷从银行提款。从7月10日到8月12日止,存户向银行大量提现,上海商业储蓄银行被提取现金约2500万元,占存款总额的16％以上;浙江兴业银行被提取现金1700万元,超过存款总额17％[①]。金融市场出现不安定景象。

7月27日,财政部致函中央银行,认为央行作为"银行之银行","负有调剂金融任务",提出正值当下金融市场面临严重问题,要提倡贴现业务来活泼金融,安定金融市场。提出央行应该迅速组建贴现委员会,并推选上海市金融界熟悉金融及工商各业情形的人担任委员,使得金融市面资金灵活周转,巩固金融。同时,人在伦敦的孔祥熙明确表示由中、中、交、农四行共同办理[②]。此乃四行联合贴放委员会的肇始。即由中央、中国、交通、农民四家银行在上海组织贴现放款委员会,共同办理贴放业务。

1937年8月9日,四行联合贴放委员会在上海正式成立。通过《贴放委员会办理同业贴放办法》14条及《贴放委员会办事细则》。为了兼顾农工商矿各个行业的资金流通,取消"同业"二字,扩大贴放业务范围,延伸为普通贴放业务[③]。由四大银行各派两人为委员,央行为席德懋、胡以庸,中行为贝淞孙、程慕灏,交行为庄鹤年、张朔,农行为朱润生、许锦绥。四行联合贴放委员会针对上海金融同业的贴现与放款事宜。具体的办事程序是:每日由四行代表商定贴现率和放款利率后,再由央行挂牌公布;凡是已审定通过的贴放款额,由中、中、交、农四行大体按照35％、35％、20％和10％的比例承担。放款利息以放款期间的平均利

---

① 汤心仪等合编:《战时上海经济》第1辑,上海:经济研究所1945年,第3页。

② 《中央银行报告组织贴放委员会情形及成员名单函》(1937年8月12日),中国第二历史档案馆编:《中华民国史档案资料汇编》第5辑第2编,"财政经济"(4),江苏古籍出版社1997年版,第439页。

③ 《投资贴放方针政策的演进》,重庆市档案馆、重庆市人民银行金融研究所合编:《四联总处史料》中,档案出版社1993年版,第340页。

率计算①。至 10 月下旬,接受各方申请放款总额已达 2500 万元,实际放款余额 1500 万元,内贴放现款占 10％,抵押放款占 90％,贴现率为周息 8 厘,放款仍为每千元日息 3 角②。

上海是全国的金融中心和工商业经济中心,是四行联合贴放委员会的总部所在地。可以说,联合贴放事业得到了上海金融界的欢迎和支持。达到了活泼金融市面,适应生产事业款项的需求,谋求生产事业发展的效果。强化了上海作为金融中心的地位和作用。因此,财政部在其他工商业生产和金融业较为发达的地区,继续推广联合贴放,有助促进生产。

此外,重庆作为西南经济圈的中心城市和经济重镇,为配合国民政府金融、经济重心向内地的战略转移,同样需要尽快成立贴放委员会,流通资金,促进生产。于是中央、中国、农民三行重庆分行经理,在 8 月 20 日通过议决,决定成立三渝行联合办事分处,并仿照上海办法同样组设贴放委员会,办理同业解付及工商业放款事宜,用以活泼金融市面。只是重庆市押品以特种货物居多,举行贴放的办法与上海有所不同。8 月 28 日,重庆市正式设立渝市联合贴放委员会。8 月 31 日起,三渝行联合办事分处与渝市联合贴放委员会每日同时举行会议。8 月 31 日当天渝市联合贴放委员会举行首次会议,推中国银行为渝市联合贴放委员会代理银行。贴放范围逐渐推广,至 9 月间总额已达千余万元,金融市面的紧张有所缓解③。

1937 年 8 月 26 日,财政部为调剂内地金融,流通内地农工商矿各业资金,谋求内地生产事业的发展,巩固抗战金融经济基础,颁布了《四行内地联合贴放办法》11 条。四联总处通过内地贴放实施细则,指定南京、汉口、重庆、芜湖、杭州、宁波、南昌、广州、无锡、郑州、长沙、济南等 12 处,各地先行设立贴放分会,在当地办理联合贴放业务④。其中规定贴现率及放款利率由贴放委员会决定后再

---

① 《贴放委员会致中国农民银行函》,上海市银行档案,上海市档案馆馆藏,档号 Q61-1-240。参见中国银行行史编辑委员会编:《中国银行行史(1912—1949 年)》,中国金融出版社 1995 年版,第 441 页。

② 《国内要闻:金融消息汇志:金融稳定贴放渐少》,《银行周报》1937 年第 21 卷 42 期,第 26—27 页。

③ 《重庆贴放委员会概况》(1938 年 7 月),重庆市档案馆、重庆市人民银行金融研究所合编:《四联总处史料》上,档案出版社 1993 年版,第 121 页。

④ 《投资贴放方针政策的演进》,重庆市档案馆、重庆市人民银行金融研究所合编:《四联总处史料》中,档案出版社 1993 年版,第 340 页。四联总处秘书处编:《四联总处重要文献汇编》影印本全一册,台北:学海出版社 1970 年版,第 127—129 页。

由央行挂牌公布。放款利息则是以放款期间的平均利率计算。央行逐日将贴放款项的收付报告表分送中国、交通、农民三家银行保存①。

1937年9月2日,财政部令四行合组联合贴放委员会,暂定基金1亿元,分别由四行分担。业务为办理抵押、转抵押、贴现、再贴现以及新放款②。设立联合贴放委员会的同时,财政部颁布了《贴放委员会办理贴放办法》及《贴放委员会办事细则》。

1937年9月至1939年12月,两年不到的时间里,四行联合贴放总额达63645万元,其中调剂粮食及农业贷款1641万元;协助盐业贷款5183万元;协助交通事业贷款2124万元;发展工矿事业贷款3004万元,协助地方事业贷款16334万元;收购物资贷款1664万元;一般事业贷款33695万元③。并配合了1937—1941年间的中国工业内迁西南。"八一三"淞沪会战爆发后,国民政府下令沿海各厂矿内迁。从上海迁出民营工厂共146家,机料14600余吨,技术工人2500名④,给湖南、福建、浙江、湖北等地提供了内迁经验。由1937年7月至1940年底实行的工业大迁移给抗战后方带来了初具规模的国防建设基础和工业生产资料,同时给工业基础非常薄弱的西南地区带来经济建设新气象。稳固和发展工业必然需要大量资金。

原先四行业务分工不明、资金不集中、贷款额度不足的问题仍阻碍着农工矿业的发展。如交行本来专门办理工贷贴放,现在由四行联合分担办理;中交两行暨中央信托局都着手农贷。而交行作为发展全国实业银行,生产实业投资放款十分不足。1939年底交行存款已达137000余万元,但生产事业放款仅430余万元,农工矿产品押款570余万元⑤。

四联总处协调四行为农工商矿业生产提供贷款。1939年10月31日,四联总处第7次理事会召开。通过《战时金融经济委员会各处组织原则》设立贴放审

① 《贴放委员会函》,上海市银行档案,上海市档案馆馆藏,档号:Q61-1-240。
② 徐堪:《中中交农四银行联合办事总处之组织及其工作》,重庆市档案馆、重庆市人民银行金融研究所合编:《四联总处史料》上,档案出版社1993年版,第53页。
③ 中国人民银行总行金融研究所金融历史研究室编:《近代中国金融业管理》,人民出版社1990年版,第284—285页。
④ 《经济部统计处关于战时后方工业统计报告》(1943年5月),中国第二历史档案馆编:《中华民国史档案资料汇编》第5辑第2编,"财政经济"(6),江苏古籍出版社1997年版,第319页。
⑤ 《徐堪等为附陈所拟四行1939年度业务之比较呈》(1940年3月22日),中国第二历史档案馆编:《中华民国史档案资料汇编》第5辑第2编,"财政经济"(4),江苏古籍出版社1997年版,第7页。

核委员会和发行设计委员会的决议①。战时金融委员会里面还有贴放处,主管四行联合承做的押款、押汇及透支等事项。订定贴放四项原则如下:办理贴放,应趋重于转抵押、转贴现,以期尽最利用商业银行及省地方银行的人力财力和机构;贴放及转贴放,均应以直接及从事农、工、商、矿各业者为限,而仍注意其用途;贴放应注重抗战必需与生活必需的产业;地方政府机关非生产性质的借款,一律由财政部核转办理,四行承做贴放后,仍由财政部随时考核借款的用途②。以上原则实际上成为四联总处在抗战期间贴放业务的实践总方针。

在这个方针的指导下,国家行局的贴放格局发生了明显的变化,生产性贷款开始占据主要地位。自从四联总处规定贴放应注重抗战必需与生活必需的产业后,1940 年四联总处核定的直接用于促进生产的贷款已经占贴放总额的 70.06%,1941 年为 88.26%,1942 年为 69.20%、1943 年为 88.62%、1944 年为 92.13%。③促进生产贷款所占比例一直保持着稳中有升的纪录,保证生产事业发展。

迨至太平洋战事爆发,政府的贴放政策变为加紧协助与国防及民生必需生产事业有关的贴放申请;所有普通放款都暂时停做或紧缩,以便集中资金以应生产所急需;严格执行放款前的审查及事后考核,确保达到增加生产的目的④。四联总处根据"政府对日宣战后处理金融办法"的乙项第三条"严格审核投资放款"原则,形成"四联总处核办投资贴放方针",于 1942 年 1 月 22 日提奉第 110 次理事会通过⑤。此项方针,一直实行到抗战胜利,除了因为通胀问题,四联总处存在期间对放款审核额度略有改动外,贴放的总体方针未曾变动。

四行联合贴放的业务范围涉及粮食、工矿业、盐业、交通事业、地方财政及金融借款、平市及收购等诸多方面。四联总处作为贴放的办理、发放、稽核、审查的

① 《战时金融经济委员会各处组织通则》(1939 年 10 月 31 日)、《理事会关于设立贴放审核委员会的决议》(1939 年 10 月 13 日)(此处应为 10 月 31 日——引者注)、《理事会关于设立发行设计委员会的决议》(1939 年 10 月 31 日),重庆市档案馆、重庆市人民银行金融研究所合编:《四联总处史料》上,档案出版社 1993 年版,第 75—77 页。

② 《投资贴放方针政策的演进》,重庆市档案馆、重庆市人民银行金融研究所合编:《四联总处史料》中,档案出版社 1993 年版,第 341 页。

③ 黄立人:《四联总处的产生、发展和衰亡》(代序),重庆市档案馆、重庆市人民银行金融研究所合编:《四联总处史料》上,档案出版社 1993 年版,第 25 页。

④ 《四联总处关于 1942 年贴放工作情况的报告》(1942 年),重庆市档案馆、重庆市人民银行金融研究所合编:《四联总处史料》中,档案出版社 1993 年版,第 474 页。

⑤ 《投资贴放方针政策的演进》,重庆市档案馆、重庆市人民银行金融研究所合编:《四联总处史料》中,档案出版社 1993 年版,第 341 页。

最高决策机构,为发展生产做出了积极努力和贡献。四联总处不仅制定和推行了内容详实、颇具操作性的贴放政策,而且对于贴放后期的稽核和审查都有一系列方案。四联总处通过各国家银行提供贴放款项,来调剂金融市面、供应工商生产资金所需,使得全国金融市场组织机构得到改善,有助国民政府对金融管控能力的加强,稳定了金融市场。

二、贴放运作方式的演进

四联总处制定的贴放运作模式,有着从不成熟到成熟的演进过程。政策在审查、办理、发放、稽核各个环节都有着详细的规定,规范了贴放办理的运作方式。上文述及,1939 年 10 月 31 日四联总处第 7 次理事会拟具贴放四项原则是四联总处办理贴放的基本政策。此后四联总处依据战事和经济形势的变动而有所改动,并在细节上不断深化。

1940 年 11 月 28 日,四联总处 56 次理事会议决议自 12 月起,按照中央银行35％、中国 30％、交通 20％、农民 15％比例办理四行垫款汇款贴放[①]。当时四联总处秘书处认为四行垫款及贴放款项系按 35％、35％、20％、10％比例,而拟摊汇款项则按 40％、30％、20％、10％比例[②],这容易造成市面上钞券运存分配困难。于是,四联总处邀集四行主管人员商讨,作出上述的新的贴放分担比例的决定。

随着战事不断推进,贴放工作不断进展,四行贴放工作尚存在较多缺点。1941 年 6 月 19 日四联总处第 82 次理事会议讨论认为,四行对于协助增加生产尚存在以下缺点:一、过去办理工商业贴放,大多采取货物押借方式。就四行放款立场而言,自属正确。但可能导致个别商号囤货,同业套押。矿厂不容易获得放款。特别是规模较小、资金缺乏、无力筹措押款垫头的矿厂难以获得贷款。二、四行工矿业贴放总额虽达 15300 万元,其中公营事业贷款计 8600 万元,民营事业贷款仅 6700 万元,贷款数额不足。三、以往每一案件,自申请、核定、交办、签约以至支用款项,其间转辗在各个机构之间商洽讨论,耗时过久,常需数月,造成贴放坐失良机,影响款项发放的时效性。应该商讨便利办法,使得手续简便。四、以往四行派驻稽核人员,都注意债权安全及债务人还债能力,反而没能充分

---

①　《理事会关于调整四行垫款汇款贴放分担比例的决议》(1940 年 11 月 28 日),重庆市档案馆、重庆市人民银行金融研究所合编:《四联总处史料》下,档案出版社 1993 年版,第 25 页。

②　《理事会关于调整四行垫款汇款贴放分担比例的决议》(1940 年 11 月 28 日),重庆市档案馆、重庆市人民银行金融研究所合编:《四联总处史料》下,档案出版社 1993 年版,第 25 页。

核查借款真正用途是否恰当,资金运用是否合理及借款后所收成效如何[1]。于是四联总处制订《改善办理小工矿业贴放之意见和原则》[2],规定凡确须筹措资金的厂矿企业可以以机器、厂房押借。在借款程序、手续,办法等方面作若干改进,以使贷款便利快捷办理。7月27日,四联总处针对当时生产事业贷款中的弊端,再次致电四行二局和各分支处,重申办理放款需要在事前审查及事后必须严格考核。

1941年12月,太平洋战争爆发。一些贴放和投资的项目被暂缓。如1941年12月26日四联总处第107次理事会议讨论关于筹设宜宾木箱厂案,认为太平洋战事爆发后,海运阻滞原定宜宾木箱厂向美订购机件一时难以内运,所有四联总处及四行参加此项筹备工作应暂缓进行。[3] 为了减缓通货膨胀和维持必需的战时生产,加强对贷款的监督和管制,已到了刻不容缓的地步。四联总处在其制订的"政府对日宣战后处理金融办法"中,再次强调严格审核投资放款,规定:贷款对象必须是"确能继续生产国防及民生日用必需品之工矿各业。对借款厂商业务要派专人进行监督,普通放款和政府机关以预算作抵的透支和借款一律停做,各行局一律停止单独承做贴放。为确保实现以上措施,四联总处大大加强了审核和稽查工作。实施统一管理各行局贴放会计。各行局每半月向四联总处填报一次放款科目余额表和明细表,经四联总处审核,如有不合规定者即随时加以指示,限时纠正。在借款前的审核上,四联总处采取直接派员调查、派驻稽核就地调查、指令各分支处调查、请各省建设厅代为调查和收集各公私机关业务报告及调查资料等方式,调查申请贷款单位的经营和资信情况。在贷款稽核上,尽可能派驻稽核人员,对借款单位使用贷款的情况及其他动态,随时调查研究,按期编制报告陈核[4]。因此,1941年度四联总处贴放运作方式演进复杂,改进颇多。

首先是调查和核定申请案件的程序。先根据银行业务惯例,应由申请机关就其人事组织、业务财务,借款用途、还款办法、质押提供等项,提供详细说明,经

---

[1] 《秘书处拟具改善力、理小工矿业贴放之意见及原则的说明》(1941年6月19日),重庆市档案馆、重庆市人民银行金融研究所合编:《四联总处史料》中,档案出版社1993年版,第346页。

[2] 黄立人:《四联总处的产生、发展和衰亡》(代序),重庆市档案馆、重庆市人民银行金融研究所合编:《四联总处史料》上,档案出版社1993年版,第26页。

[3] 《四联总处第107次理事会议记录》(1941年12月26日),中国第二历史档案馆编:《四联总处会议录》(12),广西师范大学出版社2003年版,第494页。

[4] 黄立人:《四联总处的产生、发展和衰亡》(代序),重庆市档案馆、重庆市人民银行金融研究所合编:《四联总处史料》上,档案出版社1993年版,第27页。

放款机关查核无误后,再核定借款。四联总处接到申请案件时,要去机关实地考察。如遇申请机关在重庆市附近者,随即指派工作人员,赴该机关就地考核,查明一切,并对借款条件和结果作初步商讨①,再编具报告以便审查。如果申请机关在外地,四联总处就令当地四联分支处查明情况,或委托有关主管机关代为调查。其他案件,如果申请手续完备,并且四联总处对申请机关的情况已经有相当认识和了解的,马上尽快办理,希望可以最短时期内予以答复。

其次关于交办及签约核定案件的程序。借款的结果已经核定后,四联总处就按照借款的性质和案情的缓急分别办理。如果案情特殊,四联总处仅能核定借款原则,一切条件仍须就地商洽,四联总处交当地分支处拟好具体办法报核,或在某种限度以内授权当地分支处洽办手续具报。如核定案件,由四联总处斟酌规定借款主要条件包括透支限度或借款数额、借款利率、还款期限、还本付息办法、质押品种类、数量、折扣及监管办法、应保各险种类、数额、承还保证人等项,交由有关四联分支处洽订借约。必要时,由四联总处颁发草约,交给有关四联分支处照签。1941 年度内,经四联总处拟发的草约达 40 余份。其重要的案件有盐务总局 4 亿元总借款,钢铁管理委员会、燃料管理处救济工矿、办理滞销煤铁垫款透支 2810 万元,运输统制局赶筑公路透支 2000 万元等②。

第三,统一四联分支处联合贴放的会计程序。以往四行办理联合贴放,对于各款的放出、本息的收还以及四行分摊成分与收还数目,由代表行负责记载,四联各分支处并未保留账目。导致 1941 年前,四联总处对于核定各案借款的实借、余额及收还数额,反而不清楚。因此 1940 年 12 月间,四联总处制定四联各分支处 1941 年 1 月起实行联合贴放会计规程。规定贴放会计科目、记账凭证及账簿组织、记账方法、规定放款表报格式及造送日期等。四联各分支处遵照办理,按期造送表汇报四联总处③。

第四,改善稽核工作的程序。稽核工作是四联总处贴放业务里面非常重要的一个步骤。为确定稽核人员职责和稽核处理程序,四联总处对派驻稽核人员的履历经验均严格审核,以期恪尽职守。所有稽核人员除照稽核规程执行任务

---

① 《四联总处关于 1941 年贴放工作情况的报告》(1941 年),重庆市档案馆、重庆市人民银行金融研究所合编:《四联总处史料》中,档案出版社 1993 年版,第 468 页。

② 《四联总处关于 1941 年贴放工作情况的报告》(1941 年),重庆市档案馆、重庆市人民银行金融研究所合编:《四联总处史料》中,档案出版社 1993 年版,第 469 页。

③ 《四联总处关于 1941 年贴放工作情况的报告》(1941 年),重庆市档案馆、重庆市人民银行金融研究所合编:《四联总处史料》中,档案出版社 1993 年版,第 467 页。

外,还要随时调查研究借款机关动态,编制报告定期向四联总处报告情况。四联总处一面根据稽核人员所报送的各种工作报告及建议事项考核其工作成绩,一面更不时派工作人员分赴各借款机关实地视察督导稽核工作。稽核人员如遇到工作困难,由四联总处随时指示办法,应付困难。1941 年度内,四联总处曾多次分批召集各机关派驻稽核人员来四联总处,汇报工作,交换稽核意见,研讨如何推进稽核工作,成效显著①。譬如 1941 年 10 月 9 日,四联总处第 98 次理事会议,报告江西省政府商请四行合资筹设江西兴业公司案件。决议认为如果江西省愿意四行出资 60% 以上,就应该请经济部选派专门人员会同四联总处及各行所派人员前往江西就近洽办。派去的人员审查账目、业务范围、股本分配及人事,最后依据审查结果,才定下四行投资江西兴业公司的初步办法②。倘若四联总处在审核结果中发现不良情况,就会拒绝贷款请求。譬如 1941 年 12 月 26 日,四联总处第 107 次会议讨论四联衡分处要建立项目,结果派人调查后被怀疑款项没有用于增加生产必需品,最终决议停止贷款③。

1941 年 12 月太平洋战事爆发后,引起国内金融、经济上的大变动。四联总处随之调整协助国防有关及民生必需品的生产事业的投资贴放方针。1942 年 1 月 15 日,四联总处第 109 次理事会议拟具《今后办理四行投资贴放方针草案》和《政府对日宣战后处理金融办法》。对之前 1941 年 12 月 26 日的方案有所改进,认为各行局已投放的款项,应该逐案报明,以凭分别性质继续承做或催收。在第 110 次理事会议上修正通过《四联总处核办投资贴放方针》④。方针如下。

甲、关于原则者

一、为适应太平洋战事爆发后,国内金融、经济上所引起之变动起见,以后投资放款,应以协助国防有关及民生必需品之生产事业为主。所有普通放款及不急需之投资,应暂行停止,并不必单独承做,必要时,亦应依照本方针办理,并具报查核。

二、凡投放款项之事前审查、事后考核,必须严格,但办理手续应力求简便。

———————————

① 《四联总处关于 1941 年贴放工作情况的报告》(1941 年),重庆市档案馆、重庆市人民银行金融研究所合编:《四联总处史料》中,档案出版社 1993 年版,第 467 页。

② 《四联总处第 98 次理事会议记录》(1941 年 10 月 9 日),中国第二历史档案馆编:《四联总处会议录》(11),广西师范大学出版社 2003 年版,第 294 页。

③ 《四联总处第 107 次理事会议记录》(1941 年 12 月 26 日),中国第二历史档案馆编:《四联总处会议录》(12),广西师范大学出版社 2003 年版,第 502 页。

④ 《理事会关于太平洋战事爆发后四行投资贴放方针的决议》(1942 年 1 月),重庆市档案馆、重庆市人民银行金融研究所合编:《四联总处史料》中,档案出版社 1993 年版,第 351 页。

乙、关于国营民营事业之投资放款者。

三、公私工矿、农林、印刷事业投资申请借款案件，一律先由四联总分支处指派专门人员或委托有关主管机关，切实调查各该业之人事、组织、业务、财务、厂产、设备及经营成绩，凡适合下列条件者方予投放。

（一）业务适合原则第一条之需要，经营具有成绩者。

（二）组织健全，技术及出品优良者。

（三）机器设备原料能继续补给，并已正式开工或最短期内开工者。

（四）借款用途正当者。

四、国营事业机关如需以预算核定款项先行抵借备用时，应由主管机关商得财政部同意保证后再行洽办。

五、凡在政府预算以外而为推行国策应办之事业需要借款时，应由中央最高主管机关负责保证，并由四联总处商准财政部备案后洽办。

六、民营事业由四行投资放款协助者，须遵守下列各点：

（一）四联总处对于投放各机关之财务、业务、会计应负稽核之责。如认为有须改善之处，承受投放各机关应尽量接受。

（二）承受投放机关，生产物品应达一定限度，其每月产销数量、价值，应按期报告四联总处查核。

（三）产品不得囤积居奇。

（四）出品之配销及售价之规定，应按照物价主管机关之规定办理。

七、凡以军民必需品押借者，应以经营本业之商人并加入各该业同业公会者为限。其押品应具备物资主管机关之登记证件，押款期限最长不得超过三个月，并不得展期。

本条关于放款期限及展期之限制，对于工矿业之借款，经四联总分支处之查核或主管机关之证明，确系适应生产需要者，不适用之。

八、地方银行及商业银行应贷款协助地方工矿，农林等生产事业。如资金确有不敷时，四行得以转抵押或转贴现方式，量为贷款协助，惟最高数额以原贴放款项之六成为限。

九、四联分支处及代表行对于各借款机关所派稽核人员，应由四联总处督导，切实执行稽核任务。

丙、关于放出各款之紧缩者

十、凡中央政府机关以前以应领经费抵借各款期满，应即清结，不得展期。

十一、凡地方政府机关以前向四行所借各款应按照财政部规定统一国库收支办法,限期清结。

十二、凡中央及地方政府机关所属工矿、交通、贸易事业,对于四行已有负债关系者,应由四联总处调查其业务,必要时得于未到期前收回放款之一部或全部。

十三、除十、十一,十二各条所指各种放款外,其余联合贴放各款,并应一律加紧督促借款人依约履行还本付息。

十四、本方针经四联总处理事会核准施行①。

之后,四联总处一直贯彻该方针,实施时间段较长,内容改动较少。

为了更加合理、科学地利用放款,用以加紧协助有关国防及民生必需品的生产事业,协助战时经济自给自足,普通放款和不急需的投资事业都暂停,四联总处需要集中资金解决急需的生产事业。因此四联总处决定施行由各行局实行单独投资放款。1942年3月13日,四联总处第117次理事会议通过《理事会关于查核各行局单独投资放款办法的决议》。决议拟具三项办法:一、以后投资及借款申请案件,凡经四联总处理事会否决者,各行局不可以事后另自承做。如认为确有必要时,得申述理由,提请四联总处理事会复议。二、各行局接受投资及放款申请案件,其申请数额超过50万元者,应于事前报请四联总处理事会核定后再行承做。但认为有急切需要者,亦得先行承做,一面仍报告四联总处理事会核定。如理事会决议无贷款必要者,承做行局应即负责收回。三、各行局单独贷放的款项,应根据四联总处所规定"各行局放款月报表"逐填具报备查②。这三项办法进一步补充了四行贴放的政策,也为后来1942年5月实行四行业务专业化和四行分工经营埋下伏笔。

四联总处为减轻中中交农四行的资金负担,曾经考虑将四行以往办理内地联合贴放及生产建设事业资金融通的情况,逐渐移归省地方银行及商业银行承办,但是该想法最终没有实行。当时1942年3月26日,四联总处第119次理事会议,讨论《理事会关于财政部请核议四行联合贴放款项应否移归一般银行承办的决议》。会议讨论认为,移归一般银行承办四行联合贴放款的想法,在理论上是可行的。但实际操作起来仍存在着各种困难:一、四行联合贴放,平均利率约为月息8厘,远远低于一般银行的放款利率,此外四行联合贴放的还款期限和还本付息办法,都是从宽规定。如移归一般银行承办,仍照原订的利率及条款办

---

① 《理事会关于太平洋战事爆发后四行投资贴放方针的决议》(1942年1月),重庆市档案馆、重庆市人民银行金融研究所合编:《四联总处史料》中,档案出版社1993年版,第353页。

② 《理事会关于查核各行局单独投资放款办法的决议》(1942年3月13日),重庆市档案馆、重庆市人民银行金融研究所合编:《四联总处史料》中,档案出版社1993年版,第354页。

理,恐怕一般银行不愿接受,如照一般银行的放款利率及条款办理,恐怕借款人不能负担;二、四行联合贴放款数额非常巨大,而从收缴准备金的困难及市面高利借贷盛行的情形推测,目前一般银行所有头寸有限,实际放款的能力有限。如果各地方银行以此为借口增加发行,增加通货,难免引起今后管理钞券制度及管制省银行业务种种困难;三、四行联合贴放的实际目的在于协助政府推行国策。因此在推行生产建设、收购物资、平价供销、财政金融、教育等项目上,四联总处尽量都融通资金,未清结案件近乎 400 多件。难以决定究竟哪种性质的放款案件适合移归一般银行承办①。因此,想要由一般银行运用资金,在实践操作上确实难以办理成功。所以移归一般银行承办贴放款的想法最终没有实行。

1942 年 5 月,国民政府推出了著名的"四行专业化"举措。根据四行专业化的进展,对四行放款业务进行划分,使得四行联合贴放的办事效率更高。举措对四行做了详细分工:凡是已往由四行联合或单独承做的政府机关以核定经费预算及税收指抵借款,中国银行、交通银行、农民银行三行及其他金融机关的重贴现、重抵押或同业以抵押拆放方式透借的款项,政府特准的贷款由中央银行承做。凡内地及进出口贸易、进出口有关的工矿事业贷款由中国银行承做。凡交通运输、公用及一般工矿事业贷款由交通银行承做。凡农业生产、农业、水利、土地金融、合作事业暨农具制造、农业改良、农产加工及运销的贷款由中国农民银行来承做。所有已往工矿、贸易、交通、公用各业的联合贴放及中央农民两行工矿、贸易、交通各业的单独放款,均应按照各自放款案件的性质,分别移交中国、交通两行接收办理②。

因此国民政府借助西南地区所形成的四行金融网和四联总处分支处网络,通过四行专业化的举措,使得各行分工明确,形成了"专业经营、分工合作"的贴放模式。四行对农工商矿业的投资建设,收到了良好的绩效。不仅在企业数目和布局上有了长足发展,而且在产业类别、资金投入都有所进步。据资源委员会统计,到抗战结束时,大后方化工、机械、五金、冶炼、电器等重工业企业合计

① 《理事会关于财政部请核议四行联合贴放款项应否移归一般银行承办的决议》(1942 年 3 月 26 日),重庆市档案馆、重庆市人民银行金融研究所合编:《四联总处史料》中,档案出版社 1993 年版,第 355 页。
② 《四联总处关于 1942 年贴放工作情况的报告》(1942 年),重庆市档案馆、重庆市人民银行金融研究所合编:《四联总处史料》中,档案出版社 1993 年版,第 472 页。

2457家,饮食、纺织、服饰、印刷及其他等轻工业企业合计1921家,总共4378家①。仅在四川、重庆地区就集中了2622家工厂②,大大改变了战前工业主要集中在沿海地区的地域不平衡、力量薄弱、种类较少的情况。四行专业化后,交通银行业务着重于工矿交通及生产事业的贷款与投资。1943年度交行放款总额为96070余万元,占到1943年度存款117040余万元的82.08%,1944年度交行放款总额占存款的比重更是达到了96.39%③。农民银行专注于农贷和其他生产事业贷款,1944年度放款额涨到了存款总额的60%,比1940年增加了3倍④,相较四行专业化之前大有改观。国家资本在农工矿业领域中的地位有了显著的提升,对国家经济建设贡献突出。

既然已经推行四行专业化分工,那么贴放款案件的申请、审查、批准及稽核,也相应地制定了新规定。1942年,四联总处对贴放款案件的诸多方面重新规定。(一)凡是数额在100万元以上的放款案件,先交四联总处放款小组委员会审核,然后提请四联总处理事会核定,再转知各行承做。其不足100万元者,就呈请四联总处主席、副主席随时核定,节省手续。(二)放款案件申请人依照填写四联总处规定的"工矿事业调查表"和"出品产销表",附上财务报表,详细说明借款的用途、工厂组织设备以及实际业务产销情形,再由四联总处派员或委托有关主管机关实地调查清楚。对于组织健全、出品质量达到一定标准、原料确定可以继续补给以及贷款用途正当的申请案件,才批准予以贷款协助。(三)借款机关在合约有效期间,一旦发生以下事情比如未照借款合约履行还本付息及其他条款;移用借款作为他用;以借款转存其他银行或高利贷出来套取利息;不努力增加生产,企图屯积原料的情况,都会由四联总处追究提前归还全部借款本息,并取消其续借款项权利。四联总处根据调查的情形严重与否,移请主管机关依法究办。(四)各四联分支处承做联合放款案件的数额超过50万元者,规定均应用电报报告,以备查核。(五)各行单独放款,由各行各地分支行处需要按月编制

---

① 周开庆主编:《近代中国经济丛编之四》,《五十年来之中国经济(全)》,台湾华文书局1967年,第183—184页。文中写登记企业数为4382家,与笔者统计有出入。

② 周开庆主编:《近代中国经济丛编之四》,《五十年来之中国经济(全)》,台湾华文书局1967年,第183页。

③ 《交通银行1942年度营业报告》(1943年),中国第二历史档案馆编:《中华民国史档案资料汇编》第5辑第2编,"财政经济"(3),江苏古籍出版社1997年版,第537—543页。

④ 《中国农民银行1944年度业务报告书》(1945年),中国第二历史档案馆编:《中华民国史档案资料汇编》第5辑第2编,"财政经济"(3),江苏古籍出版社1997年版,第606—609页。

"放款月报表"送四联总处审核。既要考察放款的数额和期限,还要注意各笔放款承借人的用途。如果挪作他用,四联总处有权收回贷款①。可见对于贴放的案件审核、发放款项、后期稽核等程序运作,四联总处的政策逐渐成熟和详实。

1943年2月18日,四联总处理事会第163次会议发布蒋介石手令,认为四联总处办理贴放业务必须注重防止放款被非法营业挪用,加强督导放款业务。于是财政部及四行主管人员共同商讨如何审核商业银行放款督导其资金运用和检查银行业务的实施办法原则。会议提出了"关于审核银行放款一项应由各地四联分处会同当地银钱业同业公会组织放款委员会办理当地中央银行以外各银钱行庄放款审核事宜,所有省县地方银行及商业钱庄5万元以上100万元以下的放款,中国交通农民三行中央信托局邮政储金汇业局5万元以上100万元以下的放款均须允经该会审核通过后方得贷放,5万元以下的放款由各行自行贷放事后报由该会查核",关于如何核查银行业务问题,规定"所有各行庄每日存账在重庆区仍由本部随时派员办理,其他各地由银行监理官办公处派员办理,在未划定区域成立监理官办公处以前仍由本部随时委托当地四联分支处负责办理"②。对于审核放款的额度也进行了更加细致的等级划分,并规定各家银行和四联分支处各自具体监理范围。

1943年5月13日,四联总处理事会第174次会议讨论,再次改变对不同额度的放款案件的处理。会议规定各行局5万元以上100万元以下的放款案件应先提出当地四联分支处核议通过并报请各该总行局核准后方得承做。规定所有各地放款委员会审核当地各商业行庄放款限额得由各地四联分支处会同银钱业公会斟酌当地的实际需要,以原定5万元为标准量为伸缩,并拟定数额报部核定办理③。对于贷款的审核更加严格,特别强调四联分支审核的作用和角色。实际上,笔者根据四联总处会议录的议案工作情况,发现四联总处贴放案件中的数额少于5万元的案件非常少,大多数为百万元,有些动辄千万。大多是贴放案件的确在四联总处的审核下通过。史料中所记载的大部分案件代表了四联总处贴放总量和全貌。亦可见四联总处对于贴放案件的严格,特别是数额巨大的款项,

---

① 《四联总处关于1942年贴放工作情况的报告》(1942年),重庆市档案馆、重庆市人民银行金融研究所合编:《四联总处史料》中,档案出版社1993年版,第473页。

② 《四联总处第163次理事会议记录》(1943年2月18日),中国第二历史档案馆:《四联总处会议录》(19),广西师范大学出版社2003年版,第365页。

③ 《四联总处第174次理事会议记录》(1943年5月13日),中国第二历史档案馆:《四联总处会议录》(21),广西师范大学出版社2003年版,第174页。

均派有稽核人员驻厂监督借款的用途及业务财务状况,并由各行局随时派员赴厂考察。其借款数额特巨者,并各别订定稽核规程,由派驻稽核人员严格执行。于是,1943 年 3 月,四联总处与经济部曾奉蒋介石手令,赴各厂矿查明借款运用及业务进度。经调查发现,重庆附近各借款工矿,由四联总处及各行局派 18 人,经济部派 15 人,分区调查。外埠各借款工矿,电嘱各分支处派员调查具报。调查结果是仅仅少数办理不善的厂矿需要收回贷款,由经济部分别警告惩处[①]。除加强稽核工作外,四联总处和工矿调整处及各行局主管前往重庆各借款重要工厂考察,详细考核各工厂的产销成绩及业务情形,特别注意考核工厂的生产计划和借款用途。四联总处制定了"借款运用申明书"[②]表格,规定各借款厂矿在签订借款合约时同时填写借款运用申明书,必须申明遵守四联总处办理战时生产事业贷款实施办法及工矿调整处监督工矿贷款办法的规定。四联总处希望以此严格的审核手续办法来达到约束企业合理使用贷款的行为,掌握和督导放贷款项的实际使用细节,推进经济事业增产的效果。

1943 年度,四联总处为了协助政府推行金融经济政策,尽量扩大生产事业贷款,以增加大后方的生产建设,其余粮食、交通、盐务等项所需资金,亦尽可能予以协助。综计 1943 年度 1—11 月,核准放款总额为 89.5 亿元,超出历年度放款总额一倍以上。依照放款性质分为六类[③]。列表 2-1 如下。

表 2-1　1939 年 10 月至 1943 年 11 月四联总处放款数额比较

单位:千元

放款类别	1939 年 10—12 月	1940 年	1941 年	1942 年	1943 年 1—11 月	合计
工矿	23730	102440	215644	875344	5552906	6770064
粮食	10000	56156	172450	26150	1324600	1589356

---

① 《四联总处关于 1943 年放款和投资情况的报告稿》(1943 年),重庆市档案馆、重庆市人民银行金融研究所合编:《四联总处史料》中,档案出版社 1993 年版,第 488 页。

② 《四联总处关于 1943 年放款和投资情况的报告稿》(1943 年),重庆市档案馆、重庆市人民银行金融研究所合编:《四联总处史料》中,档案出版社 1993 年版,第 489 页。

③ 《四联总处关于 1943 年放款和投资情况的报告稿》(1943 年),重庆市档案馆、重庆市人民银行金融研究所合编:《四联总处史料》中,档案出版社 1993 年版,第 474 页。

续表

放款类别	1939 年 10—12 月	1940 年	1941 年	1942 年	1943 年 1—11 月	合计
交通	5151	17312 美元 300	193340	214550	1275860	1706212 美元 300
盐务	6420	178100	826320	407640	725075	2143555
购销	港币 900	270620	104589	369110	414388	1158707
其他	110474	61926	35192	139405	659159	1006156
合计 （单位： 国币千元）	155775 港币 900	686554 美元 300	1547535	2032199	8951988	13374051 港币 900 美元 300

资料来源:《四联总处关于 1943 年放款和投资情况的报告稿》(1943 年),重庆市档案馆、重庆市人民银行金融研究所合编:《四联总处史料》中,档案出版社 1993 年版,第 475 页。

从这一表格上可以见,四联总处的贴放总量不断增长。在工矿、粮食、交通、盐务、购销等方面放款数额逐年增长。符合四联总处一贯推行的政府加强金融政策,尽量扩大生产事业贷款,以增加后方生产,其余粮食、交通、盐务等项所需资金,亦尽可能予以协助,迎合战时社会生产所需。

三、贴放举措的得失评价

四联总处的贴放政策总体而言对于战时中国经济的作用是明显的。四联总处所核放的生产性贷款,集中于工贷、盐贷和农贷作用明显,所贷放的数额较大。但是反过来说,四联总处的贴放举措仍然存在很多问题。

在工贷方面,工矿业的贷款一直是四联总处贴放业务的中心,效果最为显著。当时经济部认为"全国经济之基础以民营事业能否充分发展为最主要之标准"[1]。原因在于当时内迁的厂矿和西部原有的工矿企业绝大多数是民营性质的。政府需要利用民营厂矿工厂的生产,来应付战时巨大的物质需求。因此1941 年以前,四联总处核放贷款总额中,国营企业所获贷款额高于民营企业。

---

① 黄立人:《四联总处的产生、发展和衰亡》(代序),重庆市档案馆、重庆市人民银行金融研究所合编:《四联总处史料》上,档案出版社 1993 年版,第 27 页。

但是 1941 年之后,这种情况发生逆转①。1941 年,工矿业公营事业贷款 7584 万元,工矿业民营事业贷款 11170.4 万元。民营企业所获贷款额是国营企业的 147.29%②。1943 年工矿业总贷款 555000 万元,其中民营贷款 427000 万元,公营贷款 128000 万元。据计算可得,工矿业民营企业所获贷款额是国营企业的 333.59%③。尽管四联总处贷款给民营厂矿的款项是高于给国营厂矿,但这不能下结论认为国民政府不发展公营厂矿、侧重发展民营厂矿业。实际上,公营厂矿业不仅能够得到四联总处核放的贷款,而且额外享受到国库的巨额拨款和国家大量投资以及在税收、销售、交通运输等方面的种种特殊优惠。它的优势是民营厂矿所不可企及的。因此可以判断的一点,国民政府正在加大对民营工矿业的扶植力度,为私营商的发展提供了帮助。

在盐贷方面,抗战时期,东南、华北、华南各地盐场纷纷沦陷,整个国统区所需要的食盐主要是靠川盐供应。四联总处协助食盐的生产、运销、仓储,发放盐贷,是其贴放业务的重要组成部分。盐贷发放对象主要是盐务机关。盐务机关获得贷款用于食盐收购、运销和仓屯。形成官收、官运、官屯一条生意线。盐务机关将部分盐贷转贷场商、运商,以作为生产、运销的周转金。四联总处同时会直接向盐商核放盐贷,但数量极少。譬如 1940 年,盐商贷款仅为 369 万元,来自川盐济湘营业处、久大精盐公司自贡厂、乾顺泰盐号和利民盐号四家民营盐商。同期盐务机关贷款高达 15199 万元。因此盐商贷款是同期盐务机关贷款的 2.43%④。据统计,1937 年至 1941 年,四联总处核放盐贷贷款数额高居各种产业贷款之首。特别是 1941 年,盐贷占四联总处贴放总额的比例达到 54.64%。四联总处的巨额盐贷,是国统区盐业生产能够在极其困难的条件下得以稳步发展的主要原因。食盐每年的销数在 1800 万市担左右,产数大都在 2000 万市担以上,产销相抵,有盈无绌⑤。

---

① 黄立人:《四联总处的产生、发展和衰亡》(代序),重庆市档案馆、重庆市人民银行金融研究所合编:《四联总处史料》上,档案出版社 1993 年版,第 27 页。

② 《四联总处关于 1941 年贴放工作情况的报告》(1941 年),重庆市档案馆、重庆市人民银行金融研究所合编:《四联总处史料》中,档案出版社 1993 年版,第 460 页。

③ 《1943 年四联总处重要事项报告》,洪葭管主编:《中央银行史料(1928.11—1949.5)》下卷,中国金融出版社 2005 年版,第 784 页。

④ 《四联总处关于 1940 年贴放工作情况的报告》(1940 年),重庆市档案馆、重庆市人民银行金融研究所合编:《四联总处史料》中,档案出版社 1993 年版,第 447 页。

⑤ 黄立人:《四联总处的产生、发展和衰亡》(代序),重庆市档案馆、重庆市人民银行金融研究所合编:《四联总处史料》上,档案出版社 1993 年版,第 28 页。

在农贷方面,四联总处做了不少举措。农业是社会生产的重要组成部分和基础。在抗战之前,中国农村的情况不容乐观,农民手中的资金稀少。广大的农村土地集中少数人手里。广大农民备受高利贷、高租金和苛捐杂税的压榨,生活贫苦不堪,整个农村经济非常落后,农村景象十分残破。鉴于农业在战时的重要性,国民政府把铺设农村金融网、扩大农贷发放、活跃农村金融作为救助农村经济和发展农业生产的重要措施。1937 年 8 月,四联总处制订"四行内地联合贴放办法"规定农民可以用粮食作物和经济作物向四行请求押放贷款。1938 年行政院颁布《扩大农村贷款办法》和《改进地方金融机构办法纲要》,加速农村资金流动。1940 年初四联总处设立农业金融处、农业金融设计委员会①和农贷审核委员会,加强农贷事宜。战前,农贷核放主要集中在交通便利、经济发达的地区。于是,四联总处规定"贷款区域应力求普遍"铺设,力主扩展农贷到贫困地区、边远地区、沦陷区、收复区。四联总处额外根据农贷用途的不同,延长一些农贷的偿还期限,如农田水利贷款被延长至 5 年以上②。

四联总处改组后的最初三年 1939—1942 年恰恰就是农贷业务扩大的三年。1941 年之后的农贷额度逐年增加。遗憾的是,农贷的增长速度已落后于物价上涨速度。扩大农贷贷款和鼓励农村资金流通的措施,对缓解抗战前期国统区农村资金稀少,维持农业再生产起了一定作用。尽管如此,农贷对农村金融的刺激和激励仍是微弱和暂时性的。据韩克信的农贷工作经验表明农贷远远不能满足农民的需要,"有很多合作社社员嫌借款过小,愤而不借,但以人社过多,为利益均享,又不能打破每人一百元最高额,其原因为何? 即是资金短少,农民借款不够,有时仍不得不求助于高利贷"③。一百元限额对于贫苦农民来说简直是杯水

---

①　四联总处史料(上)文后注释第 79 页涉及"秘书处关于扩大农业金融设计委员会的报告(四联总处第 25 次理事会议,1940 年 3 月 13 日)";第 269 页"四联总处关于协助政府促进进出口贸易方案(四联总处第 25 次理事会议,1940 年 3 月 30 日)"。时间不一致。经考证,四联总处会议录(二)册中,四联总处理事会第 25 次会议(即四联总处第 25 次理事会会议)议事日程第 339 页为 1940 年 4 月 9 日下午四时,其会议记录第 428 页时间为 1940 年 4 月 9 日下午四时,地点:行政院。因此,显然存误。于是笔者查照四联总处会议录(二)册四联总处理事会第 23 次会议记录第246 页找到""秘书处关于扩大农业金融设计委员会的报告"、四联总处第 25 次理事会议第 385 页找到"协助政府促进贸易案"审查意见。因此,四联总处史料(上)文后注释第 79 页涉及"秘书处关于扩大农业金融设计委员会的报告"实际上属于第 23 次理事会议内容(1940 年 3 月 13 日),且在第 25 次理事会议内容中仅找到"协助政府促进贸易案审查意见",时间为 1940 年 4 月 9 日。

②　黄立人:《四联总处的产生、发展和衰亡》(代序),重庆市档案馆、重庆市人民银行金融研究所合编:《四联总处史料》上,档案出版社 1993 年版,第 29 页。

③　韩克信:《政论选辑:论四行总处之农贷纲要》,《闽政月刊》,1940 年第 7 卷第 4 期,第 75 页。

车薪。更令人吃惊的是,实际上绝大多数半自耕农、佃农没能获得农贷款项。因为农贷的合作对象限于合作社,而一般佃农、半自耕农甚至缴不起入社股金,没能加入合作社。各地合作社多由地主和有势力的人控制,农贷资金大多由他们申请和最终获得,他们利用低息的农贷用于投机买卖获利,或者放高利贷给其他无法得到农贷的农民。四联总处承认因各地合作社"非有名无实,即为地主土劣所把持,合作徒具虚名,社员未能蒙受实利"①,农贷成效有限。这些举措并没有在根本上改善农村土地集中、农民破产的问题。

然而囿于军事形势严峻、物资供应不足、物价节节攀升,贷款数额不敷其用,农工矿业厂商不断向四联总处要求加大贷款。某些地区四行支行私底下不愿意贷款投资生产建设,转而从事黄金囤积和外汇黑市买卖以获得利润。四行之间因受到利益纠葛甚至蒋宋孔人际关系的影响,并未按照规定顺从央行领导,有时需要以蒋介石"手令"来解决问题。使得四行在投资运用上未能充分发挥更大的作用。

除了四行之间在放款业务上的不配合现象,四联总处的贴放贷款举措有着独特的地方。此外,四联总处的贴放贷款存在不少问题和毛病,难以轻松解决。

四联总处贴放贷款的举措存在的特点在于:其一,四联总处对于学校教育种类的贷款申请一般不会拒绝,但是对于其他种类的贷款都是谨慎审查。比如四联总处对于学校和研究所的经费和购买款项划拨一直是同意,极少出现拒绝的情况。如1941年5月29日,四联总处第79次理事会议上,国立北平研究院物理研究所因为制造显微镜申请透支50万元。四联总处决议准予照借并应请教育部将需购显微镜学校名称及每校需购数目写明。并财政部和教育部证明所有透支款项在学校款项下如数扣还②。其二,四联总处会议对贴放审核委员会的管理细致,事无巨细。大事情涉及贴放审核委员会处理几千万贷款申请案件;小事情涉及批评银行用纸的质量太好,浪费钱。据1941年6月26日,四联总处第83次理事会议报告称,中训团党政训练班毕业学员唐强南(时任南宁中农行主任)报称银行所用的纸笔簿册账表都是舶来品。考虑到近来物资缺乏、物价飞涨,银行主要账表鉴于需要永久保存,所用纸张应当质量好,坚韧耐用。建议其他次要的辅助记录、簿册等应该采用国内生产的纸制品替代,节约费用③。这个

---

① 孔雪雄:《四联总处四川省农贷视察团报告书》,1942年7月,第5页。

② 《四联总处第79次理事会议记录》(1941年5月29日),中国第二历史档案馆编:《四联总处会议录》(8),广西师范大学出版社2003年版,第519页。

③ 《四联总处第83次理事会议记录》(1941年6月26日),中国第二历史档案馆编:《四联总处会议录》(9),广西师范大学出版社2003年版,第249页。

建议得到了认同并实施。其三，面对全国范围内的申请贴放的请求，四联总处严格审核，坚持原则。譬如 1944 年 4 月 20 日，四联总处理事会第 219 次会议报告称管理中英庚款董事会以董事会 1944 年度经费不敷为理由，申请以交通部 1945 年应还庚款利息作抵借款 900 万元。四联总处拒绝了这个申请，认为所请借款核与放款原则不符合①。总体而言，四联总处在贴放的原则内发放贷款，坚持原则和立场。

四联总处贴放案件实施确实出现了不良情况。第一，有些企业为了成功获批贷款，胡乱填写抵押品。譬如 1943 年 4 月 22 日，四联总处理事会第 171 次会议报告西北印刷公司申请以所存美国钞票纸约值 300 万元押借 150 万元。财政部中信局查明西北印刷公司的纸张来源。财政部认为钞票纸是印制钞券的专用纸张，不能充作借款抵押品。中信局查明这批钞票纸原来是中信局印制处让西北印刷公司印制中央银行钞券，既然西北印刷公司因需款急迫将此项钞票纸向西安银钱业押借款项，事前并未征得中信局同意，于是已经赎回这批纸张②。四联总处的贴放政策出来之后，很多企业一拥而上，用五花八门的抵押品申请贷款。

第二，不少企业申请到贷款后，被他人冒领使用，导致一些贷款没有应用到原本使用的地方。比如 1941 年 7 月 24 日，四联总处第 87 次理事会议报告了一则贷款被人冒领的事情。中国银行内江支行称，简阳合作指导室书记雷仪生伪造假社向简阳办事处冒领贷款 25650 元，经查明后，已经请县府追究并分函川省府及合管处彻查。已将负责指导员撤职，主犯雷仪生捉获。雷仪生供出此案是合作主任指导员都吉甫主使。案情迄今并无查办事实，该案主犯都吉甫，行动自由，并对合作社时有鼓动挑拨情事，县府却未加限制③。这就造成不好的声誉影响。

第三，尽管四联总处一再要求四行、中央信托局、邮政储金汇业局和各分支处重申放款必须严格审核，但是不良贷款频繁出现，引起众多弊端。譬如利用四行低利贷款，存入其他银行，或以高利贷出套取差息；借生产事业名义为掩护，实行变相囤积物资，毫无限制地购储材料，久不开工，或虽开工，又不照预定计划积极生产；借款机关不先利用现有设备，努力增产，以应需要。反而不再扩下海口，

①《四联总处第 219 次理事会议记录》(1944 年 4 月 20 日)，中国第二历史档案馆编：《四联总处会议录》(28)，广西师范大学出版社 2003 年版，第 425 页。

②《四联总处第 171 次理事会议记录》(1943 年 4 月 22 日)，中国第二历史档案馆编：《四联总处会议录》(20)，广西师范大学出版社 2003 年版，第 491 页。

③《四联总处第 87 次理事会议记录》(1941 年 7 月 24 日)，中国第二历史档案馆编：《四联总处会议录》(10)，广西师范大学出版社 2003 年版，第 74 页。

尽量添置厂房设备,有时竟不按照合约规定,运用贷款,擅自挪移投资其他事业;四行贷款利息远较市面低廉,借约条款都是从宽规定。凡生产事业确实资金不敷用的,都尽量协助生产。反而有些企业资金周转本来不困难,侥幸获得借款。就把自己原有的资金另作他用,或将借款用作其他投机事业,或者不依照借款合约,履行还本付息义务,找借口展期并要求加借①。这些不良贷款的不断产生,大多是因为银行审查不严格。这些不良贴放款项,使得国库和银行资产不断外流,四联总处难辞其咎,国家蒙受重大的损失,无法挽回。

最后,四联总处经办大量的放款案件,那么收回放款也成为一件重大事情。实际情况表明四联总处收回贷款的比例非常低,这就造成了国家资产无形中流失。四联总处核放各笔借款中,如果合约到期,四联总处随时督促承放四联分支处收回贷款。计1941年度内据各四联分支处报告,各地收回以前联合放款,计抵押放款370笔,共93439702.04元;透支放款35笔,共107246268.74元;保证放款12笔,共159700000元;贴现放款3笔,共5160000元。各款合计420笔,共365545970.78元②。此外有些案件选择延期还贷,并没有如期归还。四联总处核定各种借款案件中,其有合约到期者,本应收回,但是其中一些公私事业性质企业,给出的理由要么工作任务尚未完成,继续需款运用;要么制造军民必需物品,经营具有成绩而一时周转困难,四联总处大多宽容对待,斟酌实际生产情形考虑延期还贷。计1941年度内,四联总处办理此项借款展期的合约案件共70件,总额为国币242891000元,又港币900000元③。实际上,截至1941年12月底,已经放款2389864000元,港币900000元,美金300000元④。因此,1941年收回放款数额占已放款数额约15.29%。可以说,贴放贷款的收回比率非常低。而且加上战时物价飞涨,四联总处在贷放上能收回的款项金额贬值较快,因此银行贷款贬值,国家资产无形中流失。

四联总处发放贴放案件如此之多,而最终能收回的贷款较少。如此过度的

① 《四联总处重申放款必须严格审核电》(1942年7月27日),重庆市档案馆、重庆市人民银行金融研究所合编:《四联总处史料》中,档案出版社1993年版,第357页。
② 《四联总处关于1941年贴放工作情况的报告》(1941年),重庆市档案馆、重庆市人民银行金融研究所合编:《四联总处史料》中,档案出版社1993年版,第465-466页。
③ 《四联总处关于1941年贴放工作情况的报告》(1941年),重庆市档案馆、重庆市人民银行金融研究所合编:《四联总处史料》中,档案出版社1993年版,第465-466页。
④ 《四联总处关于1943年放款和投资情况的报告稿(1943年)》,重庆市档案馆、重庆市人民银行金融研究所合编:《四联总处史料》中,档案出版社1993年版,第475页。

抵押借款透支贷款,产生银行业金融业资金空壳化的可能性和危险性。金融行业价值的流失,造成国家资产无形中流失。严重地说,这种低回收的贷放款形式,引起了整个金融业的釜底抽薪,使得金融经济崩溃的可能性大大增加。

第三节　四联总处收兑金银工作

一、收兑金银处的成立与政策

四联总处于 1938 年 5 月设立收兑金银处,专门收兑金银(主要是金类),意图充实外汇准备。1939 年 9 月第一次改组的四联总处一度加强对该项收兑金类工作的领导和推进。纵观收兑金银处的短暂历史,从最初成立到 1942 年 3 月撤销,收兑金银处总共经历了四年时间。根据四联总处管理收兑金类工作情况,大致可分为两个阶段:其一阶段为 1938 年 5 月成立至 1939 年底。其二阶段为 1940 年至 1942 年 3 月收兑金银处撤销。

在第一个阶段 1938 年 5 月至 1939 年底,可以称为收兑金银的初期阶段。这是收兑金银工作成效最为显著的时期。国民党政府实行法币政策后,颁布了若干以金银兑换法币的办法和规定,意图收换民间金银。抗战爆发后,国民党政府为稳定法币汇价,保存外汇准备和黄金储备成为十分急切和棘手的问题。因此,1938 年 5 月四联总处成立收兑金银处,颁布法令,编订收兑金银办法,管制金银,督导各行局收兑金银。

1938 年底,各地设有收兑金银的机构并不多,没有从法律文本上禁止银楼商人团体买卖金类,致使收兑金类的成效并不明显。收兑金银处鉴于自由收购不能达到政府所期望的收兑金银的成绩,同时黑市此时正在抬高私收黄金的价钱,影响官方牌价。于是,国民政府为了加快提升收兑金银的成效,决定要实行统制收兑金银。最初 1938 年 10 月政府公布《监督银楼业办法》,规定银楼业除受中央银行委托代收金类者外,不得买卖饰金以外的黄金;且收受饰金,必须以中、中、交、农四行协议的价值为标准,不得任意地抬高或降低。该办法规定,"专以收买沙金、矿金之店铺不兼营银楼业者,应向中央银行接洽订立承受委托收金类合同,所有收进沙金、矿金等,应悉数售予中央银行,不得私自出售,违者应予以停业处分。受停业处分之金店铺所存沙金、矿金等,一概强出售于中央银行,按当日牌价付给法币"①,"增收兑,必先禁私收;欲禁私收,必先禁制售"②。然后财政部颁布取缔收售金类办法及取缔金融业典当业质押金类办法。实行统制并强制收兑金类后,收兑金类的成效开始显著。

1939年,政府依照《兑换法币办法》、《兑换法币补充办法》、《收兑杂币离银简则》、《金类兑换法币办法》、《金类兑换法币办法施行细则》、《实施收兑金类办法及监督银楼业办法》,汇总修订了《收兑金银通则》③。1939年1月17日,财政部核定《收兑金银通则》共26条,综合了过去所颁布的各种有关管理金银货的法规,并统一规定确认收兑金银事宜一概由四联总处的收兑金银处负责,而且收兑金银处秉承四联总处理事会主席蒋介石的指令施行。收兑金银处督促并指挥中、中、交、农四行在各地的分支行处集中办理。④ 1939年3月,各地四联分支行处相继成立,也参与到收兑金银工作中来。譬如四联总处重庆分处成立,除原有贴放考核业务外,同时办理收兑金银、管理汇兑、推行储蓄等事务⑤。

起初,收兑金银工作的效果不令人满意。四联总处推出《取缔收售金类办法》,希望能够掌控住金类的流向,并明确黄金收归国有。1939年9月16日,财政部转发由四联总处制订《取缔收售金类办法》共11条,明确宣布黄金国有。《取缔收售金类办法》规定:"本办法所称金类,包括矿金、沙金、金叶、金块等生金及一切金器、金饰、金币""金类之收购,专由中、中、交、农四行收兑金银办事处指定四行之分支行处及其以书面委托之各地金融机关、银楼、典当、邮电局所办理,未受委托之任何团体机关、个人,均不得收购金类,违者没收。"⑥由此可知,最初国民政府在收兑金银中采取的方式是收兑都市存金和集中购买产地生金的自由收购方式。这样自由收兑的效果不显著。于是政府改变政策,强势指定四行各

① 《财政部公布之监督银楼业办法》(1938年10月11日),中国第二历史档案馆等合编:《中华民国金融法规档案资料选编》(上),档案出版社1989年版,第429—430页。

② 《收兑金银处关于1939年收兑工作和成绩的报告》,重庆市档案馆、重庆市人民银行金融研究所合编:《四联总处史料》下,档案出版社1993年版,第627页。

③ 四联总处秘书处编:《四联总处重要文献汇编》影印本全一册,台北:学海出版社1970年版,第107页。

④ 沈雷春、陈禾章合编:《近代中国史料丛刊三编第二十辑》,《中国战时经济志》第三章第24页,台北:文海出版社。

⑤ 刘攻芸:《四联总处之任务》(1944年3月),重庆市档案馆、重庆市人民银行金融研究所合编:《四联总处史料》上,档案出版社1993年版,第62页。

⑥ 《国民政府关于转发取缔收售金类办法令稿》(1939年9月16日),中国第二历史档案馆等合编:《中华民国金融法规档案资料选编》(上),档案出版社1989年版,第438页。

分支行处来负责收兑金类,并普遍委托代兑金类,以促进收兑效率。

2个月后,四联总处再次发布增产统收金类的办法,希望加快收金量。1939年11月7日,四联总处公布收兑金银处对增产及统收金类的详细意见,譬如推进公营、民营金矿的生产;由军警机关协同查缉;派工作人员督收矿区生金;补贴自产地或边远游击区域的运送费和手续费等办法①。经济部长、资源委员会秘书长翁文灏审查四联总处拟定的《增产统收金类办法》后,提出了进一步意见,认为应该由四行拨借长期低息借款300万元,作为协助金矿基金,交由经济部采金局组织基金委员会管理,并由四行推荐人员担任会计主任,另立收支会计,按期报告②。如此一来,四联总处进一步明确国统区收兑金银的政策和实施流程。

四联总处同时提出了办理沦陷区和游击区收兑金银详细办法。1939年12月28日,四联总处收兑金银处提出《委托邮政储金汇业局代收沦陷区金类办法》和《收兑游击区金类办法》③。沦陷区和游击区的试办区域包括江苏、安徽两省、浙江省杭嘉湖三旧府属、广东省等;代收金类的价格依照同日的上海市价为标准④。

经过四联总处收兑金银处多次调整收兑政策、派人调查各地存金流通量、时刻注意国内外金价涨落趋势、详细收兑法令设计、密集设置收兑机构⑤,收金成效初步显现。黄金收兑的成绩骤增⑥。1939年收金成效显著的原因有:一是1938年入冬以来,金价渐高,民营金矿竞相开业,刺激金类生产。据不完全统计,当时西部多个省份年产金量将近20万两,金类产出的增加自然为收金提供了现实基础。二是收兑黄金的方式实行统制和分区收兑。最初,没有禁止银楼商人团体买卖金银、抵押黄金,私自收售黄金。银楼作为传统的金类产品的集散地,私自买卖非常兴盛。最初当时官方收兑金类的机构不多,担负收兑金银任务

---

①　《收兑金银处关于增产统收金类意见》(1939年11月7日),重庆市档案馆、重庆市人民银行金融研究所合编:《四联总处史料》下,档案出版社1993年版,第618—623页。

②　《翁文灏审查增产统收金类办法的意见》(1939年11月23日),重庆市档案馆、重庆市人民银行金融研究所合编:《四联总处史料》下,档案出版社1993年版,第624页。

③　《收兑游击区金类办法》(1939年12月28日),重庆市档案馆、重庆市人民银行金融研究所合编:《四联总处史料》下,档案出版社1993年版,第625页。

④　《收兑游击区金类办法》(1939年12月28日),重庆市档案馆、重庆市人民银行金融研究所合编:《四联总处史料》下,档案出版社1993年版,第625页。

⑤　《收兑金银处关于1939年收兑工作和成绩的报告》,重庆市档案馆、重庆市人民银行金融研究所合编:《四联总处史料》下,档案出版社1993年版,第626页。

⑥　《收兑金银处关于1939年收兑工作和成绩的报告》,重庆市档案馆、重庆市人民银行金融研究所合编:《四联总处史料》下,档案出版社1993年版,第628页。

的四行顾着各自的事业,没有形成严密的收兑金融网点网络。四联总处和财政部颁布《取缔收集金类办法》和《取缔金融业典当业质押金类办法》,以实行统制收兑金银。并把产金地划为川、陕、云贵、湘鄂、两广、赣皖、浙闽、康藏、豫晋绥、青宁等10区,指定四行实行分区负责统制收兑。特别是重要产金区域,偏远的地方譬如西康、川北、湘西、云南、青海、西藏等地,除了由四行分支行处收兑外,得由收兑金银办事处根据实际情况,征询四行同意,指定其中一行派员驻收或分设收兑所负责办理收金事宜。规定凡中央银行已设行各地,由当地中央银行负责收兑。中央银行未设行处点的,而中国交通农民三行设行的地方,由中国或交通银行负责收兑。边区地方由农民银行负责收兑。四行均未设行的地方,由附近的机构负责收兑,或委托代兑机关办理①。

自从实行分区和统制收兑金银后,收效一律激增,尤以四川、广西、浙江、湖南等省跃进展速。据统计收兑金银处自1938年7月开始收兑金银以来,至1938年底止,共收黄金31464.87412两,计国币6152948.3元;共收白银10980401.98元,共合国币17133350.27元。1939年实行统制收兑之后,黄金收兑成绩骤增,全年收数达314917.370325两,合国币88277294.09元,白银则收数较减,全年为3528178.56元,两共国币91805472.65元。因此,综计1938年下期及1939年全年收兑金银总数有黄金346382.244455两,合国币94430242.39元;白银14508580.54元,共计国币108938822.93元②。

其中1939年是抗战时期收金最多的一年③。1939年全国各地划分区域来看,各区收兑金类数量(单位:两):

四川区　95101.36376

陕甘区　27498.37448

云贵区　4155.98804

湘鄂区　37654.900375

两广区　55718.7865

赣皖区　21885.69772

---

① 黄立人:《四联总处的产生、发展和衰亡》(代序),重庆市档案馆、重庆市人民银行金融研究所合编:《四联总处史料》上,档案出版社1993年版,第17—18页。

② 《收兑金银处关于1939年收兑工作和成绩的报告》,重庆市档案馆、重庆市人民银行金融研究所合编:《四联总处史料》下,档案出版社1993年版,第627—629页。

③ 黄立人:《四联总处的产生、发展和衰亡》(代序),重庆市档案馆、重庆市人民银行金融研究所合编:《四联总处史料》上,档案出版社1993年版,第17页。

浙闽区　50862.23685

康藏区　1119.101

豫晋绥区　2529.215

青宁区　3846.176

游击区　14545.53061①

为了更加直观地了解1939年度全国分区域收兑金类数量,笔者制作比较图(图2-2):

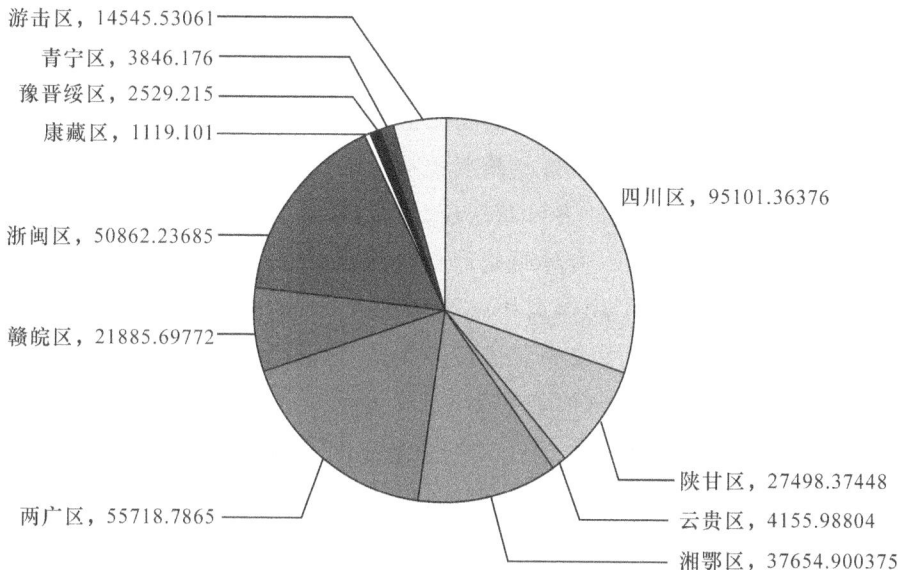

图 2-2　1939 年度全国分区域收兑金类数量比较

资料来源:《收兑金银处关于1939年收兑工作和成绩的报告》,重庆市档案馆、重庆市人民银行金融研究所合编:《四联总处史料》下,档案出版社1993年版,第628页。

由图2-2,可以看到四川省的收兑金类数量在所有区域内相较而言最多,占30%;两广区次之,占17%;浙闽区占16%;湘鄂区占12%;陕甘区占8.7%;赣皖区占7%。金矿较多的康藏青宁地区因为钞券种类不同、民情不一样及交通复杂的种种原因,收兑反而困难。至游击区和沦陷区内,曾陆续收兑14000余两,集中上海,密运后方②。

----

①《收兑金银处关于1939年收兑工作和成绩的报告》,重庆市档案馆、重庆市人民银行金融研究所合编:《四联总处史料》下,档案出版社1993年版,第628页。

②《收兑金银处关于1939年收兑工作和成绩的报告》,重庆市档案馆、重庆市人民银行金融研究所合编:《四联总处史料》下,档案出版社1993年版,第628页。

　　总体而言,收兑金银处在四联总处的指导下,克服困难,在第一阶段 1938 年 5 月成立至 1939 年年底的时间里,达到了较好的收兑金类的实效。

　　其二阶段为 1940 年至 1942 年 3 月收兑金银处撤销。经历 1938 年和 1939 年的收兑金银的实践之后,收兑金银处逐渐发现了拓展收兑金银的困难症结所在。国民政府已经迁到西南地区,如果还继续在其他地方收兑金银肯定效果不行,如果改变方向在西南地区收兑金类的话,肯定大有作为。如果在西南地区收兑金银的话,困难主要有三:(一)现在收金最感困难的地区在云南。而昆明作为各地私金集散地,黑市价格较高,私收漫无止境。川湘所产的金类,也被该地黑市所吸收。当地政府对于取缔收售以及缉私等办法未能切实执行,致使奸商得以生存。为根治云南、四川、湖南等地收兑金银的弊端,财政部派人到云南,与云南省当局商议统收滇省产金及禁绝黑市私收。按照财政部颁取缔金融业质押金类办法,严查昆明各省办商办银行及钱庄,如质押金类,必须依法惩处。(二)青海西宁地方禁止黄金出省。为防西北产金来源竭蹶,行政院要求地方当局切实协助四行收兑,并严禁公私团体商民私收私藏,以便集中统收。(三)西康、康省收金困难在于当地采用货币或粮食茶盐等物品,对法币缺乏认识;因昆明黑市价格高,康定西昌一带生金流入滇省甚多[①]。这些都是收兑金银处所遇到的问题。

　　1940 年 4 月 26 日,收兑金银处为解决业务推进困难致文四联总处,提出要求,希望加强对产金区和重要交通关口的检查和缉私。此外还要采金局在民营、国营矿加强生产[②]。四联总处还专门召开会议决议四行分区收兑金银。之前四行已经分工收兑,中央银行作为主要收兑金类机构,收兑成效最为显著,其次是中国农民银行。以 1940 年 3 月份为例,四行收兑金银折合国币数目如表 2-2 所示。

表 2-2　1940 年 3 月四行收兑金银折合国币数额简明报告[③]

数额类别 金银类别	本月实收数额 /国币元	百分比 %	上月实收数额 /国币元	百分比 /%	历月实收 累计数额 /国币元	百分比 /%
生金	8517907.38	97.49	12764,053.52	94.46	128312,777.85	89.38

---

　　① 《收兑金银处为拟具解决业务推进困难意见呈》(1940 年 4 月 26 日),重庆市档案馆、重庆市人民银行金融研究所合编:《四联总处史料》下,档案出版社 1993 年版,第 629—630 页。

　　② 《收兑金银处为拟具解决业务推进困难意见呈》(1940 年 4 月 26 日),重庆市档案馆、重庆市人民银行金融研究所合编:《四联总处史料》下,档案出版社 1993 年版,第 629—632 页。

　　③ 中国第二历史档案馆编:《四联总处会议录》(3),广西师范大学出版社 2003 年版,第 350 页。

续表

数额类别 金银类别	本月实收数额 /国币元	百分比 %	上月实收数额 /国币元	百分比 /%	历月实收 累计数额 /国币元	百分比 /%
生银	5756.23	0.07	4091.70	0.03	1261941.68	0.88
银币	206928.00	2.37	64755.00	0.50	8312295.62	5.79
银辅币	6137.00	0.07	731.16	0.01	5676452.86	3.95
总计	8736728.61	100	12833631.38	100	143563468.01	100

附注:中央银行泸县支行本月份奉财部令出售生金 192 市两折合国币 69280.87 元,已促该行本月份收兑数额内减除。

资料来源:中国第二历史档案馆编:《四联总处会议录》(3),广西师范大学出版社 2003 年版,第 350 页。

由表格可得,生金是收兑金银处的业务重点,所占比例高达 90% 左右。1940 年 3 月份和 2 月份相比,保持了相对稳定的收兑成绩。再以四行各自收兑金银的成绩进行分析,收兑金银数量及折合国币数额比较如下。

表 2-3　1940 年 3 月四行实收兑金银数量及折合国币数额行别比较[1]

金银类别 原币及国币 行别	生金		生银		银币 (2)	银辅币		国币 总额	百分比
	单位 市两	折合 国币	单位 公两	折合 国币		单位 银角	折合 国币		
中央银行	16681.31257	6591258.77	1036.177	4410.48	203800.00	652.00	61.00	6799530.25	77.83%
中国银行	723.7234	271669.09	309.943	1319.11	576.00	35256.00	2938.00	276502.20	3.16%
交通银行	273.7244	102984.85			13.00			102997.83	1.18%
中国农民银行	4135.144695	1551,994.64	6.26	26.64	2539.00	12552.00	3138.00	1557698.33	17.83%
总计	21813.905065	8517907.35	1352.38	5756.23	206928.00	48460.00	6137.00	8736728.61	100%

附注:(1)中央银行泸县支行 1940 年 3 月奉财部令售出生金 192 市两折合国币 69280.87 元,已促该行本月份收兑数额内减除。

(2)银币与国币同值兑换。

资料来源:中国第二历史档案馆编:《四联总处会议录》(3),广西师范大学出版社 2003 年版,第 351 页。

从表格可得,中央银行在收兑金银业务中成效最为显著。中央银行收兑金银占到四行的 77.83%。中国农民银行次之,为 17.83%,但是,显然央行是收兑

---

[1]　中国第二历史档案馆编:《四联总处会议录》(3),广西师范大学出版社 2003 年版,第 351 页。

金类的主力银行。

1940年5月8日,四联总处召开第29次理事会议,决议通过四行分区负责收兑金银补充办法。补充办法提出:凡指定中国、交通、农民三行其中的一家负责收兑地区,如果嗣后增设中央银行时,应该由原负责行将原办收兑金银事宜移转中央银行接收办理,所订代兑合约应一并移转;如果合约期限未满,应该得由三方面在合约内洽商注明,移转情形继续有效。如有因特殊原因未能及时移转合约的,应该由原负责行陈明四行收兑金银处,得准予于合约期满后再行移转办理;现经指定中国、交通、农民三行之中的一家负责收兑地区,如以前曾由附近收兑行处委有代兑机关者,应将当地收兑金银事宜移转指定的负责银行处接办[①]。

收兑金银的过程中,地方和政府之间,对于金价的考量是非常细致的。金价关系到众多的利益方,金价的标准事关重大。核定金价是收兑金银业务中一个非常关键的问题。一直以来,收兑金价里面包括手续费和金类本身价格等,以金价不超过国外及港沪金价为基本原则。1940年4月,港沪金价上涨,上海和香港的金价黑市日益嚣张,导致内地金价相较香港和上海金类市场低落较大。譬如上海金价575元,以133.50的申汇折合重庆市面价格约767元余,又香港金价每一两为186元,以4.9元的黑市港汇折合国币也在748元左右,与浙皖粤桂边境的核定金类牌价包括手续费572.40元相差约170余元,导致金价地下交易和走私猖獗[②]。1940年4月,收兑金银处根据四联总处要求:对于收兑金类的牌价随时以上海标金的价格为标准。目的是让走私和地下交易无利可图,民间愿意上交金类,收兑金类的数量可以增加。经四联总处第25次理事会议决议通过,蒋介石批示照办。1940年4、5月金价开始上涨时,四联总处为适应上海市场的金价及外汇上涨的实际,将收金牌价提高,没想到金价越来越上涨,反而造成逆反效果。那些手中储藏有金类的人更加不愿上交。倘若金价有增无跌,增加数额超出寻常范围,那么手中持有金类的人选择待价而沽的情况越来越严重,反而使得收兑金类更加困难[③]。此外,由于重要的产金地区,特别是边省地区没有设立收兑机关,导致金类的走私和地下交易更加严重。这些产金区被奸商操

---

① 《四行分区负责收兑金银补充办法》(1940年5月8日),重庆市档案馆、重庆市人民银行金融研究所合编:《四联总处史料》下,档案出版社1993年版,第635页。

② 《收兑金银处为拟具解决业务推进困难意见呈》(1940年4月26日),重庆市档案馆、重庆市人民银行金融研究所合编:《四联总处史料》下,档案出版社1993年版,第630页。

③ 《收兑金银处关于核定金价等项情形呈》(1940年10月11日),重庆市档案馆、重庆市人民银行金融研究所合编:《四联总处史料》下,档案出版社1993年版,第644页。

纵,黄金外流。譬如西康沙金的产量较高,预计每年产金万两以上。据蒙藏委员会报告,由于印度方面金价高于西康云南 4 倍。所以奸商用法币换购大量黄金运到印度出售。鉴于西藏地方政府组织松懈,康藏拥有数千万元的奸商专门从事收买黄金,由藏运送到印度出售,谋求翻倍利润。大批的黄金从藏流出。四联总处回复财政部要求派人加强康藏金融和出入物资的管制①。1941 年 6 月 19 日,四联总处第 82 次理事会议报告收兑金银处签订委托经济部采金局代收矿区生金合约②。合约提出:采金局自营或合营矿区所产生金概由采金局按期交兑于收兑金银处或其指定的国家银行,合约期限自 1940 年 6 月 10 日起至 1942 年 6 月 9 日止,希望可以严厉执行金类收归国有,不准民间私下流通和交易。也就是说此时收兑金类的工作随着国际国内形势,越来越复杂和困难。四联总处针对这种情况,做出了相应的政策调整。

收兑金银处自从 1938 年 9 月开始收兑以来,截至 1941 年 6 月底,共收兑黄金 674148 市两,合国币 248678000 元;收兑白银折计国币 16313000 余元。由于金价黑市日渐高涨,致使收兑金类的工作日益困难。据各收兑行报告,当地金价黑市有超过牌价二三倍者。如果一直追随黑市价格来定价,显然国民政府没法负担如此高额的收兑成本。于是政府决定 1941 年 8 月之后采用强制性统制金类收兑工作,核定收兑牌价不宜追随黑市,并运用改善产区设施及严格统制缉私等办法,意图统收金类在政府手中。因此自 1941 年 8 月以后,政府即未再加金类牌价③。可以预见的是民间金价陡涨,出现了大量走私图利的商人。1941 年 9 月 25 日,四联总处召开第 95 次理事会议。会议决议修改收金价格,把收兑金银处改隶中央银行管理④。同时四联总处和四行主管人员洽商、第 93 次特种小组详密商讨,决定收兑金银改由中央银行办理。其无中央银行地方,可由中央银行委托其他银行代兑,收兑金银处应酌予紧缩,改属中央银行。至于收金价格标

---

①　《财政部与四联总处为西康产金被奸商输印往来函电》(1941 年 4 月)、《财政部代电》(4 月 1 日)、《四联总处函》(4 月 30 日),重庆市档案馆、重庆市人民银行金融研究所合编:《四联总处史料》下,档案出版社 1993 年版,第 645—647 页。

②　《秘书处关于签订委托采金局代收矿区生金合约的报告》(1941 年 6 月 19 日),重庆市档案馆、重庆市人民银行金融研究所合编:《四联总处史料》下,档案出版社 1993 年版,第 647 页。

③　《四联总处关于 1941 年度收兑金银业务的报告》(1941 年),重庆市档案馆、重庆市人民银行金融研究所合编:《四联总处史料》下,档案出版社 1993 年版,第 650 页。

④　《理事会关于修改收金价格和将收兑金银处改隶中央银行的决议》(1941 年 9 月 25 日),重庆市档案馆、重庆市人民银行金融研究所合编:《四联总处史料》下,档案出版社 1993 年版,第 648 页。

准,应该在改隶后,由中央银行自行酌定①。四联总处不再直接管理收兑金银处。四联总处同时制定收金救济办法:(一)要求各产金的省份,对地方存产金类,严格统制,厉行缉私。(二)依照港市金价加港渝汇水计算,为最高金价标准,将现在牌价逐渐提高至与之相平等。

　　1940年至1941年太平洋战争爆发这一阶段,是四联总处意图加强收金工作的时期。但事与愿违,实际上收金工作推进日益困难,收金数量日渐萎缩。特别是1941年度四联总处收兑金银处依照预定的工作计划进行。四联总处注意产金区收兑金银时,以政府威信查禁黑市走私,特别奖励或补贴委托省府或者省营机关来统制收兑金银。四联总处在调整产金区收兑金类方面,实行委托采金局专收公私营划定区内的产金范围。派专门人员驻矿督导、归并原来代兑单位,一起联合组织代兑。四联总处还扩展收兑机构,实行增加负责收兑网点,完善代兑网、督促邮汇局完成游击区代兑行动。四联总处改善检查产区的方式,联合采金局检查国营矿床、民营矿床的情况,逐一登记与督察产区贩金商人。1940年度各地指定的收兑单位已有158行处,1941年度已增加到196行处。至于各地的代兑机关1940年度已经增加到475处。1941年,考虑到金类产量锐减,各地代兑机关收金量日益减少,所获手续费已经不敷开支,代兑机关纷纷请求解约②。收兑金银成效绵薄。而走私金类、贩卖金类的商人的生意依然十分红火。

　　综观四联总处督办收兑金银的4年,截至1941年底共收金697693两。其中1940年为267148两,1941年仅84152两③。如此事倍功半的原因在于1939年后,国统区通货膨胀日趋严重。采金的成本上涨,淘金所得的工资减少,淘金产量也锐减。其次是官收金类的价格与黑市、国际与国内金价标准差距越来越大,走私日益严重,收金数量远低于实际产量。1938年3月政府管制外汇后,黄金成为投机对象,致使金价大涨。黑市金价更是高涨不已。以上海为例,外汇管制以前1938年1—3月,金价一直维持在十市两的价值为1140至1142元间,5月份起金价逐步上涨,到了1939年8月取缔黄金交易后,金价十市两的价值竟

---

　　① 《理事会关于修改收金价格和将收兑金银处改隶中央银行的决议》(1941年9月25日),重庆市档案馆、重庆市人民银行金融研究所合编:《四联总处史料》下,档案出版社1993年版,第648页。

　　② 《四联总处关于1941年度收兑金银业务的报告》(1941年),重庆市档案馆、重庆市人民银行金融研究所合编:《四联总处史料》下,档案出版社1993年版,第650页。

　　③ 《抗日战争时期收兑金银量值》(1938年—1943年),重庆市档案馆、重庆市人民银行金融研究所合编:《四联总处史料》下,档案出版社1993年版,第661页。

高达 4166 元①。以重庆与上海比较来看,在 1943 年 5 月恢复黄金自由买卖前,重庆黑市十市两的金价价值高达 8329.7 元②,上海十市两的金价更加离谱,居然价值高达 46862 元③。何况产金区大多分散在云南、青海、西康等边远省份,私商和民间走私金类和地下交易的现象非常猖獗。甚至还有金类流失到黑市、流向国外。最终国民政府对金类的掌控情况不容乐观④。

二、收兑金银处的撤销

1942 年 1 月 29 日,四联总处第 111 次理事会议决议照办收兑金银处撤销。决定收兑金银处撤销后,其收兑业务由四家银行直接办理,决议还给出了非常详细的遣散收兑金银处工作人员的办法。在内部事务方面,兼任的工作人员各自返回原先的银行服务;专任人员请四联总处介绍到四行里面服务。具体是所有收兑金银处的专任职员,除四联总处留用二三人外,其余约 20 人,8 人由中央银行录用,并由中、交、农三行备用人员 3 到 4 人。工役发给薪津 3 个月遣散。各收兑行收兑金银及代扣检查经费的账目均结算到 1941 年 12 月底止。收兑金银处的日常所需的开支,结算到 1942 年 1 月底止。结束的账务酌量留一些人员所需开支,另行报销。图章、文卷、账册移交四联总处接收。收兑金银处自建的房屋和全部器具,按照原置办的价格一并转让给中央银行。各收兑金银网点自收兑金银处撤销起,所有未尽事宜,都秉承四联总处及各四家银行的总行办理⑤。1942 年 3 月 17 日《四联总处为撤销收兑金银处电稿》宣布,收兑金银处撤销业务由中央银行接收办理⑥,委托中国、交通、农民三行代为收兑。自此以后,政府收金效率大大降低。1942 年收金仅仅 4875 两,分别为 1941 年的 5.79%、1939

---

① 吴岗编:《旧中国通货膨胀史料》,上海人民出版社 1958 年版,第 141—142 页。

② 吴岗编:《旧中国通货膨胀史料》,上海人民出版社 1958 年版,第 148 页。

③ 吴岗编:《旧中国通货膨胀史料》,上海人民出版社 1958 年版,第 144 页。

④ 《收兑金银处为拟具解决业务推进困难意见呈》(1940 年 4 月 26 日)重庆市档案馆、重庆市人民银行金融研究所合编:《四联总处史料》下,档案出版社 1993 年版,第 629—630 页。

⑤ 《理事会关于收兑金银处撤销办法的决议》(1942 年 1 月 29 日),重庆市档案馆、重庆市人民银行金融研究所合编:《四联总处史料》下,档案出版社 1993 年版,第 653—654 页。

⑥ 《四联总处为撤销收兑金银处电稿》(1942 年 3 月 17 日),重庆市档案馆、重庆市人民银行金融研究所合编:《四联总处史料》下,档案出版社 1993 年版,第 654 页。

年的 1.55％[①]。可谓金类数量极低。

中央银行接收收兑金银业务后,恰恰 1942 年 3 月美国 5 亿美元大借款成立。因此四联总处第 120 次理事会议提出了英美大借款成立之后,政府外汇头寸来源充足,政府设法利用此项大借款,回收市面的法币。那么积极增加金类产量和统收金类,支出大量法币,与政府回收法币的政策有所抵触。因此政府规定收金价格不再追随黑市,免得增加法币发行、增加国库的负累。规定由中央银行按照世界金价随时核定收兑牌价,通知中国、交通、农民三行暨各分支行处以及各代兑机关照办。那么市面上的产金必然自然而然地减少。其他三行遵照央行,办理收金事宜。并相应修改各项收兑金银法令[②]。如中国银行 1942 年 12 月 14 日提出《中国银行总管理处为目前收金仍就原有规模尽量收兑函》。1942 年来各地四行收兑金银数量锐减,为谋求补救,规定国营各金矿应该选择优质金矿开发,节省开支,以资维持。严密监督百姓淘金,悉数以世界金价范围内收兑民间金类,禁止私自贩卖,免得被敌人利用。目前四行办理收金事宜,应该讲究实际效率,不必在此事大肆铺张,也不必在收兑金类上投入太多精力[③]。

然而 1943 年 5 月,财政部再次通令将所有前面颁布的统制收金、取缔黄金买卖的法令一律停止执行。标志着国民党政府黄金政策的大逆转[④]。国民政府发现,试图用黄金来收回法币,是一件得不偿失的事情。1944 年 4 月 13 日四联总处理事会第 218 次会议讨论取缔有关黄金买卖各项法令问题。认为自从准许人民在国内自由买卖黄金以来,关于金融业可否承做金类押款的问题层出不穷。财政部认为金价波动厉害,为了防止利用借款套购牟利,应禁止银钱业以金类押款。如果之前有的话,应该尽快结清,不得展期[⑤]。1945 年 7 月 26 日,四联总处理事会第 277 次会议报告称自政府运用黄金政策以来截止现在为止,收回法币

① 《抗日战争时期收兑金银量值》(1938 年—1943 年),重庆市档案馆、重庆市人民银行金融研究所合编:《四联总处史料》下,档案出版社 1993 年版,第 661 页。

② 《理事会关于拟请财政部修正收兑金银法令的决议》(1942 年 4 月 2 日),重庆市档案馆、重庆市人民银行金融研究所合编:《四联总处史料》下,档案出版社 1993 年版,第 655 页。

③ 《中国银行总管理处为目前收金仍就原有规模尽量收兑函》(1942 年 12 月 14 日),重庆市档案馆、重庆市人民银行金融研究所合编:《四联总处史料》下,档案出版社 1993 年版,第 656 页。

④ 《中国银行总管理处为原颁有关取缔买卖黄金法令暂停执行函》(1943 年 5 月 17 日),重庆市档案馆、重庆市人民银行金融研究所合编:《四联总处史料》下,档案出版社 1993 年版,第 657 页。

⑤ 《四联总处理事会第 218 次会议记录》(1944 年 4 月 13 日),中国第二历史档案馆编:《四联总处会议录》(28),广西师范大学出版社 2003 年版,第 278 页。

800 亿元,对于紧缩通货调节发行已经收到相当成效①。但是用黄金收回法币的决策,实施起来耗费大量的黄金储备。

四联总处督办收兑金银约四年时间,平均每年收金 175890 两。如果与战前西部各省年产金量约五万两枸相比较,说明四联总处督办收兑金类是相当有成绩的,同时也表明西部采金业在抗战时期曾获得过短暂的繁荣和发展。但是如果把收兑金银处所收金类按官价折合为法币,再与 1941 年底法币发行量相比较而言,4 年里收兑金银所回收的金银折合国币额仅为 1941 年底发行法币量的1.76％②。可见收兑金类对于回收市面上过量的法币来维持币信的作用是非常有限的。收兑金银处是四联总处在 1937 年 8 月—1942 年 5 月期间实行的一项颇有特色的金融管理举措——从中央下达政策、地方铺设网点来掌控金银流向。在具体实践中,这项收兑金银的举措根据实际情况的变动,不断进行调整,直至撤销。

本章小结

因此在 1937 年 8 月到 1942 年 5 月四行专业化之前这个阶段,正是中国抗战的最艰难的阶段。而四联总处的初建和第一次改组,都发生在这个阶段。四联总处金融管理初步在调节发行、贴放政策、收兑金银等方面均有所成就。笔者选取发行、贴放、收兑金银这三个方面展开。鉴于抗战初期中国的通货膨胀问题,政府急需要应对,选择调节发行稳定金融。贴放政策一直是抗战初期四行贴放委员会及改组后的四联总处带动农工矿事业发展的重要举措。收兑金银处是一项存在时间较短的政策,但它是抗战初期集中力量应对战时金融的一项典型举措。由此三个方面来理解抗战初期四联总处采取了一系列金融管理行动,并受到了良好效果。

其中在调节发行稳定金融的问题上,首先指出国内币制不统一的严重现象。市面上流通着四家国有银行中央银行、中国银行、交通银行、中国农民银行所发行的法币,还有地方券省钞泛滥、辅币停铸、敌伪发行伪钞假钞军用票和其他党

---

① 《四联总处理事会第 277 次会议记录》(1945 年 7 月 26 日),中国第二历史档案馆编:《四联总处会议录》(40),广西师范大学出版社 2003 年版,第 264 页。

② 黄立人:《四联总处的产生、发展和衰亡》(代序),重庆市档案馆、重庆市人民银行金融研究所合编:《四联总处史料》上,档案出版社 1993 年版,第 19 页。

派发行的杂钞等,钞券泛滥,参差不齐,是导致通货膨胀的一个重要原因。四联总处根据 1941 年 7 月英美封存资金和 1941 年 12 月美国对日宣战的关键时刻,推出银行本票和管制钞券的国内外印制、运输和存储举措,避免损失。

贴放政策是抗战初期四行贴放委员会及改组后的四联总处带动农工矿事业发展的重要举措。总体而言,四联总处的贴放一直不遗余力,表现可圈可点。对于战时中国经济的作用是明显的,调剂内地金融,谋求内地生产事业的发展。但是也存在一些问题。某些地区四行支行私底下不愿意贷款投资生产建设,从事囤积黄金和外汇黑市买卖获得利润。四行之间因受到利益纠葛甚至蒋宋孔人际关系的影响,并未按照规定顺从四联总处和央行领导,使得四行在投资运用上未能充分发挥更大的作用。加上战时物价飞涨,四联总处在贷放上能收回的款项非常有限,过度的抵押借款透支贷款导致银行贷款贬值,银行资产贬值,国家资产流失,通货膨胀现象更加严重。

收兑金银处是一项存在时间较短的政策。它是抗战初期四联总处集中力量应对金融管理问题的一项典型举措。从收兑金银处最初成立到 1942 年 3 月收兑金银处撤销,四联总处督办收兑金银总共经历 4 年时间。督办收兑金类是有成绩的,广设收兑机关网点,修改政策以应时需。收兑工作获得过短暂的繁荣和发展。实际上收兑金类对充实外汇准备的作用有限。

1937 年 8 月—1942 年 5 月期间,四联总处大刀阔斧实施诸多政策。从以上三项特殊政策和典型案例可以看出四联总处在抗战初期的金融混乱的局面里有所作为,发挥着安定金融,稳定金融的成效。

第三章　从四行专业化到抗战胜利的
四联总处金融管理

第一节　四联总处贴放业务的专业分工

一、四行专业化的实行

　　四联总处实施贴放政策,促进战时大后方的工业生产事业发展。1939—1941 年间的工业内迁给抗战后方带来了初具规模的国防建设基础,同时给工业基础非常薄弱的西南地区带来经济建设新气象。"八一三"沪战爆发后,国民政府即下令要沿海各厂矿内迁。1937 年 7 月至 1940 年底,完成中国有史以来第一次工业大迁移。从上海迁出"民营工厂共 146 家,机料 14600 余吨,技术工人 2500 名"①,给湖南、福建、浙江、湖北等地提供了内迁经验。稳固和发展工业生产必然需要大量资金支持。四联总处审核与发放贷款,由四家银行分摊。但是银行逐利的本质,使得发放款项越来越少。尽管四联总处协调四行为农工矿业提供贷款,但四行业务分工不明、资金不集中、贷款不足的问题仍阻碍着农工矿业的发展。如交行本来专门办理工贷贴放,现在由四行联合分担办理;中交两行暨中央信托局都着手农贷。而交行作为发展全国实业银行,生产实业投资放款十分不足。交行 1939 年度生产事业放款 430 余万元,农工矿产品押款 570 余万元,生产事业投资 570 余万元。实际上 1939 年底交行存款已达 137000 余万元②。

---

　　① 中国第二历史档案馆编:《中华民国史档案资料汇编》第 5 辑第 2 编,"财政经济"(6),江苏古籍出版社 1997 年版,第 319 页。

　　② 中国第二历史档案馆编:《中华民国史档案资料汇编》第 5 辑第 2 编,"财政经济"(4),江苏古籍出版社 1997 年版,第 7 页。

随着军事局势不断推进,农工矿建设资金需求越来越大。通货膨胀、物价上涨也造成四行下拨的贷款额不敷其用。显然,四行需要划分投资和放款业务范围,加大投资,以便促进经济建设。再加上英美封存资金带来的金融变动、太平洋战争爆发带来的军事转机,这促成了国民政府推出四行专业化决策的迫切性。国民政府在国内既有的金融制度和四行格局的基础上,借助 1942 年 3 月美国 5 亿美元财政援助带来的信心,出台了金融财政领域的一项历史性决策,内容包括央行统一发钞权、四行经营业务划分、央行统筹外汇、央行集中存放头寸等多方面。其中四行经营业务划分,对于强化四联总处的"贴放"功能的专业化管理有着极其重要的促进作用。集党政军权于一身的蒋介石在四行专业化决策的酝酿与出台过程中,亲自策划和推动实施,起到了关键性的作用。

论及国民政府加强四行专业化决策,必然要从金融界的核心力量四大国家银行开始论述。最初要追溯至抗战前中央储备银行的筹备①。1937 年 6 月立法院曾批准通过中央银行改组为中央储备银行的详细方案,欲使中央银行脱离政府支配,保持超然独立的地位,以便控制金融市场。旋因"七七"事变发生,中央储备银行的方案不得不搁置②。直至 1939 年 9 月,国民政府公布《战时健全中央金融机构办法》,宣布中中交农四行合组联合办事总处,负责办理政府战时金融政策有关各特种业务③。四行以分担责任的方式按照一定比例分摊承做贴放、投资、储蓄、发行、汇兑等业务。时人评价此乃"我中央金融机构,至此乃奠定真正集权管制之基础"④。囿于四行各自为政现象日益严重,蒋介石感到急需加强"统制"四行并业务"专业化"。1940 年 3 月,蒋亲自主持召开四联总处全体理事会第一次会议,指示"拟定一个三年计划决定四行业务方针及各行业务发展的

---

① 1935 年 11 月财政部长孔祥熙宣称国民政府筹划将中央银行改制成中央储备银行(Central Reserve Bank),保管各银行的法定准备金。中央储备银行将是一个独立机构,来保障银行体系的储备和国家货币的稳定;且不参与一般意义上的商业行为,两年后将享有唯一的货币发行权。参见 Frank M. Tamagna, *Banking And Finance In China*, (New York: Institute of Public Relations, 1942), p. 219.

② Arthur Nichols Young, *China's Nation-Building Effort* 1927 — 1937: *The Financial and Economic Record*, (Hoover Institution Press, Stanford University, 1971) p. 273—276.

③ 《战时健全中央金融机构办法》(1939 年 9 月 8 日),重庆市档案馆、重庆市人民银行金融研究所合编:《四联总处史料》上,档案出版社 1993 年版,第 67 页。

④ 中国国民经济研究所:近代中国史料丛刊三编第 60 辑《中外经济年报第 2 册》(1940 年),台北:文海出版社 1990 年版,第 200 页。

方向,来逐步发展经济增加生产,安定金融以奠定国家经济基础"①。蒋认为此事"关于经济金融之前途成败甚大也"②。蒋介石公开把四行业务专业化问题与国民经济金融前途挂钩,并态度明确,主动积极。

太平洋战争爆发后,蒋介石把握这个国际局势变动时机,将调整金融机构列为其 1942 年大事件处理。到太平洋战争爆发前,除西北方面之外的国际运输线已遭阻断。蒋介石日夜盼望,日本能够南进或北进,引起苏联或者美国参战,打破这个军事僵局。他认为太平洋战争爆发之前,"美国限制倭不许其南进北进,而独不反对其西进,然其全力侵华之危机"。突然 1941 年 12 月太平洋战争爆发,英美对日宣战。蒋介石甚为欣喜,认为"此为抗战四年半以来,最大之效果,亦惟一之目的也"③。并嘱咐下属"须把握住目前这个千载难得的时机,来审慎运用我们抗战所已得的地位与力量"④。蒋介石此时非常关切国内经济金融情势,开始研究四行统一计划⑤,把"金融机构之调整"列入 1942 年大事表⑥,掌控金融为抗战服务。

此后,蒋介石一直忙于策划四行专业化的具体方案,主动与孔祥熙、财政部、四联总处及四行主管人员等商量,多次交办手令以贯彻自己的统制金融思想。1942 年 1 月 23 日,蒋介石预定本星期事项有"四行统制与全国金融之统制方案"⑦等。1942 年 3 月中旬,蒋介石研究四联总处改组计划和统制四行实施办法⑧。这些表明蒋介石决心要统一四行,并考虑四联总处的工作调整⑨。1942年 3 月 22 日,蒋介石交办孔祥熙手令,希望"以后对于中中交农四行应加强统制",特别指出其中七部分:"(一)四行人员之考核调用与统制;(二)限制四行发行钞券改由中央统一发行;(三)统一四行外汇之管理;(四)考核并规定四行之业

---

① 《四联总处全体理事会第一次会议记录》(1940 年 3 月 27 日),中国第二历史档案馆编:《四联总处会议录》(2),广西师范大学出版社 2003 年版,第 301—324 页。

② 《蒋介石日记》(手稿),1940 年 3 月 28 日。

③ 《蒋介石日记》(手稿),1941 年 12 月 13 日上星期反省录。

④ 周美华编:《蒋中正总统档案·事略稿本》(1941 年 9 月—12 月)第 47 册,1941 年 12 月 8 日,台北"国史馆"2010 年 7 月,第 608 页。

⑤ 《蒋介石日记》(手稿),1941 年 12 月 20 日。

⑥ 《蒋介石日记》(手稿),1941 年大事表。

⑦ 《蒋介石日记》(手稿),1942 年 1 月 23 日。

⑧ 《蒋介石日记》(手稿),1942 年 3 月 13 日、3 月 17 日。

⑨ 周美华编:《蒋中正总统档案·事略稿本》(1942 年 4 月—6 月上)第 49 册,1942 年 4 月 21 日,台北"国史馆"2011 年 9 月,第 163 页。

务;(五)从新检讨并审核四行之预算;(六)稽核四行国外之存款与国内之放款,并饬其按月呈报;(七)四行人事薪给奖惩以及预算与各种业务皆须编订法规与细则,俾各银行皆能一律遵行,此为最急之要务,须限期完成为要"①。可以说,蒋介石对于四行的统制从业务划分到法规细则制订,都做了全盘的细致考虑。

3月末,蒋介石决定了"统一金融与调整四联总处方案",认为得到四行统一的根本解决办法②。4月中旬,孔祥熙上报蒋介石已由财政部会同四联总处及四行主管人员详商各项办法草案,由财政部分别订定办法实行各省省银行以及商业银行业务的考核。并提出调查各地金融市场时,应该由财政部和中央银行合作办理,才能切实收效③。希望提高中央银行地位,与财政部合作控制金融市场。4月下旬,蒋介石批准了四行统一方案与四联总处工作方针④。5月9日蒋介石预定本星期事项之一是"四联总处改组之实施⑤"。此时国民政府亦对外宣称,四联总处研究出中中交农四行专业化实践方案,可使中央银行实现"银行之银行"的理想⑥。

四联总处奉蒋介石手令拟具四行业务划分及考核办法。1942年5月28日上午蒋介石亲自主持四联总处临时理事会议并通过条文⑦。会议讨论通过了《中中交农四行业务划分及考核办法》《统一发行办法》《统一四行外汇管理办法》《中央中国交通农民四银行联合办事总处组织章程》等⑧。对中中交农四行业务实行专业化分类管理⑨:

(1)中央银行集中钞券发行,统筹外汇收付,代理国库,汇解军政款项、政府机关以预算作抵或特准的贷款,调剂金融市场;(2)中国银行受中央银行委托,经理政府国外款项的收付,发展与扶助国际贸易,并办理有关事业的贷款与投资,

① "蒋介石档案",台北"国史馆"藏,档号 002-080200-00565-001-041x。
② 《蒋介石日记》(手稿),1942 年 3 月 27 日,4 月 2 日。
③ "蒋介石档案",台北"国史馆"藏,档号 002-080200-00565-001-041x。
④ 《蒋介石日记》(手稿),1942 年 4 月 21 日。
⑤ 《蒋介石日记》(手稿),1942 年 5 月 9 日。
⑥ 《国家银行专业化》,《大公报(天津版)》1942 年 5 月 11 日,人民出版社 1983 年影印版,第 148 册。
⑦ 周美华编:《蒋中正总统档案·事略稿本》(1942 年 4 月—6 月上)第 49 册,1942 年 5 月 28 日,台北"国史馆"2011 年 9 月,第 493 页。
⑧ 《四联总处临时理事会议记录》(1952 年 5 月 28 日),中国第二历史档案馆编:《四联总处会议录》(15),广西师范大学出版社 2003 年版,第 1—22 页。
⑨ 《中中交农四行业务划分及考核办法》(1942 年 5 月 28 日),重庆市档案馆、重庆市人民银行金融研究所合编:《四联总处史料》上,档案出版社 1993 年版,第 561—562 页。

受中央银行委托,经办进出口外汇及侨汇业务,办理国内商业汇款,办理储蓄信托业务;(3)交通银行办理工矿交通及生产事业的贷款与投资,办理国内工商业汇款、公司债及公司股票的经募或承受,办理仓库及运输事业,办理储蓄信托业务;(4)中国农民银行办理农业生产贷款与投资,办理土地金融业务,办理合作事业的放款,办理农业仓库信托及农业保险业务,吸收储蓄存款。

除中央银行外,中交农三行对于存款、储蓄、一般放款等业务,仍照常办理。"所谓业务划分,实在是强调业务重点,如要彻底划分,是不可能的"①。至此,近代以来真正意义上的中央银行制度及银行专业化体系确立。蒋介石评价道"四大银行之发行权完全归中央银行统一,四行各种规章皆能改正实施,此为经济上开国以来最大之进步,建设基础稳此可以渐稳加强矣"②。

随后四联总处于1942年9月实施第二次正式改组。改组后,四联总处的职责发生显著变化。主要是监督指导国家行局的业务;其他金融事宜,系协助财政部管理。蒋介石在理事会增设副主席一职,由行政院长孔祥熙兼任,处理总处事务。四行专业化和集中发行权后,央行实力增强,基本具备"银行之银行"功能。国民政府将来更多依靠中央银行来管理金融事宜。四联总处的权责范围虽然有所减少,但在战时金融经济领域仍有着重大影响。

值得一提的是,美国5亿美元财政援助合同的签订给国民政府出台四行专业化决策带来了契机。这是抗战时期中国从美国获得的数额最大、条件最优惠的一笔借款,给国民政府实现金融困局突破带来了更多信心。蒋介石对这笔借款的达成,起着非常重要的作用。由于蒋在借款原则上态度强硬,国民政府掌握了这笔借款使用权的主动权。

虽然1938—1941年间,美国给予中国共1.2亿美元贷款③,美国通过租借法案在军事领域给予中国诸多帮助,但战争的胜利不仅仅靠军事,还有经济因素④。杨格曾指出国民政府滥发纸币,截至1941年10月四行已发行133亿元法币,中国的货币和经济日益严峻,急需大量美援来巩固币信,平衡战时收支,安定

---

① 徐柏园:《蒋总统与四联总处》,《蒋"总统"八十晋九诞辰纪念论文集》,台北:华冈出版有限公司1975年10月,第413页。

② 《蒋介石日记》(手稿),1942年总反省录。

③ No.1 Kung Hsiang—Hsi, p. 132, Rare Book & Manuscript Library, Columbia University, Chinese Oral History Project, Box 18.

④ 参见吴景平:《抗战时期中美租借关系述评》,《历史研究》1995年第4期。

金融和稳定经济。① 早在 1940 年 6 月,蒋介石派宋子文去美国游说借款事宜,来维持财政金融。太平洋战争爆发后,宋子文被委任为外交部长,继续在美国寻求美援。此时美国方面均主张加强援华,以保证美国在远东太平洋地区的利益。得到美援来控制币信的可能性大大增加。

蒋介石指示孔祥熙、宋子文与美国财政部长摩根索沟通的时候,强调 5 亿美元借款用途为紧缩货币,纾缓通胀。1942 年 1 月,孔祥熙为商借美国 5 亿美元借款,致信摩根索表明 5 亿美元援助目的是巩固币信、吸收游资、平抑物价及适应其他抗战军事之用②。1942 年 2 月 4 日,蒋介石函电孔祥熙,指示"大借款运用之方,第一以收缩法币为要"③。同时蒋嘱咐宋子文在跟摩根索谈判时,要求美国不能限定任何条件及事先讨论用途与方法,可以在友谊上大致笼统地告诉用途④。很快 2 月 7 日罗斯福总统电告蒋介石 5 亿美元贷款法案两院通过⑤。3 月 21 日,宋子文与摩根索正式签订中美 5 亿美元贷款合同,该合同未对借款利息、担保、期限等作出限定,对借款用途仅作原则性说明。那么具体如何使用这笔借款,成为当时国内外人士议论的主要话题。平准基金会美国委员福克斯(A. Manual Fox)曾建议借款用于"发行政府公债以吸收法币,缓和通货膨胀;发展与印、俄的贸易,保证进口的持续;如果可能,贷款可用于促进急需的小型工业及农业生产,以提供除钞票发行之外的外汇基金"⑥。孔祥熙认为 5 亿美元是"美方给的钱",打算购买黄金并出售给百姓来吸收游资,建立币信⑦,此外,再发行美金胜利公债来巩固币信⑧。

---

① *United States Aid for China*,*Chungking*,December 3,1941,Hoover Institution,Stanford University,Arthur N. Young Collection,Box 69,Folder US $ 500 Million Loan,May 1942.

② 中国第二历史档案馆编:《中华民国史档案资料汇编》第 5 辑第 2 编,"财政经济"(2),江苏古籍出版社 1997 年版,第 772 页。

③ 《蒋介石日记》(手稿),1942 年 2 月 4 日。

④ 周美华编注:《蒋中正总统档案·事略稿本》(1942 年 1 月—3 月)第 48 册,1942 年 2 月 5 日,台北"国史馆"2011 年 9 月,第 228 页。

⑤ 周美华编注:《蒋中正总统档案·事略稿本》(1942 年 1 月—3 月)第 48 册,1942 年 2 月 8 日,台北"国史馆"2011 年 9 月,第 242 页。

⑥ *Morgenthau Diary*(C)*hina*,Volume 1,(U. S. Government Printing Office Washington,1965),p.563.

⑦ No. 1 Kung Hsiang—Hsi,p. 133,Rare Book & Manuscript Library,Columbia University,Chinese Oral History Project,Box 18.

⑧ *Chinese Currency Stabilization*,*March* 24,1942,National Archives Ⅱ of USA,Maryland,RG56,Entry66A816,Box68,Folder China Loan ($ 500 Million)January 1942.

这笔数目可观的 5 亿美元贷款增强了蒋介石出台四行专业化决策来实践集中发钞权、建立货币信用、稳定金融的信心,增加了四行专业化决策出台的可能性。一方面四行业务范围调整后,各行需要大量资金用于扶持大后方产业发展——工农矿业,若能策划部分美援用于投资建设,对改善和稳定战时中国财政金融的情势大有裨益;另一方面央行集中发行权后要有足够的外汇储备和黄金储备作为发行准备金来控制市面流通的钞券量,保证币信。如果能成功利用部分美援从美国购买黄金,在国内抛售和发行美金公债与储蓄券回笼法币,吸收市面上的游资,正好可以减少通货膨胀的危险。因此,5 亿美元合同达成后,蒋介石十分满意,高度评价"美国五万万金元之大借款完成,使我财政危而复安"[①]。

四行专业化决策的出台,明确了四行业务经营范围。中央银行地位得到空前提高,中国银行改为发展国际贸易银行,农民银行为发展农村经济暨协助实现土地政策银行,交通银行为发展全国实业银行[②],分头负担调剂全国金融和扶助农工矿交商各业生产建设的责任。随后通过四联总处改组,加强督导国家行局职能。国民政府最高决策人蒋介石在其中所起的作用无疑是最关键的。他在既有的国内金融制度和四大银行格局的基础上,借助美国 5 亿美元援助带来的信心和契机,把四行专业化付诸实践。

二、四联总处贴放工农矿业的成效

随着 1940、1941 年战事胶着状态转向 1941 年底太平洋战争爆发带来的军事转机、1941 年 7 月英美封存资金带来的金融变动和 1942 年 3 月 5 亿美元援华合同带来的信心,蒋介石从金融界重要力量四大银行着手,推出四行专业化举措,再实施四联总处 1942 年改组以来加强督导国家行局的业务,从根本上抓住国家银行命脉,克服金融难题。国民政府借助西南地区四行金融网和四联总处,协调四行对农工矿业的投资建设,收到了良好的绩效。不仅在企业数目和布局上有长足发展,而且在产业类别、资金投入上有所进步。

1941 年 12 月,太平洋战争爆发后,四联总处调整了办理工矿业放款投资的方针,规定:"生产国防有关及民生日用必需品之工矿各业,由四行联合投资放款尽力协助;四行得指派专家,指导监督借款厂商之业务;放款之事先审核、事后考

---

①　《蒋介石日记》(手稿),1942 年总反省录。

②　财政部直接税处编:《十年来之金融》,中央信托局印制处 1943 年 11 月,第 12 页。

察,必须严格,但手续及保证等应力求简便"①。1942 年 7 月 27 日,四联总处就如何纠正生产事业贷款流弊致电国家六行局及各分支处,强调放款必须严格审核,若有违规定,"经查明后,应拒绝其申请贷款,其已订有借款者,应即停止贷放,并将结欠本息,提前收回,以符集中资力,先尽急需之旨为要"②。可以说政府在努力保证国防有关及民生日用必需品工矿业的需要,实践"抗战建国"方针。

据资源委员会统计,从工矿业的厂矿数目和布局来说,截至抗战结束,大后方化工、机械、五金、冶炼、电器等重工业企业合计 2457 家,饮食、纺织、服饰、印刷及其他等轻工业企业合计 1921 家,总共 4378 家③。仅在四川、重庆地区就集中了 2622 家工厂④,大大改变工业在战前主要集中在沿海地区的地域不平衡、力量薄弱、种类较少的情况。1944 年,资源委员会在钢铁、动力设备、电器制品、各种有色金属、石油及石油制品等部门的年产量均超过全国产量的 50%,在电力、动力酒精、代用液体燃料、焦煤、机制纸工业制品等部门的年产量约占全国的 30%左右,取得支配地位⑤。从地域上来说,到 1945 年年底,川、黔、滇、桂、陕、甘,加上重庆市,共有机器工厂 619 家,分别为重庆市 349 厂,四川省 70 厂,贵州省 16 厂,云南省 26 厂,陕西省 49 厂,甘肃省 18 厂,广西省 91 厂,以上所说的机器工厂,包括机器制造厂,机器修理厂,翻砂厂,红炉冷作等⑥。整个工业矿业的布局、数目、种类都有了显著的进步。资源委员会也因此成为战时实力强大、势力范围庞大、管辖任务繁重的政府机构,权倾一时。

以民营企业为例,1941 年 6 月四联总处制订《改善办理小工矿业贴放之意见及原则》规定:凡是确实需要筹措资金的矿厂公司而不能以原料货物或未收货款押借时,允许用机器押借。在借款对象、程序、手续、办法等方面作了改进,使

---

① 《对日战后处理金融办法》,重庆市档案馆、重庆市人民银行金融研究所合编:《四联总处史料》上,档案出版社 1993 年版,第 304—305 页。

② 《本处纠正生产事业贷款流弊电》(1942 年 7 月 27 日),四联总处秘书处编:《四联总处重要文献汇编》影印本全一册,台北:学海出版社 1970 年版,第 152 页。

③ 周开庆主编:《近代中国经济丛编之四》《五十年来之中国经济(全)》,台湾华文书局 1967 年,第 183—184 页。文中写登记企业数为 4382 家,与笔者统计有出入。

④ 周开庆主编:《近代中国经济丛编之四》《五十年来之中国经济(全)》,台湾华文书局 1967 年,第 183 页。

⑤ 陈真编:《中国近代工业史资料》第 3 辑(清政府、北洋政府和国民党官僚资本创办和垄断的工业),生活·读书·新知三联书店 1961 年版,第 1436—1437 页。

⑥ 谭熙鸿主编:经济部成立十周年纪念丛刊《十年来之中国经济》(上册),中华书局 1948 年版,第 F8—9 页。

贷款"普遍办理,俾多数企业家得同受四行之协助",并特别为"便利小矿厂借支款项"①。这为民营企业的发展提供了机遇和资金帮助。在矿业方面,至 1944 年底,后方核准设权的国营矿区有 14 区,民营矿区达 457 区,民营矿区面积 3453853.67 公亩②。

　　在工矿业的具体贷放款金额上,工贷在国家行局联合贴放贷款总额中所占比例,1937 到 1939 年仅为 4.72%,1940 年即猛升至 21.34%,到 1943 年,工贷第一次超过其他各类生产性贷款而居各类贷款之首,占贷款总额的 59.81%,1944 年更升至 72.15%③。总生产指数,1938 年为基数 100,1939 年增至 130.57,1940 年续增至 185.85,1941 年又增至 242.96,1942 年再增至 302.17④。四行专业化后,交通银行业务专注于工矿交通及生产事业的贷款与投资。1943 年度交行放款总额为 96070 余万元,占到 1943 年度存款 117040 余万的 82.08%,1944 年度交行放款总额占存款的比重更是达到了 96.39%⑤。但是工矿厂贷款存在着不良贷款的情况。1943 年初,四联总处会同经济部及各行局派员组织调查团,对厂矿使用贷款情况实行调查,结果发现各工矿所贷款项,多有不投资于所经营的事业,而是购货囤积或转用他途,如"大昌矿冶公司借款拨存各商业行庄。中复兴业公司借款拨存商业银行,并投资与业务无关之商号,其进出口业务因香港、仰光沦陷,已告停顿。贵阳和丰裕实业公司借款未尽用于原定计划,现兼营贸易。……成都复兴实业社及互惠工厂借款存放比期,及投资其他行号"等⑥。这种不良贷款情况在其他行业贷放款中也出现不少,上文已经有所分析。

　　四联总处扶助农业生产方面也做出重要贡献。最初 1941 年《各种农贷准则草案》,对各种农贷的用途、贷款额度、期限、对象、贷款保障、利率均作了明确规

---

　　① 《秘书处拟具改善办理小工矿业贴放之意见及原则的说明》(1941 年 6 月 19 日),重庆市档案馆、重庆市人民银行金融研究所合编:《四联总处史料》中,档案出版社 1993 年版,第 348—349 页。

　　② 谭熙鸿主编:经济部成立十周年纪念丛刊《十年来之中国经济》(下册),中华书局 1948 年版,第 V133,136—137 页。

　　③ 黄立人:《四联总处的产生、发展和衰亡》(代序),重庆市档案馆、重庆市人民银行金融研究所合编:《四联总处史料》上,档案出版社 1993 年版,第 27 页。

　　④ 谭熙鸿主编:经济部成立十周年纪念丛刊《十年来之中国经济》(下册),中华书局 1948 年版,第 V149—150 页。

　　⑤ 中国第二历史档案馆编:《中华民国史档案资料汇编》第 5 辑第 2 编,"财政经济"(3),江苏古籍出版社 1997 年版,第 537—543 页。

　　⑥ 《秘书处关于调查厂矿使用贷款情况的报告》(1943 年 6 月 10 日),重庆市档案馆、重庆市人民银行金融研究所合编:《四联总处史料》中,第 368 页。

定,作为各行局实际办理农贷时的准则。并规定"各行局之农贷业力,随时由四联总处考核之"①。可以说四联总处在农贷和农业金融上做了不少努力。上文的四联总处议案工作梳理中,也呈现了四联总处在农贷议案上的大量工作任务。

1942年度中中交农四行局办理农贷的总方针定为:各行局办理农贷应依照紧缩放款与直接增加农业生产原则为最合理运用原则,并密切配合农业行政、农业技术等机关;根据农贷的种类、性质、区域和缓急轻重,重行调整贷款数额;积极鼓励1941年度以前各行局已辅设的县合作金库增加合作社的股金,并逐渐减少透支转贷数额;各行局加紧农贷工作,可以直接派员协助指导农民团体及农村合作组织;放款必须力求实效与时效、配合农业生产、交到农民特别是小农贫农的手中,适应农业生产的季节时令特点、贷款接受的对象手续健全、贷款手续简明化;放款用途必须迎合国防建设和生产建设所需,确保能够增加生产,不能浪费贷款②。1942年5月,四行实行专业化后,农业贷款渐由中国农民银行统一办理。据统计至1942年年底,农行农贷结余额达到68203万余元;1943年年底达到152747万余元③。1944年度放款额占到了存款总额的60%,比1940年增加了3倍④,相较四行专业化之前大有改观。迄1941年年底中国银行的统计农贷余额为1.82亿元,占四行局农贷总余额的40.1%,与专办农贷的农行数字接近。⑤ 四行专业化后,中国银行的农贷业务也移交给农民银行。农贷区域由后方各省普及至战区边区以及收复地区。所有农贷业务,以"直接增加生产"为目的,注重农田水利贷款,目的是增加粮食生产及战时所需各种特产为中心业务。逐步完善农业金融网。⑥ 国家资本在农工矿业经济建设上的地位有了显著提升。此外,四联总处发放贷款经多道严格审核流程才批准申请,因此贷款时效性有待加强。根据农作物的季节性,早日按时发放贷款,争取农贷发放时间与农业

① 中国银行总行、中国第二历史档案馆合编:《中国银行行史资料汇编上编(1912—1949年)》(2),档案出版社1991年版,第1272—1276页。

② 中国银行总行、中国第二历史档案馆合编:《中国银行行史资料汇编上编(1912—1949年)》(2),档案出版社1991年版,第1284—1285页。

③ 秦孝仪主编:《革命文献》第102辑,《抗战建国史料:农林建设》(1),台北:中国国民党中央委员会党史委员会1985年9月版,第113—114页。

④ 《中国农民银行1944年度业务报告书》(1945年),中国第二历史档案馆编:《中华民国史档案资料汇编》第5辑第2编,"财政经济"(3),第606—609页。

⑤ 中国银行行史编辑委员会编:《中国银行行史(1912—1949年)》,中国金融出版社1995年版,第582页。

⑥ 姚公振:《中国农业金融史》,中国文化服务社1947年版,第304—305页。

生产时间相呼应,以到达更佳效果①。

　　但是农贷没有能够发挥更大的扶助农业的作用。农民如果想要获得农贷,必须加入信用合作社。可是实际上加入到信用合作社的农民数量有限。加入信用合作社需要会费,而有些农民连会费也交不起。农民不容易获得实际利益。据统计,1942 年陕西 11 个信用合作社共有社员 707 人,其中半自耕农有 71 人,仅占 10.1%,佃农仅有 12 人,占 1.7%②。据合作社建立最普遍的四川省 1944年的统计,加入合作社的农民户数仅占农民总户数的 26% 左右③。可以说通过信用合作社来铺设农贷的作用不如预期,再加上囿于军事形势严峻、物资供应不足、物价节节攀升,贷款数额不敷其用,农工矿业厂商不断向四联总处要求加大贷款。例如农业方面,1941 年农业生产资料价格较 1937 年上涨 20 余倍,其中种苗上涨 26.1 倍,肥料上涨 16.1 倍,农具上涨 21.7 倍,设备上涨 25.7 倍,饲料上涨 10.8 倍④。

　　随着国际局势的变动和国内金融的变化,国民政府和蒋介石依据 1942 年相关金融和军事形势,因时制宜,一步步主动筹划推出了近代金融史上的重大决策"四行专业化"。国民政府通过四联总处改组督导四行,将中中交农四行为首要的金融界控制于股掌之中。1942 年四行专业化决策明确四行业务范围,确立了中央银行统筹为主、中交农三行注重业务的经营模式,提升中央银行的地位和职权,加强对战时金融监管。以上文分析来看,1942 年 5 月四行专业化后,借助四联总处的协调,四行在农工矿业生产建设投资中确实收到一定的良好效果。相较四行专业化之前大有改观。国家资本在农工矿生产事业中的地位有了显著提升,对国家经济建设贡献突出。然而囿于军事形势严峻,物资供应不足、物价节节攀升,贷款数额不敷其用,农工矿业厂商不断向四联总处要求加大贷款。某些地区四行支行私底下不愿意贷款投资生产建设,从事囤积黄金和外汇黑市买卖获得利润。四行之间因受到利益纠葛甚至将宋孔人际关系的影响,并未按照规定顺从央行领导,有时需要以蒋介石"手令"来解决问题。非常遗憾,四行在投资运用上未能充分发挥更大的作用。

①　姚公振:《农贷之检讨与期望》,《中央日报》1942 年 12 月 26 日第五版。
②　宋荣昌:《陕西农村信用合作事业之质的分析:附表》,《中农月刊》1941 年第 2 卷第 11 期。
③　黄立人、周天豹:《抗战时期国民党政府开发西南的历史评考》,《历史档案》1986 年第 2 期。
④　陆仰渊、方庆秋主编:《民国社会经济史》,中国经济出版社 1991 年版,第 608 页。

第二节   四联总处与钞券发行

一、四联总处与统一发行

1942 年前后的中国金融在控制通货方面,表现不容乐观。控制通货与法币发行息息相关。杨格曾评价"法币是稳定、统一的象征,也是维持对华信心的来源",倘若"货币崩溃会导致严重的社会混乱,生活成本提高会引起暴乱,政府的威信将会严重损害,民族士气将会被动摇……进一步破坏到经济体制",甚至难以得到外援[①]。国民政府和蒋介石欲争取大额美援来挽救战时金融财政,获得抗战胜利的希望。倘若此时金融崩溃,对中国而言,肯定是无法挽救的败局。因此国民政府借助实施四行专业化新决策来统一发行,从而控制通货。四联总处协助中央银行一鼓作气取得集中发行权。

1942 年四行专业化的关键性决策在于统一发钞权。蒋介石在 1942 年 6 月反省录提到"四大银行法币发行由中央统一与管制四行业务之实施,是经济政策最大之进步也"[②]。足见其对统一发钞权的重视。一直以来确立央行超然地位,实现集中发行是国民政府金融改革的中心。对于其他银行来说,四行专业化其余举措是在制度层面调整各行经营业务或归于央行委托管理,唯独"集中发钞权于央行"是取消了中行、交行、农行的具有巨额利润空间的职权。如何统一发钞权于央行,取消其他三行发行权是四行之间一场艰难的利益博弈。四联总处、财政部、中央银行、蒋介石、孔祥熙、徐柏园等皆参与商讨政策细则。经过一番较量和妥协,中交农三行交出了发行权。

首先简要梳理下集中发钞权前的四行发钞权情况。1935 年法币改革时,财政部曾表示拟改组央行为中央储备银行,独享发行。虽然央行发行准备十足,但是历史悠久、信誉卓著的中交两行压制了历史短暂的央行的发钞,不少银行拒收央行钞票。最终国民政府以财政部布告的形式,宣布中中交三行发行的钞票为

---

① *Memorandum on the Currency Situation*,*January* 3,1938,Hoover Institution,Stanford University,Arthur N. Young Collection,Box 69,Folder Currency June—December 1940.

② 《蒋介石日记》(手稿),1942 年 6 月 30 日本月反省录。

法币。后来又规定农行发行的钞票视同法币,禁止一般银行发行钞票。将发钞权从分散于数十家银行初步集中至四家国家银行。尽管如此,币制改革后的 2 年时间里,中央银行集中发钞目标所取得的进展极小。中交两行在发钞总数中所占份额没有减少。农行发钞量竟然增加了将近 7 倍。广东、河北、湖南、山西、江苏、广西等省银行所发钞票量也在增加。以致于 1935 年 11 月 2 日至 1937 年 6 月 30 日,央行所发钞票在钞票总额中,仅由 18% 增加到 20%[1]。抗战爆发后,四行继续滥发钞票,引起金融和经济的一系列恶果。财政部钱币司对于货币管理问题,曾撰稿称法币币信稳定是金融稳定的基础,是推行其他战时金融政策[2]的前提。财政部非常注重币信问题。因此在战时金融情境下,由央行统一发钞权更为迫切。

机制缘起抗战爆发,应对金融局面的四联总处开始着手研究集中发行事宜。四联总处副秘书长徐柏园、中央银行发行局局长李骏耀奉蒋介石面谕,详加商讨集中发行应行准备事项,认为:集中央行定于 7 月 1 日实施,并修改组织规程应对储运券料、兑换钞券、保存公债、收付发行准备等各种事宜。考虑战时沦陷区金融早已自成体系,各地金融情形不尽相同。况且央行的"银行之银行"职能尚未充分发挥。所以最好能沿袭现有中央银行,集中一家发行,健全银行制度[3]。

此后,四联总处、财政部和中央银行会商,拟具《统一发行办法草案》六条,于 1942 年 5 月 28 日临时理事会议修正通过。之后邀集四行主管发行人员及财政部先后举行四次特种小组会议,商讨修正意见。中交农三行以"其使命其地位以及与国家民族经济金融之关系俱极密切而重大",请求放宽缴交发行准备金期限[4]。并且对于统一发行后中交农三行业务所需资金的供应问题及移交准备金期限问题提出疑虑。中、交、农三行希望有优待条件和详细规定,以期获得保障。在 6 月 10 日特种会议上,中、交、农三行提出因办理四联总处核定贷款或业务贷款及支付存款,需要资金可由中、交、农三行以下列方式申请中央行接济资金:重

---

①　Arthur N. Young, *China's Nation－Building Effort 1927－1937: The Financial and Economic Record*, Hoover Institution Press Stanford University, 1971, p. 486－497.〈*Appendix 17 Note issue of Chinese banks from 1928—1937*〉.

②　中国第二历史档案馆编:《中华民国史档案资料汇编》第 5 辑第 2 编,"财政经济"(4),江苏古籍出版社 1997 年版,第 477 页。

③　洪葭管主编:《中央银行史料(1928.11—1949.5)》上卷,中国金融出版社 2005 年版,第 630 页。

④　《中交农三行关于移交发行准备宜酌宽时日的意见》(1942 年 6 月 18 日),重庆市档案馆、重庆市人民银行金融研究所合编:《四联总处史料》中,档案出版社 1993 年版,第 41－42 页。

贴现、同业拆放、财政部垫款户划抵、以四联总处核定贷款转作押款。其利率可照原收利率减低2厘至4厘。但中央银行以将介石命令即行接收的指示为由，表示全部反对①。

中交农三行顾虑到统一发行后央行可能无法充分供应资金，想以推迟交出发行准备作为过渡。三行为缴交发行准备金的事宜展开了利益博弈。在多次协商后，四行对于央行供应资金的方案达成一致意见，但是发行准备金缴交的期限没有推迟。1942年6月13日三行负责人联名签呈行政院院长孔祥熙及四联总处，申请改分5年平均摊交，理由是：（1）抗战以来，三行政府垫款都已超过发行数，如将发行准备金一次全部交出，而贷款又不可能立即收回，支付存款就有困难；（2）中交两行都有历年的政府拖欠和军阀借支未能收回，还有战争损失，战时各项开支激增，如准备金立即补齐移交，将无法应付业务需要；（3）今后发行统一，中交两行不再代理国库，以前的往来户会大量转移减少，存款难期增加，与贷款需求很难适应。但分5年平均摊交的办法，显然与迅速壮大央行实力，统制金融力量的初衷不符，自然不能为蒋、孔所接受。经过几次协商，最后确定由央行采取重贴现②、同业拆放、财政部垫款户划抵以及以四联总处核定的贷款转作押款等四项办法从优供应三行资金；发行准备金的移交则仍维持原案，限于1942年7月底以前办妥③。6月16日举行第四次特种小组会议，四行对发行准备缴交期限不再异议，提出了一系列发行准备缴交后的弥补办法。在历次讨论发行之中，中交农三行与央行曾取得谅解，可由三行于统一发行时，将一部分发行库存移为业务库存，避免缴出。据统计1942年6月31日，四行发行额比5月底大

---

① 《关于统一发行的经过》，重庆市档案馆等编：《四联总处史料》（中），中国档案出版社1993年版，第47—48页。

② 四联总处史料（上）文后注释第645页"秘书处关于规定三行办理工矿贷款向中央银行转抵押和重贴现补充办法的报告（四联总处第179次理事会议，1943年11月18日）"。经考证，四联总处会议录（二二）册中，四联总处第179次理事会会议议事日程第1页为1943年6月24日上午九时，其会议记录第48页时间为1943年6月24日上午九时，地点：行政院。笔者在第179次理事会议记录中找不到此内容。因此，显然存误。于是笔者查照四联总处会议录（二五）册四联总处理事会第198次会议（1943年11月25日）议事日程第135页与会议记录第196页果然找到同样报告。因此，四联总处史料（上）文后注释第645页"秘书处关于规定三行办理工矿贷款向中央银行转抵押和重贴现补充办法的报告"，实际应该为四联总处第198次理事会议，1943年11月25日内容。

③ 中国银行行史编辑委员会编：《中国银行行史（1912—1949年）》，中国金融出版社1995年版，第579页。

幅增加,可见各行由发行库存移转为业务库存额度,不在少数①。

6月18日,四联总处第130次理事会修正通过《统一发行办法》和《统一发行实施办法》,对中交农三行已发、未发及订印未交的各种钞券制定了详细的处理方案,与钞券有关的人员、库房设备、运钞车辆及所存油料等都进行核查。规定三行须把已发法币总额,各地发行库存及定制未交券各项数额于6月底决算日结出,于7月底以前,造具详细表单,送交财政部、四联总处及中央银行各一份备查。已发各种钞券仍照旧流通,发库所存钞券,无论存于总行或各地分行处者,均应移交中央银行接收或出具寄存证,交中央银行收执。定制未交钞券,自1942年7月1日后,无论续交或在运送中者,概由中央银行提收。所有三行的印券合约,均移归中央银行承受,其已付定金及印费扣缴的单子,另行个别商定。……中交农三行移交准备金除以交存于中央银行的白银抵充外,其余应尽先以国库垫款拨充。所有三行已发法币40%保证准备金的收益,仍归三行各自享受,以三年为期,自1942年7月1日起至1945年6月30日止②。这些资金往来,每月底制表汇报财政部及四联总处备查。中、交、农三行应将各地办理发行人员姓名、简历,各地库房设备及容量,运钞车辆及所存油料,送请四联总处及央行备查。经四联总处理事会议核准后施行,并报请财政部备案③。

1942年7月,三行继续与财政部洽商发行准备金原则,达成三项原则,即:白银部分应按照原价计算;三行以财政部所还的垫款来缴交现金准备;三行可以向财政部结购公债抵充应缴的四成保证准备金。财政部相应订定了详细的四项办法:三行结购的公债数额可以在财政部垫款押品项下拨结并搭配同盟胜利美金公债;垫款押品项下的结购公债一律按票面十足结购;结购公债的平均利率五厘;三行享受准备金的利息等④。9月27日财政部核定转四行照办上项办法。统一发行问题,至此才告解决。1942年,中行缴交六成现金准备共41.09亿元,

① 《关于统一发行的经过》,重庆市档案馆、重庆市人民银行金融研究所合编:《四联总处史料》中,档案出版社1993年版,第49页。

② 《理事会关于统一发行实施办法的决议》(1942年6月18日),重庆市档案馆、重庆市人民银行金融研究所合编:《四联总处史料》中,档案出版社1993年版,第37—41页。

③ 《统一发行实施办法》(1942年6月18日),四联总处秘书处编:《四联总处重要文献汇编》影印本全一册,台北:学海出版社1970年版,第51—54页。

④ 《关于统一发行的经过》,重庆市档案馆、重庆市人民银行金融研究所合编:《四联总处史料》中,档案出版社1993年版,第50页。

以交存央行白银款及国库垫款缴交。其余四成保证准备金共 27.39 亿元①。截至 1942 年 12 月底交行缴交六成现金准备金,共 25.22 亿元,其余四成尚在结算账目,准备移交②。

表 3-1 1939—1945 年四行及中央银行发行数比较

时期	四行历年发行额 /国币百万元	央行发行额 /国币百万元
1939 年度	36909	13850
1940 年度	72847	34072
1941 年度	135261	60058
1942 年 6 月 30 日	136862	52921
1942 年 7 月—12 月		175657
1943 年度		632110
1944 年度		1542937
1945 年度		6123471

资料来源:Arthur N. Young,*China's Wartime Finance And Inflation*,1937—1945,Cambridge,Massachusetts:Harvard University,1965,pp. 363—365.

由表 3-1 得,四行发行额在 1942 年 6 月 30 日之前以 40%～50% 递增。而统一发钞权后,央行对外发行量逐年递增,1943 年比 1942 年增加 102%,1944 年比 1943 年递增了 144%,1945 年比 1944 年再递增 297%。

四行专业化决策最关键的举措,在于把三行发行权取消,由央行独家发行,调控币制。蒋介石高度评价集中发行权一事为"此实金融事业最大成功也,亦为二十年来革命奋斗重要目标之一也"③。统一发钞权决策出台的商洽过程显示了中交农三行与央行之间长久的利益较量和博弈。尽管三行以曾给财政部巨额垫款和业务专业化后的资金供应等理由,向央行和财政部要求优待办法。但央行除在缴交发行准备金方式和资金供应的细则上有所妥协外,在期限和原则问

---

① 中国银行行史编辑委员会编:《中国银行行史(1912—1949 年)》,中国金融出版社 1995 年版,第 579 页。

② 中国第二历史档案馆编:《中华民国史档案资料汇编》第 5 辑第 2 编,"财政经济"(3),江苏古籍出版社 1997 年版,第 539 页。

③ 《蒋介石日记》(手稿),1943 年成就与反省录。

题上态度强硬。在蒋介石的支持和推动下,四联总处和财政部主动抓住实施四行专业化的成熟时机,成功协助央行一鼓作气取得集中发行权,提升央行职权和地位,统制金融更为便利。

尽管央行统一了发行权,但是通货问题并没有得到有效缓解。1942年集中发钞权后,中央银行法币发行额均超过存款额1倍或近1倍[1]。当局所发钞票量有增无减,物价上涨趋势越来越猛,百姓增加手持现金量,不愿意把现金存入银行,选择持币待购。尽管各家银行在四联总处的督促下,发动各种形式的储蓄存款活动如美金储蓄、黄金储蓄、有奖储蓄等,一再吸收游资,但随着战事逐步推进,财政消耗过大,通货膨胀陷入了恶性循环。

原先国民政府和蒋介石想借助美国5亿美元借款来回笼法币,紧缩通货。1942年2月,国民政府发言人对外宣称表示美国借款会缓解中国的通货膨胀和日本给中国施加的经济压力[2]。蒋介石甚至表示"美国已允我借用二万万美金之数,来调剂我金融与经济,此为抗战转危为安一大事,如运用有方,则建国基础亦因此得以建立矣"[3]。实际上美援使用过程中显现的中美谈判隔阂、金融领域的人事沟通不畅和腐败监督制度的不足,使得控制通货的成效浅薄。早在1942年4月,孔祥熙致宋子文电,二者均主张利用5亿美元贷款办美金储蓄,而且此事财政部与四行早有计议[4]。直到次年6月,蒋介石才与孔"协商对美汇运现金吸收法币问题"[5]。8月,蒋介石再与孔祥熙考量"美金运用方法"[6]。1943年11月蒋介石还在研究美金运用方案,突发感悟孔祥熙"对财政金融计划之老练与精明,实非他人所能及也"[7]。最终5亿美元的各种用途和获得日期分别如表3-2所示。

---

①　洪葭管著:《中国金融通史》第4卷,中国金融出版社2008年版,第466页。

②　Chinese Currency Stabilization,March 24,1942,National Archives Ⅱ of USA,Maryland,RG56,Entry66A816,Box68,Folder China Loan($ 500 Million)January 1942.

③　《蒋介石日记》(手稿),1943年7月18日上星期反省录。

④　洪葭管主编:《中央银行史料(1928.11—1949.5)》上卷,中国金融出版社2005年版,第552页。

⑤　《蒋介石日记》(手稿),1943年6月15日。

⑥　《蒋介石日记》(手稿),1943年8月10日。

⑦　《蒋介石日记》(手稿),1943年11月20日。

表 3-2　1942 年 5 亿美元借款的不同用途和获得日期记录

用途	获得时间	金额
发行美元储蓄券、美元公债 2 亿美元专款	1942 年 4 月 15 日	2 亿美元
购买黄金 2.2 亿美元	1943 年 2 月 1 日	2000 万美元
购买美墨布匹 2500 万美元	1944 年 10 月 13 日	2000 万美元
	1945 年 5 月 22 日	6000 万美元
	1945 年 6 月 12 日	6000 万美元
	1945 年 7 月 27 日	6000 万美元
	1945 年 7 月 18 日	1000 万美元
	1946 年 2 月 7 日	150 万美元
	1946 年 3 月 13 日	1350 万美元
印钞器材 2000 万美元	1943 年 3 月 2 日	2000 万美元
印钞费用、手续费及运保费 3500 万美元	1945 年 8 月 3 日	3500 万美元

资料来源：United States, *United States relations with China ; with special reference to the period* 1944—1949 *based on the files of the Department of State*（Washington U. S. Government. Print. Office, 1949）, p. 470；洪葭管主编：《中央银行史料（1928.11—1949.5）》上卷，中国金融出版社 2005 年版，第 575 页。

　　从表格中，我们可以看到 5 亿美元大借款的拨付时间从 1942 年 4 月份持续到战后 1946 年 3 月，将近 4 年之久。而且大笔资金的时间偏在抗战后期拨给中方账户。中方获得款项之后，未能及时投入使用。整个 5 亿美元贷款的后续工作，耗费时间在商量美援用途方案、在华美军垫款结算、购买黄金运华①等相关事宜交涉。在交涉过程中，美方不断质疑中方使用借款的方式，蒋孔宋商量美援用途的过程拖沓。待到最后美方多批款项拨到中国账户时，业已错失了 1942 年推行四行专业化决策、统一发钞权、一鼓作气紧缩通货的最佳时机，其对缓解金融困境的实际功用不如预期。

　　更出乎意料的是，孔祥熙作为财政部长和中央银行总裁，操纵借款使用权，爆出了震惊大后方甚至引起美国愤懑的美金公债舞弊案，使国民政府的腐败暴露无遗。1943 年 10 月 15 日，央行业务局局长郭景琨受孔祥熙的指示宣布美金

---

　　①　参见吴景平《蒋介石与战时美国对华财经援助》，《史学月刊》2011 年第 1 期。

公债售罄。实际上各分行尚存数千万美金债票①。这些未售美金债券并未上缴国库,相当部分被掌管国家财政金融的官员私下瓜分。蒋介石密令财政部代理部长俞鸿钧调查此案。调查结果是美金公债停售后,所剩约 5 千万美元被中央银行职员、国库局职员和权贵朋分,其中包括宋美龄、宋霭龄、宋子文、陈光甫、魏道明等人②。孔祥熙是朋分最大的获利者。蒋介石在 1944 年 11 月免去其财政部长职位,心痛不已,抱怨"内外人心陷溺,人欲横流,道德沦亡,是非倒置③"。有学者认为,美金公债舞弊案以及同一时期出现的黄金舞弊案决不是孤立的事件,它说明此刻大后方腐败的蔓延和权势的侵蚀已成为国民政府内的普遍现象④。摩根索在1945 年 5 月给宋子文的备忘录中提及 5 亿美元作为法币保证金来控制通货本是件正确的选择⑤;2 亿美元美金储蓄券与公债以及在中国销售的黄金落入了极少数人的手中,对中国经济的真正帮助失败了⑥。1944 年 2 月"法币膨胀,物价飞涨,无法遏制",蒋介石感到"忧戚无已⑦"。

　　总之,国民政府推出了近代金融史上的重大决策"四行专业化"。四行专业化的关键性政策统一发钞权的实施过程体现了中交农三行与央行之间长久的较量和利益博弈。而后国民政府通过四联总处改组督导四行,将中中交农四行为首要的金融界控制于股掌之中。"数十年来未能解决之币制问题,在发行统一之下,整个货币制度,完全确立。"⑧国民政府实行四行专业化的直接目的是完善银行制度,增强四行实力。其实质目的是加强统制金融,服务战时金融。随着国际局势的变动和国内金融的变化,国民政府和蒋介石依据 1942 年相关金融和军事形势,因时制宜,一步步主动筹划银行业务专业化和集中发行权,向建立真正意义上的中央银行制度及银行专业化体系迈出关键的一步。集中发钞权制度的确

---

①　洪葭管主编:《中央银行史料(1928.11—1949.5)》上卷,中国金融出版社 2005 年版,第560 页。

②　*Morgenthau Diary(C)hina*,Volume 2,(U. S. Government Printing Office Washington,1965),p. 1488.

③　《蒋介石日记》(手稿),1945 年 7 月 15 日上星期反省录。

④　郑会欣:《美金公债舞弊案的发生及处理经过》,《历史研究》2009 年第 4 期。

⑤　*Morgenthau Diary(C)hina*,Volume 2,(U. S. Government Printing Office Washington,1965),p. 1533.

⑥　*Morgenthau Diary(C)hina*,Volume 2,(U. S. Government Printing Office Washington,1965),p. 1542.

⑦　《蒋介石日记》(手稿),1944 年 2 月 26 日,本星期预定大事记。

⑧　宋汉章:《五十年来中国金融之演进》,周开庆主编《近代中国经济丛编之四》《五十年来之中国经济(全)》,台湾华文书局 1967 年,第 26 页。

立,确保由央行一家调控货币供应量。央行的"发行的银行、银行的银行、政府的银行"基本职能和性质更为显现,为战时金融稳定做出贡献。可以说,在制度层面上的完善和调整是成功的,在金融史上具有重大意义。其中蒋介石所起的作用是关键的、不可替代的。蒋介石集国民党总裁、军事委员会委员长、国防最高委员会委员长、四联总处理事会主席等要职于一身,作为战时政治、军事、金融的最终决策者,其全局考虑国际国内形势,熟练运用政治体制赋予其作为最高决策者的地位和影响力,调动财政部、四联总处和中央银行及其他部门相关人员共同推出 1942 年专业化决策,意图一一针对性来解决战时金融困境的多方面难题。同时蒋介石指示外交部门宋子文、孔祥熙等人争取而来的 5 亿美元美援,承载了蒋介石试图依靠美援来挽救财政金融的美梦,遗憾的是最终成效不甚理想。囿于国民政府本身在金融财政领域的人事沟通不畅和腐败监督制度上的不足以及中美双方谈判旷日持久,非常遗憾地失去了以美国 5 亿美元援助来控制通货的最好时机。

二、四联总处调整钞券印制运储

为了适应统一发行的新政策,国民政府在相关钞券印刷、运输和存储政策上做了相应的调整。首先在钞券印制运储的后续处理上,撤销了四行钞券的国外联运处。中央银行为了避免战争、减少损失,逐渐将印制钞券的任务一部分转移到国内的书局和印刷公司自行印制。国际运输和存储钞券的困难和压力也就相应减少。

1942 年 2 月 5 日,四联总处第 112 次理事会议提出并通过《四联总处国外集中运输处组织纲要》。会议认为为了便利国外钞券内运起见,应该由四行组织国外联运处办理钞券内运事宜,并派遣沈祖同为四行钞券联运处主任委员,林凤苞为副主任委员。其组织办法交发行处商议修正[①]。其中以设置在印度的国外联运处最为有效。1943 年 2 月 25 日,四联总处理事会第 164 次会议通过在印度设立四行国外联运处,专责办理钞券内运事宜,颇著成效。由于印度国内环境复杂,中印空运运输能力有限,致使积存在印度各地的钞券数量非常巨大,无法畅运到国内,影响国内钞券使用。因此,政府派出中央银行发行局局长李骏耀前往

---

① 《四联总处第 112 次理事会议记录》(1942 年 2 月 5 日),中国第二历史档案馆编:《四联总处会议录》(13),广西师范大学出版社 2003 年版,第 288 页。

当地印度的联运处考察情况①。

　　当时设置在印度的联运处有四个地方:加尔各答、地婆罗加、亚拉哈白、新德里。加尔各答联运处承担着运送军服的任务,因此在军服未到之前,中航公司用作运输钞券。在国外的钞券运输除了一小部分在加尔各答内运国内外,大部分是由定强起飞。定强距地婆罗加联运处约 25 英里,每日上下午均有机飞运,惟该地接近前线,时有警报,机场附近没有房屋,亦无仓库,仅凭随时装运,且该地办理运券事宜,惟联运处派去职员唐蓉裳一人,前拨卡车二辆,已损坏一辆。1942 年物资内运优先管制委员会按月配给运钞吨位。但实际上未能运足。原因在于加尔各答处的负责人过于慎重,深恐券料多存加尔各答会遭受空袭,担心损失;人手与转运工具不敷使用,已购置卡车两辆,拨交应用并由亚拉哈白分处调派职员一人协助。同时规定以后存地券料不得少于 20 箱,以免再发生券料使用脱节。政府在亚拉哈白设立国际联运处的主要原因在于 1942 年印缅边境战事变化莫测,设立亚拉哈白联运处作为加尔各答联运处的退路。实际上印缅边境战事之后,战局没有恶化。卡孟(即卡拉其、孟买——引者注)两地进口券料先集中运往亚拉哈白联运处,再转运往加尔各答联运处。为节省开支及加速运输起见,规定以后由孟买运出的券料直接运往加尔各答;由卡拉其运出的券料可以在未运之前,先逐批清单函电给加尔各答联运处;由亚哈拉白运往加尔各答和由加尔各答运往地婆罗加的单子,可以直接运往加尔各答联运处;加尔各答联运处除留存一部分以备在加尔各答起运外,其余即可直接转运到地婆罗加联运处。此外,亚拉哈白联运处租用的机房六所,本来是准备在加尔各答联运处形势紧张时刻用作移存券料。既然现在加尔各答情势转趋稳定,机房也无续租必要,等到合同到期即可退租。新德里联运处也有两所机房,一个退租,另一个到期也退租②。可以说,当时政府大量的钞券是在国外印刷。需要在四行钞券联运处辗转内运中国。路线复杂、联运处众多、管理困难,在战火中危险系数高。随着国内外形势的变动和出于节约费用的目的,多处国外联运处都在进行调整。

　　自从 1942 年 5 月统一发行实施后,所有中国银行、交通银行、中国农民银行在国外所印钞券,一律归中央银行接手,国外联运处一切费用都由中央银行统一负担。那么所谓"四行联运"的名义,已经名不符实。中央银行认为,四行联运处

---

　　① 《四联总处理事会第 164 次会议记录》(1943 年 2 月 25 日),中国第二历史档案馆编:《四联总处会议录》(19),广西师范大学出版社 2003 年版,第 440 页。

　　② 《四联总处理事会第 164 次会议记录》(1943 年 2 月 25 日),中国第二历史档案馆编:《四联总处会议录》(19),广西师范大学出版社 2003 年版,第 441－444 页。

已无存在必要,并经央行发行局签奉孔祥熙认可。而且为了避免在战火中运送钞券的风险损失,中央银行逐渐将印制钞券的功能转移到国内的书局和印刷公司自行印制。1943年9月2日,在四联总处第188次理事会议上①,秘书处主动提出撤销国外联运处。国外联运处结束。这标志着四行共同合作运送国外印制钞券的历史结束,标志着四大银行共同发行钞券的历史结束。钞券的发行权和管理权集中至中央银行一家。四联总处在此钞券运输、印制、储存的后续处理中,扮演了协助的金融管理者角色。

三、应对集中发钞后的资金供应

央行集中发钞权之后,各行局资金皆按照要求集中存放于中央银行。于是原定四行之前存欠轧现办法取消。四联总处推行轧现制度,来应对央行集中发钞权后如何解决金融市场上资金供应问题。这个轧现制度经历了不断调整,以适应三行资金集中存放在央行,央行担负金融市场资金供应上的调盈济虚的责任。

抗战爆发前,各地四行间彼此业务上往来存欠,一直由各行以"存放同业"及"同业存款"两种开立专户处理,存款行给欠款行支票,以备随时提回。各行存欠余额,多由存欠行间自行当地清结,其数额过巨者,并得经双方同意,转由各行管辖行或总行所在地轧算②。抗战爆发后,全国金融重心由上海转移到汉口,再转移至重庆,故当时各地四行存欠,除准当地自行清结者外,间或移转汉口和重庆两地各行相互商议资金清结办法。由于战时国库支出浩繁,四行摊垫国库垫款数额逐年增加,而且按照公库法规定:"中央银行设行地点,由中央行自行代理国库,至当地三行应行摊垫库款,拨由央行代库存储备用。惟三行方面,有时因现钞接济不及,往往商由央行先行转帐,故各地三行,每多轧欠当地央行,其中尤以中国交通二行因垫款成分较高(中国30、交通20),致结欠央行数额较巨"③。到了1940年9月间,重庆市银根紧缩,市面上资金奇缺,甚至有若干银行,对数百元或一二千元的现款,都拒绝付款。

---

① 《秘书处关于撤销钞券国外联运处的报告》(1943年9月2日),重庆市档案馆、重庆市人民银行金融研究所合编:《四联总处史料》中,档案出版社1993年版,第134页。

② 《四行轧现制度之演进》(1942年7月),重庆市档案馆、重庆市人民银行金融研究所合编:《四联总处史料》上,档案出版社1993年版,第609页。

③ 《四行轧现制度之演进》(1942年7月),重庆市档案馆、重庆市人民银行金融研究所合编:《四联总处史料》上,档案出版社1993年版,第609页。

为了谋求办法补救市面资金奇缺的问题，四联总处邀四总行及重庆四行负责人详尽商讨，拟具"解决目前市面银根紧缩暂行办法"，经第 45 次四联总处理事会议通过。为了便利各地四行就近轧现起见，1940 年 9 月 24 日，四联总处规定四行分区集中轧现及计息实施办法①，规定重庆、西安、兰州、昆明、贵阳、桂林、曲江、衡阳、赣州、永康、永安等 11 处为四行分区集中轧现地点，除各地四行仍照原先制订的轧现办法就地轧现外，并规定四行联合贴放款项的收付款项及非轧现各行转至轧现地的款项，因起息日期有超前落后关系均得另立专户记载，等转账手续办妥后再轧现，应收和应付利息按转账日起，照拆款计息②。

为了谋求四行负担资金的公平，并将四行之间旧欠的款项早日冲转结束，1942 年 2 月 19 日，四联总处 114 次理事会议核定《四行分区集中轧现办法》，规定 1942 年 2 月 15 日以前四行彼此积欠款项不论新户、旧户，一律以国库垫款拨还。重庆以外各行处积欠数额，并应集中重庆转账③。据中央银行函送各地四行截至 2 月 15 日轧账报告及各地中交农三行结欠中央银行数额清单可得，各地四行已经轧清的地方有宜宾、宝鸡、福州等 44 处；按照拆息办法办理清结者，计有永康、柳州 2 处；按照轧现办法办理清结者，计有万县、自流井 2 处；至其余各地四行积欠，尚须以国库垫款拨还者，计有重庆、昆明、黔江等 21 处。统计中国交通中农三行截至 1942 年 2 月 15 日，四行间彼此存欠清单如下。

一、中央　　存中国：111508051.13 元

　　　　　　存交通：165473304.55 元

　　　　　　存中农：36892917.51 元

　　　　　　结存三行：313874273.19 元

二、中国　　欠中央：111508051.13 元

　　　　　　欠交通：25513602.28 元

　　　　　　欠中农：32736803.40 元

　　　　　　结欠三行：169758456.81 元

三、交通　　欠中央：165473304.55 元

---

①　《四联总处为规定四行分区集中轧现及计息实施办法函》(1940 年 9 月 24 日)，重庆市档案馆、重庆市人民银行金融研究所合编：《四联总处史料》上，档案出版社 1993 年版，第 602 页。

②　《四行轧现制度之演进》(1942 年 7 月)，重庆市档案馆、重庆市人民银行金融研究所合编：《四联总处史料》上，档案出版社 1993 年版，第 610 页。

③　《理事会关于各地四行轧现暂行办法的决议》(1942 年 4 月 23 日)，重庆市档案馆、重庆市人民银行金融研究所合编：《四联总处史料》上，档案出版社 1993 年版，第 605 页。

存中国:25513602.28 元

欠中农:8443308.35 元

存欠互轧结欠他行:148403010.62 元

四、中农　欠中央:36892917.51 元

存中国:32736803.40 元

存交通:8443308.35 元

存欠互轧结存他行:4287194.24 元[①]。

各行存欠数,经集中中央根行轧结后,计央行尚欠农行 4287194.24 元,经由央行商请中行于结欠三行总额内,先将央行结欠农行的款项代为拨转,所余的款项再由央行集中轧结。照此三行存欠经由央行轧结后,计中国银行轧欠央行为 165471262.57 元,轧欠农行为 4287194.24 元。交通根行轧欠央行 148403010.62 元,由央农二行开具欠款行同额支票,转由四联总处函请财政部按照 2 月 16 日票期,分别以同年垫款拨还[②]。所有 1942 年 2 月 15 日以前四行积欠数目,至此始告清结。

经 1942 年 4 月 23 日,四联总处第 123 次理事会议核定:自 1942 年 2 月 16 日起,四行彼此存欠款项,将依照新办法来实施。由内汇审核委员会拟具今后各地四行轧现暂行办法五项:(一)自 1942 年 2 月 16 日起,四行彼此存欠款项,以在当地轧现为原则。(二)付款行如确无现钞支付时,得向其他三行互商拆款,并按每千元每日两角计息。(三)各地四行轧欠数,如不互相拆款,得经存欠双方同意后,转至原定四行分区集中轧现地点轧现。(四)分区集中轧现地点四行,如感款额过巨,未能就地轧现时,经商得同意后,转至重庆轧现。(五)为使办理手续更加简捷起见,所有当地四行每日收付,不用拆款方式办理,并有超前落后起息时,得另立新户转账。其应收应付利息,按转账日起照拆款计息。并且每周轧结一次[③]。

但是中央银行实行统一发钞制度后,四行之间同业支付款项的方法发生了改变。央行集中发钞权后,中、交、农三行及中信、邮汇两局资金集中存放于中央银行,使得四行轧现办法受到质疑。中央银行仅有"存放同业"(即往户)而无"同

---

① 《四行轧现制度之演进》(1942 年 7 月),重庆市档案馆、重庆市人民银行金融研究所合编:《四联总处史料》上,档案出版社 1993 年版,第 612 页。

② 《四行轧现制度之演进》(1942 年 7 月),重庆市档案馆、重庆市人民银行金融研究所合编:《四联总处史料》上,档案出版社 1993 年版,第 612 页。

③ 《理事会关于各地四行轧现暂行办法的决议》(1942 年 4 月 23 日),重庆市档案馆、重庆市人民银行金融研究所合编:《四联总处史料》上,档案出版社 1993 年版,第 605 页。

业存放"(即来户),原有四行间往来存欠所用轧现办法不再适用。于是 1943 年 6 月 24 日四联总处第 179 次理事会议同意取消第 45、47 次理事会议核定的四行分区集中轧现及计息实施办法和第 132 次理事会议核定的 1942 年 2 月 16 日起各地四行轧现暂行办法①。

尽管各行局资金集中中央银行的实施过程中遇到了诸多困难,但是政府仍要求各地奉行战时金融政策,自应切实遵行,力求实效,以集中存放中央银行为原则②。三行头寸集中存放中央银行后,若需用头寸时,以转抵押或转贴现方式向央行申请接济。所以各行针对轧现的方式、轧现的月息、轧现的时间、三行与央行存欠利息的计算问题都进行了多次讨论。四联总处规定甚为详细,四行往来利率自 1943 年 3 月 1 日起一律按 4 厘计算,所有三行两局头寸一律存入中央银行,不得彼此存放或存其他行庄,并无如三行所称 50 万元以下的款项的利率为 4 厘,以上为 6 厘及 1 分,不再规定 100 万元上才轧转等规定③。中国银行、交通银行、中国农民银行总管理处就央行存欠利息及提现等问题,与四联总处商讨折中办法④。直至 1944 年 7 月,四联总处第 229 次理事会议上,四行之间仍在讨论如何切实协助集中各行局的资金存入中央银行,并将原办法中四行二局票据收解办法等重加补充规定⑤。可见,各行局资金存入中央银行事宜,经历了漫长时间。

截至 1944 年 3 月,三行两局存放各当地中央银行资金数额共计为 304100 余万元。较 1943 年 12 月底总额 152200 余万元,增加 151900 余万元。至各行局资金存放中央银行数额计中国银行为 53200 万元,约占总额 17%;交通银行为 123400 万元,约占总额 41%;中国农民银行为 72700 万元,约占总额 24%;中央信托局为 33900 万元,约占总额 11%。这里的中央信托局存放的资金数字仅以重庆总局和成都、昆明、贵阳、桂林、衡阳等五分局的总和为准,其余各地中央

---

①　《理事会关于各行局资金集中存放中央银行后原定存欠轧现办法取销的决议》(1943 年 6 月 24 日),重庆市档案馆、重庆市人民银行金融研究所合编:《四联总处史料》上,档案出版社 1993 年版,第 629 页。

②　《四联总处为将各行局资金集中中央银行办法重加补充函》(1944 年 7 月 11 日),重庆市档案馆、重庆市人民银行金融研究所合编:《四联总处史料》上,档案出版社 1993 年版,第 648 页。

③　《中央银行贵阳分行函贵阳中国、交通、中农三行函》(1943 年 6 月 3 日),洪葭管主编:《中央银行史料(1928.11—1949.5)》下卷,中国金融出版社 2005 年版,第 810 页。

④　《贵阳中国、交通、中农三银行致中央银行函》(1943 年 6 月 22 日),洪葭管主编:《中央银行史料(1928.11—1949.5)》下卷,中国金融出版社 2005 年版,第 812 页。

⑤　《四联总处致中国银行总处函》(1944 年 7 月 11 日),洪葭管主编:《中央银行史料(1928.11—1949.5)》下卷,中国金融出版社 2005 年版,第 811 页。

信托局业务均由中央银行代理,所有收付余额均于当日收付。邮政储金汇业局为 20800 万元,约占总额 7%。邮政储金汇业局的存放金额数字以各分局及办事处的总和为准。至于各地兼办储汇业务的存放数额未计入。综计截至 1943 年 12 月,各行局存放国行资金数额较上期均见增加,计中行增加 29200 万元,交行增加 63200 万元,农行增加 31000 万元,中信局增加 25400 万元,邮汇局增加 2900 万元[①]。如此一来,央行实力巩固上升。

发行权统一后,三行头寸调拨均有赖央行协助,央行负有调盈济虚的责任。专业化后各家银行的职能各不相同,各行各业需要的资金,形成各自特定的投资市场。这个市场中,只有长期稳定的信用将赋予投资市场完备的特质。短期内将三行资金存入央行、需用时再轧现的方式,暂时打乱了资金与市场运作的磨合节奏。当时的中央银行对于各地三行需要现钞头寸多不能随时供应,例如 1942 年 12 月间泰和农行向当地央行提取存款 150 万元遭拒付,而该地交行也有同样遭遇。幸亏中、交、农三行互相调剂盈虚才避免金融危机。[②] 那么中、交、农三行头寸既集中存放央行,倘若央行不能及时救济而引起风潮或牵连中、交、农三行,影响抗战时期国家银行信用,将不利于银行资金得到充分的有回报的运作和调剂。这值得考虑和评估。一般来说,增进中央银行贴现率有利于加强商业银行对中央银行的依存关系。如果贴现率得不到保证,各行局资金集中存入央行一事就会陷入僵局。甚至蒋介石在 1944 年 11 月 16 日第 246 次四联总处理事会议上发布命令要求"中、交,农三行及中信、邮汇两局所有头寸,概应存入中央银行,绝对不准再有存入商业银行情事。否则,不论有无舞弊情事,概以违令论罪。所有头寸概应存入中央银行"。于是邀集各行局主管举行特种小组会议商讨,并拟具办法八项[③]。

可以说四联总处在统一发行问题,配合中央银行和财政部,协助中央银行取得集中发行权。集中发行权在中国金融史上可谓意义深远,足以留下浓重的一笔。这也是中国金融制度和货币制度发展现代化的一种产物。并且四联总处配

---

① 《四联总处理事会第 226 次会议记录》(1944 年 6 月 15 日),中国第二历史档案馆编:《四联总处会议录》(30),广西师范大学出版社 2003 年版,第 217 页。

② 《中国银行内部节略》(1943 年 3 月),洪葭管主编:《中央银行史料(1928.11—1949.5)》下卷,中国金融出版社 2005 年版,第 807 页。

③ 《秘书处关于蒋介石严令所有头寸概应存入中央银行及拟具实施办法的报告》(1944 年 11 月 16 日),重庆市档案馆、重庆市人民银行金融研究所合编:《四联总处史料》上,档案出版社 1993 年版,第 649 页。

合做好后续的钞券印刷、运输和供应缓解,把钞券的印制运储的主动权掌控在国内。而且四联总处针对中央银行在金融市场的资金供应能力不足的问题,实行轧现制度,切实协助集中各行局资金存入中央银行,提升了央行的职权和地位。

第三节　划一金融行政政策

一、划一人事制度

蒋介石并在 1942 年 5 月 30 日特意提到"四联总处改组与四行统制会议完成,此一要务也"。① 蒋介石将四行专业化与四联总处改组事宜紧密挂钩。换言之,四行专业化后,四联总处的自身工作职能将相应发生变化。这一变化不仅体现在之前的指导各家银行配合贴放业务、安定金融,更体现在四联总处加强对于四大银行的监督和管理,加强划一管理银行的金融行政。必须指出的是,四联总处督导划一金融行政,对于中国金融制度和银行制度的现代化有着十分深远和重要的意义和价值。

1942 年 7 月 6 日,四联总处副秘书长徐柏园呈报蒋中正,认为过去工作中"四联总处之组织与财政部组织法所定之职权及各行条例之职掌,难免抵触。故实际事务之推动,常感困难"。② 四联总处对各行局的控制做得不够,包括调整各行局组织机构、审核各行局开支、考核与培养各行局人事、宣传与解释各项政策计划③。徐柏园认为急需要加紧推动以下方面"消除四行间彼此门户之见,联合运用其力量适应财政需要协助经济建设;陆续订定各项关于放款、存款、发行、汇兑、储蓄与农贷等业务办法与标准。督促各行遵照,分头推进;多方加紧考核各行业务成绩或派员密查或凭报表审核;划分四行业务、促使其趋向专业化,并进一步考核各行之开支人事"。换言之,徐柏园认为第一步要注重四行之间的联系,第二步再注重推动四联总处的各项方针施行,第三步需要加强考核四行二局等银行的业务,第四步合理调整四行业务。④ 表明四联总处将加强对四行的监

---

① 《蒋介石日记》(手稿),1942 年 5 月 30 日上星期反省录。
② "蒋介石档案",台北"国史馆"藏,档号 002-080109-00022-001-001x。
③ "蒋介石档案",台北"国史馆"藏,档号 002-080109-00022-001-002x。
④ "蒋介石档案",台北"国史馆"藏,档号 002-080109-00022-001-003x。

督管理,划一金融行政。

于是 1942 年 9 月改组后的四联总处实践督导国家行局、划一金融行政,包括划一人事制度和培训人员,划一会计、银行实务制度和稽核通则等。如 1943 年 1 月,四联总处对于四行二局及其他官立银行等推行计政制度,向各行局派出会计人员,并由审计部派出审计人员,驻在各行局工作①。在业务督导上,四联总处抽调各行局熟悉实务的人员,组成实务研究委员会②,共同设计研究业务细则、格式、手续等,推进四行业务处理③。四联总处还颁布《暂行各行局稽核通则》来督导各行局在账务、财务及其他方面应行稽核事项④。国民政府在管理金融市场、统制金融行政上加强权限和作用,成功进行制度调整。

首先在划一人事制度制度方面,四联总处设立银行人员训练所、选拔财政金融考试合格人才、培训优秀品质的银行人员等。

四联总处成立银行人员训练所用来筹备人行专业人才。1942 年冬天,四联总处开始筹备成立。1943 年 1 月招收第 1 期中级班学员,2 月 8 日开学,实际受训人员 103 名。所有教务训导及军训的实施,遵照中央训练委员会颁发的一般训练机关训练纲要办理,并与中央训练委员会切取联系;教务方面力求理论与实际相互联系,以理论指导实际工作,以实际工作印证理论,并施以严格军事管理与军事教育。每周邀请各界贤达作讲演,以灌输做人、做事常识,务使各学员在训练期满后,无论在品性、学识、技能诸方面均有相当的修养,成为健全完善的银

---

① 《秘书处关于指派会计与审计人员前往官立银行工作的报告》(1943 年 1 月 7 日),《四联总处关于各行局计政制度之推行事宜的报告》(1943 年),重庆市档案馆、重庆市人民银行金融研究所合编:《四联总处史料》上,档案出版社 1993 年版,第 704、711 页。

② 四联总处史料(上)文后注释第 734 页"秘书处关于各行局实务研究委员会工作情况的报告(四联总处第 241 次理事会议,1944 年 10 月 5 日)"。经考证,四联总处会议录(三二)册中,四联总处理事会第二四一次会议(即四联总处第二四一次理事会会议)议事日程第 453 页为 1944 年 10 月 12 日上午九时,其会议记录第 512 页时间为 1944 年 10 月 12 日上午九时,地点:行政院。与第 470 页报告内容一致。因此,四联总处史料(上)文后注释第 734 页"秘书处关于各行局实务研究委员会工作情况的报告",时间实际上为 1944 年 10 月 12 日。

③ 《各行局实务研究委员会工作纲要》(1944 年 2 月 8 日),重庆市档案馆、重庆市人民银行金融研究所合编:《四联总处史料》上,档案出版社 1993 年版,第 712 页。

④ 《中国银行总管理处为四联总处颁发暂行各行局稽核通则应洽照办理函》(1944 年 4 月 1 日),重庆市档案馆、重庆市人民银行金融研究所合编:《四联总处史料》上,档案出版社 1993 年版,第 719 页。

行人员①。银行人员训练所有中级班和高级班两种。培训结束后,学员毕业,由四联总处根据学员成绩分发到各行局试用。

除了银行人员训练所外,四联总处规定要通过高等考试财政金融人员考试的方式选拔人才。1943 年 9 月 30 日,四联总处理事会第 190 次会议讨论关于1942 年度高等考试财政金融人员临时考试及格人员分派事宜。根据 1940 年高等考试财政金融人员考试及格人员分发案成例,选定及格人员分配到四联总处和中中交农四行,一律先行实习 3 个月,在实习期间每人月给津贴 80 元,并供膳宿自报到之日起算实习期满后核定职薪②。

到了抗战后期,国民政府考虑到战后收复问题。由于台湾地区之前尚未设立四行分支机构,与其他地方原先设立四行机构复员时期即可恢复原有机构的情形迥然不同。而且台湾地区与大陆习俗不同。原先由日本殖民多年。因此临时复员恐有难处,因此决定筹设台湾金融干部调训班。1944 年 11 月 9 日,理事会通过了筹设台湾金融干部调训班调训办法草案,调集各行局一部分从业人员加以训练。设置台湾经济金融研究委员会,由各行局指派代表参加,以研究有关台湾各项问题,并与其他有关机关取得联系为主旨③。

四联总处对银行工作人员的品质要求忠诚。银行人员绝不可参与囤积居奇和谋求私利等事情。由于战时金融管理较难,各该行局分支机构众多,人员鱼龙混杂,担心在物价飞涨的情况下,各从业人员大批承押商货以获取眼下的微小利益,恐担心助长囤积居奇的风气,银行人员有所堕落。财政部要求中国、交通、农民三行及中信、邮汇两局均属国家金融机关,所有从业人员应具有恪遵执行政府金融法令的信念,恪遵政府金融政策,推行业务不得贪图小利④。如果一旦被发现不合法的行为,银行人员将受到处罚,而财务金融人员一旦受到撤职处分之后,根据四联总处通过的财政部 6 月 24 日所订定的《财务金融人员曾受撤职处

---

① 《四联总处关于银行人员训练事宜的报告》(1943 年),重庆市档案馆、重庆市人民银行金融研究所合编:《四联总处史料》上,档案出版社 1993 年版,第 690 页。
② 《四联总处理事会第 190 次会议记录》(1943 年 9 月 30 日),中国第二历史档案馆编:《四联总处会议录》(23),广西师范大学出版社 2003 年版,第 450 页。
③ 《理事会关于筹设台湾金融干部调训班的决议》(1944 年 11 月 9 日),重庆市档案馆、重庆市人民银行金融研究所合编:《四联总处史料》上,档案出版社 1993 年版,第 691 页。
④ 《四联总处理事会第 175 次会议记录》(1943 年 5 月 20 日),中国第二历史档案馆编:《四联总处会议录》(21),广西师范大学出版社 2003 年版,第 260 页。

分限制录用暂行办法》7 条,"四行中任何一行辞职员生一概不得录用"的规定办理①。

在人员考核方面,四联总处制定了一系列方案作为约束。1942 年 3 月 22 日,将介石下达手令"四行人员之考核调用与统制,应厘订办法,俾各行一律遵行"。于是四联总处 1942 年 6 月 4 日第 128 次理事会议上,修正通过了《中中交农四行人员考核与调整办法》②,如下。

一、中、中、交、农四行人员之考核与调整事宜,由四联总处负责督察办理之。

二、考核事宜应注意下列各项:

1.各行总分支行处主管人员推行政府金融政策是否努力及其推行成绩之考核。

2.各行总分支行处主管人员有无违反政府金融政策及有关法令或本行规章行为之考查。

3.各行总分支行处负责人员之进退升调奖惩等事项之考核。

4.各行职员一般思想行为之考查。

三、调整事宜应注意下列各项:

1.四行业务机构遇有调整时,其原有承办职员应相互调派任用,但应先行陈报四联总处核准。

2.各行各级职员名额,应有适当限制,并应由各行将职员动态按月列表报告四联总处查核。

3.各行各级职员之任用,应参照划一标准办理。

4.各行高级人员服务地点,应依照财政部及四联总处之指示。

5.财政部及四联总处认为有必要时,对于各行高级职员得为适宜之调度。

四、各总行应负责督率全体职员,恪遵政府功令及本行规章,忠勤服务。

五、四联总处如查明各行职员有违反政府政策法令或行章之行为时,得通知各总行惩处之。

六、四联总处如查明各行职员有特殊劳绩或贡献者,得通知各总行优予奖叙。

---

① 中国第二历史档案馆编:《四联总处会议录》(16),广西师范大学出版社 2003 年版,第 83 页。

② 《中国银行总管理处为四联总处订定四行人员考核与调整办法转行查照办理函》(1942 年 7 月 21 日),重庆市档案馆、重庆市人民银行金融研究所合编:《四联总处史料》上,档案出版社 1993 年版,第 674—675 页。

七、四联总处应随时派员查考各行总分支行处职员工作效率及生活状况。

八、四联总处对于各行人员之考核调整事项,均应提经理事会决议,或经主席核定行之。

九、四联总处对于中央信托局及邮政储金汇业局职员之考核与调整,适用本办法。

十、四联总处对于各行局人事考核案件,应按月汇报财政部备查。

十一、办法经四联总处理事会决议施行,并报财政部备查。

尽管以上的银行人员的考核规则较为粗略,但是也看出来四联总处逐步推进督查和办理四行人事考核与调整事宜。

为了更为细致地在细节方面掌握和考核银行人事,经四联总处理事会副主席孔祥熙核准,由各行局指派代表组织"划一各行局人事制度设计委员会",负责进行讨论解决问题。该设计委员会先后开会 12 次,详细商讨各行局组织系统和有关人事规则,并以"划一""简单""紧缩"三项为设计原则,以"公务员任用法""文官官等官俸表"暨"公务员铨叙法规"为参酌标准,拟就各项人事规则草案 21 种。除有关各行局组织等草案须经立法程序,其余诸如职员"任免""服务与奖惩及考绩""保证""请假""薪给"等规则草案计 17 种已经由各行局多次开会,逐案商讨修正。1943 年 10 月 20 日,四联总处第 194 次理事会议①提出了划一各行局人事制度规则草案 17 种包括各行局职员任免规则草案、各行局职员服务奖惩及考绩规则草案、各行局职员保证规则草案、各行局职员请假规则草案、各行局职员薪给规则草案、各行局职员旅费暂行规则草案、各行局职员储金规则草案、各行局职员年金规则草案、各行局职员恤养规则草案、各行局职员膳宿规则草

---

①　四联总处史料(上)文后注释第 680 页"拟具有关各行局人事制度规则草案十七种(四联总处第 194 次理事会议,1943 年 10 月 20 日)",四联总处史料(下)第 522 页"理事会关于调整各地中交农三行对当地同业存款利率意见的决议(四联总处第 194 次理事会议,1943 年 10 月 21 日)"。经考证,四联总处会议录(二四)册中,四联总处理事会第一九四次会议(即四联总处第一九四次理事会议)议事日程第 261 页为 1943 年 10 月 28 日上午九时,其会议记录第 389 页时间为 1943 年 10 月 28 日上午九时,地点:行政院。因此,显然存误。于是笔者查照四联总处会议录(二四)册四联总处理事会第一九四次会议(1943 年 10 月 28 日)议事日程第 276 页与会议记录第 402 页果然找到"拟具有关各行局人事制度规则草案十七种"同样决议,议事日程第 280 页与会议记录第 403 页果然找到"理事会关于调整各地中交农三行对当地同业存款利率意见的决议"同样决议。因此四联总处史料(上)文后注释第 680 页"拟具有关各行局人事制度规则草案十七种"与四联总处史料(下)第 522 页"理事会关于调整各地中交农三行对当地同业存款利率意见的决议",实际时间皆为 1943 年 10 月 28 日。

案、各行局职员团体保险暂行规则草案、各行局员工保健规则草案、各行局甄选新进人员考试规则草案、各行局职员子女教育贷金及奖励金暂行办法草案、各行局职员值班及额外工作加班办法草案、各行局雇员服务待遇规则草案、各行局职员及其家属生活必需品定量分售实施暂行办法草案,理事会决议由各行局主管提供意见再最终核定①。经第 195 次理事会议和第 198 次理事会议决议"各项草案修正通过分发各行局自 1944 年 1 月起实施"②。

四联总处在划一银行人事和考核制度上所制定的规章制度,都可以说是划时代的。这些草案的完善,在今后的金融制度和银行制度的建设中,起到了铺垫作用。这具有深远的历史影响和意义。

二、划一会计制度

划一会计制度的实施,是四联总处对于战时金融业的监督和掌控的一大举措。四行两局均属公有营业机关,在战时负有推行政府金融经济政策的责任。四联总处划一银行会计制度,涉及国家计政制度的推行,是金融管理中具有深远历史意义的措施,也是金融制度现代化的一项重要举措。

行政院较早提出要加强监督金融业务实施。早在 1941 年 4 月,国民党五届八中全会决议要动员全国财力,扩大生产,实行统制经济。当即由财政部、四联总处会同金融重要人物,并聘请会计专家,拟订银行业标准会计制度,以便切实督导各行局业务,便利考核。该项标准会计制度拟定后,由财政部饬令全国银行业限期采用。如果逾期不采用标准会计制度的,勒令停止营业。为了加强银钱业同业公会组织,由财政部派人员担任银钱业同业公会秘书或秘书长,以便随时指导考核各行庄业务。行政院批复请四联总处主持办理监督金融事宜③。于是四联总处决定实施划一会计制度。1941 年 12 月 11 日,四联总处第 106 次理事会议决定召集各行局主管会计人员举行小组会议商决从统一各银行会计科目名称及内容着手,由四联总处与各行局派代表 1 人,组织划一银行会计科目设计委

① 《理事会关于划一各行局人事制度规则的决议》(1943 年 10 月—11 月),重庆市档案馆、重庆市人民银行金融研究所合编:《四联总处史料》上,档案出版社 1993 年版,第 680—688 页。

② 《四联总处理事会第 198 次会议记录》(1943 年 11 月 25 日),中国第二历史档案馆编:《四联总处会议录》(25),广西师范大学出版社 2003 年版,第 194 页。

③ 《四联总处关于拟订银钱业划一会计科目的报告》(1941 年),重庆市档案馆、重庆市人民银行金融研究所合编:《四联总处史料》下,档案出版社 1993 年版,第 392 页。

员会,办理搜集材料及研究设计工作,并定期举行会议①。12 月初,划一银行会计科目设计委员会举行首次会议,拟定:拟订划一会计科目,暂以银行部储蓄部信托部所用者为限;划一会计科目,以四行两局、各省地方银行及商业银行一致适用为原则;拟订会计科目名称及内容,以四行两局、银行学会、上海银行公会、上海商业储蓄银行、新华储蓄银行及主计处原订者为主要参考资料;每星期举行会议一次,按银行会计科目排列次序逐目审订。自首次会议后,迄 1941 年年底止,再开会 3 次,把资产类会计科目分别审订完毕,共计 47 种②。划一银行会计科目设计委员会所制定的一般银行会计科目名词,由 1942 年 6 月 4 日四联总处第 128 次理事会议审核通过③。这次银行会计科目名词非常详细,囊括了财政部、实务应用、学术界的各种科目、各种业务性质的名词。

　　1943 年 1 月 7 日,四联总处召开第 157 次理事会议。奉蒋介石令,由审计部或四联总处指派会计与审计人员前往中、中、交、农四行与邮汇总局、中央信托局以及其他官立银行等工作④。1943 年 8 月 26 日,四联总处理事会第 187 次会议决定派遣杨众先代理中央中国交通农民四银行联合办事总处会计长。即日筹备设置会计机构⑤。1943 年 9 月 22 日筹备成立会计长办事处,开始工作⑥。四联总处与审计部洽商后,认为当由审计部分别令派审计人员驻在各行局办理审核工作,其工作范围以审核总务性质的开支为主,但业务性质的开支,如有必要,也应在审计范围内。必要时四行二局各分行局亦应派员进行审计⑦。

　　两个月后,1943 年 11 月 4 日,四联总处理事会第 195 次会议决定 1944 年 1

　　① 《秘书处关于组织划一银行会计科目设计委员会的报告》(1941 年 12 月 11 日),重庆市档案馆、重庆市人民银行金融研究所合编:《四联总处史料》下,档案出版社 1993 年版,第 391 页。

　　② 《四联总处关于拟订银钱业划一会计科目的报告》(1941 年),重庆市档案馆、重庆市人民银行金融研究所合编:《四联总处史料》下,档案出版社 1993 年版,第 392 页。

　　③ 《理事会关于一般银行会计科目名词的决议》(1942 年 6 月 4 日),重庆市档案馆、重庆市人民银行金融研究所合编:《四联总处史料》下,档案出版社 1993 年版,第 433 页。

　　④ 《秘书处关于指派会计与审计人员前往官立银行工作的报告》(1943 年 1 月 7 日),重庆市档案馆、重庆市人民银行金融研究所合编:《四联总处史料》上,档案出版社 1993 年版,第 704 页

　　⑤ 《四联总处理事会第 187 次会议记录》(1943 年 8 月 26 日),中国第二历史档案馆编:《四联总处会议录》(23),广西师范大学出版社 2003 年版,第 188 页。

　　⑥ 《四联总处关于各行局计政制度之推行事宜的报告》(1943 年),重庆市档案馆、重庆市人民银行金融研究所合编:《四联总处史料》上,档案出版社 1993 年版,第 711 页。

　　⑦ 《四联总处关于各行局计政制度之推行事宜的报告》(1943 年),重庆市档案馆、重庆市人民银行金融研究所合编:《四联总处史料》上,档案出版社 1993 年版,第 711 页。

月开始实施各行局统一会计制度①。经四联总处理事会副主席孔祥熙核准,各行局指派代表,四联总处统一组织划一各行局会计和稽核制度设计委员会。该会议先后共举行 24 次会议,起草关于各行局划一会计规程草案,并经送请主计处主管局修正,多次商讨后修正通过。统一名称为《暂行各行局统一会计制度》草案。1943 年 10 月 28 日,四联总处第 194 次理事会议把各行局原订会计规程内容,如有与统一会计制度规定相抵触的地方作了个别修正。1943 年 11 月 4日,四联总处第 195 次理事会议修正通过《暂行各行局统一会计制度》包括会计科目、传票、账簿、表报、会计交代、预算、结算及决算等内容,分发各行局自 1944年 1 月起实施②。

与此同时,各行局的正副会计长的人选也至关重要。1944 年 4 月 13 日,四联总处理事会第 218 次会议通报全国实代理中央银行会计处长,姚崧龄代理中国银行总处会计处长,严敦咸代理交通银行总处会计处长,陈希诚代理中国农民银行总处会计处长③。1944 年 6 月 29 日,四联总处理事会第 228 次会议通报在中央信托局设置会计处,并派邹曾候代理中央信托局会计处长,另令派沈超、刘天可为中央银行会计处副处长,张桂华、沈镇邦为中国银行总管理处会计处副处长,林和成、谢家凤为交通银行总管理处会计处副处长,曾乐平、麦宝华为中国农民银行总管理处会计处副处长④。1944 年 7 月 6 日,四联总处理事会第 229 次会议上,蒋介石发布手令强调四行及中信局应设立会计处,1944 年 7 月 1 日一律分别正式成立⑤。

可以说四联总处配合政府和财政部,对各行局划一会计制度及人选的设置,是步步为营,环环相扣。最终成立的划一银行会计制度,具有深远的历史意义。四行两局过去因内部组织及业务不统一的关系,各自有会计制度。对于四联总处而言,不统一会计制度不利于考核各行局业务、查核开支。如今划一会计制度

---

① 《四联总处理事会第 195 次会议记录》(1943 年 11 月 4 日),中国第二历史档案馆编:《四联总处会议录》(24),广西师范大学出版社 2003 年版,第 476 页。

② 《理事会关于各行局统一会计制度的决议》(1943 年 10 月—11 月),重庆市档案馆、重庆市人民银行金融研究所合编:《四联总处史料》上,档案出版社 1993 年版,第 707—708 页。

③ 《四联总处理事会第 218 次会议记录》(1944 年 4 月 13 日),中国第二历史档案馆编:《四联总处会议录》(28),广西师范大学出版社 2003 年版,第 278 页。

④ 《四联总处理事会第 228 次会议记录》(1944 年 6 月 29 日),中国第二历史档案馆编:《四联总处会议录》(30),广西师范大学出版社 2003 年版,第 423 页。

⑤ 《四联总处理事会第 229 次会议记录》(1944 年 7 月 6 日),中国第二历史档案馆编:《四联总处会议录》(31),广西师范大学出版社 2003 年版,第 2 页。

后,四联总处对于四行二局的金融管控进一步加强。

三、推行银行实务制度

由于以往各行局存款、放款、汇款及其他业务手续的处理繁简不同,影响各行局业务统一推进,同时也不利于四联总处统一督察四行二局的业务。1943年,为使各行局处理各项手续有所依据而利业务统一推进,于是四联总处通知各行局指派熟悉实务代表一人,组设银行实务研究委员会,以便从事研究设计,拟订标准办法,编订银行行员手册。内容包括:各行局条例规章,银行人员须知,会计制度,稽核通则,记账办法,银行业务处理手续等,以备银行人员参考,并为训练新进银行人员的参考资料[①]。

1944年2月3日,四联总处第208次理事会议上决定指派焦树藩、顾敦丈、谢家风、冯一飞,王华、沈熙瑞、王志莘、曹振昭等八人为各行局实务研究委员会委员人选,指定王志莘为主任委员,沈熙瑞为副主任委员[②]。颁布的《各行局实务研究委员会工作纲要》内容包括存款、贴现及承兑,放款实务等处理手续,细致到各种章则、单据格式、票据法令、手续细则等[③]。

1944年2月29日,各行局实务研究委员会第2次会议报告各行局实务研究委员会各种实务研究小组办事细则。细则认定各种实务研究小组属于各行局实务研究委员会,办理各种交办研究设计事项。各组由各行局分别推荐办理实务高级人员二人参加组织,遇必要时并得加推或由各该组邀请有关人员参加。各种实务研究小组工作范围包括拟订有关业务事务处理手续、拟订有关业务事务章则及单据格式、研讨有关业务事务各种问题、其他临时交付研究设计事项。四联总处秘书处协助各组搜集资料及处理文书事项[④]。各行局实务研究委员会自1944年2月成立以来,先后成立存款、贴放、汇款、信托、管理、储蓄、外汇、仓

---

① 《四联总处关于草拟实务处理手续及编订银行行员手册事宜的报告》(1943年),重庆市档案馆、重庆市人民银行金融研究所合编:《四联总处史料》上,档案出版社1993年版,第711页。

② 《秘书处关于各行局实务研究委员会人选的报告》(1944年2月3日),重庆市档案馆、重庆市人民银行金融研究所合编:《四联总处史料》上,档案出版社1993年版,第712页。

③ 《各行局实务研究委员会工作纲要》(1944年2月8日),重庆市档案馆、重庆市人民银行金融研究所合编:《四联总处史料》上,档案出版社1993年版,第713页。

④ 《各行局实务研究委员会各种实务研究小组办事细则》(1944年2月29日),重庆市档案馆、重庆市人民银行金融研究所合编:《四联总处史料》上,档案出版社1993年版,第718页。

库、出纳九个实务研究小组,分别搜集资料,积极从事研究设计改进各行局各种业务事务处理手续①。

据 1944 年 10 月 5 日四联总处第 241 次理事会议上秘书处报告迄至 1944 年 9 月底止,各行局实务研究委员会先后举行会议 13 次,通过"存款章程""申请办理银行承兑汇票须知""票据承兑内部办理手续""承兑汇票贴现须知""承兑汇票贴现内部办理手续""同业转质押及临时拆款须知""各行申请办理票据重贴现手续须知""进口押汇须知""进口押汇内部办理手续""汇出汇款内部办理手续""汇入汇款内部办理手续""代客保管简则""租用保管箱简则"及各行局"文书规"、"文书"、"档案"两编、"现金收付手续"等实务方案 16 种及其相关的应用表单格式。预计 1944 年度内将全部实务方案完成②。这些方案涉及了各种细致的银行业务譬如汇兑、外汇、租用保管具体操作的纸币文件、档案、报表等。

银行实务规范化与现代化,是中国金融机构现代化必须要经历的过程。四联总处主动组织和推进银行实务制度,划一金融行政,加速了银行实务进展效率,同样加速了银行机构业务操作流程的现代化,可以说这是中国金融界银行机构的具有历史深远影响的举措。

四、四行金融网的设置

四行金融网的设置是四联总处的一项重要举措。统一金融行政之后,四联总处再督促四行广设金融网点,使得战时金融管理的触角伸得更广更远更扎实,面对战时金融困难的抗击力更强大。同时筹设四行西南西北金融网还承担着活泼内地金融,发展后方生产的使命。由于战时特殊的战局变迁,中国金融中心在战时经历从上海到汉口再到重庆的变动。相应地四行在全国各地的金融机构设置,也延伸到内地。由于之前中国各地金融机构的设立基础并不理想,因此要在战争爆发后,推进四行金融网,存在一定困难,而且随着战局的推进与变动,各地四行金融机构经历设立、裁撤、迁移、变更隶属的命运。最终的结果是四行金融网得到了成效,中国各地金融机构网点铺设广泛,为管理金融做出了贡献。非常遗憾的是,抗战胜利后中国金融中心回迁到上海,金融重心放在了东部。西南西

---

① 《秘书处关于各行局实务研究委员会工作情况的报告》(1944 年 10 月 5 日),重庆市档案馆、重庆市人民银行金融研究所合编:《四联总处史料》上,档案出版社 1993 年版,第 734 页。

② 《秘书处关于各行局实务研究委员会工作情况的报告》(1944 年 10 月 5 日),重庆市档案馆、重庆市人民银行金融研究所合编:《四联总处史料》上,档案出版社 1993 年版,第 735 页。

北金融机构不少遭到裁撤,令四行金融网原来的规模折损。

战前我国金融机构,因国内经济交通事业重心在东南、东北较为发达的地区。四行各分支行处的设置,因而偏重沿海沿江各地。至西南、西北各省除少数重要城市设有分支行处外,其较偏僻的地方较少设置。早在抗战初期,国民政府要求四行参与加速完成西南西北金融网计划并发挥其功能。随着战后沿海各省工厂及重要物资亦随着政府西迁而内移,四行分支行处先后因战区的推移而内撤者达 200 多处,财政部为谋求贯通内地金融脉络,发展经济起见,订定完成西南、西北金融网办法,凡与国家军事、政治、交通及货物集散密切有关以及人口众多的地方至少应筹设一行,以应需要①。1939 年 10 月 5 日,四联总处第 3 次理事会议②通过加强完成西南西北金融网的决议,希望四行切实研究过去遭遇的困难及今后改善的办法,加速完成西南西北金融网计划,并发挥其功能③。但是 1939 年 12 月 5 日,四联总处第 12 次理事会议上四联总处秘书处报告关于四行筹设金融网遭遇的困难。困难在于:交通不便导致人员往返、钞券运输困难;通晓后方各地金融经济情形,并能吃苦耐劳的人才不足;偏僻地区,租赁简陋房屋较为困难;偏远地区,治安不好,人员和钞券保管不安全。那么如何改善?中中交农四大银行都提出建议。最后四联总处在事务和业务中总结处理对策④,以解决问题。

1940 年 3 月,四联总处制订"完成西南西北金融网方案",提出应该在西南、西北设立金融机构 216 处,分三期推进,并限定在 1941 年底全部完成。实际上金融网的完成量大大超出预期,效果显著。截至 1940 年 3 月 20 日,依照第 1 期计划所成立之行处,已设立行处达 171 处。以 25 处增列第 2 期计划应设行处之内,以 20 处增列第 3 期计划应设行处之内。第 2 期限于 1940 年底完成、第 3 期

---

① 《四联总处关于完成西南西北金融网的报告》(1940 年),重庆市档案馆、重庆市人民银行金融研究所合编:《四联总处史料》上,档案出版社 1993 年版,第 194 页。

② 四联总处史料(上)文后注释第 186 页涉及"理事会关于加速完成西南西北金融网的决议(四联总处第 3 次会议,1939 年 10 月 5 日)",经考证四联总处会议录(一)册中,四联总处理事会第三次会议(即四联总处第三次理事会议)议事日程第 15 页为二十八年十月五日下午,其会议记录时间 P17 为二十八年十月三日下午五时,地点财政部。因此,此处需要认清,四联总处第 3 次会议即四联总处第 3 次理事会。

③ 《理事会关于加速完成西南西北金融网的决议》(1939 年 10 月 5 日),重庆市档案馆、重庆市人民银行金融研究所合编:《四联总处史料》上,档案出版社 1993 年版,第 186 页

④ 《理事会关于四行筹设金融网遭遇困难的决议》(1939 年 12 月 5 日),重庆市档案馆、重庆市人民银行金融研究所合编:《四联总处史料》上,档案出版社 1993 年版,第 187－191 页。

预计 1941 年底完成①。关于四行在各地筹设的行址,1940 年 4 月 9 日第 25 次四联总处理事会提出增设行处适应军事、运输、发展后方经济、推行农贷业务等需要。若是不符合这些目的,暂时停止办理②。此后关于如何选址设立四行行处,多次在理事会议上讨论,有所变更。截至 1940 年底,综计四行在西南、西北增设的行处已达 245 处。其中中央银行 69 处,中国银行 85 处,交通银行 37 处,中国农民银行 54 处③。一年后,截至 1941 年 12 月 31 日,中中交农四行分支处机构共达 469 个,其中中央银行 100 个,中国银行 170 个,交通银行 73 个,中国农民银行 126 个。其中国外的机构有中国银行 17 个,交通银行 2 个④。四行铺设金融网点可谓进展飞速,对于四联总处掌控全国层面上的金融力量,帮助较大。

随着太平洋战事的爆发,东南、西南国际运线中断后,西北对外交通,益形重要。而且西北是我国战时主要资源蕴藏所在地。因此,四行就辅助国防生产需要,前往西北地区筹设行处或作其他布置,希望借助金融力量与政府政策相配合,达到相辅相成的效果⑤。1942 年 9 月 3 日四联总处第 140 次理事会议⑥报告筹设西北金融网四项原则:一、兰州为建设西北的起发点,四行在兰州原有机构人员应逐渐加强充实;二、陕、甘、宁、青及新疆五省境内,以军事、交通、经济等需要,应行增设行处或作其他布置的地点,各行就自身主要业务会同当地主管机关,派员实地调查再进行筹备;三、各行局新设行处增添人手时,应就滇、浙、赣、闽等省撤退行处人员尽先调用;四、为应付需要,钞券运存应早日绸缪,以免缓不

① 《完成西南西北金融网方案》(1940 年 3 月 30 日),重庆市档案馆、重庆市人民银行金融研究所合编:《四联总处史料》上,档案出版社 1993 年版,第 191—192 页
② 《四联总处关于完成西南西北金融网案的审查意见》(1940 年 4 月 9 日),重庆市档案馆、重庆市人民银行金融研究所合编:《四联总处史料》上,档案出版社 1993 年版,第 193 页。
③ 《四联总处关于完成西南西北金融网的报告》(1940 年),重庆市档案馆、重庆市人民银行金融研究所合编:《四联总处史料》上,档案出版社 1993 年版,第 196 页。
④ 《四行分支机构 1941 年分布表》(1941 年),重庆市档案馆、重庆市人民银行金融研究所合编:《四联总处史料》上,档案出版社 1993 年版,第 198 页。
⑤ 《秘书处关于拟具筹设西北金融网原则的报告》(1942 年 9 月 3 日),重庆市档案馆、重庆市人民银行金融研究所合编:《四联总处史料》上,档案出版社 1993 年版,第 198 页。
⑥ 四联总处史料(上)文后注释第 198 页"秘书处关于拟具筹设西北金融网原则的报告(四联总处第 139 次理事会议,1942 年 9 月 3 日)"。经考证,四联总处会议录(十六)册中,四联总处理事会第一三九次会议(即四联总处第一三九次理事会会议)议事日程第 285 页时间为 1942 年 8 月 20 日上午八时,会议记录第 322 页时间为 1942 年 8 月 20 日上午八时,地点:行政院。因此,显然存误。于是笔者查照四联总处会议录(十六)册四联总处理事会第一四零次会议会议记录第 402 页果然找到同样报告。因此,四联总处史料(上)文后注释第 198 页"秘书处关于拟具筹设西北金融网原则的报告",实际应该为四联总处第 140 次理事会议会议(1942 年 9 月 3 日)内容。

济急①。1942年9月24日,四联总处第143次理事会议报告提及蒋介石对于在西部增设行处的四项要求:(一)每一地方四行不必重复设置。(二)四行应以兰州为金融中心,向西推进,增设机构至迪化(今乌鲁木齐)、吐鲁藩(吐鲁番)、塔城、和阗(1959年更名为"和田")一带。(三)西北人口太少,内地人口太多,应由农行从速筹办西北移民垦殖贷款。(四)重视甘省河西一带的经济开发,从速开发水利②。以上内容在四行筹设金融网点问题的最基本的人员、钞券、选址上做了规划。

到1942年底设立四行分支机构共为831处。除裁撤或归并者不计外,相较1941年度增加170处。其中四行在国内各地所设分支行处,1941年度为450处。截至1942年年底,除裁撤或归并者不计外,增设174处,共为624处。四行在国外所设行处,1941年度为19处。1942年度内裁撤或归并者8处,现有者为11处。农贷机构方面,中国银行在洛阳,农民银行在立煌各设有农贷办事处1处。农民银行在川、甘、陕等省各地设有农民动产抵押贷款所或农民信用贷款所11处,共13处。简易储蓄机构方面,中国、交通、农民三行所组设的简易储蓄处,1941年度筹设成立者192处,1942年度内裁撤或归并者9处。截至1942年年底,为183处③。

1943年3月,四联总处针对六行局增设西北机构再次提出新的六项原则④:一、各行局筹设机构应依照四联总处前订《各地分支机构之筹设与调整办法纲要》切实办理;二、新设机构应尽先调用各地因战事撤退行处人员;三、各行局至

---

① 《秘书处关于拟具筹设西北金融网原则的报告》(1942年9月3日),重庆市档案馆、重庆市人民银行金融研究所合编:《四联总处史料》上,档案出版社1993年版,第199页。

② 《秘书处关于拟具执行蒋介石增设西北金融机构指示的意见的报告》(1942年9月24日),重庆市档案馆、重庆市人民银行金融研究所合编:《四联总处史料》上,档案出版社1993年版,第199页。

③ 《秘书处关于1942年四行分支机构筹设报告》(1943年1月21日),重庆市档案馆、重庆市人民银行金融研究所合编:《四联总处史料》上,档案出版社1993年版,第204页。

④ 四联总处史料(上)文后注释P205"四联总处就增设西北机构致六行局函(1943年3月1日)",提及四联总处第254次理事会议。经考证,四联总处会议录(三五)册中,四联总处理事会第二五四次会议(即四联总处第二五四次理事会会议)议事日程P93为1945年1月11日下午四时,其会议记录P145时间为1945年1月11日下午四时,地点:行政院。因此显然存误,此时尚未召开第254次理事会议,此函时间不应该早于1945年1月11日。于是笔者查照四联总处会议录(三五)册四联总处理事会第254次会议议事日程P103与会议记录P153找到同样决议。因此,四联总处史料(上)文后注释P205"四联总处就增设西北机构致六行局函",时间的确有误,实际时间应为1943年3月1日。

西北各地及史迪威路沿线分期调查筹设机构时,应先将调查情形报经四联总处核定筹设,并转财政部备查;四、各行局函报正在进行筹设的机构及正在进行调查的机构,均应规定期限办理完竣,各行局于各地筹设机构应尽量避免重复;五、陕西蒲城、富平、兴平、白河、龙驹寨、双十铺、陇县、郡县、碧口,敦煌,青海乐都、贵德、化隆、大通以及云南祥云等地应该由四联总处命令有关分支处就近调查各地经济情形,再商量是否筹设;六、交通银行对于西北新设行处业务方针,建议因势利导,当以先从繁荣当地市面,促进贸易入手。属于军民日用必需品的贸易购销事业,给予贷款协助①。

四联总处除了指导增加西北地区的金融机构,还对关于西北边区新设的金融机构如何实施放款业务的问题有了新的办法规定。具体如下:一、陕、甘、宁,青、绥、康各地各行局新设机构放款业务,除农工矿贷款依照原有规定办理外,并得实际需要,由四联总处酌做商业放款;二、上项商业放款对象以国营或省营机构为限;三、商业放款押品种类,应以军民日用必需品及有关原料为限;四、押品折扣照价六折作押;五、期限不得超过3个月,遇有事实困难需周转,以一次1个月为限;六、利率以低于月息四分为原则;七、每笔商业放款在100万元以下者,应先报经各总行局核准方得承做。100万元以上者,均先报经四联总处核准办理②。可以说1943年的四行金融网点的设置原则中,除了选址、人员、业务范围外,增加了放贷的细节和规定。四行金融网点进行正常营业。

尽管四联总处一再鼓励在西部设立各行局分支机构,但到了1943年,四联总处开始根据战事的发展和各地金融情况的变动,根据每一地方四行不重复设置的原则,以节省人力财力的理由来裁撤或移设四行金融机构,调整四行分支机构的分布。四联总处的政策调整是十分繁复,是为了适应战时战局的变动而做出的调整。1943年3月4日,四联总处第165次理事会议提出各地四行分支机构的筹设与调整办法纲要草案,内容包括:各地四行分支机构的筹设,应尽量避免重复;各地四行分支机构的筹设,以适合自身银行的专业为原则,必须事先派员详细调查当地情形,编具调查报告和设行理由,经四联总处核定办理;各地四

① 《四联总处就增设西北机构致六行局函》(1943年3月1日),重庆市档案馆、重庆市人民银行金融研究所合编:《四联总处史料》上,档案出版社1993年版,第204页。
② 《四联总处就增设西北机构致六行局函》(1943年3月1日),重庆市档案馆、重庆市人民银行金融研究所合编:《四联总处史料》上,档案出版社1993年版,第205页。

行分支机构的筹设与调整,均由四联总处随时报请财政部备案①。可以说这个时候开始重视到人力物力财力,金融网的铺设已经达到极限。而且此时已经1943年,抗战胜利的曙光已经有所呈现,那么政府考虑战后复员的庞大工作量和战局变动,理智筹设四行金融网。

　　1943年4月份,一份关于四行所属分支机构动态报告详细记载1943年度3月份和4月份各行局分支机构的变动情况,动态形式有:开业、改组、继续设立、筹备、裁撤、停止筹设、停止移设、迁回等②。续办的意思一般是试办一段时间后,有成绩就续办。改组的意思一般是原来是简储处或办事分处,改组成立办事处等。裁撤的原因一般在于业务清淡。迁回的原因一般在于时局缓和后嘱咐疏散人员回来办公。

　　到了1945年,国内战局更加明朗化,特别是西南地区的金融机构的变化最为明显。四联总处再次调整金融机构设置方针。各行局在西北加强机构设置,而西南各行局的很多机构撤退,人员急待安置。四联总处第249次理事会议期间,蒋介石面谕“各行局应加强西北机构”,其办法由四联总处统筹办理。因此四联总处邀请各行局主管举行特种小组会议,切实商讨,决议遵照蒋介石指示,对于各行局西北原有机构予以加强,并斟酌添设机构,以配合国策发展西北经济;现滇缅、中印两路即将畅通,各行局为配合军事进展,适应运输需要起见,在沿路各地原设有行处地方迅速复业,并斟酌需要,添设新机构;从西南各地撤退行处人员中甄选工作人员等③。因此,各行局西南机构撤退机构以中国农民银行为最多,撤退人员以中央银行、中国银行两行为多数。特别是广西省金融机构几乎全部撤退,大都暂撤贵阳。至备行局对于撤退行处疏散安置办法,除中国银行暨邮政储金汇业局少数人员曾予裁遣外,设法调遣其他机构或即在迁移地点照常营业,并另行添设新机构,以资安插。四联总处决定在西北各地及滇缅、中印路加强或增设机构时,尽先调派人员等。增设新机构,有中央银行2处、中国银行7处、交通银行4处、中国农民银行3处、中央信托局3处、邮政储金汇业局3处。各行局加强及增设机构均是根据当地经济、交通情形以及地方需要。各行局现

---

① 《理事会关于筹设和调整四行分支机构办法的决议》(1943年3月4日),重庆市档案馆、重庆市人民银行金融研究所合编:《四联总处史料》上,档案出版社1993年版,第207页。

② 中国第二历史档案馆编:《四联总处会议录》(21),广西师范大学出版社2003年版,第104页;中国第二历史档案馆编:《四联总处会议录》(22),广西师范大学出版社2003年版,第350页。

③ 《理事会关于加强各行局西北机构计划的决议》(1945年1月11日),重庆市档案馆、重庆市人民银行金融研究所合编:《四联总处史料》上,档案出版社1993年版,第211页。

有西北机构,计中央银行 17 处、中国银行 22 处、交通银行 23 处、中国农民银行 32 处、邮政储金汇业局 8 处(至中央信托局由中央银行分行机构代理)。这些金融机构先从繁荣市面,促进贸易交流入手,使当地原料与后方工业成品得以畅通交流。然后利用金融力量,推广生产产业建设①。

可以说在整个推进四行金融网的建设过程中,四联总处发挥了重要的指导作用。四联总处为了适应不同时段的战局变化,不断下达政策和推进四行金融网点的筹设、撤销与调整。四行金融网的建设意义深远。这不仅协助国民政府战时督导国家行局、掌控全国金融力量,并且统制金融市场,而且为战后复员的金融工作的顺利推进打下了基础。其中在各个环节中,蒋介石亲任四联总处理事会主席一职掌控四行,按理通过四联总处理事会可对四行体制、机构、职能、人事等加以直接督导,划一金融行政并统制金融市场。由四联总处加强对四行包括业务、财务在内的金融行政管理,达到了督导国家行局,统制金融行政的目的。

第四节 控制通货——以大小券为例

一、大小券问题的出现及演变

1940 年 10 月间,为调剂市面,财政部决定由四行酌量发行五十元、百元大券,并在大券券面上加印重庆地名,防止流往沦陷区域,被敌伪利用套取外汇。至 1940 年底,郑州发生大券折价使用的问题。之后直到 1941 年 5、6 月间,洛阳、西安、皖北、浙东、柳州、桂林、龙州等地陆续有大券在市面上折价使用的消息。情况大致是:大约每百元大券换小券须贴水四元至八元不等,最高者达十元以上。大小券差价现象出现。而且国民政府处理大小券问题效果不大,一直贯通战时和战后。

大小券发生差价现象的其中一个原因是大券券面上印有重庆地名,在其他口岸与沦陷区域都不能通用。而西南后方的商人前往口岸各地办货,以及一部分人民有意逃避资金,常常携带大券先到接近口岸或沦陷区地方,再换成小面额

---

① 《理事会关于加强各行局西北机构计划的决议》(1945 年 1 月 11 日),重庆市档案馆、重庆市人民银行金融研究所合编:《四联总处史料》上,档案出版社 1993 年版,第 213 页。

钞券运出,以致此等地方大券充斥,小券缺乏,发生大小券差价问题。以西南地区重要省份广西为例,在1941年4月以前桂林还没有大小券贴水现象,市面上新中中交农四行十元、五元券供应量正常。在那时大券换小券而须贴水者,只有梧州,而且要"直版整装"(所谓"直版整装"者,便是尚未折封,原装不乱的新钞券)才有贴水,这个大小券贴水的波浪后来渐渐冲向柳州。柳州也开始有人收买"直版整装"了。广西四行的新钞,都由桂林四行所发出,于是这波浪随而转向桂林来。此后,四行所发广西的十元、五元券,便无法回笼,甚至在桂林绝对不能立足,一批一批向下游流去。继有"拣新"的新花样出现,所谓"拣新"者,即指相较新的中交农钞而言,桂林的十元五元券,都给拣新者带走。市面流过的只剩破烂陈旧者,桂林的新钞券都可以贴水,而梧州郁林柳州方面就是旧的也有贴水了①。于是小券都向着收买者的荷包流去,再从他们的手中辗转流到广州湾,香港,或者是沦陷区。剩余在广西境内流通的小券,除了极少数四行券外,便是桂钞及中南、四明银行等的钞券而已。于是便发生了直接影响到市面流通所需的小券缺乏问题②。由于小券没有地名印制的限制,所以小券流动不受限制。因此目前以一百元的大券购买十元左右的对象时,往往无小券可以找补。例如郁林方面大券找换桂钞,或中南银行钞,便要贴水七元五角,这便是小券不足的一个证明③。

再加上政府印制辅币不足。民国初年普遍在市面流通的铜元,在1935年法币改革后成为法币的辅币,当时规定每法币1元可兑换300枚"当十铜元"。抗战爆发后,铜价上涨,铜元的实际价值渐渐高于面额的价值。导致铜元多被私人和百姓私藏囤藏甚至被有些商人销熔。这就造成了纸币形态的辅币券成为市场上主要的小券流通媒介。这里的小券包括了以铜元为准的铜元券和以法币为准的辅币券④。根据政府对于货币发行的规定,发行银行必须自行承担钞券印刷费用及运输费用。抗战爆发后,由于钞券油墨存量减少,加上各地运输交通阻隔,银行发行局认为发行小券的耗费太大,不能得到更多的铸币税。因此不如直

---

① 区庭椒:《桂省大小券贴水问题》,《香港商报》1941年第163期,第12页。
② 区庭椒:《桂省大小券贴水问题》,《香港商报》1941年第163期,第12页。
③ 区庭椒:《桂省大小券贴水问题》,《香港商报》1941年第163期,第12页。
④ 《参政员王云五、郑震宇、刘王立明、张申府、何永信等五人询问:各地辅币券缺乏,曾否施行有效救济》、《参政员周士观、邹韬奋、沈钧儒、罗隆基、刘衡静等五人询问中央银行改印铜元券事》,秦孝仪主编:《中华民国重要史料初编:对日抗战时期》第4编,"战时建设"(1),台北:中国国民党中央委员会党史委员会,1988年10月,第903-907页。

接选择印制大券,可以增加运钞数额同时减少运输次数。因此,四联总处在配运钞券时,无法从银行获得充分的小券。导致无法充分供应券面币值在十元以下的"小券"。经过一段时期的市场流通后,后方各地的流通市场小券逐渐减少。而市面上的百元及五十元的大券日益增加。那么在流通市场上,大小券的比例失衡。拥有大券的商人和百姓必须把大券折价才能兑换小券,或者大券贴水才可以进行买卖活动,把钱花出去。因此产生所谓的"大小券问题"。市场大小券兑换发生贴水。大券周转困难①。那么银行在分配钞券的时候,四行搭发大券超过原来的规定比例。这对百姓的生计产生直接且巨大的影响。

因此,市面上大小券交易形成了一个循环的流程:"百姓商人携大券到沦陷区附近——大券换成无地理限制的小券——小券被运走到沦陷区交易——交易之后再带走小券——沦陷区小券抢手、小券缺乏、大券折价——大后方大券小券继续流入沦陷区"。大小券问题的出现,与当时的局势密切相关。一方面是国民政府自身的"小券"的供应量不足导致市面上交易非常不便。另一方面,大后方百姓和商人前往沦陷区进行贸易时使用小券,愈发引起民众对小券的追逐和需求。大券在沦陷区只能折价使用。在此问题发酵升级的过程中,日伪政权和其他党派也利用大小券失衡的现象来推广敌伪钞券、杂钞、假钞,企图吸收法币套取外汇,令国民政府损失惨重,外汇资产流失。

二、大小券补救与比例搭配

为了应对大小券问题,四联总处颁布和施行了一系列举措来补救大小券不平衡问题。特别在大小券如何搭配使用的比例问题上,四行之间经历了商讨和利益较量。尽管其间夹杂了强权部门在大小券搭配问题上的利益争夺,但是总体而言此时正处于战时的特殊阶段,四联总处提出的补救办法和搭配比例,都较为顺利地施行。其中原因除了四联总处、财政部和四大银行之间的相互合作处理事务外,还离不开蒋介石主动积极地参与处理控制通货个案问题。

1939 年 12 月,四联总处颁布并施行《修正推行小额币券实施办法》。要求四行各地分支行处对于小额币券必须遵照政府命令尽力推行,至少应该满足当地需要,其库存数额并应充分配备,由四总行将配备情形每月月底按照固定表式

---

① 《四联总处为补救大小券差价呈》(1941 年 7 月 17 日),重庆市档案馆、重庆市人民银行金融研究所合编:《四联总处史料》中,档案出版社 1993 年版,第 97 页。

填报四联总处转送财政部查核。四行运送钞券时,应将小额币券充分搭配,并将搭配数额报四联总处转财政部查核。关于支付军队粮饷,应遵照财政部规定搭付部分小额币券,各军队领款人并应遵照军事委员会军政部命令不得拒绝。其支付各机关的经费,工厂公司商店发放工资的提款,农矿工商业贴放的款项,并应遵照固定搭配成分配发小额券。只有不愿遵照规定搭领小额币券者,四行应随时报告四联总处核办①。政府在《推行小额币券实施办法》中,准许各省地方银行加入发行小券的行列,加上过去在辅券荒时所发行的各种辅币券,令国民政府原本实施法币制度后建立市面流通的货币统一工作出现杂钞的混乱问题。

这样一来,市面流通的币券种类更加混乱。而且四联总处对于大小币券的搭配方式和比例并没有明确规定和科学估算。四联总处原本乐观地认为增发小券就可以解决法币大小券问题。1940年夏天,各战区用法币支付的军政开销与日俱增,致使四行留存在各地的钞券发出不敷应付的警讯。各地法币的库存量无法支付军政费用开支的问题,引起蒋介石的重视。譬如"陕洛各行,豫晋及冀鲁各部队经费,悉赖以周转,非有相当券料储用,不足以资应付。而其他各战区长官,亦多来电,报告法币缺乏,难应支付"②。因此蒋介石发电文要求四联总处立刻筹划有效办法,立即解决问题。

于是,四联总处于1940年7月18日召开第38次理事会,商议具体的解决办法。会议认为,目前运输交通阻隔,印刷钞券的券料油墨日益匮乏,四行如果再继续运送小券则会增加发行成本,于是决定配运钞券时逐渐增加大券的数量。会议通过《调剂钞券缺乏办法》,其中第一条写明"各行旧存五十元、百元大券,遇有实际需要情形准予搭配行使",为配发法币大券提供法律依据,同时表明放弃增发小券试图解决大小券差价的尝试③。会后,国民政府以增发大面额钞券为手段,准许四行将过去印刷但尚未发行的五十元和一百元面额的法币大券,券面加盖重庆地名,仅限于大后方市场上流通。使得大券不会跟随百姓商人留到沦陷区附近,换用小券。然后避免大后方的法币小券源源流入沦陷区。

但是四联总处在这个金融管理问题上的政策反复性和矛盾性再次体现出

---

① 《修正推行小额币券实施办法》(1939年12月),重庆市档案馆、重庆市人民银行金融研究所合编:《四联总处史料》中,档案出版社1993年版,第80页

② 《调剂钞券缺乏办法》(1940年7月18日),重庆市档案馆、重庆市人民银行金融研究所合编:《四联总处史料》中,档案出版社1993年版,第81页。

③ 《调剂钞券缺乏办法》(1940年7月18日),重庆市档案馆、重庆市人民银行金融研究所合编:《四联总处史料》中,档案出版社1993年版,第81页。

来。蒋介石在 1940 年 9 月 26 日再次发布手令,认为最近四行多发五十元与百元券,此为将来钞券跌价最大的隐患,应严加限制该种大券发行数额,并由四联总处负责派员检查,以防阳奉阴违。即使在限额内的发行,也应该注重其回笼的大券为主。故四行应严密研究搭配方法,务使大券不致常在市面流通,以免往年德国马克与俄国罗卜(一般译作卢布——引者注)逐日贬值,导致恶性膨胀①。并且要求孔祥熙研究如何让四行分摊奖励储蓄吸收存款和内地自印小额钞券。

孔祥熙接到手令后,就跟徐堪和四行人员等研究。1940 年 11 月 24 日呈稿蒋介石,认为中中交农四行大券,截至 1940 年 11 月份,已发行额为 19598.98 万元,未发行额 169534.11 万元,新印及未交额 55000 万元,总计大券共为 2413000 万元。已发行额达不到总额十分之一。于是商定搭发大券原则:"凡数量零星或用途分散者,不得搭发大券;凡大宗款项,斟酌实际情形,可以搭配大券寸,不得超过全额之两成"。至于小券不足问题,孔祥熙报告已经函请内地中华书局、大东书局、京华书局、大业公司等印刷公司洽制小券印制,并于 11 月 9 日分函各行催询洽印情形等,此外正在研究放宽各省地方银行发行辅币券限制办法②。

国民政府推进增发小券后,转而增发大钞。轮流实施后,大小券的问题仍然十分严重,没有得到缓解。1940 年 12 月,据郑州中央银行报告,河南大券发行发生折价情事,并称军人包庇偷运是主要原因,乃由四联总处决定对于河南方面需用的钞券,尽量配发十元以下的钞券,另函请军政部严禁军人包庇偷运现钞③。1941 年 2 月 6 日,宁波、绍兴、温州等地发生大宗的中国银行、中国农民银行的大券持兑拥挤问题。据绍兴中国农民银行调查发现大券绝大多数是来自中国农民银行的重庆地名券,是从桂林、衡阳等地方流通过来的。据绍兴中农行推测显然是有人私运大券、意图套取外汇④。

政府考虑到既然大券不能在口岸及战区流通以致引起大小券差价,那么直接准许大券在口岸及战区流通,则可作为根本补救办法。于是补救大小券差价,

① 《蒋介石与孔祥熙就限制大券发行等往来文件》(1940 年 9—11 月),重庆市档案馆、重庆市人民银行金融研究所合编:《四联总处史料》中,档案出版社 1993 年版,第 83 页。
② 《蒋介石与孔祥熙就限制大券发行等往来文件》(1940 年 9—11 月),重庆市档案馆、重庆市人民银行金融研究所合编:《四联总处史料》中,档案出版社 1993 年版,第 84—85 页。
③ 《四联总处关于 1940 年度钞券印制运存等工作情况的报告》(1940 年),重庆市档案馆、重庆市人民银行金融研究所合编:《四联总处史料》中,档案出版社 1993 年版,第 90 页。
④ 《秘书处关于甬绍温等地大券持兑拥挤及应付办法的报告》(1941 年 2 月 6 日),重庆市档案馆、重庆市人民银行金融研究所合编:《四联总处史料》中,档案出版社 1993 年版,第 92 页。

政府的政策再次发生了 180 度的大转变——准许大券在口岸和战区流通。如此一来,不仅可制止大券贴水,反而可以使大券升水。1941 年 7 月 17 日四联总处出台两项补救办法:(一)准许大券在口岸与战区流通①。但是准许大券在口岸与战区流通,可能带来不良影响:一则深恐骤然影响外汇市场,二则更恐影响全部法币在口岸及游击区的信用。如果一旦准许大券在口岸及战区流通,必有大量大券流往口岸和沦陷区,引起当地人民对法币的疑虑。敌伪以法币信用大损为借口禁止行使法币,从而进一步扰乱金融秩序、破坏法币信用。例如汉口敌伪曾强迫中国银行收回 50 元大券加以销毁。再例如,接近口岸战区地方,如西安、洛阳、上饶、立煌、永安、永康、韶关、梧州等地,每月由四行准备五元,十元券若干,无限制收兑大券,则大小券差价,当可免除。此项兑换流出的小券,将会流往口岸,但是距离口岸较远,流通速度缓慢。国民政府内迁以来,对于钞券外流采取限制政策。但就目前后方金融经济情形而言,通货数量增加过速,物价上涨。如能放任一部分法币外流,疏减法币在后方流通量,似乎可以减低大后方的货币压力②。(二)在接近口岸及战区地点,由四行充分准备五元、十元券,无限制兑换大券。四联总处还详细规定四行在接近口岸及战区地点无限制收兑大券实施办法。由于大小券差价以西安、洛阳两地最为严重。暂定该两地为试行无限制收兑大券地点。惟其他接近口岸及战区地点,亦须由四行酌运小券前往,以便收兑大券。由四行在西安、洛阳两地各准备精印的五元、十元券,共 4000 万元,收兑大券。所需五元、十元券 4000 万元,由四行平均分摊,即各准备五元、十元券1000 万元。由四联总处会同四行将此项小券运交西安四联分处及洛阳中央中农两行,在两地各组织一兑换公库,收存备用。并且囤 4000 万元五元、十元券充收兑大券基金。此后四行应随时依照各该行收进的大券数将五元、十元券补足,继续收兑。还有间接补救办法,对于正当商人因在上海、香港等地采购日用必需物品所需的汇款,由四行畅予承汇,减少商民携带现钞出境,减低大小券差价③。其实这两项办法自身存在着相互矛盾的缺陷,也侧面反映了政府面对大小券问题时的匮乏和无力。

---

　　① 《四联总处为补救大小券差价呈》(1941 年 7 月 17 日),重庆市档案馆、重庆市人民银行金融研究所合编:《四联总处史料》中,档案出版社 1993 年版,第 96 页。
　　② 《四联总处为补救大小券差价呈》(1941 年 7 月 17 日),重庆市档案馆、重庆市人民银行金融研究所合编:《四联总处史料》中,档案出版社 1993 年版,第 98 页。
　　③ 《四联总处为补救大小券差价呈》(1941 年 7 月 17 日),重庆市档案馆、重庆市人民银行金融研究所合编:《四联总处史料》中,档案出版社 1993 年版,第 99 页。

1941 年 7 月,英美封存中国外存资金。外汇管理更加严格。于是大券流往口岸影响外汇市场的顾虑不再存在。面对这样的新形势,四联总处与财政部商定两项办法:"一、所有四行已发出之重庆地名大券由四行在口岸畅收。二、以后发行大券停印重庆字样"。也就是说,四联总处准许大额钞券在接近沦陷区的贸易口岸与战区之间流通,并且规定此后印发的大钞上不再加印重庆地名,也不限定其流通范围①。从这方面来看,四联总处暂时放松了对大券小券的管制,试图以暂时的宽松政策来安抚人心和稳定金融。这一举措收到了一定效果。口岸四行畅收大券,并决定在大券上停印重庆地名以后,再据陕韶两分支处及洛阳央农两行先后电告:西安大小券差价已微,现每千元仅差二三元。韶关大小券差价已趋缓和。洛阳大小券差价已降至每千元二十元,市面平静。因此在这样大小券渐趋平稳的情况下,四联总处决定采取办法,通融大小券搭发规定,使用大券不成问题。于是 1941 年 10 月 30 日,四联总处第 101 次理事会议通过将拨解军款至多搭配大券二成的规定酌予通融。但是并没有做出具体明确的比例数字的规定②。

大小券问题一直得到蒋介石的关注。除了四行各地分行之外,负责汇兑的邮局也加入争夺小券的阵容。1941 年 11 月 13 日,四联总处第 103 次理事会议的临时提议上,蒋介石提出"以大小券差价最易便利银行职员及邮汇局人员勾通牟利应即负责督饬各行局迅速设法纠正"③。他在其电文中指出:据报内地各处邮汇局承汇职员赡家款项兑付汇款时,均以 100 元、50 元大券付给,而事实上以大券兑换十元以下零票,每百元贴水十数元不等,无异使职员汇款额外加重负担,此种现象在浙江各属尤为普遍。……且差价贴水如此之巨,势必授银行职员与邮汇局人员勾通收小发大舞弊营私之机会。……职员赡家汇款,每月仅限于二三百元之少数,其汇至内地邮局时,自不得纯以 50 元以上之大券支付④。有些商民则利用邮局汇款的方式取得小券。例如 1942 年 12 月 6 日邮检所即查获一封由天水的济同商行拍发西安的电报:"汇款四万元,搭付小券二三成。"邮检

---

① 《四联总处关于一九四一年钞券运存印制等情况的报告(1941 年)》,重庆市档案馆、重庆市人民银行金融研究所合编:《四联总处史料》中,档案出版社 1993 年版,第 116 页。陆仰渊、方庆秋编,《民国社会经济史》,中国经济出版社 1991 年版,第 562 页。

② 《理事会关于通融大小券搭发规定的决议》(1941 年 10 月 30 日),重庆市档案馆、重庆市人民银行金融研究所合编:《四联总处史料》中,档案出版社 1993 年版,第 101 页。

③ 《四联总处理事会第 103 次会议记录》(1941 年 11 月 13 日),中国第二历史档案馆编:《四联总处会议录》(12),广西师范大学出版社 2003 年版,第 160 页。

④ 《理事会关于奉令迅速纠正以大小券差价牟利的决议》(1941 年 11 月 13 日),重庆市档案馆、重庆市人民银行金融研究所合编:《四联总处史料》中,档案出版社 1993 年版,第 102 页。

人员认为:"以三成计,此宗汇款搭付小券一万二千元,若往来套汇,不难套去大宗小券,显系银行界勾串奸商走私小券之又一花样"。然而,汇兑既已完成,政府对此类行为也无法可施①。四联总处针对邮汇业务的弊端,在 11 月 13 日做出两项补救法规:各行局承解职员赡家费及小额汇款,其数目在 400 元以下者,应一律以十元以下小券付给。非经收款人的要求,不得搭发大券;在大小券发生差价各地的行局,应将五十元、一百元大券收付数在出纳账上分别记载,以便查核,而杜流弊②。不过,在政府通过这项补救法规之前,各银行、邮局及军政机关早已取得相当多的法币小券,投入追逐大小券价差的市场。

从"增加小券——增加大券——停止增加大券——准许大券在沦陷区流通——不限定大券流通区域",可以说政府在大券的管制上有所放松。但是大小券问题并没有因为政府宽松政策而得到缓解。差价现象依然非常严重。1941年 12 月 11 日四联总处第 106 次理事会议③上多次提及大小券问题的严重性,如何在 1941 年通货膨胀的年份中,谨慎使用大券和小券,避免引起物价哄抬及人心不稳。规定了诸如限制搭发大券原则、如何收受他行大券等④。1941 年底,据陕、洛、桂、赣、粤各地分支行电告,各该地大小券差价风潮,已渐趋平稳⑤。

尽管市面上大小券差价风潮逐渐平稳,但是暗地里的大小券兑换贴水的风气仍然存在。各地市面时有拒用四行大券,或以大小券兑换有低折补水。甚至

---

① 《中国银行总管理处为转知搭付小券应严防弊端函》(1943 年 1 月 29 日),重庆市档案馆、重庆市人民银行金融研究所合编:《四联总处史料》中,档案出版社 1993 年版,第 130－131 页。

② 《理事会关于奉令迅速纠正以大小券差价牟利的决议》(1941 年 11 月 13 日),重庆市档案馆、重庆市人民银行金融研究所合编:《四联总处史料》中,档案出版社 1993 年版,第 103 页。

③ 四联总处史料(中)文后注释第 106 页"秘书处关于增加护运钞券宪兵津贴的报告(四联总处第 106 次理事会议,1941 年 12 月 1 日)"。经考证,四联总处会议录(十二)册中,四联总处理事会第 106 次会议(即四联总处第 106 次理事会会议)议事日程第 351 页为 1941 年 12 月 11 日上午八时,其会议记录第 406 页时间为 1941 年 12 月 11 日上午八时,地点:行政院。因此显然存误。于是笔者查照四联总处会议录(十二)册四联总处理事会第 106 次会议记录第 416 页果然找到同样报告。因此,四联总处史料(中)文后注释第 106 页"秘书处关于增加护运钞券宪兵津贴的报告",实际时间应该为 1941 年 12 月 11 日。

④ 《四联总处理事会第 106 次会议记录》(1941 年 12 月 11 日),中国第二历史档案馆编:《四联总处会议录》(12),广西师范大学出版社 2003 年版,第 406－432 页。

⑤ 《四联总处关于 1941 年钞券运存印制等情况的报告》(1941 年),重庆市档案馆、重庆市人民银行金融研究所合编:《四联总处史料》中,档案出版社 1993 年版,第 116 页。

有奸商勾通四行出纳人员套换牟利情事,于法币信用暨四行信誉颇多影响①。法币因大小券而有差价,不仅破坏法币政策下所有主辅币均具有与其券面同等价值的币信,而且在无形中提高物价,助长物价波动。

四联总处面对民间从事法币大小券兑换业务的钱摊,采取默许和承认,睁一只眼闭一只眼的态度。一方面,1942年3月30日四联总处决定转取缔大小券兑换贴水。规定各地市面对中中交农四行所发钞券应照面额十足通用,不得分别大小券或区别版式地名贴水调换。另一方面,允许各地如设有钱摊或找换店从事兑换大小钞券者,应由该管地方政府按照各地情形核定设立家数,规定兑换手续费为百分之一,不得多取。自本办法施行后,各地商号交易或钱摊找换店兑换如有贴水情事,以及钱摊找换店收取兑换手续费超过规定者,应由该管地方政府按其情节,予以停业若干月或勒令闭歇的处分。如有情节重大,触犯其他法令规定者,应各从其法令论处②。尽管中央规定甚严,但是实施起来,地方政府为了从钱摊许可费及经办兑换业务规费中获取地方经费来源,往往无法严格执行法规。于是,各地钱摊林立,兑换手续费则依各地小券需求量多少而随时调整,超过百分之一限额者比比皆是。从大小券问题引发的追逐差价的套利活动,加重了战时法币的通货膨胀压力,再加上外有敌伪杂多种货币的竞争,令法币走向急剧贬值的道路。

既然市面上的大小券差价严重,除了印制大小券补救差价,政府开始考虑强制的实行大小券比例搭发来解决问题。

鉴于运输困难,国外定印的钞券不能源源不断运到内地使用,而钞券需求有增无减。目前国内中央信托局和大东书局两家印制产量减少,国外的钞券交货也极少,因此市面上钞券供不应求。四行为增加钞券产量,应付货币流通的需要,不得不大量开始印刷五十元一百元的大券,暂停印制五元以下的小券。导致各地库存大券多于小券。之前银行解付党政军款项,一律搭配小券八成的情况已经无法实现。1942年7月30日,四联总处第136次理事会议研讨调整党政军款项大小券搭发比例事项。会中,负责钞券发行工作的中央银行发行局建议取消大券二成、小券八成的配发办法,改为按库存情形随时酌量搭配,即以"弹性"

① 《中国银行渝分行为四联总处函饬查报四行人员套换新旧法币及大小券牟利函》(1942年5月2日),重庆市档案馆、重庆市人民银行金融研究所合编:《四联总处史料》上,档案出版社1993年版,第699页。

② 《四联总处为转取缔大小券兑换贴水函》(1942年3月30日),重庆市档案馆、重庆市人民银行金融研究所合编:《四联总处史料》中,档案出版社1993年版,第120页。

的标准发放①。

弹性标准发放大小券比例的建议,并没有被蒋介石采用。四联总处发行设计局对取消固定配额的建议表示赞同,在其呈送蒋介石的核签意见中指出:小券不敷分配,对于党政军机关款项按照二八成搭发小券,事实上颇有困难,确属实情。发行设计局认为,最近后方如四川云贵等省均未发生大小券差价,可见大券流通颇能适应市面需要。在沦陷区敌伪禁用大券及若干种小券,后方商人往沦陷区办货所携大券,到接近战区地方,须兑换可在沦陷区流通的小券运出,才导致贴水。其中不少军人与奸商勾结操纵。因此银行解付军政款项如果一律按照二八成规定搭发大小券,在后方各地已经不需要,在沦陷区给了不少军人与奸商勾结操纵的机会②。

大小券"二八"的比例也不能平衡市面需求。于是改成了大小券"三七"甚至大小券"四六"的搭发比例。1942 年 7 月 30 日,蒋介石在四联总处 136 次理事会议上电令"关于银行付款以二八成搭发大小券限制办法,数字可酌定增减但不能完全废除希照办案"。会议决议:斟酌各地及领款机关用途及地方大小券分别按三七成或四六成搭发③。这项决议得到了蒋介石的认同。1942 年 8 月 13 日,四联总处第 138 次理事会议上发布蒋介石嘱咐"四行各总行严切注意,各分支行处主管人员如有假借大小券舞弊渔利者,应破除情面,尽法惩办为要"④。大小券搭发比例经历了多次调整。各地驻军,作为强势权力部门,是战时最容易取得大量法币小券的单位。军政单位在实际运作时往往不能切实执行大小券搭发比例额。一些较有实力的军政长官,有时能够为其驻军争取到更多小券的配额,例如1941 年 12 月间,第五战区长官李宗仁电函四联总处,以其辖区"每月配发所属各单位经临费及一切开支,均系零星数额,用途亦多分散,搭发大券二成,仍感困难"为由,要求"嗣后请全部发给小券,以利军民"。四联总处秘书处发文同意:

---

① 《理事会关于调整党政军款项大小券搭发比例的决议》(1942 年 7 月 30 日),重庆市档案馆、重庆市人民银行金融研究所合编:《四联总处史料》中,档案出版社 1993 年版,第 124 页。
② 《理事会关于调整党政军款项大小券搭发比例的决议》(1942 年 7 月 30 日),重庆市档案馆、重庆市人民银行金融研究所合编:《四联总处史料》中,档案出版社 1993 年版,第 124－125 页。
③ 《四联总处理事会第 136 次会议记录》(1942 年 7 月 30 日),中国第二历史档案馆编:《四联总处会议录》(16),广西师范大学出版社 2003 年版,第 159 页。
④ 《秘书处关于蒋介石同意调整大小券搭发比例的报告》(1942 年 8 月 13 日),重庆市档案馆、重庆市人民银行金融研究所合编:《四联总处史料》中,档案出版社 1993 年版,第 126 页。

"自十二月份,老河口军需局在渝所领经费,由四行全部以十元以下小券拨付"[1]。1942年10月蒋介石再次发布命令:部队经费的款项,一律按照大小券三七成搭发。例如大券缴存特加利息若干,即比照普通存息加重若干,以利使用大券[2]。至1943年2月初,军队配发小券比例再度缩减,调整为"部队薪饷部分,准按三七成搭发,其余费用照四成搭发"。配发小券的比例越来越高,大小券差价的现象未能解决。即使制定取缔大小钞券贴水调换办法,也没有效果。那么四联总处制定大券行使奖励办法二项如下:一、凡以大券存入中中交农四行,注明仍以大券支付者,准照银行原定利率加给周息二厘。二、凡以大券汇往各地,注明仍以大券交付者,准照银行所定汇率减半收费[3]。奖励使用大券的办法暂以陕、豫、鄂、赣、浙、皖六省接近沦陷区各地方先行试办。可是大小券问题依然存在。国民政府多年来试图解决大小券问题,但是效果不明显。

综上所述,大小券问题的发生原因复杂,除了国民政府自身钞券制度存在不足外,还有敌伪试图扰乱大后方金融秩序,破坏法币信用的目的。四联总处采取大小券补救与"比例"搭配试图来解决大小券问题。实行的补救方式是"增加小券——增加大券——停止增加大券——准许大券在沦陷区流通——不限定大券流通区域——增加钞券印制、大小券均不限制流通区域"。至于大小券比例搭配上采用强势规定的方式为"大券二成小券八成——大券三成小券七成——大券四成小券六成",四联总处试图不断研究和调整大小券如何搭发的比例。政府面对大小券贴水现象时候,态度经历了"最初的严格管理限制大小券贴水——不限制民间大小券贴水——奖励使用大券、表面上限制大小券贴水、实际上对民间贴水睁一只眼闭一只眼"的变化。可以说在解决大小券问题的过程中,国民政府在政策上表现出了反复性和矛盾性的乱局。非常遗憾的是,最终大小券问题并没有预期解决。通货膨胀情势依然越演越烈。反映了政府在处理战时金融货币问题上,处理方式和处理效果都非常拙劣和无力。

---

[1] 《秘书处关于第五战区经费全部以小券拨付的报告》(1941年12月11日),重庆市档案馆、重庆市人民银行金融研究所合编:《四联总处史料》中,档案出版社1993年版,第10页。

[2] 《理事会关于部队经费只准按大小券三七成搭发等项的决议》(1942年10月8日),重庆市档案馆、重庆市人民银行金融研究所合编:《四联总处史料》中,档案出版社1993年版,第126页。

[3] 《中国银行总管理处为转知部队薪饷大小券搭发比例等项函》(1943年2月27日),重庆市档案馆、重庆市人民银行金融研究所合编:《四联总处史料》中,档案出版社1993年版,第133—134页。

第五节　四联总处管理外汇与办理侨汇

一、四联总处审核管理外汇

抗战爆发后,金融市场表现出不稳定性。当时外汇黑市高涨。国民政府为维持法币信用,稳定金融,运用多种办法试图维护外汇市场,非常重视管理外汇。行政院、财政部、四联总处、中央银行等多个部门先后采取相关的措施管理外汇,对战时金融的稳定起到积极作用。外汇管制的相关政策及外汇管制的主管机构在战时经历了复杂变动。

自 1935 年实施法币政策之后,法币与外汇挂钩。规定外汇汇率为法币 1 元等于英镑 1 先令 2 便士半,并由中央银行、中国银行、交通银行三家银行实行对外无限制买卖外汇,坚守外汇本位制。1937 年"七七"事变之后,大量存户纷纷从银行提现,以现款向中央、中国、交通银行购买外汇。7 月 15 日中央、中国、交通三家银行共售出 65000 英镑,25 万美元[1];7 月 17 日中中交三行售出 21 万英镑,25000 美元[2]。据统计,从 1937 年 7 月 10 日至 8 月 12 日止,政府各银行售出的外汇总额已达到巨额数字——750 万英镑。特别是淞沪会战爆发前,一周内上海银行机构已经售出外汇高达 150 万英镑左右[3]。市场上的外汇需求的情况,反映了法币乃至整个金融市场的稳定情况。突然售出高额的外汇,显然百姓对于法币和金融市场的信心不足。

1937 年"八一三"事变后,为防止外汇大量流失被敌人利用、巩固法币信用、稳定金融市场,国民政府于 8 月 15 日颁布了《非常时期安定金融办法》,限制百姓提存和购买外汇,当时确实收到了一些安定金融的效果。但是实际上暗地里,市面上资金外逃及敌人用法币套取外汇的现象非常严重,外汇的黑市猖獗,金融秩序备受挑战。在此情况下,如何强有力地管制外汇,维持法币币值成为了金融

---

[1] 《财政部政务次长徐堪致常务次长邹琳电》(1937 年 7 月 15 日),"蒋介石档案",台北"国史馆"藏,档号:002080109000001003002a。

[2] 《财政部政务次长徐堪致常务次长邹琳电》(1937 年 7 月 17 日),"蒋介石档案",台北"国史馆"藏,档号:002080109000001003003a。

[3] 朱斯煌主编:《民国经济史银行周报三十周纪念刊》,银行学会编印,1947 年 11 月,第 129 页。

界急于解决的问题。1938年3月,政府决定实施外汇管理。财政部成立了外汇审核委员会。外汇审核委员会规定公私机关申请外汇款项一律须经核准,再交中央银行结售。财政部于1938年3月12日公布《购买外汇请核办法》,强调购买外汇的目的仅仅限于正当用途①。同时四联总处于1938年5月设立收兑金银处。试图专门收兑金银工作,以此充实外汇准备。上文第二章第三节已经述及收兑金银处是四联总处在1937年8月—1942年5月期间的一个下属机构。仅仅存在4年半时间的收兑金银处实行了一项存在时间较短、但是实施起来颇有特色的收兑金类举措。意图通过管制黄金流向,以充实外汇准备,巩固法币信用。

此后1939年3月开始,财政部相继公布了《各机关请购外汇应行注意事项》《财政部外汇审核委员会规程》《进口物品申请购买外汇规则》《出口货物结汇领取汇价差额办法》和《进口物品申请购买外汇规则施行细则》,加强管制外汇;由中央银行、中国银行、交通银行挂牌外汇牌价②。1939年7月财政部宣布废止《购买外汇请核办法》和《购买外汇请核规则》③。外汇审核委员会全权承担外汇审核,更加严格管制外汇。1939年10月,四联总处汇兑处增设外汇与特许进口两个小组,并在其下设置审核委员会。财政部原辖外汇审核委员会的实际工作,移归这两个小组办理。但是机关或商人申请外汇的单子,经过审核委员会初步审查之后,再提请理事会核定,送请财政部或外汇审核委员会填发通知书。因此,外汇审核权由财政部转归四联总处办理。四联总处包揽了具体负责外汇的审核工作,兼有指导外汇政策的任务。1940年3月,四联总处拟定《金融三年计划》。其中规定"今后金融计划,应以稳定法币为中心",并出台《关于协助政府促进出口贸易方案》。管制外汇的目的之一就是努力稳定法币币值信用。

政府为加强管理外汇机构,设立外汇管理委员会。所有财政部外汇审核委员会和四联总处汇兑处原有审核外汇事宜,经商定自1941年9月份起一并移归外汇管理委员会接办④。1941年10月2日,四联总处第97次理事会议决议:所

① 《财政部购买外汇请核办法》(1938年3月12日),中国第二历史档案馆等合编:《中华民国金融法规档案资料选编》(下),档案出版社1989年版,第1000页。
② 中国第二历史档案馆等合编:《中华民国金融法规档案资料选编》(下),档案出版社1989年版,第1004—1010、1026、1028—1029页。
③ 中国第二历史档案馆等合编:《中华民国金融法规档案资料选编》(下),档案出版社1989年版,第1008页。
④ 《四联总处为转发请购外汇须知函》(1941年10月15日),重庆市档案馆、重庆市人民银行金融研究所合编:《四联总处史料》下,档案出版社1993年版,第164页。

有四联总处汇兑处原设外汇及特许进口两组的审核委员会应一并裁撤①。随后,1941 年 10 月 15 日政府颁布详细的《政府机关请购外汇须知》《事业机关请购外汇须知》②。外汇管理委员会规定自 1941 年 10 月 1 日起,取消商汇牌价,一律按照中央银行公布的挂牌市价进行外汇转换计算③。

　　显然在最初管制外汇的时候,四联总处制定的外汇管理办法只是政策层面的调整。四联总处决定采取"开源节流"的策略,即在调整外汇政策的同时,寻求英美外援的帮助。当时实际外汇形势不容乐观。敌伪在沦陷区发行伪钞,收购法币,换取外汇,实行金融战争。国际运输线断裂之后,进出口贸易停滞,难以获取外汇收入。中国外汇储备几近枯竭,寄希望获取外援,来维持外汇市场。几经谈判交涉,1939 年 3 月始获英国同意,成立中英平准基金 1000 万英镑,中国和英国各占一半,由中国银行、交通银行及汇丰银行、麦加利银行四家共同承担。在抛售大量的外汇之后,到 7 月此项中英平准基金寸底仅 200 万英镑④,难以稳定汇市。于是中国和英国双方再次谈判,成立乙种中英平准基金,再次大量抛售外汇。但是显然抛售外汇的办法后来也引起了争议。孔祥熙和宋子文财政金融问题上的分歧和纠葛从中可见一斑。经历 1939 年 6 月平准基金会第一次停止维持和 7 月平准基金会第二次停止维持⑤后,外汇情势日趋严重,平准基金所剩无几。7 月底,国民政府照会英、美、法国,解释中英平准基金会暂时放弃维持的原因,并提出"中国没有更多的外汇储备支持法币,故深切希望友邦予以援助,以维持法币之价值"。⑥ 但中外金融机构的合作和外币借款没有立刻得以实现。宋子文认为,孔祥熙在外汇政策上颇多犹豫、不坚定。中英平准基金成立前后,孔祥熙征求宋子文对外汇政策的意见,宋子文则以中国银行的实际经验,反复表明应当维持自由汇市。但孔祥熙未作决断。后孔祥熙虽然做出决断,又对该维

　　① 《理事会关于裁撤外汇及特许进口两审核委员会的决议》(1941 年 10 月 2 日),重庆市档案馆、重庆市人民银行金融研究所合编:《四联总处史料》下,档案出版社 1993 年版,第 159 页。
　　② 《四联总处为转发请购外汇须知函》(1941 年 10 月 15 日),重庆市档案馆、重庆市人民银行金融研究所合编:《四联总处史料》下,档案出版社 1993 年版,第 165 页。
　　③ 《四联总处为转知取消商汇牌价函》(1941 年 10 月 14 日),重庆市档案馆、重庆市人民银行金融研究所合编:《四联总处史料》下,档案出版社 1993 年版,第 163 页。
　　④ 中国人民银行总行参事室编:《中华民国货币史资料》(1924—1949)第 2 辑,上海人民出版社 1991 年版,第 458 页。
　　⑤ "蒋介石档案",台北"国史馆"藏,档号 002-080109-00001-003-061a。
　　⑥ Arthur N. Young, *China's Wartime Finance And Inflation* 1937－1945, Harvard University:Cambridge Massachusetts,1965,p. 221.

持自由汇市的政策加以批评。宋子文认为自己仅提供建议,最后决定权掌握在财政部手中,故财政部无权对其加以指责,更对当局指责中英平准基金会停止维持是宋子文导致的结果而感到气愤。[①] 8 月 10 日,宋子文写了封整整 19 页的信[②],跟蒋介石解释出售外汇来维持法币以应对抗战的政策的事实经过,以图反击后方人士对他的指责。杨格著述[③]亦印证了这一说法。1941 年 4 月获得美方政府同意,国民政府与美国签订平准基金借款 5000 万美元,向英国政府续借 500 万英镑,中国自行筹备 2000 万美元,组成中英美平准基金委员会。所以,中英平准基金、乙种中英平准基金和 1941 年 4 月中英美平准基金一直靠向市场抛售大量的外汇来维持稳定的汇率,以维持外汇汇市的金融秩序。国民政府运用中英平准基金、乙种中英平准基金和中英美平准基金,反映了四联总处对于外汇管制的思想,即"力谋以最少之基金,得最大之效果"并必须"切实防止敌伪套取"外汇[④]。可以说,在抗战初期对于外汇问题上,国民政府有主动争取外援的意愿和实际措施,但呈现出来的是处于十分被动、靠抛售外汇维持法币的状态。

抗战以来,尽管中国物价涨势汹汹,但官方外汇汇率一直保持平稳。1939年 6 月到 1941 年 12 月间央行公布的外汇汇率保持平稳在 1 美元兑换 20 法币的官方比率[⑤]。实际上暗地里美钞的黑市汇率已经疯涨,平准基金委员会的汇率实际上成为一纸空文。

四联总处前期对于外汇的审核管理,反映了政府对战争突然爆发后的短期应对。财政部外汇审核委员会和四联总处汇兑处审核小组,也只是暂时的管制外汇的手段。下文述及集中评述 1942 年 5 月四行专业化实施,外汇由央行集中管制。央行委托中国银行办理业务。四联总处从中进行协助。

---

① "蒋介石档案",台北"国史馆"藏,档号 002-0801109-00001-003-065a。

② "蒋介石档案",台北"国史馆"藏,档号 002-0801109-00001-003-065a。

③ Arthur N. Young, *China and the Helping Hand* 1937—1945,(Harvard University Press,Cambridge,Massachusetts,1963),p. 69.

④ 《金融三年计划》,四联总处秘书处编:《四联总处重要文献汇编》影印本全一册,台北:学海出版社 1970 年版,第 9 页。

⑤ Chang Kia—ngau.,*The inflationary spiral:the experience in China* 1939—1950,Massachusetts Cambridge:The MIT Press,1958,p. 41.〈Table 13. The Foreign Exchange Rate And Internal Price Levels,1940—1941〉.

二、央行统一管理四行外汇

1941 年 12 月太平洋战争爆发后,国际商贸活动被阻断。中国对外贸易阻断,官方认为民间合理的外汇需求已大大减少,相应的外汇审核和供应量锐减。再加上法币恶性贬值,官方牌价和黑市汇率差别巨大,国民政府决定不再通过售汇来平抑法币汇价,反而要掌控外汇。实际上停止通过出售平价外汇来维持汇率的政策,没有减少官方购买国外物资所需的外汇量。再加上中国的货币制度实行外汇汇兑本位,法币本身的稳定性与外汇汇率息息相关①。政府为维持币信和集中外汇购买国外物资,急需统筹外汇收付。

四联总处奉蒋介石手令拟具四行业务划分及考核办法。1942 年 5 月 28 日上午蒋介石亲自主持四联总处临时理事会议并通过条文②。会议讨论通过了《中中交农四行业务划分及考核办法》《统一发行办法》《统一四行外汇管理办法》《中央中国交通农民四银行联合办事总处组织章程》等③。对中中交农四行业务实行专业化分类管理④。1942 年 6 月财政部对外公布《统一四行外汇管理办法》⑤。此处《统一四行外汇管理办法》规定:

(1)"中中交农四行外汇业务,由财政部集中管理,其原有外汇资产负债,应列表报告财政部,以后收进或售出外汇,并应按旬列表报告财政查核";(2)"中中交农四行外汇交易应遵照政府法令办理,不得为非法定价格之外汇买卖";(3)"中国交通中国农民三行外汇买卖之收付应集中中央银行转账,并由中央银行调拨";(4)"邮政储金汇业局外汇之处理,适用本办法"。⑥

有赖于多年来中国银行在境外外汇事业的成熟业务,而且央行不宜在海内

---

① 参见吴景平:《英国与中国的法币平准基金》,《历史研究》2000 年第 1 期。

② 周美华编:《蒋中正总统档案·事略稿本》(1942 年 4 月—6 月上)第 49 册,1942 年 5 月 28 日,台北"国史馆"2011 年 9 月,第 493 页。

③ 《四联总处临时理事会会议记录》(1942 年 5 月 28 日),中国第二历史档案馆编:《四联总处会议录》(15),广西师范大学出版社 2003 年版,第 1—22 页。

④ 《中中交农四行业务划分及考核办法》(1942 年 5 月 28 日),重庆市档案馆、重庆市人民银行金融研究所合编:《四联总处史料》上,档案出版社 1993 年版,第 561—562 页。

⑤ 《统一四行外汇管理办法》(1942 年 5 月 28 日),重庆市档案馆、重庆市人民银行金融研究所合编:《四联总处史料》下,档案出版社 1993 年版,第 172 页。

⑥ 《统一四行外汇管理办法》(1942 年 5 月 28 日),重庆市档案馆、重庆市人民银行金融研究所合编:《四联总处史料》下,档案出版社 1993 年版,第 172—173 页。

外遍设分支行处,央行委托中行管制战时外汇。孔祥熙掌控的财政部对外汇的管理权从一般外贸结汇与用汇申请审核,扩大到各政府银行的外汇存底。同时孔祥熙任总裁的央行成为统筹外汇收付的唯一执行机关,使得政府在制度层面上加强了对战时外汇掌控,央行从此不仅在本币资金上拥有最大的控制权,而且统制外汇作为调节货币数量与资金出入的手段,垄断性达到空前程度。

因大后方英、美现钞较多,黑市汇率与法定汇价比例越拉越大。1944 年 6 月 1 美元合法币 192 元,12 月为 570 元,1945 年 6 月则为 1705 元①。继 1944 年 3 月底撤销中英美平准基金委员会,1945 年 4 月 15 日行政院鉴于外汇审核事务减少,撤销外汇管理委员会。"查外汇管理委员会之设立,主要在求外汇审核与执行之分立,俾收监督之效,现本部外汇管理事务,业经移交中央银行接办,似可照孔副院长原呈意见第三项,在中央银行内,另设外汇审核委员会,与该行业务局分开,由财政、金融等有关机关派员参加组织,则审核与执行,仍可分立"②。因此所有商业及个人申请购买外汇事项由财政部和中央银行接办。在中央银行内设外汇审核委员会,由财政、金融等有关机关派委员参加审核,专门经办购买外汇审核、出口货物结汇数量审计、控制外汇市场建议设计以及管理外汇调查研究等事项③。

1945 年 7 月,财政部公布《政府机关及事业机关请购外汇办法》共 14 条,规定各机关请购外汇由中央银行审核④。办法规定,各机关请准结购外汇,必须尽速遵照中央银行核定的结购条件及办法办理,否则中央银行撤消该单位的结购权。未结售与中央银行的机关不可以申请外汇。该办法提高了中央银行在外汇问题上的控制权。也就是说外汇控制权从财政部转移到了中央银行手中,提升了中央银行的管控职权范围和能力。

概况而言,国民政府管制外汇的主管机构经历了"财政部外汇审核委员会——四联总处汇兑处增设外汇与特许进口小组承担工作、与财政部外汇审核

---

① Chang Kia—ngau. *The inflationary spiral: the experience in China* 1939—1950, Massachusetts Cambridge: The MIT Press, 1958, pp. 382 – 383.〈TableD – 1. Foreign Exchange Rate: 1937—Aug.1948〉.

② 洪葭管主编:《中央银行史料(1928.11—1949.5)》上卷,中国金融出版社 2005 年版,第 510 页。

③ 洪葭管主编:《中央银行史料(1928.11—1949.5)》上卷,中国金融出版社 2005 年版,第 512 页。

④《财政部公布政府机关及事业机关请购外汇办法令》(1945 年 7 月 4 日),中国第二历史档案馆等合编:《中华民国金融法规档案资料选编》(下),档案出版社 1989 年版,第 1028 页。

委员会并存——财政部成立外汇管理委员承担工作、撤销四联总处汇兑处——撤销外汇管理委员会、设立中央银行外汇审核委员会管理"的机构变迁过程。外汇的实际主管单位隶属关系经历了"财政部——四联总处和财政部——财政部——中央银行"的转变过程。整个机构和主管单位管理隶属关系的变迁说明了国民政府处理金融问题的专业化能力提升。这是一个从不成熟到成熟的过程。从中也看到了中央银行掌控的能力上升。

中央银行在制度层面上加强了对外汇的掌控,防止外汇外流。众所周知,衡量外汇实际管理成效的标志是弹性、市场化的汇率机制和多元化安全化的外汇储备。由于国际路线尚未畅通,1943 年度中国银行的外汇业务与 1942 年度无差异,进出口贸易及汇兑均无法开展,战时汇率价格不再具有弹性、市场化,战时外汇管理实际上仅在侨汇部分可圈可点。

三、四联总处办理侨汇的困难及补救

在外国援助尚未抵达之前,国民政府外汇收入主要靠出口贸易的外汇和侨汇。在国内局势如此紧张,国际贸易收支几乎停顿的情况下,侨汇成为了外汇的最大头的收入来源。伦敦、香港、马来亚、缅甸、纽约、菲律宾、荷属东印度、法属越南、泰国九大重点侨汇来源地在 1938—1941 年尚有侨汇陆续汇进国内[1]。

1940 年 4 月,四联总处颁布金融三年计划的 1940 年度实施计划。提出侨汇的处境困难。自从广州、汕头、厦门等广东和福建的几大重点侨乡沦陷之后,侨汇的流入和解付都颇受影响。四联总处随后提出了五点便利侨汇办法:(一)在海外增设行处,选派办事得力的工作人员前往揽收侨汇;(二)福建省银行和广东省银行,同时注意揽做侨汇,随时上交中央银行;(三)邮政储金汇业局与侨批业[2]保持密切联络,给予适当报酬,将所收侨汇作为外币,转交中央银行;(四)闽粤两省内,四行应该充分准备法币,以便侨汇解付;(五)海外各使领馆劝导侨胞

① 《战时各行局吸收侨汇数额》,重庆市档案馆、重庆市人民银行金融研究所合编:《四联总处史料》下,档案出版社 1993 年版,第 218－219 页。

② 侨批业具体是指专营或兼营揽收或(和)解付华侨汇款并寄递华侨侨眷信件和回执的私营机构和个人,它主要包括侨批局和侨批员。侨批局也称民信局、银信局、金山庄等。最初侨批员称为"水客",新中国成立初期称为"侨信员",1953 年政务院下令统一名为"侨批员"。参见《侨汇专用名词解释》(1953 年),广东省档案馆藏广东省华侨事务委员会档案,档号 247-1-79,第 67 页;尤云弟《上海侨汇与 1950 年人民胜利折实公债》,《党史研究与教学》2013 年第 4 期。

团体,确保由中国银行、交通银行、福建省银行、广东省银行及邮政储汇局汇付侨汇①。甚至 1940 年 7 月,四联总处提出筹建华侨建国银行②。这个项目的直接目的在于吸收侨胞的存款和侨汇。再利用侨汇和侨胞存款投资国内生产事业,同时使得侨胞资产升值。但是最终由于战时形势紧张等因素,这个华侨建国银行并没有成立。

市面上,口岸与内地之间外汇周转需要支付高额的手续费。侨汇也不例外,对此,四联总处采取通融办法,便利侨汇解付。自国民政府统制管理外汇以来,对于由内地汇往上海、香港口岸的款项,均须核明用途,再由各行集中承汇。因此,不少商业银行就借故抬高汇费,市场汇价每百元收费二三十元的高额承汇手续费。对于侨胞而言,自然希望政府能够便利收汇和解付。侨汇是侨胞的血汗钱。收取高额的手续费,对于侨汇来说自然不公平。由于战局的发展,东南亚的局势日益紧张,在当地的华侨除了要保证自身的生命安全外,还得把财产及时汇回来支持抗战事业和赡养国内侨眷。巨额的侨汇汇到国内,侨胞自然希望不要受到上述的高额汇费的影响。与此同时,国外侨居地政府对侨汇汇回中国也有限制。据报道马来亚半岛(今马来西亚半岛)当地政府为了防范战时外汇流失,对汇回香港和内地的外汇实行严密管理,如此一来限制了侨汇汇入国内,"侨眷家用受影响"③。因此在这样的情况下,主动出击、争取侨汇是非常必要的。1941 年 5 月 29 日四联总处第 79 次理事会议提出了蒋介石的电令:"争取侨资回国,以供建设,为金融重要政策,今遍侨既愿将款内汇,此种障碍,自应特予设法通融,迅予改善"。会议决议提出可以从昆明各行和四联分处予以便利④。可以说国民政府注重侨汇问题。四联总处对侨汇的管理也是给予各种通融。

1941 年 7 月,美英等国封存中、日资金。8 月,张嘉璈就英美冻结资金的金融新形势,提出了"外汇来源,法币收付,一经集中,则无人能操纵法币行市"的观点。其中针对侨汇问题,张嘉璈提出了具体措施为:(一)南洋英荷两属及美国各

---

① 《金融三年计划二十九年度实施计划》(1940 年 4 月 9 日),重庆市档案馆、重庆市人民银行金融研究所合编:《四联总处史料》上,档案出版社 1993 年版,第 179—180 页。

② 《秘书处关于筹设华侨建国银行之审查意见》(1940 年 7 月),重庆市档案馆、重庆市人民银行金融研究所合编:《四联总处史料》下,档案出版社 1993 年版,第 181—182 页。

③ 《海外侨迅:马来亚半岛:限制侨汇,侨眷家用受影响》,《四邑华侨导报》,1941 年第 1 卷第 1 期,第 76 页。

④ 《理事会关于鼓励暹罗华侨汇款回国办法的决议》(1941 年 5 月 29 日),重庆市档案馆、重庆市人民银行金融研究所合编:《四联总处史料》下,档案出版社 1993 年版,第 187—189 页。

地中外银行所承汇的华侨汇款,应一律作为代中国政府所做,取得外汇,统归中国政府所有。在中国解出法币,统归中央银行供给。此举意在集中外汇来源,亟应议订办法,与英美荷三国协商进行。(二)由香港转汇内地的侨汇及其他汇入内地的各项汇款,只许托中交两行办理。所收港币归中国政府所有。在香港所有法币买卖须一律集中在中交两行,香港市面流通的法币,由中交两行设法收回,杜绝私做交易,而使中交两行在香港为唯一的法币收付机关。急需妥订办法与香港政府协商办理。(三)可由政府斟酌一适宜的法币与英镑美元港币汇价,规定通告港沪遵行。应该与平衡基金委员会筹划进行。(四)香港现行办法,对于每银行及每人汇至内地款项限制数目甚严。此项办法与资金内移妨碍过大,应与港政府交涉,凡汇入内地汇款概不加以限制。(五)平衡基金委员会亦应指定中方专员常驻香港,代表政府应对一切与英方代表商量。1941 年 8 月 21 日,四联总处第 91 次理事会议决议通过张嘉璈的建议和意见,请财政部转函外汇管理委员会密洽办理①。

为了集中侨汇于政府指定银行,不致发生侨汇流失的损失,中央银行划分马来亚、缅甸、荷属东印度、欧洲、美洲、印度、华南(指香港)、菲律宾、越南、泰国共 10 个分区分别来收集侨汇,并且指定揽收侨汇的各个地区代理行。其中除菲律宾、越南两个地区委托交行,泰国区委托广东省银行作为代理外,其余七区,均委托中国银行在当地的分支机构妥善办理②。中国银行重庆分行也传达了四联总处要求各行局主动改善侨汇的精神:"事关便利侨胞汇款,各行局办理汇解手续,自应设法力求敏捷,以济急需"③。

据四联总处 1941 年度工作报告称,中国银行和交通银行受央行的委托,在吸收侨汇方面的表现可圈可点。邮政储金汇业局参与揽收侨汇的成绩也非常显著。首先是中国银行。自英美封存资金后,中行海外各分行处被中央银行委托为收集侨汇代理行,有:第 1 区马来亚新加坡中国银行、第 2 区缅甸仰光中国银行、第 3 区荷属东印度巴达维亚中国银行、第 4 区欧洲伦敦中国银行、第 5 区美洲纽约中国银行、第 6 区印度加尔各答中国银行、第 7 区华南香港中国银行。截

①　《张嘉璈就英美冻结资金后应采措施电》(1941 年 8 月 4 日),重庆市档案馆、重庆市人民银行金融研究所合编:《四联总处史料》上,档案出版社 1993 年版,第 292 页。
②　中国银行行史编辑委员会编:《中国银行行史(1912—1949 年)》,中国金融出版社 1995 年版,第 558 页。
③　中国银行行史编辑委员会编:《中国银行行史(1912—1949 年)》,中国金融出版社 1995 年版,第 558 页。

至 1941 年 6 月底,中国银行海外各行处经收侨汇折合国币数共 70292 万元。自英美先后颁布封存资金后,交通银行由中央银行委托办理侨汇的海外分支行处有第 8 区菲律宾小吕宋交行、第 9 区越南西贡交行代理行。西贡支行撤退后,由菲律宾方面代理侨汇事宜。据交行菲律宾支行报告,截至 1941 年 8 月底,经收侨汇总数为菲币 4027000 余里拉,折合国币 37317000 余元,较 1940 年度全年经收侨汇数增加 9828000 余元。至于邮政储金汇业局海外吸收侨汇的代理单位有新加坡华侨银行、纽约中国银行、西贡东方汇理银行、曼谷马丽丰金行、光亚公司、东亚银行、马尼拉中菲汇兑公司、东方汇理银行及香港信行金银公司等 11 家。邮政储金汇业局在 1941 年 1 月—11 月,共吸收总额 170203000 余元,比 1940 年度的 12690 万元增加了 4300 余万元①。可以说中国银行、交通银行和邮政储金汇业局尽力办理侨汇,为战时吸收侨汇作出了卓越贡献。使政府掌握了侨汇的流向,不至于被敌伪所利用或者流入地下交易。

　　1941 年 12 月太平洋战争爆发后,出口贸易有所停顿,南洋一带相继沦陷,侨汇因交通梗塞陷入了困境,只有少量南北美洲的侨汇汇入国内,而且解付困难。譬如邮政储金汇业局报告称自太平洋战事爆发后,香港、马来亚、菲律宾等华侨集中地先后被敌人所攻占,荷属东印度、英属缅甸等地方交通阻隔,越南被日本控制,汇兑断绝,所有邮政储金汇业局经办华侨汇款业务,除美洲及荷属东印度的极小部分尚在继续办理外,其他各业已完全停顿②。一时间,南北美洲的侨汇不得不涌集到中国银行的纽约分行,而侨汇解款地点多在广东省的四邑地区。国内各银行先后停业。因此造成了侨乡靠侨汇生活的侨眷们,没能收到侨汇,断绝了生活收入的来源。据侨乡开平海外归侨协会常务委员谭舜兴等呈称:查近日英美两国侨胞的眷属来查询,说有款项从纽约中国银行汇回,但汇款至今 2 个月仍未收到。又听说侨眷间有接到侨胞由英美从重庆方面寄回的汇票,有委托当地邮局支付者,有委托当地国省银行支付者,3、4 个月了仍没有收到款项。而且香港失陷,侨汇中断,侨眷生活困苦非常,侨胞子女每多辍学,典卖衣服、被褥、家具甚至炊具、产业,哭诉生活勉强支持,饥病交迫,到了坐以待毙的

　　① 《四联总处关于督促各行局吸收侨汇情形的报告》(1941 年),重庆市档案馆、重庆市人民银行金融研究所合编:《四联总处史料》下,档案出版社 1993 年版,第 190—193 页。
　　② 《秘书处关于邮汇局 1938 至 1941 年经办侨汇情形的报告》(1942 年 3 月 13 日),重庆市档案馆、重庆市人民银行金融研究所合编:《四联总处史料》下,档案出版社 1993 年版,第 194 页。

地步①,非常希望解决侨汇断绝的问题。

实际上,据经验丰富的中国银行分析,中美之间发生侨汇阻碍的原因在于:(一)邮递梗阻——太平洋战事爆发后,中美邮件中断。中国银行纽约分行称,1941 年 11 月至 1942 年 1、2 月间发出的汇款通知书,迟至 4、5 月间原封退还者甚多。等到中行纽约分行再将该退还的汇款寄到重庆转解,则距原汇日期既有半年以上时间。(二)印度检查——中美邮件大多取道印度转寄来重庆。印度政府厉行战时检查制度,对于中文函件检查非常严格。由于文字隔阂,往往将函件扣留至数月,很多纽约中国银行汇款通知书因此遭受阻滞。(三)收款人地址迁移——因台山及其附近地区被敌人扫荡,致使侨眷的住址迁移,由美洲汇回国内的款项,往往无法按地址解交。无法解交的话,银行只好把汇款退回国外。等到汇款人重新更改收款人地址,再由美国汇出,又会耗时两三个月。(四)国内运输困难——侨眷大多居住在广东省的四邑,且多在穷乡僻壤、交通不便的乡下地方,时常有战火扫荡。邮汇局解付汇款,运送大量钞券,储存备付,并分送各地分发,比较危险②。还有一个原因是国内官方汇率不合理,吸引力较弱。据四联总处报告称 1941 年政府银行所订汇率以上海行市为计算标准,并由各当地银行公会厘订汇率统一办理。但是其他商业银行及侨批业等就暗中削减汇价,多方兜揽,官方汇率与商业银行、私人、黑市相较而言,自然吸引力下降,吸收侨汇数额渐趋减少③。

针对太平洋战争爆发后对外汇和侨汇造成的影响,法币恶性贬值、官方外汇牌价和黑市汇率的巨大差别,再加上多年来外汇业务一直由中行办理,央行和财政部担心外汇包括侨汇流入"地下"交易,届时无法掌控,法币币信丧失。国民政府急需要集中筹划外汇包括侨汇收付。这个集中筹划侨汇经历了从"四行及其他商业银行"到"集中由中央银行委托中国银行办理"的演变过程。

首先 1942 年 1 月四联总处秘书处修正通过《对日宣战后处理金融办法的报告》,对外汇管理作了新规定:"中英美平准基金全部移至后方运用;人民买卖外

---

① 《中国银行重庆分行为四联总处函知改善侨汇函》(1942 年 9 月 22 日),重庆市档案馆、重庆市人民银行金融研究所合编:《四联总处史料》下,档案出版社 1993 年版,第 200 页。

② 《四联总处为复办理改善侨汇情况呈》(1942 年 11 月 6 日),重庆市档案馆、重庆市人民银行金融研究所合编:《四联总处史料》下,档案出版社 1993 年版,第 203 页。

③ 《秘书处关于中国银行 1939 至 1942 年经收侨汇情形的报告》(1943 年 3 月 18 日),重庆市档案馆、重庆市人民银行金融研究所合编:《四联总处史料》下,档案出版社 1993 年版,第 206 页

汇须经政府特许之银行办理;今后外汇管理事项应谋简单,以省手续。①"明文规定买卖外汇的银行,除中中交农四行,还有上海商业储蓄银行、浙江兴业银行、浙江实业银行、金城银行、广东银行、华侨银行、中兴银行、东亚银行等八家银行准予经营外汇业务。其余未经奉准经营外汇业务的各银行钱庄,所为买卖外汇业务是违法的②。特别是侨汇收取的最大银行——中国银行于1942年2月提出应该由四联总处转饬四行国内有关分支行处设法尽量尽早疏通侨款内汇,使侨胞国内的家属生活接济不致中断,将来中央救济的范围亦可因而缩小③。对于携款回国侨民,将资金转移回国内数量尤其多。那么由桂、粤、滇、闽、浙等省汇来内地者,尽量予以便利,凭借侨民身份减少汇水④。

其次,到了1942年5月,四行专业化后,所有海外各地侨汇,经规定悉由中央银行集中办理,并委托中国银行海外各地分支行处为收集侨汇代理行,积极揽收。自南洋各地相继沦陷后,侨汇即集中于纽约、伦敦、澳洲3处。中国银行作为揽收侨汇的最大银行,也做了大量的改善工作。四联总处会同财政部约集各有关行局,商定如下改善各行局处理侨汇办法:(一)沟通侨汇。积极推行电汇受款人登记办法;中国银行在国内自行增设行处利于解付侨汇;中国银行在接近沦陷区设法委托商业行庄解付侨汇。(二)改善侨汇交付及供应筹码。中国银行以美金向中央银行换取法币,充实解付侨汇头寸;各地邮局对于侨汇,随到随付等⑤。至于华侨报告国内解款每百元有扣汇水三四十元者,虽然不属实,也加以重视。中行委托邮汇局转解四邑侨汇,邮局仅仅收取2%的转解费用。由中行在汇款内照扣,除此之外,没有其他汇水。鉴于国内市面上低折交通及农民两行钞票,又有新钞、旧钞、大券、小券的情况,财政部只好严令对四行钞票应一律行

---

① 《秘书处关于修正通过对日宣战后处理金融办法的报告》(1942年1月15日),重庆市档案馆、重庆市人民银行金融研究所合编:《四联总处史料》上,档案出版社1993年版,第305页。

② 《四联总处为勿与未经批准经营外汇之银行钱庄进行外汇交易代电》(1942年2月4日),重庆市档案馆、重庆市人民银行金融研究所合编:《四联总处史料》下,档案出版社1993年版,第395页。

③ 《中国银行重庆分行为转知尽先洽解侨汇函》(1942年2月12日),重庆市档案馆、重庆市人民银行金融研究所合编:《四联总处史料》下,档案出版社1993年版,第193页。

④ 《秘书处关于归侨携款来内地应尽量予以便利的报告》(1942年3月26日),重庆市档案馆、重庆市人民银行金融研究所合编:《四联总处史料》下,档案出版社1993年版,第199页。

⑤ 《四联总处1942年度工作报告》,重庆市档案馆、重庆市人民银行金融研究所合编:《四联总处史料》下,档案出版社1993年版,第205—206页。

使,不能任意折扣。中行和邮汇局也尽量满足收款人的意愿。① 中国银行的努力得到了汇报,收汇效果显著。1942 年中行收汇数额竟达 43100 万元。其中以纽约经理处经收 33300 万元最多,约占该行全年经收侨汇总额的 76%②。1943 年侨汇数量更有井喷式增长,达到了 1942 年的 3 倍。尽管中国银行的外汇业务与 1942 年度无差异,进出口贸易及汇兑均无法开展,战时汇率价格不再具有弹性、市场化,外汇管理实际成效难以定论。中国银行侨汇收入 1943 年比 1942 年增加达 3 倍③,防止侨汇流向“地下”,对支持抗战和维护战时金融稳定做出了一定贡献。

　　到了 1944 年,由于四邑地区接连发生战事,所需解付的钞券均由昆明拨交。这造成广东四邑地区的侨汇收兑不便。中国银行除了采取就近解付的办法外,还经蒋介石批准,采取了空运钞券解付侨汇的办法。当时,中行设法通过中央银行就近在桂林、衡阳或韶关等处拨付,以便就近转送广东四邑等地。除此之外,1944 年 6 月四邑局势紧张,钞券接济不上,肇庆中行为抓紧处理汇款,不得已开始搭付银行本票。后来肇庆中行撤退,本票一时无从兑付,引起侨眷的批评和责难。中国银行随即电通韶关、梧州等行随时收兑解决。当时尽管如此努力,终因四邑大部陷于敌手,侨汇解付无法进行。直到抗战胜利后,四邑侨汇才陆续解付④。1944 年 7 月份开始,广东省四邑发生严重战事,导致侨汇不畅。中国银行肇庆、台山、新昌、赤磡、金岗等行处被迫向宜山等地撤离,侨汇停顿。中国银行就通知海外各行处对于各地侨汇一律暂停收汇,并嘱咐如果侨胞愿意先行汇至重庆以俟上述各地通汇后转解者仍予酌情照收⑤。甚至到了 12 月份中国银行办理华侨汇款仍然十分困难,于是讨论办法,注意四邑各地情形以便肇庆台山赤

---

　　① 《四联总处为复办理改善侨汇情况呈》(1942 年 11 月 6 日),重庆市档案馆、重庆市人民银行金融研究所合编:《四联总处史料》下,档案出版社 1993 年版,第 204 页。

　　② 《秘书处关于中国银行 1939 至 1942 年经收侨汇情形的报告》(1943 年 3 月 18 日),重庆市档案馆、重庆市人民银行金融研究所合编:《四联总处史料》下,档案出版社 1993 年版,第 206 页。

　　③ 中国第二历史档案馆编:《中华民国史档案资料汇编》第 5 辑第 2 编,“财政经济”(3),江苏古籍出版社 1997 年版,第 498 页。

　　④ 中国银行行史编辑委员会编:《中国银行行史(1912—1949 年)》,中国金融出版社 1995 年版,第 558 页。

　　⑤ 《四联总处理事会第 240 次会议记录》(1944 年 10 月 5 日),中国第二历史档案馆编:《四联总处会议录》(32),广西师范大学出版社 2003 年版,第 438 页。

碉新昌各行处于可能时尽先迁回原地或附近地区复业等①。尽管如此,1944年7月至12月中国银行经收侨汇折合国币共计10500万元(不包括补助金),与1943年同期比较,约减少85%②。总之,侨汇是侨眷生活的来源,关系到国家外汇收入。内地与四邑陆上交通完全隔断之后,所有侨汇委托书、有关账册及电台机件等无法运往,四邑侨汇停滞。目前疏解侨汇只有利用空运③。旋经多方斡旋,1945年5月蒋介石命令航空委员会,准由中国银行派员搭乘该会军用机④,并携同钞券等必需品,一并飞运长汀转到广东解付。经过中国银行的努力,1945年仍有大量侨汇进入国内。空运钞券解付侨汇的典型举措,充分说明了国民政府对于侨汇的重视。

为了吸引侨汇汇入国内,避免侨汇流入黑市交易,政府甚至采取了"贴补"国币的补救办法。最早在1943年4月,国民政府提供给外国驻华大使馆和领事馆售出外汇以法币50%的"贴补"。1个月后,这办法推广到慈善事业、宗教团体、文化事业等组织均为有效。此外,规定了救灾汇款可给以100%的贴补。1943年11月,这个50%的贴补再次扩大到对侨汇及非官方外国人员也有效⑤。1944年1月份起,侨汇外汇兑付国币,除按照牌价给付外,另外给国币补助100%即1美元。也就是说按照规定1美元可以兑付国币20元外,另外给国币补助金20元,一共兑付国币40元。1945年8月9日,四联总处理事会第279次会议上讨论通过:政府为顾念侨眷生活困难,近年来物价高涨、汇率依旧、侨眷生活困苦,因此规定1945年7月16日起,华侨汇款赡家外汇兑付国币补助每1美元增加480元即每1美元兑付国币500元,其他外币亦比照办理⑥。当时通货膨胀日益严重。即使政府主动采取这样的"贴补"政策,也还是抵不上法币贬值的程度。

---

① 《四联总处理事会第251次会议记录》(1944年12月21日),中国第二历史档案馆编:《四联总处会议录》(34),广西师范大学出版社2003年版,第414页。

② 《中国银行三十三年下期办理华侨汇款报告》(1945年3月15日),重庆市档案馆、重庆市人民银行金融研究所合编:《四联总处史料》下,档案出版社1993年版,第212页。

③ 《中国银行三十三年下期办理华侨汇款报告》(1945年3月15日),重庆市档案馆、重庆市人民银行金融研究所合编:《四联总处史料》下,档案出版社1993年版,第214页。

④ 《改善华侨汇款办法》(1945年6月14日),重庆市档案馆、重庆市人民银行金融研究所合编:《四联总处史料》下,档案出版社1993年版,第215页。

⑤ 洪葭管主编:《中央银行史料(1928.11—1949.5)》上卷,中国金融出版社2005年版,第474页。

⑥ 《四联总处理事会第279次会议记录》(1945年8月9日),中国第二历史档案馆编:《四联总处会议录》(41),广西师范大学出版社2003年版,第9页。

　　1945 年 8 月抗战胜利后,复员开始。战后复员后,侨汇汇入国内曾出现了一段时间的回流,数目较为可观。中国银行和交通银行两行为战后侨汇回流做出了相当的努力。中国银行和交通银行两行总处继续洽办沟通华侨汇款事宜。等到菲律宾交通银行复业后,本来打算先收作侨汇,再向央行洽济现钞①。没想到菲律宾政府规定外国银行在菲律宾设行必须在菲律宾具独立组织及资本,申请注册手续繁复,需时甚久。于是中国银行仍然委托中兴银行继续办理侨汇事宜②。对于揽收的侨汇,中央银行继续加强统制和管理。1945 年 11 月 29 日,四联总处理事会第 295 次会议规定,中国银行侨汇项下收入外汇按照规定应缴由中央银行收受并由中央银行按照规定汇率折还国币头寸交由中国银行在国内付款地点拨解所有③。四联总处理事会第 296 次会议上中国交通两总行提议关于两行因解付侨汇运送粤闽等地的券料,除能保险自运部分,其余拟请作为代中央银行运送钞券,倘有损失由中央银行负担④。由受中央银行为委托运送钞券,尚有损失由央行负担⑤。中国银行总处自复业日起到 1946 年 1 月底,共收到新旧侨汇共计 106186 笔,共计国币 770639 万元,业已解付 95061 笔,共计 670155 万元,尚未解付有 11125 笔,共计国币 100484 万元⑥。在短短半年内,取得相当喜人的成绩,一方面是中行和交行的银行人员贯彻正确政策、努力揽收工作的结果,另一方面也反映了海外侨胞对于抗战胜利和战后复员的关注,对国民政府战后建设的信心。

　　很快,战后日益严重的通货膨胀和金融秩序混乱瓦解了华侨汇款的信心,侨汇发生严重“逃汇避港”现象,之后走向了无可挽回的下坡路。1946 年 6 月,1 美元官方汇价兑国币 20 元,加上 100% 的补助金,即兑 40 元,这时与黑市价已相

---

① 《四联总处理事会第 281 次会议记录》(1945 年 8 月 23 日),中国第二历史档案馆编:《四联总处会议录》(41),广西师范大学出版社 2003 年版,第 238 页。

② 《四联总处理事会第 292 次会议记录》(1945 年 11 月 8 日),中国第二历史档案馆编:《四联总处会议录》(43),广西师范大学出版社 2003 年版,第 124 页。

③ 《四联总处理事会第 295 次会议记录》(1945 年 11 月 29 日),中国第二历史档案馆编:《四联总处会议录》(43),广西师范大学出版社 2003 年版,第 348 页。

④ 《四联总处理事会第 296 次会议记录》(1945 年 12 月 6 日),中国第二历史档案馆编:《四联总处会议录》(43),广西师范大学出版社 2003 年版,第 486 页。

⑤ 《四联总处理事会第 305 次会议记录》(1946 年 5 月 8 日),中国第二历史档案馆编:《四联总处会议录》(45),广西师范大学出版社 2003 年版,第 448 页。

⑥ 《四联总处理事会第 305 次会议记录》(1946 年 5 月 8 日),中国第二历史档案馆编:《四联总处会议录》(45),广西师范大学出版社 2003 年版,第 445-446 页。

差 20 倍以上。① 到 1948 年 8 月,国民政府企图巩固和改变币制时,外汇官价已达到 1 美元兑 12000 元国币,而当时黑市已达 50000 元左右。② 官方汇价与黑市汇价之间的差距越来越大。1948 年 8 月 19 日,国民政府实行币制改革。硬性规定华侨汇款折汇金圆券,以前所存外币须折换成金圆券储存。这样一来银行的汇率严重偏低且脱离实际,侨胞蒙受重大损失。③ 再加上国民政府庞大的军费开支使财政赤字越来越大。为了弥补亏空,国民政府只好依靠超额发行法币来支付。如此一来恶性通货膨胀爆发,国币币值锐减,物价暴涨。1947 年 10 月的物价指数比战前上涨了 64500 倍。④ 国内物价愈涨愈烈,生活困苦不堪。侨胞不愿意将辛苦血汗钱变成一捆捆无用的法币废纸。为了避免不必要的损失,他们几乎将所有的侨汇都汇寄香港,产生侨汇逃避问题。据统计,仅由美国汇港资金 1945 年就达 10 万美元,1946 年增至 2460 万美元,1947 年估计超过 1 亿美元。⑤ 国家银行里的侨汇日益减少。特别是侨汇汇入的重点区域如四邑、汕头等重点侨乡,港币充斥市面,成为常见的流通货币。战后侨汇避港问题非常严重,仍然值得笔者继续探讨。

笔者根据《四联总处史料》和《四联总处会议录》的原始档案史料,统计 1939—1945 年中国银行吸收侨汇收入折合国币的数额情况。笔者制作表格 3-3 和图 3-3 如下:

表 3-3　1939—1945 年中国银行吸收侨汇收入折合国币总额统计

年份	1939 年度	1940 年度	1941 年度	1942 年度	1943 年度	1944 年度	1945 年度	总额
侨汇/国币万元	17300	22200	10800	43100	122300	74127	68207	358034

资料来源:《四联总处关于督促各行局吸收侨汇情形的报告》(1941 年),重庆市档案馆、重庆市人民银行金融研究所合编:《四联总处史料》下,档案出版社 1993 年版,第 190—193 页。《秘书处关于中国银行 1939 至 1942 年经收侨汇情形的报告》(1943 年 3 月 18 日),重庆市档案馆、重庆

---

① 台山县金融志编写组:《台山县金融志》,出版者不详,1988 年 6 月,第 8 页。

② 《华侨学报》,中山大学出版社,1948 年 5 月 1 日。

③ 广东省档案馆编:《华侨与侨务史料选编》(上),广东人民出版社 1991 年版,第 228—229 页。另一说法与当年侨汇数字相差甚远,参见《华侨评论》,1946 年第三期,第 3 页。

④ 柯木林:《新加坡侨汇与民信业研究》,载柯木林、吴振强编:《新加坡华族史论集》,新加坡南洋大学毕业生协会,1972 年,第 196—197 页。

⑤ 《华侨学报》,中山大学出版社,1948 年 5 月 1 日。

市人民银行金融研究所合编:《四联总处史料》下,档案出版社 1993 年版,第 206 页。《秘书处关于中国银行年来办理侨汇情况的报告》(1943 年 11 月 25 日),重庆市档案馆、重庆市人民银行金融研究所合编:《四联总处史料》下,档案出版社 1993 年版,第 208 页。《改善华侨汇款办法》(1945 年 6 月 14 日),重庆市档案馆、重庆市人民银行金融研究所合编:《四联总处史料》下,档案出版社 1993 年版,第 216 页。《中国银行三十三年下期办理华侨汇款报告》(1945 年 3 月 15 日),重庆市档案馆、重庆市人民银行金融研究所合编:《四联总处史料》下,档案出版社 1993 年版,第 212 页。《四联总处理事会第 257 次会议记录》(1945 年 2 月 1 日),中国第二历史档案馆编:《四联总处会议录》(35),广西师范大学出版社 2003 年版,第 494 页。《四联总处理事会第 279 次会议记录》(1945 年 8 月 9 日),中国第二历史档案馆编:《四联总处会议录》(41),广西师范大学出版社 2003 年版,第 9 页。《四联总处理事会第 295 次会议记录》(1945 年 11 月 29 日),中国第二历史档案馆编:《四联总处会议录》(43),广西师范大学出版社 2003 年版,第 348 页。《四联总处理事会第 305 次会议记录》(1946 年 5 月 8 日),中国第二历史档案馆编:《四联总处会议录》(45),广西师范大学出版社 2003 年版,第 411 页。《四联总处理事会第 305 次会议记录》(1946 年 5 月 8 日),中国第二历史档案馆编:《四联总处会议录》(46),广西师范大学出版社 2003 年版,第 77 页。

笔者制作成柱状图(见图 3-3),更加直观地展示战时 1939 年至 1945 年的 7 年时间里中国银行吸收侨汇折合国币总额的变动情况。

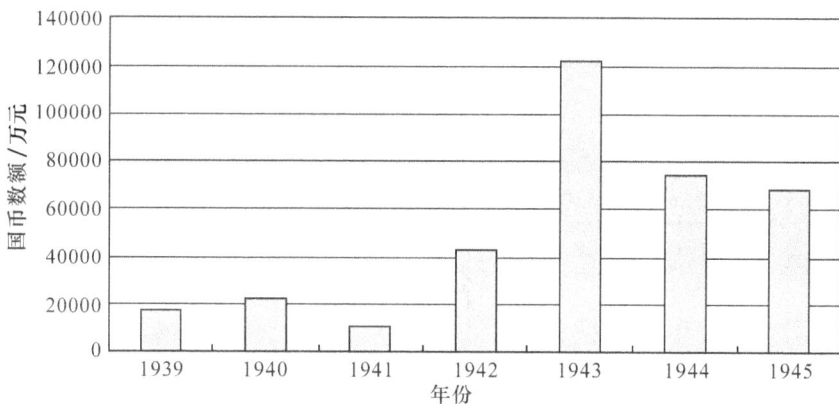

图 3-3　1939—1945 年度中国银行吸收侨汇收入折合国币总额比较

资料来源:同表 3-3。

由以上的图表大致可以展现上文笔者分析的情况。依据不同时期国内军事和国际战局的变动,侨汇汇入国内的情况依次递增,其中 1943 年突然井喷式的增长,达到了 1942 年的 3 倍。随后 1944 年和 1945 年的侨汇数量折合国币总额逐年递减。

笔者利用以上资料整理 1940—1945 年间中国银行吸收英镑和美元外币数额(1939 年数据缺失),形成以下表格。外币侨汇的原始性数据更能说明当时重要侨居地美洲和欧洲的侨汇流入中国的情况。

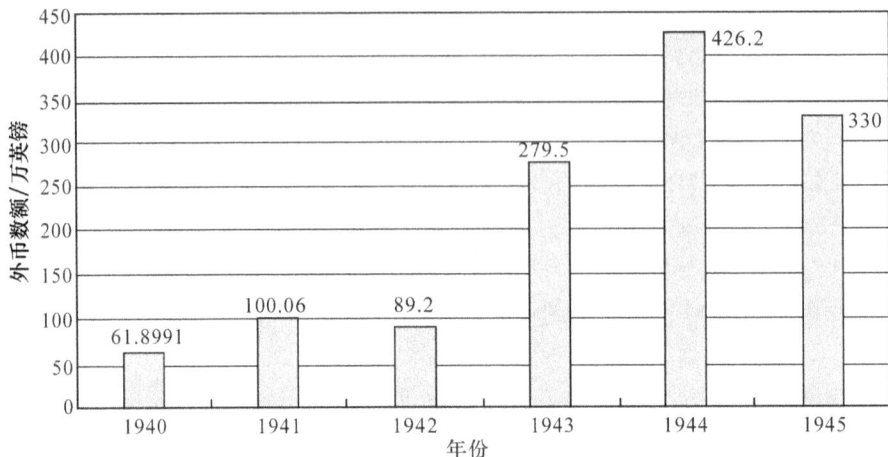

图 3-4 1940—1945 年度中国银行经收侨汇外币英镑数额表

资料来源:同表 3-3。

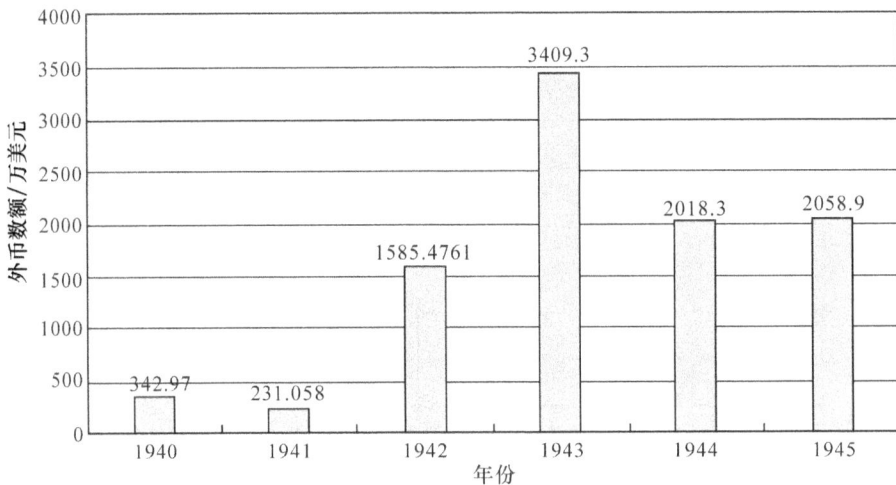

图 3-5 1940—1945 年度中国银行经收侨汇外币美元数额表

资料来源:同表 3-3。

由上述英镑和美元数额统计表可得,1943 年和 1944 年依然有大量侨汇外币涌入国内。英镑侨汇直到 1945 年之后外汇流入才下降,但仍是 1941 年的 3 倍之多。1945 年的美元侨汇比 1944 年数额稍有增加,但仍是太平洋战争爆发前 1941 年度数额的 8 倍之多。本书列出统计数据,有助于转变以往华侨华人研究领域学者提出观点①。以往观点认为 1941 年 12 月至 1945 年之间由于民间侨汇收解网络不畅,致使侨汇阻塞在境外。实际上国民政府的国有银行经手大批侨汇,既适应了部分侨眷生活所需,又补充了国家外汇储备。并且在南洋沦陷之后,南洋地区的侨汇停止而纽约伦敦等地的侨汇大批涌现,甚至在 1943 年出现了侨汇汇入国内的高潮。但是转眼到了战后侨汇出现了短暂的高潮后,再次陷入了困境。

四联总处作为抗战时期的国民政府金融管理的最高机构,在参与管理外汇和办理侨汇方面,配合财政部、中央银行、中国银行、交通银行的实践操作,出台一系列政策。这些政策对当时管制外汇与吸收侨汇,安定国内金融,促进国内生产建设都发挥了较大作用。纵观四联总处在当时条件相当困难的情况下,设身处地为百姓的艰难考虑,采取十分周全的金融管理策略,在制度和实践流程上都为管制外汇和办理侨汇贡献了力量。值得提出的一点是,国民政府曾动用飞机来为侨汇解付的行为,是之前华侨华人史研究中,尚未注意到的一则感人例子。这则史实,微妙地说明了国民政府对于侨汇的重视。四联总处金融管理中不仅是文本,更是一种创造一切条件、服务战时金融、集中金融力量维护国民政府的利益和抗日战争胜利的体现。事实上,四联总处关于侨汇方面的金融管理内容涉及面非常广,可探索的范围空间很大。

本章小结

从 1942 年 5 月中央银行、中国银行、交通银行、中国农民银行四家国有专业化实施到 1945 年 12 月抗战胜利后四联总处第三次改组的 3 年多时间里,正是四联总处提升中央银行能力,并实现自身职能转变的时间。国民政府在 1942 年 5 月实行了四行专业化举措,达到了统制四行金融力量,提高中央银行职权的作用。此后,四联总处经历两次改组,分别是 1942 年 9 月和 1945 年 12 月。笔者

---

①　譬如广东省档案馆编:《华侨与侨务史料选编》(广东人民出版社 1991 年版)第 1 册第 3 部分关于侨汇的统计欠缺了 1941—1945 年之间的数据。袁丁等著《民国政府对侨汇的管制》(广东人民出版社 2014 年),对于战时侨汇的数据统计较为薄弱。黄晓坚编著《抗日战争时期华侨人口伤亡和财产损失》(中共党史出版社 2016 年,第 100 页)的侨汇和捐赠部分,提出由于侨乡沦陷和交通封锁,1940 年后侨汇锐减,直到 1946 年才有大量侨汇汇入国内,对于 1941—1945 年之间的具体汇款数据亦不详实。

称之为四联总处的角色转换阶段。在这个战时阶段,四联总处金融管理政策不断调整,呈现了部分业务拓展与部分政策紧缩的特点,同时对战时金融实现了管理控制能力的拓展与紧缩。一方面在贴放等方面实现了拓展,业务范围扩大、控制力加强,主要集中于贴放。四家国有银行业务范围专业化,四联总处对此贷放的企业数目和布局和贷放数额增加。拓展划一金融行政问题,更加专业性和现代化。另一方面,四联总处在协调四行处理战时金融事务中,自身角色定位于协助角色,外汇、侨汇、黄金、发行、钞券印制等业务有所缩减,实现了紧缩职权。针对控制通货问题上的大小券典型案例,四联总处配合财政部和中央银行进行补救和解决。

经历 1942 年四行专业化后,四联总处把一部分业务可以说是"还"给了中央银行。尽管如此,四联总处在顾全战时金融局面和整个中央银行制度的完善方面,做出了退让和配合,但没有快速降低四联总处的影响力。

第四章　战后复员时期的四联总处金融管理

第一节　四联总处参与战后金融复员

一、开展战后金融复员

　　为了复员时期战时金融有计划有步骤地恢复到平时状态,尽量减少由人和机构迁移而引起的混乱与损失,四联总处在抗战胜利之前,就已经开始着手拟定战后金融复员计划。

　　早在1943年1月,四联总处已经会同财政部及各行局主管人员组织战后金融复员计划设计委员会,推定戴铭礼为主任委员,开始筹划战后金融复员问题。当时拟定了四项原则:一、应使原有金融机构及业务迅速恢复;二、应在转变时期尽量防止各方过大波动;三、应注意适应并协助战后经济发展;四、应预制今后金融健全发展基础。依据这四项原则,拟具了《战后金融复员计划纲要草案》。再根据这个计划纲要草案和四行专业范围,拟具了四联总处战后推进金融复员实施计划及各行局战后业务复员实施计划①。这些草案和各项计划,都经过四联总处理事会修正通过,作为复员计划初稿。

---

　　①　《四联总处关于拟订和审议复员计划的报告》(1943年),重庆市档案馆、重庆市人民银行金融研究所合编:《四联总处史料》上,档案出版社1993年版,第330页。

1943年12月23日,四联总处第202次理事会①对《战后金融复员计划纲要草案》做了修正,同时在四联总处设立战后金融复员计划实施委员会。由战后金融复员计划实施委员会在抗战结束前后,分别审议有关各行局复员计划实施案件,并由四行两局各设复员委员会,审议有关各行局自己的复员计划实施案件,相互配合进行②。修正后的《战后金融复员计划纲要》的主要内容包括:一是稳定法币价值,继续充实法币的金银外汇及产业票据证券准备,就当时法币对内购买力及对外汇价参酌国民经济状况,配合贸易政策,规定适当的法币汇率,加强外汇管理;二是调剂各地通货,运用内汇率调节各地货币流通量,准备适当数量钞券以备收复地区的需要;三是安定金融,防止市场波动,限期禁绝敌伪货币,清理敌伪银行财产,取缔及整理沦陷区的金融业,救济各银行因战事结束、物价波动而发生放款不能如期收回的现象;四是举办紧急贷款,督导六行局尽快恢复收复地区机构,并恢复营业,举办工矿等紧急贷款及收复地区的农贷。其余还有金融复员工作人员的事先准备、调查金融业因战事所受的损失并整理因战事未能履行的债权债务③。可以说,此时四联总处提出的战后金融复员计划涉及了稳定法币、调剂通货、安定金融、举办贷款等内容,覆盖范围广,体现了既要管控金融实力,又要协助战后建设的目标。

1945年5月24日,四联总处理事会第270次会议通过设立金融复员业务小组委员会积极筹备有关各局复员业务事项,指定四联总处副秘书长徐柏园为金融复员业务小组委员会的主任委员④。8月9日,四联总处理事会第279次会议上,蒋介石下达手令,认为苏联对日宣战,战事即将结束,关于四行两局业务复员

---

① 四联总处史料(上)文后注释第325页"理事会关于战后金融复员计划的决议(四联总处第202次理事会,1943年2月23日)"。经考证,四联总处会议录(二六)册中,四联总处理事会第202次会议(即四联总处第202次理事会会议)议事日程第1页为1943年12月23日上午九时,其会议记录第71页时间为1943年12月23日上午九时,地点:行政院。因此,显然存误。于是笔者查照四联总处会议录(二六)册四联总处理事会第二零二次会议议事日程第48页与会议记录第88页果然找到同样决议。因此,四联总处史料(上)文后注释第325页"理事会关于战后金融复员计划的决议",实际时间应该为1943年12月23日。

② 《理事会关于战后金融复员计划的决议》(1943年2月23日),重庆市档案馆、重庆市人民银行金融研究所合编:《四联总处史料》上,档案出版社1993年版,第325页。

③ 《理事会关于战后金融复员计划的决议》(1943年2月23日),重庆市档案馆、重庆市人民银行金融研究所合编:《四联总处史料》上,档案出版社1993年版,第325页

④ 《四联总处理事会第270次会议记录》(1945年5月24日),中国第二历史档案馆编:《四联总处会议录》(38),广西师范大学出版社2003年版,第453页。

工作希望各行局主管加紧提前筹划,避免临时周章①。

可以说,通过"战后金融复员计划设计委员会——战后金融复员计划实施委员会——金融复员业务小组委员会"机构设置的逐步推进,四联总处协助战后金融复员工作正如火如荼地展开。

1945年8月17日,四联总处提出《四联总处复员初期业务方针》包括放款、存款及储蓄业务、汇款和购料业务②。

甲、放款业务

一、工矿贷款 后方工矿事业按照事实需要,继续贷放维持生产。收复区生产事业组织健全并经主管机关证明与敌伪无关系者,亦予贷款救济。

二、农业贷款 后方农田水利贷款,仍照原定计划办理。收复区农贷,特别注重小型水利,农村副业,并普遍办理农产运销贷款,以救济农村,安定人心。至收复区紧急救济农贷,请由政府指拨专款,交由农行转贷。

三、同业放款 商业行庄放款,仍应继续停做,但中央银行为安定金融,对遵循正轨经营业务之商业行庄,于有必需时得量予短期拆放。

乙、存款及储蓄业务

一、在此时期,游资出路较少,各行局应积极推广存款及储蓄业务,大量吸收,并发动储蓄运动,配合进行。

二、各行局对于存户之兑取本息及移转存户于他地分支机构,应商订划一办法,尽量予以便利,以促进业务之发展。

丙、汇款业务

一、在收复区充分准备钞券,除应付军政汇款外,并尽量办理公务人员赡家汇款及收复区工商业汇款。

二、侨汇机构应尽速恢复。

丁、购料业务

购办原料暂行停止,并将存料转售于有关生产事业机关③。

1945年8月23日,四联总处第281次理事会议决定为督导各收复区行局复

---

① 《四联总处理事会第279次会议记录》(1945年8月9日),中国第二历史档案馆编:《四联总处会议录》(41),广西师范大学出版社2003年版,第26页。
② 《四联总处复员初期业务方针》(1945年8月17日),重庆市档案馆、重庆市人民银行金融研究所合编:《四联总处史料》上,档案出版社1993年版,第331页。
③ 《四联总处复员初期业务方针》(1945年8月17日),重庆市档案馆、重庆市人民银行金融研究所合编:《四联总处史料》上,档案出版社1993年版,第331页。

员,在收复区设置四联分支处。收复区四联分支处的设立规定:收复区各个区的分支处设委员会,由各区行局复业主持人员担任委员。并由四联总处在委员里指定主任委员及副主任委员各 1 人。四联总处可以根据事实需要,遴派专任人员,常驻收复区分支处办事。四联总处派驻收复区四联分支处人员为当然委员,必要时可以兼任分处秘书,支处文书职务①。各个收复区分支处的主任委员及副主任委员名单如下:陈行、徐维明为上海分处正副主任委员;李嘉隆、汤巨为南京分处正副主任委员;束士芳、卞喜孙为天津分处正副主任委员;杨汝梅、赵祖武为汉口分处正副主任委员;钟锷、潘世伦为广州分处正副主任委员;王彝尊为青岛分处副主任委员(正主任委员由中央银行另外派定负责人担任);林崇镛、张武为台湾分处正副主任委员;霍宝树、王钟为东北分处正副主任委员②。

其中上海分处于 1945 年 9 月 19 日开始办公,即日举行会议,并商定四行二局各自接收任务:(一)伪储备银行清理办法;(二)分配中央银行接收朝鲜银行,中国银行接收正金银行,农民银行接收台湾银行,交通银行接收住友银行,中信局接收三菱、三井两行;(三)各行局以设在外滩为原则,暂定中央银行用伪储备行原址,中国银行用正金行原址,交通银行用住友行原址,农民银行用台湾行原址,中信局用伪中信局原址,邮汇局用三菱行原址;(四)伪中、交、中信、中保、中储及邮汇等行局会清理办法已提出。以上四项均送特派员施行。③由于上海工厂大都为日方给资遣散,以致停工。现在想要恢复生产常态,但是经济力不足资金不足。所以必须加强贷款,防止经济恐慌,解决工人潮的问题。于是蒋介石电令上海尽快成立四联沪分处,加快核贷各工厂必需资金④,恢复生产。

天津、汉口、广州、浙江等分处也陆续成立,随后各行局复业⑤。同时西南地区的个别分支处撤销。如合川、洪江、江津,老河口、北碚等五支处先后电陈,认为当地中央银行移撤,各支处已无存在必要而撤销。限于 1945 年 11 月底以前结

---

① 《设置各收复区分支处暂行办法》(1945 年 8 月 23 日),重庆市档案馆、重庆市人民银行金融研究所合编:《四联总处史料》上,档案出版社 1993 年版,第 138—139 页。

② 《四联总处为在收复区设置分支处并指定负责人员呈》(1945 年 8 月 23 日),重庆市档案馆、重庆市人民银行金融研究所合编:《四联总处史料》上,档案出版社 1993 年版,第 139 页。

③ 《秘书处关于沪分处开始办公的报告》(1945 年 9 月 27 日),重庆市档案馆、重庆市人民银行金融研究所合编:《四联总处史料》上,档案出版社 1993 年版,第 140 页。

④ 《理事会关于令伤速即成立沪分处加强贷放的决议》(1945 年 10 月 18 日),重庆市档案馆、重庆市人民银行金融研究所合编:《四联总处史料》上,档案出版社 1993 年版,第 140 页。

⑤ 《秘书处关于天津等分处成立的报告》(1945 年 10 月 18 日),重庆市档案馆、重庆市人民银行金融研究所合编:《四联总处史料》上,档案出版社 1993 年版,第 141 页。

束完竣具报,并分电财政部①。四联分支处在全国的分布达到了均衡,在大部分省份均有设立。达到了战后利用四联总处分支处的全面布置,来全面掌控和参与战后金融复员。体现了国民政府试图延续战时的统制和掌控中央和地方力量的局面。

由于战后金融复员的复杂性,很多问题会产生,为了避免谣言或者其他不利的消息扩散,政府对于四联总处和各行局的金融消息办法公布的形式做了新的规定。1946 年 7 月 18 日,四联总处理事会第 312 次会议公布,四联总处及各行局有关金融消息披露办法如下:一、每周理事会议报告及讨论案件其应予发表消息者由四联总处撰拟新闻稿件送由中央社及主要报纸发表,各行局不必单独发表以免分歧。二、凡是未发表的消息,四联总处及各行局均应严守秘密勿予透露。三、各行局关于本身重要消息必需发表者应指定高级人员负责办理并与四联总处随时取得联络。四、各报纸如刊登与事实不符的消息,由四联总处随时备函更正,各行局并应随时注意提供证明资料送由四联总处转函披露以正视听②。

四联总处早在 1943 年开始未雨绸缪、筹备复员事宜,使其在 1945 年抗战胜利后,有条不紊地开展金融复员工作。其金融复员计划体现了既要掌控金融机构,又要协助战后生产事业建设的双重目的。1945 年 12 月,四联总处实行了第三次改组,也是最后一次改组,调整了机构、人事和经费,迎合战后金融复员所需。

二、机构和人事经费调整

1945 年 11 月 29 日,四联总处理事会第 295 次会议上,宋子文手谕认定为协助推行适应战后环境,四联总处这个机构将会继续存在。宋子文把四联总处今后的工作定位以审核放款及研讨物价为主,并调整四联总处原有的组织。整个调整涉及机构、人事、经费问题。

为配合战后金融复员,1945 年 12 月四联总处第三次改组,做了机构调整。1945 年 12 月 6 日,四联总处理事会第 296 次会议提出四联总处主要的负责人需要回迁到南京办公:副主席及各部会首长暨各行局主管赴南京后,总处理事会应在副主席常川驻节地点举行;各行局在南京设办事处,为顾及业务需要在上海设立办事处……重庆四联总处及南京四联总处办事处各设小组委员会审查农矿工

---

① 《秘书处关于合川等支处撤销的报告》(1945 年 11 月 8 日),重庆市档案馆、重庆市人民银行金融研究所合编:《四联总处史料》上,档案出版社 1993 年版,第 141 页。

② 《四联总处理事会第 312 次会议记录》(1946 年 7 月 18 日),中国第二历史档案馆编:《四联总处会议录》(48),广西师范大学出版社 2003 年版,第 175 页。

商放款投资案件。自1945年12月间开始,陆续开始配给交通工具,四联总处陆续分批运送工作人员回迁南京办公。① 之后四联总处和各行局首批回迁南京的工作人员先后抵达,开始办公。四联总处南京办事处组设的小组委员会成立,于1946年1月26日举行首次会议②。四联总处理事会例会也在南京开始照常举行。截至1946年4月底,四联总处大部分工作人员及重要文卷档案均已回迁南京照常工作,仅留少数人员在重庆继续办理剩余事项。迨至1946年7月初,留在重庆的少数工作人员及全部档案用包船运到南京③。至此,四联总处回迁南京的工作遂告完成。

同时各行局分支机构,随收复地区扩展推进,虽交通运输不便,但都围绕着全国金融汇兑网的目的,逐步展开,选址设立机构。1946年度,各行局在各地增设行处合计多达385处,同时战后经济金融重心移转和衡量机构承受的业务量,分别予以裁撤者合计114处。截至1946年12月底,四行二局下属所有各地分支机构以原有与增设减去裁撤者合计933处④。1946年以来各行局在各地增设、裁撤行处地点统计具体情况如表4-1所示。

表4-1　1946年以来各行局在各地增设裁撤行处地点统计

单位:处

机　　　构	增设	裁撤	增设减去裁撤者
中央银行	32	42	87
中国银行	80	27	222
交通银行	86	16	223
中国农民银行	123	14	286
中央信托局	21	0	29
邮政储金汇业局	43	15	86
总计	385	114	933

① 《四联总处第296次理事会议记录》(1945年12月6日),中国第二历史档案馆编:《四联总处会议录》(43),广西师范大学出版社2003年版,第470—472页。

② 《四联总处关于本处复员还都的报告》(1946年),重庆市档案馆、重庆市人民银行金融研究所合编:《四联总处史料》上,档案出版社1993年版,第107页。

③ 《四联总处关于本处复员还都的报告》(1946年),重庆市档案馆、重庆市人民银行金融研究所合编:《四联总处史料》上,档案出版社1993年版,第108页。

④ 《秘书处关于1946年各行局分支机构动态的报告》(1947年2月27日),重庆市档案馆、重庆市人民银行金融研究所合编:《四联总处史料》上,档案出版社1993年版,第229—231页。

资料来源：《秘书处关于 1946 年各行局分支机构动态的报告》(1947 年 2 月 27 日)，重庆市档案馆、重庆市人民银行金融研究所合编：《四联总处史料》上，档案出版社 1993 年版，第 229—231 页。

由表 4-1，可以得出，四行二局之中中国农民银行增设机构最多，交通银行和中国银行次之。中央银行裁减机构数量最多。中央信托局没有裁减机构，维持现状。最终的统计可得，1946 年以来，四行二局中，中国农民银行在各地所设机构最多。交通银行和中国银行次之。交通银行和中国银行在各地所设的机构数量持平。根据各地方区域来分别统计，1946 年以来各行局在各地增设、裁撤行处地点全国分布情况如表 4-2 所示。

表 4-2　1946 年以来各行局在各地增设裁撤行处地点全国分布统计表

单位:处

地　　方	数目	地方	数目
江苏	118	湖北	26
四川	110	河南	25
广东	77	国外	25
福建	66	贵州	22
浙江	58	云南	20
河北	52	西康	9
东北九省	52	绥远	5
江西	49	山西	4
湖南	48	宁夏	4
甘肃	34	青海	3
安徽	31	新疆	3
陕西	30	察哈尔	3
广西	28	热河	2
山东	28	台湾	1

资料来源：《秘书处关于 1946 年各行局分支机构动态的报告》(1947 年 2 月 27 日)，重庆市档案馆、重庆市人民银行金融研究所合编：《四联总处史料》上，档案出版社 1993 年版，第 229—231 页。

由于战后经济金融重心转移回到上海，各行局原来的后方各地分支机构大多失去原先的业务,因此增设、裁撤情况变动较大。各行局分支机构分布地理情况显示,1946 年以来各行局机构大多集中设置于东南沿海一带,对于全国特别是内地经济开发不利。

此后政府对于各行局筹设或者撤销机构管理更加严格。每次调整需要上报四联总处讨论。到了 1947 年 5 月 22 日,四联总处理事会召开第 344 次会议,为避免国家行局重复设立机构,核定各行局机构筹设与调整三点原则:(1)今后各行局增设新机构,其地域分配应由各行局预先拟定报给四联总处理事会讨论;(2)各行局已设行处地点拟裁撤机构时,应跟四联总处理事会叙明理由,再行办理;(3)各行局筹设机构应尽量避免重复,各行局已设机构地区亦应斟酌专案需要及地方情形予以调整[1]。

金融复员以来,各行局人事调度围绕着政府复员工作而展开。随着上文述及的四行二局机构裁撤和增设各有不同,各行局员额的调整也有不同增减。具体以复员以前和 1946 年底的四行二局员额数量进行比较,如表 4-3。

表 4-3　复员以前与 1946 年年底四行二局员额变动比较

行局	复员以前员额/人	1946 年年底员额/人	比较		增减比例
			增	减	
中央银行	3435	4610	1175		增 34%
中国银行	4089	5364	1275		增 34%
交通银行	1935	3625	1690		增 87%
中国农民银行	4663	4649		14	减 3%
中央信托局	1145	1932	787		增 69%
邮政储金汇业局	1329	2571	1242		增 93%
总计	16596	22751	6155		增 37%

资料来源:《秘书处关于各行局人事和工作分配情况及拟具相应原则的报告》(1947 年 2 月 27 日),重庆市档案馆、重庆市人民银行金融研究所合编:《四联总处史料》上,档案出版社 1993 年版,第 693 页。

从表 4-3 可得,截至 1946 年年底,各行局员额大多为增。邮政储蓄增加最多,达到 93%。交通银行增加员额数次之。增加最少的是中国银行和中央银

---

[1]　《四联总处理事会第 344 次会议记录》(1947 年 5 月 22 日),中国第二历史档案馆编:《四联总处会议录》(56),广西师范大学出版社 2003 年版,第 453 页。

行,为 34%。中国农民银行不但机构数量增加最多,人员减少也仅仅 3%①,总员额人数也达到了 4649 人。

1946 年 12 月 26 日,四联总处理事会第 333 次会议上,宋子文指示根据各行局人事报告提出质疑,中央银行撤销行处最多,复员以来反而大量添用新行员。再加上各行局认为行局开支庞大并无限制添用新人员。提出希望各行局紧缩新进行员员额,并采用考试办法甄选人才②。于是各行局开始拟具人事考核及录用新进人员原则。

至于经费待遇问题是与机构人事调整相挂钩的。复员以来,四联总处所属各地分支处业务已经大大变动。既然业务有所变动,人员也应该增减,节约费用加强工作效能。1946 年 3 月 2 日四联总处理事会临时会议上,讨论调整各行局员工待遇办法。由于经费问题涉及利益面广和敏感,蒋介石命令调整各行局人员待遇办法在未核定方案前,绝对不得宣布③,必须保密。

1946 年 7 月 18 日,四联总处理事会第 312 次会议提出各机构人员调整的九大原则。根据各分支处业务量,专任人员可予减少。按照工作人员在四联分支处的资历并参考各分支处所报考成绩,分别核定去留。最终予以裁遣有 38 人。调整后,各分支处现有办事人员连兼任人员在内平均每处不过 4 人④。一年后,四联总处再次减少员额。1947 年 8 月 28 日,四联总处第 351 次理事会议上蒋介石手令,认为国家银行与国营事业机关冗员过多,应该裁减并减少经费至 30%为标准⑤。各行局遵照办理。

四联总处参与战后金融复员工作中,首先对于自身的机构、人事、经费进行调整。特别是为了配合全国金融汇兑网的建设,战后初期金融复员中的四联总处与四行局慎重选址设立机构。并根据业务量,减少冗员,节约经费。四联总处在战后金融复员中能做的工作是非常有限的。四联总处在职权范围内协助财政

---

① 中国第二历史档案馆编:《四联总处会议录》(54),广西师范大学出版社 2003 年版,第 157 页。

② 《四联总处理事会第 333 次会议记录》(1946 年 12 月 26 日),中国第二历史档案馆编:《四联总处会议录》(52),广西师范大学出版社 2003 年版,第 474 页。

③ 《四联总处理事会临时会议记录》(1946 年 3 月 2 日),中国第二历史档案馆编:《四联总处会议录》(45),广西师范大学出版社 2003 年版,第 33 页。

④ 《四联总处理事会第 312 次会议记录》(1946 年 7 月 18 日),中国第二历史档案馆编:《四联总处会议录》(48),广西师范大学出版社 2003 年版,第 142 页。

⑤ 《理事会关于蒋介石手令裁剪冗员等应切实遵办的决议》,重庆市档案馆、重庆市人民银行金融研究所合编:《四联总处史料》上,档案出版社 1993 年版,第 696 页。

部、中央银行金融复员。这与宋子文给它的角色职能定位局限于"今后的工作以审核放款及研讨物价为主"有关,也与国民政府战后收复工作的复杂性有关。战后复员工作穿插着国民政府对日伪敌占区敌伪奸资产的接收工作。接收工作有利可图。于是强权部门军队与政府、中央与地方同时插手,以致发生各系统极其混乱,多种机构争抢资产的情况。这项工作牵扯了大量人力物力。加上国民党政府急于发动全面内战,金融复员工作无法平稳进行。

三、四联总处参与钞券供应与本票管理

抗日战争胜利后,经济金融出现新形势。内地资金大量流向沿海,内地工矿业生产减缩,收复区各项生产与交通事业有待恢复;国民党政府回迁南京后,物价波动剧烈,商业高利贷投机,市面利率激升。金融复员的任务非常困难。首先是新的金融机构和复业的金融机构急需钞券的供应。为了避免钞券供应不足,中央银行对钞券接济,并允许各行局为补钞券的不足而发行本票,同时限制商业银行发行本票,来维持战后金融复员的顺利开展。在这种形势下,四联总处参与收复区钞券供应与定额本票的管理,制订战后核办投资贴放方针,后方工贷与复工贷款的管理,加强行局专业及业务考核的管理等。这一部分我们先来讨论收复区钞券供应与定额本票的管理。

首先是钞券供应问题。由于战后通货膨胀情况非常不容乐观,百姓不愿意使用小额钞券。1946年5月23日,四联总处理事会第307次会议报告穗分处电陈以当地发生歧视五元及十元钞券情事,影响市面金融[①]。银行的小券过剩,破钞待兑换。而且保存和看管小额钞券的成本较大,因此1946年12月26日四联总处第333次理事会议上,四联总处与央行共同商定要求各行局及地方银行代兑小额钞券就地销毁,不用辗转运送。但是四联总处普通业务小组委员会认为中央银行所订办法,由代兑行局将行别、券类分别理清,手续过于烦琐。此项券类清理工作,应由附近的中央银行办理。对破旧及小额钞券纸料,并做迅速设法利用,以节物力[②]。

---

① 《四联总处理事会第307次会议记录》(1946年5月23日),中国第二历史档案馆编:《四联总处会议录》(46),广西师范大学出版社2003年版,第397页。

② 《理事会关于各行局及地方银行代兑小额钞券及销毁办法的决议》(1946年12月26日),重庆市档案馆、重庆市人民银行金融研究所合编:《四联总处史料》中,档案出版社1993年版,第77—78页。

小额钞券面额太小,不受民众的欢迎,不少直接就地被销毁。至于大额钞券,收复区金融机构有着较大的需求。金融复员工作任务重大,时间非常紧急。在四联总处的协调之下,从 1945 年 10 月 10 日开始,各行局派工作人员前往南京、上海、北平、天津、汉口、广州、青岛、东北、台湾收复区。安排大批工作人员前往收复区行局办理并奉令接收敌伪金融机构。最早是 1945 年 9 月 7 日上海各行局复业主持人员率领第一批工作人员携带钞券和其他办公物品等飞抵上海,积极展开工作。至于派往其他各地人员正在等待政府分配交通工具准备随时出发①。整个派往收复区运送钞券和工作人员的过程留下了大量各行局派赶各收复区人数及运送钞券数量报告表。

笔者根据《四联总处会议录》第 42、43、44 册所刊布的原始档案,经仔细爬梳,统计得 1945 年 10 月—1946 年 1 月各行局派往收复区人数及运送钞券数量表,如表 4-4 所示。

表 4-4　1945 年 10 月—1946 年 1 月各行局派往收复区人员及运送钞券数量

项目 年月日	出发人数/人	各行局运送钞券数量面额/万元
1945—10—10	535	1150065 万元(1685 公斤)
1945—10—17	636	1318265 万元(460 公斤)
1945—10—24	683	1340265 万元(460 公斤)
1945—10—31	749	2445608 万元(460 公斤)
1945—11—7	783	2494554 万元(460 公斤)
1945—11—14	836	2615298 万元(460 公斤)
1945—11—21	857	2651298 万元(460 公斤)
1945—11—28	906	2665298 万元(460 公斤)
1945—12—5	927	2701298 万元(460 公斤)
1945—12—12	949	2721298 万元(460 公斤)
1945—12—19	1076	2754298 万元(460 公斤)
1945—12—26	1153	2779298 万元(460 公斤)
1946—1—9	1336	2779298 万元(460 公斤)

① 《四联总处理事会第 285 次会议记录》(1945 年 9 月 20 日),中国第二历史档案馆编:《四联总处会议录》(42),广西师范大学出版社 2003 年版,第 101 页。

资料来源:中国第二历史档案馆编:《四联总处会议录》(42),广西师范大学出版社 2003 年版,第 324、414、497 页;中国第二历史档案馆编:《四联总处会议录》(43),广西师范大学出版社 2003 年版,第 62、130、213、281、352、468 页;中国第二历史档案馆编:《四联总处会议录》(44),广西师范大学出版社 2003 年版,第 129、276 页。1945 年 10 月 17 日的数据存在差异。在四联总处会议录第 42 册,第 414 页是 1318255 万元,在第 497 页是 1318265 万元。相差 10 万元。而且四行赴津人员飞机失事 12 人殉职。导致 10 月 10 日统计损失数额尚未清楚。

除了由中央银行接济钞券外,四联总处上海分处准许三行两局发行本票补充钞券的不足。1945 年 8 月 30 日,四联上海分处在重庆成立,举行第 1 次会议商量中央银行尽量接济三行两局在收复区所需钞券,并准许三行两局发行本票以补钞券的不足。这一意见报经四联总处之后,由四联总处拟订《京沪区三行两局复业所需钞券之接济与发行定额本票之临时处理办法》,并经 1945 年 9 月 6 日四联总处第 283 次理事会议修正通过。京沪区开始复业 3 个月内,三行两局头寸应依照规定全数转存于中央银行,允许三行两局准发行定额本票,面额分 1000 元、5000 元、10000 元、50000 元 4 种,总共以 200 亿元为限;中央银行开业后,尽速举办票据交换,以节省券料①。平津区三行两局复业所需钞券的接济比照京沪区办法办理,至发行定额本票面额分 1000 元、5000 元、10000 元、50000 元 4 种,共以 200 亿元为限②。此办法为仅在各收复区行局开始复业的 3 个月内的临时管理办法。

1945 年 9 月 20 日,四联总处理事会第 285 次会议规定了关于北京、上海、东北、平津、汉口、广州等区三行两局发行定额本票数额和面额种类比例③。如表 4-5 所示:

① 《四联总处理事会第 283 次会议记录》(1945 年 9 月 6 日),中国第二历史档案馆编:《四联总处会议录》(41),广西师范大学出版社 2003 年版,第 411 页。
② 《四联总处理事会第 283 次会议记录》(1945 年 9 月 6 日),中国第二历史档案馆编:《四联总处会议录》(41),广西师范大学出版社 2003 年版,第 423 页。
③ 《四联总处理事会第 285 次会议记录》(1945 年 9 月 20 日),中国第二历史档案馆编:《四联总处会议录》(42),广西师范大学出版社 2003 年版,第 99 页。

表 4-5　1945 年 9 月预定三行两局发行定额本票数额和面额种类比例比较

地点	发行总额	面额种类	各行局发行比例	发行数额	发行期限
京沪区	200 亿元	1000 元 5000 元 10000 元 50000 元	未定		3 个月
东北区	360 亿元	同上	中 25% 交 25% 农 25% 信 12.5% 邮 12.5%	中 90 亿元 交 90 亿元 农 90 亿元 信 45 亿元 邮 45 亿元	3 个月满期后得视事实需要续请转期。
平津区	200 亿元	同上	未定		3 个月
汉口区	200 亿元	同上	中 25% 交 25% 农 25% 信 12.5% 邮 12.5%	中 50 亿元 交 50 亿元 农 50 亿元 信 25 亿元 邮 25 亿元	3 个月
广州区	150 亿元	同上	中 25% 交 25% 农 20% 信 10% 邮 20%	中 37.5 亿元 交 37.5 亿元 农 30 亿元 信 15 亿元 邮 30 亿元	3 个月

资料来源:《四联总处理事会第 285 次会议记录》(1945 年 9 月 20 日),中国第二历史档案馆编:《四联总处会议录》(42),广西师范大学出版社 2003 年版,第 99 页。

经过 2 个月的三行二局发行定额本票,四联总处决定收紧定额本票的政策。1945 年 11 月 8 日,四联总处理事会第 292 次会议提出了收紧定额本票的意见。会议认为:现在市面上券料供应逐渐充裕,中央银行签发定额本票可逐渐紧缩不再增发;东南各省券料供应逐渐畅通,原核定各行签定额本票数额可分期收回不再增发;收复区各行局有无再拨定额本票需要以及原核定数额是否适合实际需要,可分别由各区分处重加考虑①。于是 1945 年 11 月 15 日,四联总处理事会第

---

① 《四联总处理事会第 292 次会议记录》(1945 年 11 月 8 日),中国第二历史档案馆编:《四联总处会议录》(43),广西师范大学出版社 2003 年版,第 136 页。

293 次会议决定等到运输畅通各地券料供应无缺时各行局应即陆续收回所发行的定额本票。至于限制商业银行开发本票应即期为原则①。譬如 1945 年 11 月 15 日,四联总处理事会第 293 次会议上,汉口各行局照原定办法订印本票,但未经四联总处核准不准发行。应由中央银行即速送现钞 50 亿元前往汉口接济各行局业务需要②。

可见在金融复员初期,四联总处配合中央银行进行钞券接济事务,管理发行本票来补充钞券不足的工作。随着券料运输日益充足,金融复员逐渐步入正轨。经过三行二局 2 个月发行的定额本票,市面上钞券充足。四联总处决定不再增发定额本票,选择收紧定额本票的政策。四联总处利用四联各分支处和四行二局各行支处的全国金融网点的金融格局,在复员初期实现运输接济各地的钞券和指导定额本票上,发挥了重要作用,使得金融复员迅速、有序地展开。但是由于四联总处自身职权的有限性和其他机构复员中的强势争夺利益,导致四联总处无法强势去接收收复区的金融机构资产,金融复员活动陷入了政策文本层面修订和流转的文件,实践方面并不高效。仅仅在贷款放款努力响应政府生产事业的政策办理方面有所实践。

第二节　四联总处贷放款工作

一、贷放款方针与机构的改变

经历了 1945 年忙乱的复员时期之后,四联总处进入了以放款为主要业务的阶段。抗战胜利后,后方物价惨跌,市场利率激升,社会资金不愿意投入到工矿业等生产事业。工业界所受影响甚巨,要求有关方面拨款救济。为此,1945 年 9 月 6 日,四联总处第 283 次理事会通过后方紧急工贷实施办法,主要内容有:后方必需生产的工矿业可以申请紧急工贷;紧急工贷总额暂以 50 亿元为限;紧急工贷得以原料、成品、机器作押,其利率一律定为月息三分四厘,期限 18 个月,自

---

① 《四联总处理事会第 293 次会议记录》(1945 年 11 月 15 日),中国第二历史档案馆编:《四联总处会议录》(43),广西师范大学出版社 2003 年版,第 221 页。

② 《四联总处理事会第 293 次会议记录》(1945 年 11 月 15 日),中国第二历史档案馆编:《四联总处会议录》(43),广西师范大学出版社 2003 年版,第 224 页。

第 13 个月起分 6 个月,按月平均摊还;紧急工贷请财政部担保,并由中央银行按 9 成承做转抵押。可以说后方紧急工贷以非常优惠的利率条件厚待后方必需的工矿业生产[①]。

后方紧急工贷办法实施不久,四联总处 1945 年 9 月 19 日正式成立四联总处上海分处,决定要发放贷款,恢复上海工厂,恢复经济发展。四联总处上海分处参照后方紧急工贷实施办法,拟具上海区各厂矿复工贷款实施办法。于 1945 年 11 月 29 日经四联总处第 295 次理事会议修正通过,主要贷款给上海区各厂矿复工所需要的资金。复工贷款一经四联总处核准,就由上海四联分处通知当地各承贷行局照放,其摊放比例,由上海四联分处核定。据四联总处 1946 年度工作报告,截至 1946 年 7 月底,总贷出上海复工贷款 58 笔,总额 70 亿元。另有平津区工矿生产复业的情况与上海相同,参照上海办法贷出总额为 20 亿元。资源委员会接办平津地区各工厂后,经核准贷出复工贷款 15 亿元。可得,复工贷款是战后紧急恢复收复区工矿业的一项举措。其申请、审批、下拨等程序,快捷紧急。这符合当时战后复员任务重、紧迫性和集中力量办事的特点。

除了紧急工贷和复工贷款,四联总处召开会议对以往的普通贷款进行调整。企业要筹措与营运资金,多申请低利息的长期贷款,但是各行局限于能力,只能提供短期贷款。在这供不应求的情况下,生产事业自然不能顺利发展。1946 年 5 月 23 日,四联总处理事会第 307 次会议讨论各行局应如何切实分工合作配合经济建设,提出了今后四联总处任务,行局业务范围重加厘订后各行局职责加重,其中关于贷放款方面提出了新办法[②]。四联总处把已经通过各地行局分支处和主管机关考核的申请,按照贷款性质分类再交给四联总处放款小组委员会及农贷小组委员会逐案审查。审查过程中,邀请跟案件相关的经济部、农林部、财政部、粮食部、社会部、水利部、交通部、教育部、资源委员会等工作人员一起审议。数额巨大的放款案件,必须向中央银行专案转押。审查通过的案件,要四联总处理事会核定签字,再通知各行局与贷款人签约。至于事后如何考核,四联总处派工作人员进行抽查。譬如 1947 年 7 月至 9 月间,四联总处派 8 人,向中央银行调用 4 人,中国银行交通银行农民银行各 2 人,中央信托局和邮政储金汇业

---

　　① 《四联总处理事会第 283 次会议记录议事日程》(1946 年 9 月 6 日),中国第二历史档案馆编:《四联总处会议录》(41),广西师范大学出版社 2003 年版,第 356 页。

　　② 《四联总处理事会第 307 次会议记录》(1946 年 5 月 23 日),中国第二历史档案馆编:《四联总处会议录》(46),广西师范大学出版社 2003 年版,第 437 页。

局各 1 人,组成稽核团,分为 8 组,抽查贷款厂商一百多家①。

度过 1946 年的复员工作,面对 1947 年的新经济金融形势,四联总处建议由行政院最高经济委员会主持召集有关机关议定 1947 年度国营民营生产事业生产计划,再由四联总处会同各国家行局筹商金融协助办法。当时 1946 年底,市面上内地资金外流,后方生产减缩,失业人数增加,生产秩序尚未恢复,物价激涨,社会人心不安,工矿厂家无力负担高利贷贷款和高工资,经济上发生脱节现象。行政院最高经济委员会于 1946 年 11 月 18 日召开"1947 年度国营民营事业生产计划第一次会议",参加机关有四联总处、经济部、财政部、交通部、农林部、社会部、粮食部、资源委员会、合作事业管理局、输入设计委员会等 10 多个单位。12 月 19 日又举行第二次会议。经决议四点:(一)工业部门生产计划由经济部资委会将各地区各事业分别国营民营事业,互相配合拟订生产数量计划及应需资金贷款数额。(二)农业贷款计划由农林部会同农民银行及水利委员会拟订。(三)运输与生产配合的计划由交通部商同经济部及资源委员会拟订,并注明所需物料及中央与地方拨款和银行贷款数额等②。

除了在上文述及的紧急工贷、复工贷款、普通贷款的调整外,四联总处具体的放款方针也发生演变。

众所周知,四联总处理事会核办各项放款业务范围广泛,各地方各行业的需求情形不同,加上战后大时代背景和环境变迁,特别是复员时期百废待举、百业待兴,因此四联总处订定放款原则、放款对象、贷款审批机构、考核办法及历年中心工作纲要等有所改变。

抗战胜利复员以来,国内经济建设亟待推动。原先沦陷区内各种工矿生产事业,遭受敌人破坏,亟待修缮和恢复生产,需要国家行局和政府财政资助。同时国内通货膨胀严重,又不宜过度放贷,避免加重通胀③。于是 1946 年 5 月间,

---

① 《理事会关于战后核办放款经过和 1947 年放款情况报告的决议》(1947 年 12 月 18 日),重庆市档案馆、重庆市人民银行金融研究所合编:《四联总处史料》中,档案出版社 1993 年版,第 640—658 页。

② 《协助生产事业贷款开办情形》(1946 年 12 月 27 日),重庆市档案馆、重庆市人民银行金融研究所合编:《四联总处史料》中,档案出版社 1993 年版,第 398—402 页。

③ 《理事会关于战后核办放款经过和 1947 年放款情况报告的决议》(1947 年 12 月 18 日),重庆市档案馆、重庆市人民银行金融研究所合编:《四联总处史料》中,档案出版社 1993 年版,第 640—658 页。

四联总处第 307 次理事会详细比对分析放款或者紧缩贷放的利弊[①]。对于何种贷款应予加强,何种贷款应予紧缩制订原则,并将投资贴放方针重新修订。其基本原则是复员期间,四联总处核办投资放款,应以配合政府经济复员政策,平衡物价,促进生产,畅通贸易为主要方针,暂行停止不急需的投资放款;凡是适合前条规定的交通、公用、工矿、农林、水利、贸易等事业均可以申请贷放。曾经借款到期未偿还的,应先清理债务,再申请。另外规定国营民营工矿事业及出口贸易事业等向国家行局贷款应该注意的事项,作为各行局核定贷款的依据[②]。

1947 年 2 月,政府再次颁布经济紧急措施方案,调节民生日用必需品。四联总处为配合政府政策,于 1947 年 2 月 27 日四联总处第 338 次理事会议拟订《各行局放款业务配合民生日用必需品供应办法协助推进方案》。规定各行局放款以协助粮食、纱布、燃料、食盐、食糖等生产运销。农贷部分,要协助举办棉花、烟草、丝茧、茶叶、桐油等特种农产品生产运销,救济农田水利及灾区救济贷款。同时参照上项方案,订定 1947 年度中心工作计划纲要包括扶植放款对象,考核放贷成效等[③]。

1947 年 8 月间四联总处奉蒋介石的指示防止一些厂商用贷款购货囤货,并协助有价值的小厂获得贷款。于是四联总处再次调整放款范围和放款对象。于 8 月 28 日第 351 次理事会核定通过,贷款对象的优先次序如下:民生日用必需品(包括米、面、花纱布、煤、食油、糖、盐等七种)产销事业;基本工矿事业,其产品为日用必需,并足以代替舶来品者;缺乏流动资金的交通公用事业;出口贸易事业,其物资足以换取外汇。1947 年 10 月间,中央银行为了紧缩市面信用,主张提高利率。对配合政府国策的,维持低利原则;厂商自负盈亏的贷款,维持高利

[①] 四联总处史料(中)文后注释第 379 页"理事会关于确定复员后各行局放款方针的决议(四联总处第 307 次理事会议,1946 年 5 月 22 日)"。经考证,四联总处会议录(四六)册中,四联总处理事会第 307 次会议(即四联总处第 307 次理事会会议)议事日程第 293 页为 1946 年 5 月 23 日上午十时,其会议记录第 388 页时间为 1946 年 5 月 23 日上午十时,地点:行政院。因此,显然存误。于是笔者查照四联总处会议录(四六)册四联总处理事会第 307 次会议记录第 429 页果然找到同样决议。因此,四联总处史料(中)文后注释第 379 页"理事会关于确定复员后各行局放款方针的决议",实际时间应该为 1946 年 5 月 23 日。

[②] 《理事会关于战后核办放款经过和 1947 年放款情况报告的决议》(1947 年 12 月 18 日),重庆市档案馆、重庆市人民银行金融研究所合编:《四联总处史料》中,档案出版社 1993 年版,第 640—658 页。

[③] 《理事会关于战后核办放款经过和 1947 年放款情况报告的决议》(1947 年 12 月 18 日),重庆市档案馆、重庆市人民银行金融研究所合编:《四联总处史料》中,档案出版社 1993 年版,第 640—658 页。

计息。这一办法在 1947 年 11 月 20 日四联总处第 357 次理事会核定。但是转眼 1947 年 11 月,四联总处为配合政府紧缩政策,奉令暂行停止贷款。于 11 月底急电各行局库及各分支处切实遵办。各种新放款项一律暂行停止,已核定的放款并应于期满时一律收回,不得再行展期①。

可以说在战后短短 1945—1948 年的三年时间里,四联总处为了配合国家协助生产必需品的政策,不断调整放贷对象的优先次序,不断调整贷款的计息原则和贷款成效的考核方式。

同时四联总处在机构设置上做了相应调整。四联总处 1945 年年底奉令第三次改组之后,为紧缩开支,将内部组织予以调整,组织更为紧缩。在贷款业务上,重新设置了农贷小组委员会、盐贷审核委员会、首都地方业务小组委员会和生产事业贷款临时审核委员会②。

四联总处之前设有农贷小组委员会审核农贷案件。1945 年 12 月间,四联总处将农贷小组委员会与储蓄、汇兑等小组委员会合并,设立普通业务小组委员会来办理贷款。考虑到农贷、水利、农林等农业行政息息相关,而且农业贷款较为专业,技术复杂,于是 7 月 26 日正式重新设置农贷小组委员会,并指派中国农民银行李叔明为该会主任委员,其余委员人选不予遴定、每届会议前由处斟酌议案情形,函请各有关机关随时指派代表参加③。

四联总处为统筹核办盐务放款,经商准财政部意见,专门于 7 月 29 日正式设置盐贷审核委员会。由四联总处及四行两局暨盐政总局各指派代表 2 人为该会委员,以霍宝树为主任委员。后来霍宝树任职善后救济总署,就改派蔡公椿为该会主任委员,朱通九、吴长赋为副主任委员④。

四联总处回迁南京办公后,原设南京分处的工作与四联总处的工作有所重复。因此裁撤南京分处,把所有有关南京当地的各项业务,转交给 1946 年 8 月 21 日正式成立的首都地方业务小组委员会办理。派由南京四行两局经理及四

① 《理事会关于战后核办放款经过和 1947 年放款情况报告的决议》(1947 年 12 月 18 日),重庆市档案馆、重庆市人民银行金融研究所合编:《四联总处史料》中,档案出版社 1993 年版,第 640—658 页。

② 《四联总处关于 1946 年度组织演变情况的报告》(1946 年),重庆市档案馆、重庆市人民银行金融研究所合编:《四联总处史料》上,档案出版社 1993 年版,第 109 页。

③ 《四联总处关于 1946 年度组织演变情况的报告》(1946 年),重庆市档案馆、重庆市人民银行金融研究所合编:《四联总处史料》上,档案出版社 1993 年版,第 109 页。

④ 《四联总处关于 1946 年度组织演变情况的报告》(1946 年),重庆市档案馆、重庆市人民银行金融研究所合编:《四联总处史料》上,档案出版社 1993 年版,第 109 页。

联总处代表一人为该会委员,指定中央银行李嘉隆为主任委员,中国银行彭湖为副主任委员[①]。

1946 年 12 月 10 日,四联总处副主席宋子文在上海召开谈话会,为配合政府经济政策、协助生产事业起见,决定在四联总处之下设置生产事业贷款临时审核委员会。该会除了各行局主管外,还有上海市商会、银钱业公会,上海市财政局、工商督导处等团体机关代表参加。生产事业贷款临时审核委员会设主任委员一人,由霍宝树担任,常务委员四人,聘请李馥荪、徐寄庼、谷春帆、林凤苞担任,委员七人,由秦润卿、欧阳仑、蔡公椿、赵隶华、李叔明、刘攻芸、徐广迟担任。内部设秘书及职员若干人,均由四联上海分处及各行局调派人员兼任。生产事业贷款临时审核委员会于 1946 年 12 月 10 日在上海开始办公,开始接受贷款申请案件[②]。同时四联总处于 12 月 28 日制订了政府复员之后的一个金融政策,即《协助生产事业纲领》。《协助生产事业纲领》的总目标是增加国内生产、扩展出口贸易;确定应行协助燃料、动力、食品、纺织、出口物资、日用品、化学、钢铁、机械、电器、建材等工业,以需求缓急及生产快慢为优先次序,由四联总处指定三行两局分别专责贷款;五行局对生产事业贷款所需资金,中央银行应予以八折转抵押或贴现,贷款利率最高不得超过月息三分二厘。该《纲领》还对调查处理劳资纠纷、畅通商货运销、调整税率、取缔走私等做了非常具体的规定。

可以说,四联总处为了适应战后复员中的生产事业贷款,不仅实施了紧急工贷、复工工贷,调整了普通贷款,而且在贷款对象、贷款原则、贷款成效考核上有所调整。同时紧缩组织体系,配合贷款业务,设置农贷小组委员会、盐贷审核委员会、首都地方业务小组委员会和生产事业贷款临时审核委员会,使得四联总处贷款工作更为专业。

二、贷放款工作的开展与成效

战后四联总处的贷放款工作有条不紊地展开。对比战时贷放事业的繁盛状态,战后贷放工作一度在 1946 和 1947 年有所拓展。到 1948 年贷放款业务量就大幅下降,基本停滞。

---

① 《四联总处关于 1946 年度组织演变情况的报告》(1946 年),重庆市档案馆、重庆市人民银行金融研究所合编:《四联总处史料》上,档案出版社 1993 年版,第 109 页。

② 《协助生产事业贷款开办情形》(1946 年 12 月 27 日),重庆市档案馆、重庆市人民银行金融研究所合编:《四联总处史料》中,档案出版社 1993 年版,第 398－402 页。

据统计 1937—1945 年,四联总处核放工矿贷款达 6906238.8 万元,约占同期核放总额的 55.09%[1]。到了 1946 年,四联总处共核准贷款国币 73887164.5 万元,东北流通券 618600 余万元。其中工矿贷款数额计 32752940 万元,占放款总额的 44.4%[2]。

到了 1947 年,四联总处核定放款的详细情况介绍如下(见表 4-6)。自 1947 年 1 月至 11 月止,四联总处核定放款共计 6766 笔,总额国币 63192 亿元,东北流通券 308 亿元。此项放款,按放款的行业性质可分为产销贷款、农业贷款及其他贷款三大类。产销贷款包括工矿、交通公用、盐务、粮食、贸易;农业贷款包括普通农贷、土地金融和灾区救济。其中以产销贷款为数最多,计 45989 亿元,又东北流通券 263 亿元,150 万美元(150 万美元是淮南煤矿公司承贷,表内不列)[3]。表格中的"东"指的是东北流通券份额。

表 4-6   1947 年 1—11 月四联总处核定放款笔数和数额

类别	笔数	金额/亿元
产销贷款	6009	45989 东 263
工矿	3218	20710 东 158
交通公用	383	6421 东 29
盐务	460	7212 东 9
粮食	74	4745 东 20
贸易	1874	6901 东 46
农业贷款	171	13800 东 20
普通农贷	144	12311 东 20
土地金融	18	610
灾区救济	9	879
其他贷款	586	3403 东 25

---

① 黄立人:《四联总处的产生、发展和衰亡》(代序),重庆市档案馆、重庆市人民银行金融研究所合编:《四联总处史料》上,档案出版社 1993 年版,第 42 页。

② 黄立人:《四联总处的产生、发展和衰亡》(代序),重庆市档案馆、重庆市人民银行金融研究所合编:《四联总处史料》上,档案出版社 1993 年版,第 50 页。

③ 《理事会关于战后核办放款经过和 1947 年放款情况报告的决议》(1947 年 12 月 18 日),重庆市档案馆、重庆市人民银行金融研究所合编:《四联总处史料》中,档案出版社 1993 年版,第 640—658 页。

续表

类别	笔数	金额/亿元
合计	6766	63192 东 308

资料来源：《理事会关于战后核办放款经过和 1947 年放款情况报告的决议》（1947 年 12 月 18 日），重庆市档案馆、重庆市人民银行金融研究所合编：《四联总处史料》中，档案出版社 1993 年版，第 640—658 页。

按照放款对象来分析，分为国营及公营事业、民营事业、农业社团三大类。其中民营事业部分可分为产销受管制者及产销未受管制者两类。其中产销受管制贷款为数最多，共计 27155 亿元，东北流通券 22 亿元，150 万美元[①]（150 万美元是淮南煤矿公司承贷，表内不列）。表格中的"东"指的是东北流通券份额见表 4-7。

表 4-7　1947 年 1—11 月四联总处核定放款对象分类

类别		笔数	金额/亿元
国营及公营事业		873	19129 东 253
民营事业	产销受管制者	2718	27156 东 22
	产销未受管制者	3031	7748 东 13
农业社团		144	9159 东 20
合计		6766	63192 东 308

资料来源：《理事会关于战后核办放款经过和 1947 年放款情况报告的决议》（1947 年 12 月 18 日），重庆市档案馆、重庆市人民银行金融研究所合编：《四联总处史料》中，档案出版社 1993 年版，第 640—658 页。

按照贷放款案件批准施行的地域来划分，工矿生产事业贷款的分配绝大多数集中于沿海大城市。农业贷款、交通贷款及内地物资运销贷款在各省区域内均有。1947 年 1—11 月内，除去农业贷款外，所有各类贷款的地域分布如表 4-8 所示（表格中的"东"指的是东北流通券份额）[②]。

---

① 《理事会关于战后核办放款经过和 1947 年放款情况报告的决议》（1947 年 12 月 18 日），重庆市档案馆、重庆市人民银行金融研究所合编：《四联总处史料》中，档案出版社 1993 年版，第 640—658 页。

② 《理事会关于战后核办放款经过和 1947 年放款情况报告的决议》（1947 年 12 月 18 日），重庆市档案馆、重庆市人民银行金融研究所合编：《四联总处史料》中，档案出版社 1993 年版，第 640—658 页。

表 4-8　1947 年 1—11 月四联总处放款地域分布

地名	笔数	金额/亿元	金额百分比/%
南京市	396	6622	13.40
上海市	1661	14613	29.50
天津市	571	3964	8.00
重庆市	313	3199	6.50
汉口市	463	3177	6.40
青岛市	536	1796	3.60
浙江省	261	1550	3.10
江苏省	290	1521	3.10
北平市	108	1513	3.10
四川省	143	1387	2.80
陕西省	160	1071	2.20
广州市	103	1054	2.20
东北九省	165	东 288	
其他各省	1502	7926	16.10
总计	6591	49393 东 288	100.00

资料来源:《理事会关于战后核办放款经过和 1947 年放款情况报告的决议》(1947 年 12 月 18 日),重庆市档案馆、重庆市人民银行金融研究所合编:《四联总处史料》中,档案出版社 1993 年版,第 640—658 页。

从表 4-8 中可得,批复的上海市贷款笔数最多,约占总笔数的 25%。上海贷款总额度约占总数的 29.5%。东北九省使用的东北流通券 288 亿元额度,是所有区域中最少的。总体而言,战后四联总处贷放款工作量较大,所批复的放款案件呈现出东南沿海地区重于内地的区域特点、工矿生产事业贷款多于农业贷款的产业特点等。

三、贷放款政策的紧缩与停止

四联总处着手贷放款工作已经有十年。从最初成立的业务集中于贴放和贷款,一直到 1948 年撤销,四联总处在贷款放款业务上投入了大量精力,完成了大

量的案件,为中国经济生产事业做出了卓著贡献。但是不良放款和贷款的情况
一直存在,只是没有被着重批评和曝光。到了战后,中国的金融、经济、政治和军
事都变得异常复杂。各种因素纠葛在一起,使得四联总处的放款表现出了异常
审核和不良使用的情况。导致其他机构或者官员以此为理由不断攻击四联总处
贷放款业务的无效和腐败。早在1946年8月1日,四联总处理事会第314次会
议上,四联总处就提出"核办放款方针应否紧缩抑应"的问题。四联总处提及当
时工商界人士对四联总处放款以及汇兑等业务多有批评,论说不一。为检讨各
行局实际困难并策划改进,定于8月1日下午开始在四联总处举行业务检讨会
议3天,分别检讨各项业务。各行局主管人员、财政部钱币司、国库署派人参
加①。最终1947年11月,四联总处为配合政府紧缩政策,奉令暂行完全停止贷
款。遵即于1947年11月底急电各行局库及各分支处切实遵办。各种新放款项
一律暂行停止,已核定的放款并应于期满时一律收回,不得再行展期②。因此,
贷放款业务收缩和停滞直至撤销。

　　审核放款过程当中,四联总处理事会发现了不少贷款在申请、使用、回收的
过程中存在着怪诞之处。譬如有些申请者在不恰当的季节,申请不合事理和不
符逻辑的贷款。四联总处理事会自然相应做出了再洽(再议)或者婉拒处理。譬
如1947年5月8日,四联总处理事会第343次会议报告,中国农民银行总处为
天津市政府筹设证券交易所,由五行局承任资本4亿元。理事会决议:查明再
议③。在此时国内金融不济、恶性通胀、政治复杂、社会动荡的背景下,申请筹设
证券交易所的大项目,确实是一件奇怪的事情。1947年7月3日,四联总处理
事会第347次会议上,通报中国农民银行总处等12个单位先后请核办关于农贷
案件共13件,仅仅核准6笔共25亿元,核准酌情贷款187亿元,婉拒贷款4笔
共261亿元。可以说很大部分的申请没有批准。甚至不少申请贷款案件的理由
不合常理。譬如1947年7月份种植棉花季节早已经过去,仍有单位来申请棉

　　①　《四联总处理事会第314次会议记录》(1946年8月1日),中国第二历史档案馆编:《四
联总处会议录》(48),广西师范大学出版社2003年版,第349页。
　　②　《理事会关于战后核办放款经过和1947年放款情况报告的决议》(1947年12月18日),
重庆市档案馆、重庆市人民银行金融研究所合编:《四联总处史料》中,档案出版社1993年版,第
640—658页。
　　③　《四联总处理事会第343次会议记录》(1947年5月8日),中国第二历史档案馆编:《四
联总处会议录》(56),广西师范大学出版社2003年版,第316页。

贷①。就连平时从不拒绝的教育贷款申请,四联总处也给出了缓议的决议。譬如 1947 年 10 月 23 日,四联总处理事会第 355 次会议提出,中国国民党南京特别市执行委员会代电为庆祝蒋中正六十寿辰筹建中正图书馆请准贷款 14 亿元②。四联总处的决议是"再洽"。可以说这一期间,四联总处拒绝了非常多不合情理的贷款申请。从另一个角度反映出来战后整个国民政府的治理混乱和无序,透视出滋生的腐败问题。

针对四联总处审批贷款案件中发现的如此多的怪诞案件,1947 年 8 月 14 日,四联总处理事会第 350 次会议上,蒋介石手令饬停止贷款并另订鼓励工业增加生产办法。推选翁文灏、陈果夫、陈启天、徐柏园、楼桐孙、戴立庵理事及放款小组委员会主任委员副主任委员严格审查案件③。蒋介石希望四联总处加强对工业增产的贷款,并增选以上人员对放款事宜进行审查。

四联总处审查案件中出现的怪诞案件,也引起了国民参政会委员的关注。1947 年 11 月 20 日,四联总处理事会第 357 次会议上,秘书长口头报告:最近国民参政会驻会委员会提议要求四联总处将国家行局办理各项放款核定情形随时公布。蒋介石认为原则可准照办,惟应如何公布,谨报请核示。理事会指示,对行局承办放款案件如须查询,请向财政部或本处洽办④。1947 年 11 月 20 日,四联总处理事会第 357 次会议上,监察院咨委监委刘士笃纠举四联总处拒绝审计部审核四行账目案。四联总处认为请行政院核办⑤。可以说四联总处已经意识到了贷放款案件中的不良情况。如果此时全盘托出,随时公开情形,很有可能对四联总处的存在非常不利,会增加国民政府经济治理的压力。此时的国民政府正处于内战,事情复杂,焦头烂额,情况非常糟糕。于是四联总处面对参政会和监察院的质疑,就把财政部、行政院拿出来做挡箭牌,显示出四联总处此时已失去战时金融管理大本营的昔日权势。

---

① 《四联总处理事会第 347 次会议记录》(1947 年 7 月 3 日),中国第二历史档案馆编:《四联总处会议录》(58),广西师范大学出版社 2003 年版,第 136 页。

② 《四联总处理事会第 355 次会议记录》(1947 年 10 月 23 日),中国第二历史档案馆编:《四联总处会议录》(61),广西师范大学出版社 2003 年版,第 151 页。

③ 《四联总处理事会第 350 次会议记录》(1947 年 8 月 14 日),中国第二历史档案馆编:《四联总处会议录》(59),广西师范大学出版社 2003 年版,第 424 页。

④ 《四联总处理事会第 357 次会议记录》(1947 年 11 月 20 日),中国第二历史档案馆编:《四联总处会议录》(62),广西师范大学出版社 2003 年版,第 13 页。

⑤ 《四联总处理事会第 357 次会议记录》(1947 年 11 月 20 日),中国第二历史档案馆编:《四联总处会议录》(62),广西师范大学出版社 2003 年版,第 16 页。

于是到了 1948 年,放款案件大幅减少。据统计四联总处 1948 年 1—3 月份核定专案放款除农贷外,共 54 笔,共 58134 亿元①。1948 年四联总处理事会议记录中的报告和讨论事项大幅度减少。1948 年 9 月 11 日,四联总处理事会第 371 次会议,在关于国立各院校透支应否自 7 月或 8 月份起一律停止的问题上,做出决议:准照原订总协议书期限办理,一律截止到 1948 年 10 月 31 日为止②。原先教育方面的透支款项也一律停止。

此时放款已经有所节制,审查更加严格。放款案件审定的工作停顿。既然案件不再申请和审核,四联总处转而在政策和方针上继续有所修正。政府也对 1948 年中央和地方范围各种贷款方针和计划反复讨论和修正。1948 年 2 月 19 日,四联总处理事会第 359 次会议上审议各行局库拟送的 1948 年度贷款方针与办法③。1948 年 4 月 8 日,四联总处理事会第 362 次会议通过拟具的四联总处贷款业务处理方案和修正方案④。实际上,四联总处真正批准的贷款案件非常少。这些方针政策的修订只是纸上谈兵,恐怕没有机会运用到实际工作中去了。

这些法律文本的不断调整,依然挽回不了四联总处大势已去的定局。最终随着四联总处的撤销,放款也逐渐减少乃至停止。1948 年 10 月 7 日,四联总处理事会第 372 次会议通过四联总处生产事业贷款办法草案,决议:移请财政部中央银行召集各行局商议陈报行政院核定⑤。也就是说本来隶属四联总处掌管的生产事业贷款,转移到中央银行处理。1948 年 10 月 8 日,四联总处停止接受申请贷款文件,所有未了放款案件,移由中央银行审核办理。档案文卷,属于行政管理部分,移交财政部接管⑥。

整个战后四联总处的贷放款工作,从战后初期 1946 年和 1947 年的雄心壮

---

①　《四联总处理事会第 363 次会议记录》(1948 年 4 月 22 日),中国第二历史档案馆编:《四联总处会议录》(63),广西师范大学出版社 2003 年版,第 6 页。

②　《四联总处理事会第 371 次会议记录》(1948 年 9 月 11 日),中国第二历史档案馆编:《四联总处会议录》(64),广西师范大学出版社 2003 年版,第 434 页。

③　《四联总处理事会第 359 次会议记录》(1948 年 2 月 19 日),中国第二历史档案馆编:《四联总处会议录》(62),广西师范大学出版社 2003 年版,第 195 页。

④　《四联总处理事会第 362 次会议记录》(1948 年 4 月 8 日),中国第二历史档案馆编:《四联总处会议录》(62),广西师范大学出版社 2003 年版,第 418 页。

⑤　《四联总处理事会第 372 次会议记录》(1948 年 10 月 7 日),中国第二历史档案馆编:《四联总处会议录》(64),广西师范大学出版社 2003 年版,第 516 页。

⑥　《金融周报关于四联总处第 372 次理事会议重要报告及决议的报导》(1948 年 10 月 27 日),重庆市档案馆、重庆市人民银行金融研究所合编:《四联总处史料》上,档案出版社 1993 年版,第 150 页。

志和逐案审核,到后期 1947 年下半年和 1948 年 10 月撤销前的快速收缩,直至随四联总处落幕。四联总处最早于 1937 年开始从事贴放、贷款、投资事业。十多年贷出去的款项,经历物价飞涨几倍甚至几十倍、几百倍,再收回时已经不是最初的价值了。可以说四联总处这么多年的放款事业,把四行和国库掏空了。尽管四联总处应政府政策要求、支持生产事业建设是必要的,但是国民政府常年财政赤字、国库空虚的事实是掩盖不了的。巨额军事支出加上巨额贴放生产建设贷款,通货膨胀的恶性循环,国库资本积累的速度跟不上政府花钱、法币贬值的速度。四联总处十年的贷放款工作过程与战后国民政府的财政金融命运息息相关。但毋庸置疑的是,四联总处在 1946—1948 年努力响应政府生产事业的政策办理贷放款工作。

第三节　四联总处督导行局的职权与角色定位

一、四联总处督导行局的职权范围

抗战胜利后,四联总处为了配合复员时期经济政策实施,加强国家金融制度的基础,达到发展经济、安定民生的目标,1946 年 5 月 23 日拟具《加强行局专业及总处对各行局考核办法》四项,提交第 307 次理事会议修正通过。对于各行局业务范围的明确度比 1942 年"四行专业化"更加清晰细化。考核办法的主要内容有:明确中国、交通、中国农民三银行及中信、邮汇两局的主要业务范围;明确中央银行应协助各行局专业发展;明确各行局至少以 50% 资金运用于专业范围内的业务(如某一贷款对象与各行局的业务范围均有联系,可由有关行局联合承做,巨额贷款可组织银团联合办理)[①]。

其中关于四行二局的主要业务及其计划纲领的主要内容如下:

(1)中国银行——以协助发展国际及国内贸易为主,与贸易有关之工矿事业贷款为副。

(2)交通银行——以交通公用事业之贷款为主,其他一般工矿贷款为副。

[①]　《四联总处理事会第 309 次会议记录》(1946 年 6 月 20 日),中国第二历史档案馆编:《四联总处会议录》(47),广西师范大学出版社 2003 年版,第 275 页。

（3）中国农民银行——以各项农业贷款为主，农产加工贷款为副。

（4）中央信托局——以信托保险购料易货仓库为主，公务人员储蓄及地产经营为副。

（5）邮政储金汇业局——以储金汇兑为主，交部所属机关之投放款、简易人寿保险及其他代理业务①。

规定中央银行切实协助各行局专业发展。如办理转质押、重贴现，以灵活各行局长期资金周转；办理拆款、调拨，以利各行局头寸周转等。以期适应各行局业务需要，达成中央银行的"银行之银行"使命②。那么既然各行局业务范围已经重新厘定，四联总处今后的任务是：（1）随时注意国内外金融经济情形，决定政策，指导各行局业务方针；（2）考核各行局办理业务情形，与政府有关各部门商洽合作；（3）凡申请贷款案件数额在 5000 万元或 1 亿元以下者，由各行局先行核放，报请四联总处查核；数额在 1 亿至 2 亿元以上者，经四联总处放款小组会审定后，报理事会备案；数额在 2 亿元以上者由理事会专案签请主席副主席核定③。可以说这个时期，四联总处对于督导各行局的职权以文本政策的指导和商量为主。

四联总处为督导各行局切实负责办理业务，以收分工合作的效果起见，就在一周后即 1946 年 6 月 20 日，四联总处理事会决议了发展各行局专业业务的详细计划④。包括了中央银行在供应三行两局业务资金时应如何确定标准，以便协助各行局专业发展，免除后顾，协助四行两局调拨头寸、改进国库收支处理程序；中国银行如何协助出口贸易、调剂进口贸易、经办外汇业务、协助国内贸易发展；交通银行如何协助交通事业的改善与拓展、协助发展大城市的公共事业；中、交两行应共同负责策划协助国内各项工矿业的发展；中国农民银行如何协助大型小型农田水利建设、特种农业生产、农产运销、沿海各地渔业、农产改良贷款、部分农产加工事业；中央信托局如何协助发展运输仓储业务、发展保险业务、加

---

①　《理事会关于加强行局专业及总处对行局业务考核办法的决议》（1946 年 5 月 23 日），重庆市档案馆、重庆市人民银行金融研究所合编：《四联总处史料》上，档案出版社 1993 年版，第 582 页。

②　《理事会关于加强行局专业及总处对行局业务考核办法的决议》（1946 年 5 月 23 日），重庆市档案馆、重庆市人民银行金融研究所合编：《四联总处史料》上，档案出版社 1993 年版，第 582 页。

③　《四联总处理事会第 309 次会议记录》（1946 年 6 月 20 日），中国第二历史档案馆编：《四联总处会议录》（47），广西师范大学出版社 2003 年版，第 275 页。

④　《理事会关于为发展各行局专业业务分由各行局详拟计划的决议》（1946 年 6 月 20 日），重庆市档案馆、重庆市人民银行金融研究所合编：《四联总处史料》上，档案出版社 1993 年版，第 584 页。

强信托购料业务；邮政储金汇业局如何普遍推行小额储蓄，尤其应在农村方面广泛展开小额储蓄、小额汇兑和普遍推行简易人寿保险①。

既然各行局业务已经明确规定，那么四联总处为做好指导监督作用，召开了各行局业务检讨会等会议，来加强四联总处对四行的指导工作。也便利与各行局之间相互沟通，共同研究制定工作任务。蒋介石督促四行考核办法尽快实行。1946年7月25日，四联总处理事会第313次会议上，决议关于加强行局专业及总处对行局业务考核办法。蒋介石电令"所拟加强行局专业及总处对行局业务考核办法尚属可行准予照办并希切实办理为盼"督促考核办法施行。②

于是在1946年8月1日、10月7日、11月12日、12月17日，四联总处先后举行各行局业务检讨会、各分支处工作会报、各行局人事机构讨论会及统计研究设计工作讨论会③。其中关于四联总处对于四行的考核较少。大部分把四行的业务下放至四行手中，四联总处并没有监督实际业务，除了放贷款。四联总处仅在一些制度、文件、文本政策上有所行动。譬如为简化各行局的统计报表，提高工作效率，加强各单位间统计研究设计工作之联系配合起见，经于四联总处1946年12月17日的统计研究设计工作讨论会上，要求报表简化，图书资料互借的琐碎事情。并提出在各行局统计研究设计机构中，各行局之间组织有各自的特点。其形成各自的历史渊源与不同背景，惟利弊明显，譬如各行研究与设计分散，而业务统计集中办理者；目前仅有业务统计机构而缺乏研究设计机构。在此次会议中四行二局曾提出分由各行局先行研究，再行统筹改进④。

1947年2月27日，理事会依照四行业务划分及考核办法暨加强行局专业及总处对各行局业务考核办法，督促各行局拟订1947年工作计划。其内容集中于人事录用、考核各行局预算及决算、查核各行局开支并明确处于继续协助财政部管制金融市场、继续协助政府办理绥靖区经济复兴工作、按期会同财政部派员考查各行局业务、督促联合征信所继续筹设重要都市分所来推广征信业、加强经

---

① 《理事会关于为发展各行局专业业务分由各行局详拟计划的决议》(1946年6月20日)，重庆市档案馆、重庆市人民银行金融研究所合编：《四联总处史料》上，档案出版社1993年版，第587页。

② 《四联总处理事会第313次会议记录》(1946年7月25日)，中国第二历史档案馆编：《四联总处会议录》(48)，广西师范大学出版社2003年版，第235页。

③ 《四联总处关于举行各行局业务检讨会等会议情形的报告》(1946年)，重庆市档案馆、重庆市人民银行金融研究所合编：《四联总处史料》上，档案出版社1993年版，第593页。

④ 《四联总处关于举行各行局业务检讨会等会议情形的报告》(1946年)，重庆市档案馆、重庆市人民银行金融研究所合编：《四联总处史料》上，档案出版社1993年版，第593页。

济研究调查和编纂出版工作并与各行局经济研究调查设计部门随时联系，交换意见①。四行二局的任务较战前更加丰富。

以上对四行二局的专业范围都分别拟定。各行局将在 1946 年 7 月 1 日至 1947 年 6 月 30 日之前，施行以上规定②。各行可以根据各自业务进展，权衡缓急办事。既然四行二局的各自发展井然有序，那么四联总处考核行局的职权范围也就全面收缩，用心督促四行二局办理各自业务。四联总处未能像战时一样指导和考核四行二局的业务细节。

二、四联总处的角色定位

尽管四联总处是为抗战而设立的非常时期的特殊机构，但是战后仍有其发挥作用的地方。复员时期政府各项金融经济设施需要四联总处协助推行。但是四联总处主动大量紧缩对于各行局的考核职权，对四行二局的考核内容减少，且政策不再如战时那么细致和强势。值得注意的一点是：四联总处多次非常明确地强调把自身指导金融经济政策的功能定位于"协助财政部""协助政府"推行金融经济政策。此时的四联总处完全不同于战时大刀阔斧、管理金融经济的"四联总处"。

1945 年 11 月底，四联总处进行第三次改组。四联总处理事会副主席宋子文把四联总处的工作任务定位为以审核放款和研讨物价为主，并对原来的组织机构进行紧缩，节省开支。相应地，四联总处对于自身的角色定位也就放在贷放款机构和物价政策制定者上，对经费和机构进行大大缩编。因此四联总处战后的考核行局的职权范围呈现收缩的状态，角色定位更为单一。再加上，如上文所

①　《理事会关于 1947 年中心工作计划纲要的决议》(1947 年 2 月 27 日)，重庆市档案馆、重庆市人民银行金融研究所合编：《四联总处史料》上，档案出版社 1993 年版，第 268 页。四联总处史料(上)文后注释第 266 页"理事会关于 1947 年中心工作计划纲要的决议(四联总处第 358 次理事会议，1947 年 2 月 27 日)"。经考证，四联总处会议录(六二)册中，四联总处理事会第 358 次会议(即四联总处第 358 次理事会会议)议事日程第 31 页为 1947 年 12 月 18 日上午十时，其会议记录第 122 页时间为 1947 年 12 月 18 日上午十时，地点：国民政府会议厅。因此，显然存误。于是笔者查照四联总处会议录(六二)册四联总处理事会第 358 次议事日程第 91 页找到同样报告"1947 年中心工作计划纲要"，并注明是 1947 年 2 月 27 日四联总处第 338 次理事会核定。因此，四联总处史料(上)文后注释第 266 页"理事会关于 1947 年中心工作计划纲要的决议"，实际属于四联总处第 338 次理事会内容。

②　《四联总处理事会第 309 次会议记录》(1946 年 6 月 20 日)，中国第二历史档案馆编：《四联总处会议录》(47)，广西师范大学出版社 2003 年版，第 297 页。

述,四联总处的存废问题一直备受关注。关于四联总处撤销的谣传也没有停止。四联总处在战时是一个异常关键的战时金融经济作战大本营,但是战后四联总处处境非常尴尬。这导致了四联总处在自身角色的定位上,更为谨慎。选择把职权下放给四行二局,四联总处明确把自身定位于协助和指导其他机构来完成金融复员工作的角色,并做好本职的贷放款的业务。

回顾 1945 年 8 月 23 日,四联总处第 281 次理事会议上,徐堪曾做关于四联总处设置各收复区四联分支处的重要指示。徐堪作为最初见证和参与四联总处初创和改组的高层领导人,肯定了四联总处作为战时经济作战大本营的地位和作用。他认为彼时的四联总处"有关金融经济重大事项,无不竭力遵办,其历年所办事迹,本总处均有详细记录,无待本席之列举,此五六年中本总处对于战时金融经济财政之贡献特大,在事各员之勋劳亦粗记述。……自八一三以迄,胜利之今日,历时八年有余,而我战时金融始终能融成一片,集中力量以奉行国策,并裨助财政经济之事实,则为抗战史中所不能磨灭者"①。蒋介石常称赞四联总处为经济作战大本营,对其非常重视。但是外界不明了四联总处的任务与所做贡献,经常指责四联总处是不合理的组织。徐堪认为战后应该利用四联总处建立起来的金融体系,继续完成金融复员和完善金融制度。实际上,四联总处确实参与金融复员的政策制定和调整及最后的实施。譬如上文论述的早早开始谋划金融复员计划、参与钞券供应和本票管理、改进贷放款业务、改进督导行局的方式。国民政府的确有意图利用四联总处的庞大金融网络机构去接收和复员金融,谋划通过四联分支处的设置先掌控一个地方的金融,再推行当地的战后金融经济政策。

但此时的四联总处,尽管做出了较多举措,但是却无法顺利地实现以四联总处的庞大金融网络机构去接收金融机构、指导金融复员、恢复金融经济活动、促进国内生产建设。

不难发现,这其中形成了一个悖论。四联总处假如要在战后金融复员事业上大展拳脚,达到蒋介石战后依然试图通过四联总处和四联分支处的网络来掌控全国金融的谋划,那么四联总处必然需要早早谋划、主动出击、强势掌控四行二局复员期间的业务范围、人事变更、机构选址设置、考核预算经费开支等。明确四行二局划分业务范围并且协助中央银行掌控金融市场的资本总量和流动量,实施诸多举措来实现战后国民政府依旧强势管理金融、集中金融力量稳固统

---

① 《四联总处理事会第 281 次会议记录》(1945 年 8 月 23 日),中国第二历史档案馆编:《四联总处会议录》(41),广西师范大学出版社 2003 年版,第 258 页。

治。蒋介石也是出于以上方面的考量,决心保留四联总处和四联分支机构组织,回迁四联总处到南京继续工作。但是显然以上都是假设。实际上,四联总处受制于战后复杂背景,只是中规中矩提出查核各行局的开支,职权范围大大缩小。四联总处非常明确表明是协助财政部、联合征信所、政府等开展管理金融工作,并把业务范围规定在熟悉的贷放款案件审核上。至于研讨物价的任务,也没有出现可圈可点的成绩。四联总处的尴尬存在和自身定位,把四联总处引向了撤销的命运。

上文所述的悖论的存在,一方面反映了四联总处承载着蒋介石掌控金融的理想,意图强势管理金融,而宋子文主动将四联总处职权"降格";另一方面反映了复员之后势力膨胀的金融机构在战后摆脱四联总处督导的意图,而且四联总处没法迎合和掌控复员后的中国金融格局。里面暗含了四行二局和其他强势的党军政部门与四联总处的利益博弈和较量。

战后复员时期,由于国民政府的"接收"行动,中国金融格局发生变动,四联总处在其中处境尴尬。国民政府在收复区的"金融接收"发生了非常复杂的利益纠葛,导致收复区各行局的地方分支处金融机构被强势党军政部门接收,"已降格"的四联总处根本无力与强势的部门竞争,更加谈不上平稳进行金融复员。这既影响了四联总处督导行局、拨付生产贷款,也影响了贷放款成效和生产事业建设。战后复员工作涉及高额的利益收入。对日伪敌占区敌伪奸资产的接收工作,可以获取较大利益。这项接收工作牵扯了大量人力、物力还有政府官员的吸引力。金融复员过程中,四联总处尽心协助财政部、中央银行开展金融复员,设置四联分支处,意图协助当地金融机构发放贷款,帮助恢复生产建设。但实际上各种接收机关林立,就有收复区的产业、金融机构被其他机构胡乱"接收"。当时国民党军队与政府、中央与地方同时插手,以致发生各系统接收重复,多种机关争抢资产的情况。行政院于 1945 年 11 月在南京设立收复区①全国性事业接收委员会,直隶于行政院,统筹办理日伪敌占区经济、交通、金融等全国性事业接收、处理等事项。② 并设立苏浙皖、河北平津、粤桂闽、山东青岛各区"敌伪产业处理局",形成由陆军总司令部负责接收军事,行政院收复区全国性事业接收委员会负责接收全国性政治、经济,各地区敌伪产业处理局负责接收各省市地方性

①　国民党政府所定义收复区是抗战胜利初期所解放的战争时期日伪敌占区,包括早已沦陷的东北地区以及台湾地区。

②　韩文昌、邵玲主编:《民国时期中央国家机关组织概述》,中国档案出版社 1994 年版,第 270 页。

事业的三条接收渠道。到 1946 年底,国民党政府对敌伪资产的接收处理工作,除了东北外,基本完成。除交通运输各部门外,国民党政府接收到手的工厂矿场、商业、房地产和家具、仓库码头、金银外币、车船,各种物资(不包括国防用品和其他军用品)的资产分别按接收时当时当地的物价指数折合战前法币共232456 万元。① 接收过程中,出现了官吏腐败、沆瀣一气的不良行为,霸占抢占强占资产,使社会生产力受到严重破坏。加上国民党政府急于发动全面内战,耗费大量资金,金融复员工作无法平稳进行。到 1946 年底,将敌伪资产出售给公众所得的 5000 亿元,很快被浩繁的军费开支消耗殆尽。政府财政危机更加严重。为了弥补不断增加的财政赤字,国民党政府采取了一系列措施。如出售战后所接收的部分敌伪物资,举借内外债,加征赋税,出售政府储备的黄金和外汇等。国民党政府一再提高税率,不断增加赋税。1947 年 7 月决定恢复抗战时期的田赋征实和征借。② 加征苛捐杂税,使得民怨沸腾,社会动荡。

可以说所谓金融复员,只是"机构"形式上的复员,"空壳化"的复员。真正的国民经济建设和金融建设仍停滞不前。四联总处发放贷款的后续工作没法顺利开展。四联总处继续修订和出台一些金融管理政策,实际成效绵薄,甚至未投入实践。四联总处战后时期的工作没有得到平稳推行,这是由一系列历史因素造成。

本章小结

战后复员初期,四联总处并没有撤销。而是继续存在协助推行复员时期政府各项金融经济政策。为使战时金融有计划有步骤地恢复到平时的常轨状态,四联总处在战时已经开始拟定战后金融复员计划和具体实施办法,应对各行局复员的困难,实现金融复员。

本章论述四联总处与财政部及各行局指派主管人员组织金融复员设计委员会,参与金融复员工作。四联总处的机构和人事进行了调整。四联总处派遣人员协助中央银行接济其他行局钞券并发行本票。除此之外,四联总处在战后复员时期的主要工作以审核放款为主。四联总处贷放款工作的进展中涉及了政

---

① 简锐:《国民党官僚资本发展的概述》,《中国经济史研究》1986 年第 3 期。
② 陆仰渊、方庆秋主编:《民国社会经济史》,中国经济出版社 1991 年版,第 801—806 页。

策、人事、机构、经费问题的调整。

　　四联总处战后的考核行局的职权范围比起战时的"经济作战之大本营"大大地缩小，并把自身的职能角色定位为"协助"其他机构完成金融复员工作。四联总处曾努力推进金融复员，但是战后接收的复杂性和利益纠葛，加上国民党政府急于发动全面内战，耗费大量资金，金融复员工作无法真正平稳进行。四联总处在战后复员时期的工作成效浅薄。

结　　语

一、四联总处金融管理述评

　　四联总处是国民政府抗日战争时期最高的金融管理机关。四联总处的成立,既有历史金融格局形成的条件,又有战时金融管理的紧迫的需要。四联总处的金融管理,为适应客观形势发展的需要,根据国内外政治、军事和经济演变情况,经过了三个阶段的演变:1937年8月成立至1942年5月太平洋战争爆发为第1个阶段;1942年5月太平洋战争爆发至1945年12月抗战第三次改组为第2个阶段;1945年12月抗战结束至1948年10月四联总处撤销为第3个阶段。

　　在各个时期采取了不同的金融管理办法和实践。从四联总处的十年兴衰史来看,其主要完成了两项工作:一是凭借政治权力,利用金融手段,推行战时金融管理政策,促使内地经济发展,保障战时物资供给,为抗日战争的胜利做出了卓著贡献;二是凭借政治权力,扶植、加强和提升中央银行的职权,稳固中央银行的"银行之银行"能力和地位,巩固了中央银行为主的四行二局一库的官僚资本的金融体系。

　　抗战初期,四联总处的金融管理主要配合政府贯彻非常时期安定金融办法,稳定金融市场。四联总处举办联合贴放业务,融通资金,扶持生产,支持工矿企业内迁,取得一定成效。此时为融通资金、支持工矿企业内迁而设立的四行联合办事处及四行联合贴放委员会,其实是应急性的联合办事组织机构。抗战进入相持阶段,时局和金融环境的变迁,四联总处决定在金融方面加强管理。因此1939年10月四联总处正式改组成立,扩大组织机构,选取人事,提高职权。改组之后,由一个联合办事机构扩大为一个直接隶属于国民政府的最高金融垄断机构;改组后的四联总处,集中了国民政府主管财政、经济和金融的重要人物及精通经济金融方面的业务专家,说明了四联总处在国民党政府中所处的重要地位。四联总处理事会握有至高无上的权力。业务管理范围相当广泛,举凡战时与金融有关的重大政策,有赖四联总处筹划和实践。从四联总处的业务范围来看,有的甚至已经超出其原定的金融活动范围。因此,四联总处的性质,实为国民政府最高的金融管理机关。1941年12月太平洋战争爆发后,抗战进入艰苦时期,国际交通运输线被切断,后方经济生活困难,物价加速上涨,物资短缺严重。四联总处需要进一步加强金融统制力量,于是金融管理进入了新阶段。

1942年5月四行专业化的实施及四联总处的第二次改组,应时而生。实行中中交农四行专业化。中央银行取得统一发钞权,集中外汇管制,使得中央银行在金融业中的领导地位逐渐加强,四联总处的职权地位逐步削弱。虽然表面上第二次改组后,四联总处权责缩小,机构裁并,不再直接负责办理政府战时金融有关的特种业务,"在国统区金融经济领域的地位有所下降"[1],但其在督导国家行局、管理商业行庄和金融市场方面,推出了许多具有划时代意义的举措。首先,四联总处定期召开理事会议专门审核工矿、交通、农林等企业的贷款和投资申请。各地四联分支处接办贴放事项,大大积极推进了大后方经济建设。其次,四联总处对四行二局及其他官立银行等推行计政制度,向各行局派出会计人员,并由审计部派出审计人员,驻在各行局工作[2],划一会计、稽核和银行实务制度,改组筹办银行人员训练所,划一人事制度[3]等,从制度和细节上督导金融机构。第三,四联总处在管理金融市场资本供应、四行金融网建设、控制通货、管制外汇侨汇方面做出了独特的政策等。四联总处督导中国银行、交通银行、中国农民银行三行,协同财政部、中央银行推行政府金融管理政策,并为加强中央银行管控金融的力量,巩固中央银行地位,推进战时大后方产业建设。在更广大的意义上,四联总处对中国金融制度的完善有着非常重大的影响。第二次改组后的四联总处在国统区金融经济领域的地位并未立即下降。四联总处仍是国民政府巩固健全金融制度、完善金融监督、管控金融的重要机构。

---

① 黄立人:《四联总处的产生、发展和衰亡》(代序),重庆市档案馆、重庆市人民银行金融研究所合编:《四联总处史料》上,档案出版社1993年版,第31页。

② 《秘书处关于指派会计与审计人员前往官立银行工作的报告》(1943年1月7日)、《四联总处关于各行局计政制度之推行事宜的报告》(1943年),重庆市档案馆、重庆市人民银行金融研究所合编:《四联总处史料》上,档案出版社1993年版,第704、711页。

③ 《秘书处关于银行人员训练所筹办经过的报告》(1942年9—12月)、《理事会关于划一各行局人事制度规则的决议》(1943年10—11月),重庆市档案馆、重庆市人民银行金融研究所合编:《四联总处史料》上,档案出版社1993年版,第678—689页。

　　抗战结束,经济金融出现新形势。四联总处随国民政府由重庆迁返南京。战后的金融大背景已经不同于战时集中金融力量一致抗日的历史环境。因此,四联总处虽然维持存在,但是其业务范围发生重大变化。过去四联总处在金融管理领域的举足轻重的地位,已经一去不复返。随着国民政府放弃和废止战时金融经济管制法规和中央银行的实力增强,四联总处对四行二局的管控能力下降,其在金融经济领域里的活动范围和能力也逐渐越缩越小。以往大刀阔斧的指导和监督行局的状态不复存在。1945 年 12 月四联总处第三次改组以后,四联总处机构大为紧缩,相应调整了组织机构与人事安排。四联总处的金融管理业务,主要协助收复区金融复员、贷放款管理、进一步加强四行两局一库的业务的考核等。四联总处副主席宋子文在第三次改组会议上宣传:"本处原为适应非常时期之组织,兹战事虽告结束,而复员期间政府各项金融经济设施仍须赓续协助推进,惟为适合当前环境起见,此后工作应以审核放款及研讨物价为主。"[1]此后四联总处的金融管理活动大体不超出此范围。四联总处后期的工作,在恶性通货膨胀背景下,其业务成就收效甚少。直至 1948 年 10 月被行政院裁撤。

二、四联总处与四行关系分析

　　综观四联总处金融管理方面,四联总处与四行的关系呈现出以下特点。

　　第一,四联总处金融管理任务由四行二局比例分担、联合办理。最初 1939 年国民政府为推行战时金融经济政策,特组设中央、中国、交通、农民四银行联合办事总处,负责监督指导中中交农四行之业务事务。同时规定,中央信托局、邮政储金汇业局的业务也受四联总处的监督指导[2]。到了 1942 年四行专业化后,中央银行、中国银行、交通银行、中国农民银行四行需要遵照政府金融政策及订定方针,集中力量专业发展各自主要业务,同时四行之间仍应切实联系,遇事协助[3]。譬如工矿、贸易、交通公用等事业贷款及投资,统由四联总处理事会核定,

---

　　① 《四联总处第 295 次理事会议记录》(1945 年 11 月 29 日),中国第二历史档案馆编:《四联总处会议录》(43),广西师范大学出版社 2003 年版,第 350 页。

　　② 《中央中国交通农民四银行联合办事总处组织章程》(1942 年 9 月),重庆市档案馆、重庆市人民银行金融研究所合编:《四联总处史料》上,档案出版社 1993 年版,第 88 页。

　　③ 中国第二历史档案馆等合编:《中华民国金融法规档案资料选编》(上),档案出版社 1989 年版,第 658 页。

交由中国或交通银行联合承做①。既然金融管理任务由四行二局分担处理，使得四联总处最高管理机构——理事会议的人员组成由各行抽调人员联合组成。四联总处设立理事会由中央银行总裁、副总裁，中国银行董事长、总经理，交通银行董事长、总经理，中国农民银行理事长、总经理及财政部、经济部代表组织之②。而且四联总处下设的委员会成员也是由四行二局各派联合组成，共议金融事宜。譬如 1939 年 11 月 21 日四联总处第 9 次理事会③通过设立的储蓄设计委员会由中、中、交、农四行及中央信托局、邮政储金汇业局各派代表一人，另聘专家三人至五人组织之④。

　　四联总处自身并不是直接参与商业性业务经营的机构，而是政府设立的国家行局（四行二局一库）的金融管理机构。因此四联总处的经费由最初四家银行联合分担再到四行二局比例摊派。中央合作金库直至 1946 年 11 月加入四联总处⑤，中央合作金库不用分摊费用。

　　第二，四联总处采用"总处——分支处"的层次性控制模式。1939 年 9 月 8 日颁布的《战时健全中央金融机构办法纲要》规定，中央、中国、交通、中国农民四银行合组联合办事总处，负责办理政府战时金融政策有关各特种业务。中、中、交、农四行总行及四联总处对于财政金融重大事项，得随时向财政部陈述意见。四行或四联总处办理财政部命令，先指定专员负责督导各四联分处推行，并按月将办理成绩报告四总行及四联总处汇总，再上报财政部查核。财政部会同四联

---

①　中国第二历史档案馆等合编：《中华民国金融法规档案资料选编》（上），档案出版社 1989 年版，第 658 页。

②　《中央中国交通农民四银行联合办事总处组织章程》（1939 年 10 月 2 日），重庆市档案馆、重庆市人民银行金融研究所合编：《四联总处史料》上，档案出版社 1993 年版，第 70 页。

③　四联总处史料（上）文后注释第 77 页涉及"理事会关于设立储蓄设计委员会的决议（四联总处第 9 次会议，1939 年 11 月 21 日）"。四联总处史料（下）文后注释第 373 页涉及"秘书处关于对银行钱号囤积居奇进行调查的报告（四联总处第 9 次理事会议，1939 年 11 月 21 日）"。经考证，四联总处会议录（一）册中，四联总处理事会第九次会议（即四联总处第九次理事会会议）议事日程第 127 页为 1939 年 11 月 21 日下午四时，其会议记录第 157 页时间为 1939 年 11 月 21 日下午四时，地点：行政院。因此，四联总处史料名称应统一为"四联总处第 9 次理事会会议"。

④　《理事会关于设立储蓄设计委员会的决议》（1939 年 11 月 21 日），重庆市档案馆、重庆市人民银行金融研究所合编：《四联总处史料》上，档案出版社 1993 年版，第 77 页。

⑤　《理事会关于中央合作金库加入四联总处的决议》（1946 年 11 月 7 日），重庆市档案馆、重庆市人民银行金融研究所合编：《四联总处史料》上，档案出版社 1993 年版，第 116 页。

总处理事会设置视察多名,轮流分往四行总分支行考查执行情况,施行奖惩①。流程大致是各地的四联分处把四联总处的指令下达到各地,并监督当地的四行各分支处执行。除了贯彻四联总处的政策外,各地四联分处还需要汇报和反馈各地政策执行情况,以便四联总处和政府能够及时调整政策,更好地适应战时和战后金融状态的转变。

第三,四联总处与中央银行、财政部协调办事。三者之类的力量强弱次序也有变动。四联总处在扶植中央银行实力、提升中央银行职权上做了不可替代的作用。四联总处在三者之间处于微妙的金融管理中枢和金融管理中转站的地位。最初四联总处听从财政部意见实施金融管理,后来四行专业化后四联总处明显地扶植和提升中央银行实力,到最后中央银行实际上在金融管理方面有着较强势的管理能力。可以解释为:由最初"财政部>四联总处>中央银行"到"财政部>中央银行>四联总处"再到"财政部=中央银行>四联总处"。四联总处与中央银行、财政部如同"三驾马车"协同办事,但是办事过程显露了拖沓、低效的缺点。四联总处每次下达命令,最明显的见到的字样是"抄送"财政部和四总行和各分支行处,体现转知和督促的作用。

以对敌金融经济作战问题为例,说明四联总处在早期金融管理中的枢纽作用。财政部收到军事委员会调查统计局通报敌方积极排斥我法币。1937 年 12 月 25 日中央银行致函四联总处,希望四联总处处理这个问题。四联总处收到函文后,召开第 36 次理事会议,通过决议。然后 1938 年 1 月 18 日中央银行总行遵照四联总处的议决,致函其分支行处即中央银行重庆分行来防范敌方扰乱金融问题②。这样的一个金融管理的流程,体现了四联总处金融管理中枢的作用,以及四联总处与财政部、中央银行紧密的关系。毋庸置疑,这与孔祥熙是国民政府财政部长、中央银行总裁、同时兼任四联总处副主席的职位,成为抗战时期主管财政经济的重要领导人也有关系。

以管制战时外汇为例,说明金融管理权力在四联总处、中央银行和财政部之间流转。上文述及国民政府管制战时外汇的机构经历了"财政部外汇审核委员会——四联总处汇兑处外汇与特许进口小组承担工作、与财政部外汇审核委员

---

① 中国第二历史档案馆等合编:《中华民国金融法规档案资料选编》(上),档案出版社 1989 年版,第 635 页。

② 《中央银行总行为四联总处议决防范华北敌方有计划扰乱金融函》(1938 年 1 月 18 日),重庆市档案馆、重庆市人民银行金融研究所合编:《四联总处史料》上,档案出版社 1993 年版,第 403 页。

会并存——财政部成立外汇管理委员会承担工作、撤销四联总处汇兑处——撤销外汇管理委员会、设立中央银行外汇审核委员会管理"的机构变迁过程。统制外汇的掌管单位经历"财政部——四联总处和财政部——财政部——中央银行"的转变过程。整个机构和管理隶属的变迁说明了国民政府处理金融问题的专业化和成熟。从中也看到了中央银行掌控能力的上升。

不难发现,最开始各行处理业务方针,四联总处的职权与财政部可较高下。由四联总处会同财政部订定金融管理政策。各行局向四联总处及财政部报告主要业务执行情况。四联总处和财政部派员考查四行二局业务,并检查其账目①。但是在1942年四行专业化之后发生改变。四联总处部分职能转给中央银行。中央银行的职权提升。此时四联总处继续转发决议和商议金融管理问题,同时也显露了四联总处与央行、财政部协调办事的拖沓缺点。

第四,四联总处对四行二局业务有所指导,但是对于省市地方银行业务和商业银行并未实行指导。对于省市地方银行和商业银行的业务指导由财政部执行,后来授权中央银行执行。据1944年12月14日行政院会议第61次常务委员会议决议通过并颁布《行政院关于抄送加强银行监理办法令》规定银行的监督指导,由财政部直接办理。县银行部分授权财政厅执行。各地中国、交通、农民三行,中信、邮汇两局,商业银行、省银行等,其业务检查由各区银行检查处负责办理。财政部就其检查报告,指定各该总行、总局转饬其所属分支行局遵办。各地县银行的业务监督、指导暨检查事项,由财政部规定办法,授权各该省财政厅执行②。各区银行检查处,设处长一人,由财政部派充,副处长一人,由当地中央银行经理兼任。各区银行检查处必要时,得向当地四联分支处或当地中央银行借调人员,协助检查。关于调查金融动态、控制金融市场事项,由中央银行秉承财政部办理③。到了1945年4月2日财政部颁布《财政部授权中央银行检查金融机构业务办法》,规定财政部授权中央银行检查金融机构业务,涉及银行、信托公司、保险公司、合作金库。但是明确规定中国银行、交通银行、中国农民银行、

---

① 中国第二历史档案馆等合编:《中华民国金融法规档案资料选编》(上),档案出版社1989年版,第659页。

② 中国第二历史档案馆等合编:《中华民国金融法规档案资料选编》(上),档案出版社1989年版,第687页。

③ 中国第二历史档案馆等合编:《中华民国金融法规档案资料选编》(上),档案出版社1989年版,第688页。

中央信托局、邮政储金汇业局及各县银行业务的检查,不在前项授权范围以内①。四行二局的业务由四联总处指导。具体指导的范围随着十年机构变迁,四联总处多次改组而有所调整。其中最主要的放款业务,一直是四联总处指导。根据 1947 年 2 月 17 日《加强金融业务管制办法》规定,国家行局各项放款,应以协助民生必需品及出口物资增产为主,其数额在 5000 万元以上者,非经四联总处核定,不得承放②。但是省市地方银行的业务,严格遵照政府方针办理。各项放款应以协助发展地方生产、公用、交通等事业为主。各行多余款项一律存放当地中央银行或国家行局,并受中央银行监督考核。商业行庄的业务要严格遵照财政部管理银行办法之规定,以调剂农矿工商各业所需的资金为主③。省市地方银行和商业银行的业务指导跟中央银行和财政部相关,而不在于四联总处。

因此,四联总处与其他四行的关系也经历一个变动。四行最初不愿意服从四联总处的指导,各自为政。四联总处在政治力量的支持和军事金融背景的促使下,极力维持对四行二局的指导和监督。四行二局比例分担、联合办理四联总处下达的金融管理事务。四联总处试图以"四联总处—四联分处""四行总行—四行分支行处"模式指导金融管理。1942 年 5 月之后,四联总处扶植和加强央行地位。四联总处、财政部、央行相互扶持、三者协同指导四行二局。"财政部—四联总处—央行"和"四联总处—四联分处"和"四行总行—四行各分支行处"的模式指导金融管理。但其中存在拖沓等缺点。最后战后四行再次谋划摆脱四联总处的监督指导。整个过程中,四联总处对四行二局业务有所指导,但是对于省市地方银行的业务和商业银行并未实行指导。中央银行的职权提升非常明显。可以说四联总处对于四行的掌控力不具有一成不变的稳固性。

三、四联总处与蒋介石关系分析

蒋介石最早在 1935 年 2 月提出"中中交之联合机关"的设想,开始策划中央统制金融政策。此后他精心主导 1935 年中中交三行改组和建立中国农民银行,

---

① 中国第二历史档案馆等合编:《中华民国金融法规档案资料选编》(上),档案出版社 1989 年版,第 689 页。

② 中国第二历史档案馆等合编:《中华民国金融法规档案资料选编》(上),档案出版社 1989 年版,第 734 页。

③ 中国第二历史档案馆等合编:《中华民国金融法规档案资料选编》(上),档案出版社 1989 年版,第 734 页。

形成四大政府银行体系。同时试图将中央银行改制成中央储备银行担任"银行之银行"的使命，不料抗战全面爆发而计划搁置。之后1937年7月，蒋介石拟组织金融委员会却因种种特殊原因而不了了之。只好在1937年8月先行成立四行联合办事处。此后，他一手主导和推进1939年10月特组成立中国银行、交通银行、农民银行四银行联合办事总处，简称"四联总处"，并赋予其战时最高金融机构的权力和地位，成为指导、监督、考核四行的领导机构，强化战时中央金融机构。这一机构历时十余年，经历三次改组，直至1948年10月撤销。蒋介石重视金融手段的作用。他把四联总处与他主管的军事委员会相提并论，称赞四联总处为经济作战之大本营。抗战胜利后，蒋介石本人对四联总处作用给予肯定。认为"四联总处及各行局对国家的贡献至为重大"，"在全面抗战期中，我们中国金融经济所以能免于崩溃，大部分是由各行局照四联总处的计划，努力推行的结果"。

纵观十年历史，四联总处与蒋介石的关系可以概括为：蒋介石以政治权力的手段一手推动了四联总处的创建与发展，同时四联总处完成了蒋介石金融权力集中的谋划，完成了应对战时金融的艰巨任务。1942年四行专业化之后，四联总处的作用逐步削弱。抗战胜利后，在恶性通货膨胀的背景下，四联总处所采取的种种决策，均难以实现，因而四联总处没能继续完成蒋介石所策划的继续掌控金融的意图，后期工作成效不大。

最初蒋介石亲自兼任四联总处理事会主席，行政院院长兼任副主席。蒋介石任四联总处主席期间主要在甄选人事成员、主持四联总处理事会议，用手令指示政策方针、批核秘书长的签呈、召集四行人员以口头或会谈方式研究金融经济方针等方面，有所作为。据钱大章回忆，蒋介石经常出席主持会议，凡他来主持会议，总要在放款案件之外，对各行局业务或有关的金融措施有所指示。蒋介石以四联总处理事会主席一职实现了对四行力量的集中掌控，在法理依据上对四行体制、机构、职能、人事等以手令加以指挥，形成了"蒋介石——手令——财政部——四行及各局库""蒋介石——手令——四联总处——四行及各局库"的双管渠道，实践其金融统制目标。因此蒋介石明确在制度上掌控四联总处，以此出发意图实践集中金融统制，掌控金融实力。作为国民政府抗战时期及战后时期的重要金融管理机构，四联总处承载了国民政府及其最高领导人蒋介石金融统制的谋划。

蒋介石作为战时政治、军事、金融的最终决策者，全局考虑国际国内形势，熟练运用政治体制，调动财政部、四联总处和中央银行及其他部门相关人员协同处理战时及战后金融事业。值得一提的是孔祥熙作为蒋介石在财政金融领域的得力助手,同时兼任四联总处副主席、中央银行总裁、财政部部长三个职位,这也为蒋介石实践金融统制意图提供了便利。

抗战胜利后,因为"战时"的状态已经不复存在,如果依照《战时健全中央金融机构办法纲要》,四联总处本应即予撤销,从蒋介石的日记中,可以分析得到,蒋介石肯定四联总处的作用,提及不会撤销四联总处。他试图要继续利用这个机构来掌控四行二局,并且希望四联总处能够配合战后金融复员的工作,于是决定将四联总处回迁到南京,继续维持四联总处机构。但是机构虽然存在,四联总处所起的客观作用却越来越小、机构也大幅度缩减。四联总处的存在受到了不少金融界人士的诟病和指责。社会上反映四联总处机构冗员,待遇优厚。1947年春天的时候,蒋介石还手令徐柏园,请四联总处商拟调整国家行局员工待遇并于一周内彻查人事小组非法行为并予改组及办理情形①。希望能够有所改善。事实证明,四联总处的情况和存在皆不乐观。最终1948年被撤销。

四联总处十多年的运作中,蒋介石是至关重要的。蒋介石与四联总处的关系,体现蒋介石金融统制思想和实践的演变过程。蒋介石作为战时最高领袖领导国力不济的中国对日持久作战,最终取得胜利,离不开包括四联总处金融管理在内的强大力量的支持。蒋介石"联合库"的金融策划,体现了其金融统制思想,经过不懈努力终于付诸实践。此后,以四联总处为渠道,大力推动国民政府金融体制向战时体制的转型,实施其对于中国金融管制和经济政策的种种理念,集聚四行力量进行金融战争,达到了其一手抓军事,一手抓金融的统治权力高峰。四联总处应付战时金融管理,发挥了稳定金融市场、安定金融人心、有效掌控重要金融机构力量的重大作用。毋庸置疑,蒋介石处理金融问题时所表现的主动性,既是出于自身所处政治地位的特殊性,也是为了巩固其在金融、政治、军事方面的掌控力,更是为了取得抗战军事胜利和维护国民政府的利益。

---

① "蒋介石档案",台北"国史馆"藏,档号 002-080200-00555-091。

四联总处大事记

1937 年

7 月 7 日　"七七"事变爆发。中央中国交通农民四银行,为安定金融市场,在上海组建四行联合办事总处。由四行各派代表共同研讨并督促各行履行联合办理的事务。

7 月 27 日　国民政府财政部授权中央、中国、交通、农民四行在上海合组联合贴放委员会联合办理战时贴现和放款事宜。

7 月 29 日　财政部授权中央、中国、交通、农民四行在上海设立联合贴现委员会,办理联合贴现业务。嗣以战时融通资金,贴现与放款应予并重,改称为贴放委员会。由中中交农四行各派代表二人组织。

8 月 9 日　四行联合贴放委员会在上海正式成立,通过《贴放委员会办理同业贴放办法》十四条,及《贴放委员会办事细则》。因兼顾农工商矿各业资金的流通,将"同业"二字取消,扩大范围,改为普通贴放业务。

8 月 13 日　"八一三"事变爆发。

8 月 15 日　国民政府颁布财政部制定的《非常时期安定金融办法》。

8 月 16 日　财政部命令四行在上海成立四行联合办事处。简称"四联总处"。

8 月 26 日　财政部为调剂内地金融,谋内地生产事业发展,以充实抗战资源,颁布《中中交农四行内地联合贴放办法》十一条。四联总处通过内地贴放细则。

8 月 28 日　中国、交通、农民三行正式在重庆市设立渝市联合贴放委员会。

9 月 2 日　财政部令饬四行合组联合贴放委员会,暂定基金 1 亿元,分别由四行担任,办理抵押、转抵押、贴现、再贴现以及部令办理新放款。

10 月　　　浙沪失陷,中中交农四行总行由上海内迁。四联办事处工作一度停顿。

11 月 25 日	孔祥熙在汉口重新恢复并主持四行联合办事处的工作,上海改设分会。四行代表在汉口组成总处,上海则改设分处。

1938 年

3 月 8 日	四联总处第 59 次会议。中央银行转四联总处复兴区域金融措施办法。
5 月	四联总处成立收兑金银处,专事收兑金银(主要是金类)工作。
1938 年底	四联总处贷助民营厂矿内迁及复工的款项达 850 万元。

1939 年

5 月 3 日	四联总处接财政部就不与伪华兴银行往来拒用伪钞电函,转知四行各分支行。
8 月 24 日	四联总处接财政部为鄂敌以日钞收购粮食破坏法币信用电函。
9 月 2 日	四联总处接财政部为拒用伪钞电函,转知各分行。
9 月 8 日	国民政府公布《战时健全中央金融机构办法》颁布,改组成立四联总处,指导、监督、考核四行。
10 月 1 日	四联总处正式改组成立。改组后的四联总处,作为一个重要的中枢决策机构,在国统区金融经济领城内发挥作用,被蒋介石喻为"经济作战之大本营"。
10 月 2 日	四联总处第 1 次理事会议召开。通过《中央中国交通农民四银行联合办事总处组织章程》,设立最高领导机构——理事会议,国民政府特派主席蒋介石总揽一切事务。设立战时金融与战时经济两委员会。
10 月 5 日	四联总处第 3 次理事会议。通过加强完成西南西北金融网的决议。
10 月 13 日	四联总处第 4 次理事会议[①]。报告蒋介石批准各处处长人员。
10 月 24 日	四联总处第 6 次理事会召开。通过《中央中国交通农民四银行联合办事总处办事细则》。

---

　① 四联总处史料(下)文后注释第 514 页代电一则涉及"秘书处为调查各地利率(1939 年 10 月 9 日)",提及四联总处第 4 次理事会议。经考证,四联总处会议录(一)册中,四联总处理事会第四次会议(即四联总处第四次理事会议)议事日程第 31 页为 1939 年 10 月 13 日下午四时,其会议记录第 38 页时间为 1939 年 10 月 13 日下午四时,地点重庆财政部。此时尚未召开第 4 次理事会议,此项代电时间不应该早于 10 月 13 日,显然存误。于是笔者查照四联总处会议录(一)册四联总处理事会第四次会议记录第 47 页果然找到同样决议。因此,四联总处史料(下)文后注释第 514 页代电一则涉及"秘书处为调查各地利率(1939 年 10 月 9 日)"的时间存误。

10 月 31 日	四联总处第 7 次理事会议。通过《战时金融经济委员会各处组织原则》。通过"贴放原则"。设立贴放审核委员会和发行设计委员会的决议。
11 月 7 日	四联总处第 8 次理事会议。四联总处公布收兑金银处关于增产统收金类意见。
11 月 21 日	四联总处第 9 次理事会议。设立储蓄设计委员会的决议,添设稽核科的决议。报告奉蒋介石手令对银行钱号囤积居奇进行调查,先从重庆市入手调查。
11 月 28 日	四联总处第 10 次理事会议。通过中央、中国、交通、农民四银行联合办事处分处组织章程,中央、中国、交通、农民四银行联合办事处支处组织章程。
11 月 30 日	四联总处与经济部、财政部共同呈文蒋介石报告重庆银钱行号存货情况。
12 月 19 日	四联总处第 13 次理事会议。四联总处决议敌伪拟具金融政策应如何迅筹对策,通过"今后之对策",开展对敌金融经济作战,并呈报蒋介石。
12 月 28 日	四联总处公布收兑游击区金类办法。
12 月	1937 年 9 月至 1939 年 12 月,四联总处共核定联合贴放 63645 万元。1939 年,四联总处收兑金银处共收生金 314917 两,也是抗战时期收金量最多的一年。

1940 年

2 月 17 日	四联总处理事临时会议。
3 月	蒋介石手谕四联总处"应于每星期邀集有关机关主管人员详细商讨平定物价之有效办法"。
3 月 13 日	四联总处第 23 次理事会议。扩大农业金融设计委员会的报告。
3 月 16 日	蒋介石手令颁布紧急处置米价办法三项,并要求四联总处应于每星期邀集有关机关主管人员详细商讨平定物价的有效方法。
3 月 19 日	四联总处第 24 次理事会议。决议通过《平定粮食及日用必需品价格办法》12 条。
3 月 27 日	四联总处全体理事会第 1 次会议。蒋介石发表讲话。中央中国交通农民四银行及中央信托局各负责人作工作汇报。通过拟订三年经济金融计划。

3月30日	四联总处全体理事会第2次会议。蒋介石指示第2次理事会各项议案。报告秘书处及各处工作状况。通过各行局1939年工作报告决议。颁布"经济三年计划"和"金融三年计划"。制订《完成西南西北金融网方案》,具体提出在西南、西北设立金融机构216处,分三期推进,限于1941年底全部完成。
4月2日	宋子文为筹设战区经济委员会呈文四联总处主席蒋介石。
4月5日	蒋介石致电四联总处秘书长徐堪,饬令四联总处从速设立战区经济委员会,由四联总处与财政部负责主持。
4月6日	四行代表商讨完成西南西北金融网案。蒋介石电令督导战区经济委员会工作。
4月9日	四联总处第25次理事会议。遵照蒋介石手令所示方针,通过战区经济委员会工作纲领。逐渐进入经济战争阶段。通过四联总处关于完成西南西北金融网方案的审查意见。
4月23日	四联总处第27次理事会议。批准邮政储金汇业局加入四联总处,通过管理邮政储金汇业局业务实施办法。
5月8日	四联总处第29次理事会议。通过四行分区负责收兑金银补充办法。公布银行业协助经济封锁实施办法。
6月14日	四联总处第34次理事会议。蒋介石电严禁四行人员私做投机买卖。
7月3日	蒋介石就平价事项致电四联总处秘书长徐堪。
7月10日	四联总处第37次理事会议。通过四行二局1940年推进节储业务纲要。通过全国节约建国储蓄劝储委员会组织规程和全国节约建国储蓄劝储委员会各地分会组织规程。四联总处成立全国节约建国储蓄劝储总会,蒋介石任总会会长。
7月18日	四联总处第38次理事会议。四联总处筹划并公布调剂钞券缺乏办法。公布管理各省省银行发行一元券及辅币券办法及整理办法。
8月1日	四联总处第40次理事会议。决议推行银行本票意见。通过全国节约建国储蓄劝储委员会干事部办事规则和全国节约建国储蓄劝储委员会各地分会议事规则。

8 月 8 日	四联总处第 41 次理事会议。四联总处制订《钞券集中运存站办法》,在各地共设立钞券集中运存站 18 个,由四联总处核定各站运储钞券的最低限度。颁布改善军政大宗汇款实施办法。报告照蒋介石电令转知各分支行及总行照发购粮款项。
8 月 15 日	四联总处第 42 次理事会议。四联总处徐柏园秘书长报告蒋介石面谕充实各地券料库及吸收游资做多方努力。四联总处为办理吸收农工商贩小额存款办法纲要转发至四行二局各分支处。
8 月 22 日	四联总处第 43 次理事会议。报告加强各业同业公会组织统制日用品交易以安定物价建议案。通过协助推行节约建国储蓄奖励办法。
8 月 29 日	四联总处第 44 次理事会议。蒋介石手令饬吸收游资。
9 月 5 日	四联总处第 45 次理事会议。奉蒋介石手令,努力推行储蓄存款,普及县镇乡村,颁布加强邮汇机构充实人员积极办理储金原则。颁布增高存款利率标准。公布提高存款利率办法。奉蒋介石令,注意设法补救重庆市面银根紧缺情况,四联总处和渝分处拟具并通过《解决目前重庆市面银根紧缩暂行办法草案》。决议通过《中中交农四行钞券集中运存站及改善军政大宗汇款实施办法》。
9 月 8 日	四联总处副秘书长徐柏园就封存资金后的金融方针,致蒋介石函,提出"划一金融行政"三种方案。
9 月 12 日	四联总处第 46 次理事会议。蒋介石电饬发起节储运动。颁布全国节约建国储蓄运动竞赛及核奖办法。行政院将本月 6 日约集各关系机关长官商讨粮食问题的谈话记录函送四联总处做参考。四联总处报告全国粮食管理局粮食管理纲要草案的审查意见。
9 月 18 日	四联总处发动节约建国储蓄竞赛,继而在全国各地积极推进。
9 月 26 日	四联总处第 48 次理事会议。通过全国节约建国储蓄劝储委员会各县市支会组织规程。奉蒋介石令,四联总处全盘负责筹码问题。理事会决议修正通过各行筹运券料及解付款项暂行办法。
11 月 11 日	四联总处报告蒋介石关于筹集抗战军粮计划的审核意见。
11 月 14 日	四联总处第 54 次理事会议。决议通过饬令中国等三行协助侨胞投资国内。

11月28日	四联总处56次理事会议。决议自12月份起,按照中央银行35％、中国30％、交通20％、农民15％比例办理四行垫款汇款贴放。决议变更内汇审核办法。
12月14日	蒋介石手令四联总处加强收集乡间游资,应限期分设各行储蓄支行,并延长夜间办公时间。
12月31日	四联总处督促吸收乡间游资呈稿蒋介石。
1月至12月	四联总处共核定联合贴放国币566642475元。1940年度共核定外汇总额2867951镑6先令2便士。

1941年

2月13日	四联总处第66次理事会议。蒋介石手谕密饬沪银钱业拒用伪中行币。蒋介石电令改组农本局及福生庄。
2月27日	四联总处第68次理事会议①。
3月26日	四联总处开展临时紧急会议。奉蒋介石电令商定在沪营业方针与行员安全办法致处置。指令上海四行"不避艰难,坚持立场,照常营业",坚持到太平洋战争爆发。
3月	四联总处发布关于港沪四行的应变措施。
4月	四联总处制订《非常时期各银行分期缴存准备金办法》,明确了存款准备金应由中央银行集中保管,但中国、交通、中国农民三行及中信、邮汇二局的存款准备金并未包括在内。
4月17日	四联总处第73次理事会议。报告拟具战区经济委员会正副主任委员权责及基金动用办法。
5月22日	四联总处第78次理事会议。决议四行二局派员考查分支行局业务办法。

---

① 四联总处史料(中)文后注释第240页"秘书处关于转知交通部电复利用邮政机构办理储蓄业务情况的报告(四联总处第68次理事会议,1942年2月27日)"。经考证,四联总处会议录(七)册中,四联总处理事会第68次会议(即四联总处第68次理事会会议)议事日程第137页为1941年2月27日下午四时,其会议记录第163页时间为1941年2月27日下午四时,地点:行政院。因此,显然存误。于是笔者查照四联总处会议录(七)册四联总处理事会第68次会议记录第164页,果然找到同样报告。因此四联总处史料(中)文后注释第240页"秘书处关于转知交通部电复利用邮政机构办理储蓄业务情况的报告",实际时间应该为1941年2月27日。

5月29日	四联总处第79次理事会议。核示第一、二、三、四、五、八、九各战区经济委员会工作计划。报告拟具强制储蓄条例草案的审查意见,未敢冒然施行蒋介石强制储蓄命令。决议奉蒋介石令,视侨资为重要金融政策,应予以通融,鼓励暹罗华侨汇款回国办法,提出关于暹罗侨胞汇款案核签意见及改善办法。
6月19日	四联总处第82次理事会议。拟订改善办理小工矿业贴放的意见及原则的说明。报告收兑金银处签订委托经济部采金局代收矿区生金合约。
7月3日	四联总处第84次理事会议。拟定考查分支行局业务变通办法的报告。
7月17日	四联总处第86次理事会议。报告粮食部长加入理事会。奉蒋介石令,研究并公布补救大小券差价办法两项。
7月24日	四联总处第87次理事会议。拟具开放港沪商业汇款意见书。
8月1日	徐柏园报告编具四联总处经办联合放款概况及办理方针一份呈稿蒋介石。自四联总处改组成立至1941年6月底止,核定联合贴放总额共143800余万元。
8月21日	四联总处第91次理事会议。决议请财政部转函外汇管理委员会密洽办理英美冻结资金后采取的措施。
8月28日	四联总处第92次理事会议。决议开放港沪商汇案。
9月18日	四联总处第95次理事会议。将收兑金银处改隶中央银行。
9月25日	四联总处第96次理事会议。决议改善特种有奖储蓄办法。决议中交农三行请停止在沪解付大宗汇款。通过公私机关服务人员赡家费最高限额提高至400元①。

① 四联总处史料(下)文中第58页"四联总处关于公私机关服务人员赡家费汇款情况的报告"提及第95次理事会(1941年9月25日),第60页表格"九月二五日第九六次理事会核定"。存在时间矛盾。经考证,四联总处会议录(十一)册中,四联总处理事会第95次会议(即四联总处第95次理事会会议)议事日程第1页为1941年9月18日上午八时,其会议记录第45页时间为1941年9月18日上午八时,地点:行政院。因此,显然存误。再者,1941年9月25日恰是四联总处第96次理事会议时间。于是笔者查照四联总处会议录(十一)册四联总处理事会第96次会议记录第134页果然找到同样决议。因此,四联总处史料(下)文中第58页"四联总处关于公私机关服务人员赡家费汇款情况的报告"提及第95次理事会,实际应该为四联总处第96次理事会议会议内容。

10 月 2 日　　四联总处第 97 次理事会议。决议裁撤外汇及特许进口两审核委员会。

10 月 9 日　　四联总处第 98 次理事会议。决议港府颁布封存资金办法后原由港转汇沪津汇款如何应付①。

10 月 23 日　　四联总处第 100 次理事会议。决议第一战区经济委员会拟调整金融意见。报告运送鲁苏战区饷款问题。要求停止筹印省地方银行五元十元券的报告。报告劝储会工作情况。决议暂行停做上海解交汇划。

10 月 30 日　　四联总处第 101 次理事会议。决议通融大小券搭发规定。

11 月 13 日　　四联总处第 103 次理事会议。决议奉蒋介石电令迅速纠正以大小券差价牟利。报告修正劝储分会规程。决议给付代销储券手续费办法。决议公务员申请汇港家属赡养费办法。决议平价购销处一年来业务与会计稽核总报告等审查意见。

12 月 4 日　　四联总处第 105 次理事会议。报告钞运失事防止流弊办法。决议电催各承印钞券公司提前交货,钞券运抵香港、仰光,并由四行迅即内运。

12 月 9 日　　四联总处就英美对日开战后政府应注意事项致电财政部。

12 月 11 日　　四联总处第 106 次理事会议。四联总处就太平洋战争爆发后指示措施致电四行各分支处。报告奉蒋介石令调整运钞管理机关,各行距所属运输机关归中缅运输总局指挥。报告议定港府限制国币提汇后解封办法。报告拟定各机关汇拨各地小额款项核汇办法。报告组织划一银行会计科目设计委员会。

12 月 26 日　　四联总处第 107 次理事会议。拟具对日宣战后处理金融办法。

---

①　四联总处史料(下)文后注释第 46 页"理事会关于自港府公布停止国币提汇后港分处应如何应付的决议(四联总处第 96 次理事会议,1941 年 10 月 9 日)"。经考证。四联总处会议录(十一)册中,四联总处理事会第 96 次会议(即四联总处第 96 次理事会议)议事日程第 67 页为 1941 年 9 月 25 日上午八时,其会议记录第 120 页时间为 1941 年 9 月 25 日上午八时,地点:行政院。因此,显然存误。再者,1941 年 10 月 9 日恰是四联总处第 98 次理事会议时间。而数字 96 和 98 在旧黄的档案原件中,很容易字迹褪色而辨别出现谬误。于是笔者查照四联总处会议录(十一)册四联总处理事会第 98 次会议会议记录第 241 页果然找到同样决议。因此,四联总处史料(下)文后注释第 46 页"理事会关于自港府公布停止国币提汇后港分处应如何应付的决议",实际应该为四联总处第 98 次理事会议会议内容。

12 月 31 日　截至 12 月 31 日,据四联总处工作报告统计,四行分支机构共
　　　　　　469 家。

12 月底　　1941 年度四联总处放款总额为 1550534595.7 元。1941 年度四联
　　　　　　总处核放的盐贷款额占各业贷款总额的 54.64％。历年中比例最
　　　　　　高。1941 年度四联总处各地分支处核准赡家费汇款总额为 765
　　　　　　万余元。

1942 年

1 月 8 日　　四联总处第 108 次理事会议。报告顾翊群继任四联总处理事一
　　　　　　职。决议关于 1942 年度全国节约建国储蓄运动竞赛及核奖办法
　　　　　　等案,奉蒋介石谕本年度竞赛总目标应增为 30 亿元。报告已饬分
　　　　　　支处检查银钱行庄囤积事宜。

1 月 15 日　四联总处第 109 次理事会议。修正通过对日宣战后处理金融办
　　　　　　法。决议奉蒋介石谕,本年度推行储蓄总额应增为 30 亿元,并报
　　　　　　告 1942 年推行储蓄计划和办法。报告调整节储运动机构。决议
　　　　　　关于太平洋战事爆发后四行投资贴放方针。

1 月 22 日　四联总处第 110 次理事会议。通过四联总处核办投资贴放方针十
　　　　　　四条。

1 月 25 日　徐堪徐柏园为拟定调整四联总处组织办法草案呈稿蒋介石,蒋介
　　　　　　石提出公忙时,由孔常务理事代理。于是增设副主席一职,由孔祥
　　　　　　熙以行政院长的名义兼任。颁布四联总处 1942 年度中心工作
　　　　　　纲要。

1 月 29 日　四联总处第 111 次理事会议。奉蒋介石令,决议赞同中央中农两
　　　　　　行在青康甘等省蒙藏区发行的法币上印有蒙、回、藏数值文字,不
　　　　　　实施将法币背面外文改用中文。决议准予照办收兑金银处撤销
　　　　　　办法。

2月5日	四联总处第112次理事会议①。奉蒋介石研究处置沦陷区法币对策电令,提出"处置沦陷区法币意见"。委托中信大东两局印制钞券。报告关于皖地行代兑四行破钞有关事宜。
2月17日	四联总处转发各分支处结汇货物出口报运办法。四联总处为撤销收兑金银处致电中交农三行及各分支处。
2月19日	四联总处第114次理事会议。决议截至1942年2月15日止四行彼此积欠款项一律以国库垫款拨还。报告最近后方重要都市汇市变动情形。决议关于压平重庆对各重要都市汇款黑市汇价办法。
2月26日	四联总处第115次理事会议。决议暂准试办中中交农四行在国内集中定制钞券办法。
3月5日	四联总处第116次理事会议。决议发行美金节约建国储蓄券。报告太平洋战事爆发后暂停赡家费汇款。
3月13日	四联总处第117次理事会议。报告敌伪在各地破坏法币情形。决议通过查核各行局单独投资放款办法。报告邮政储金汇业局自1938年7月至1941年年底,共吸收侨汇折合国币数额达34176.7万元。
3月19日	四联总处第118次理事会议。报告奉蒋介石令,运输统制局遵照办理,并送电驻仰总代表沈祖同与运输统制局及各行局密洽尽速办理,存仰钞券已经运清。
3月22日	蒋介石手令四联总处加强对四行的统制,要求"限制四行发行钞券,改由中央银行统一发行"。
3月	撤销收兑金银处。
3月	蒋介石手令加强统制四行。四联总处报告关于遵照蒋介石加强统制四行手令办理情形。
4月1日	渝分处转四联总处函示注意法币信用宣传等项致函中央银行业务局。蒋介石亦认为应该注意办理法币信用宣传。

---

① 四联总处史料(中)文后注释第277页"理事会关于节储实践团体储金办法的决议(四联总处第112次理事会议,1942年2月15日)"。经考证,四联总处会议录(十三)册中,四联总处理事会第112次会议(即四联总处第112次理事会议)议事日程第241页为1942年2月5日上午八时,其会议记录第268页时间为1942年2月5日上午八时,地点:行政院。因此显然存误。于是笔者查照四联总处会议录(十三)册四联总处理事会第112次会议议事日程第253页与会议记录第283页果然找到同样决议。因此,四联总处史料(中)文后注释第277页"理事会关于节储实践团体储金办法的决议",实际时间应该为1942年2月5日。

4 月 16 日	四联总处第 122 次理事会议。
4 月 23 日	四联总处第 123 次理事会议。赵晚屏为报行政院召集会议研究今后经济作战方针呈文四联总处转至蒋介石。
5 月 7 日	四联总处第 125 次理事会议。秘书处报告告诫各行局从业人员不得扰乱金融。决议恢复办理汇沪赡家费汇款办法。
5 月 14 日	四联总处第 126 次理事会议。孔祥熙谈国家总动员与金融管制①。四联总处遵照财政部电函尽量便利关金券与法币兑换。
5 月 28 日	蒋介石亲自主持四联总处临时理事会议,实行"四行专业化"。通过统一发行办法、四联总处组织章程修正草案、统一四行外汇管理办法。奉蒋介石手令,应对四行注重考核,四联总处公布中中交农四行业务划分及考核办法。
6 月 4 日	四联总处第 128 次理事会议。报告中央银行筹办票据交换经过。通过中中交农四行人员考核与调整办法。决议修正通过各行庄存款准备金收缴补充办法。决议通过划一银行会计科目名词及其排列次序理由书。
6 月 18 日	四联总处第 130 次理事会议。通过了《统一发行实施办法》决议,该办法规定,自 1942 年 7 月 1 日起,中央银行集中法币发行权。中国银行、交通银行、农民银行三行 1942 年 6 月 30 止所发法币的准备金,"限于 7 月 31 日以前,全数移交中央银行接收"。同时四行实行专业化分工。决议奉蒋介石电令取缔大小券贴水。
6 月 25 日	四联总处第 131 次理事会议。提出提高接近游击区各地存款利率问题的报告。报告财政部函告收受储蓄存款准备金不受限制。报告收缴存款准备金情形。
7 月 2 日	四联总处第 132 次理事会议。报告日军封闭香港四行后谈话内容。通过决议四渝行汇解军政款项实施办法。报告财政部核定香港沦陷时由美寄港应付未付汇票改在内地汇兑办法。四联总处为检发统一发行办法致函各分支处。

---

① 四联总处史料(下)文后注释第 422 页"孔祥熙谈国家动员与金融管制(四联总处第 126 次理事会议,1942 年 5 月 10 日)"。经考证,四联总处会议录(十四)册中,四联总处理事会第 126 次会议(即四联总处第 126 次理事会会议)会议记录第 433 页时间为 1942 年 5 月 14 日上午八时,地点:行政院。因此显然存误。于是笔者查照四联总处会议录(十四)册四联总处理事会第 126 次会议记录第 434 页果然找到同样报告。议事日程尚缺。但是笔者推测四联总处史料(下)文后注释第 422 页"孔祥熙谈国家动员与金融管制",实际时间应该为 1942 年 5 月 14 日。

7月9日	四联总处第133次理事会议。决议在未设中央银行地方由中交农三行垫汇库款办法。解决四行拨解库款困难。
7月17日	蒋介石电令各行局开支日见膨胀,应即设法节俭,由四联总处切实查核。
7月21日	蒋介石电令应厘定四行人员考核调用办法,一律遵行。
7月23日	四联总处第135次理事会议。通过四行放款投资业务划分实施办法的决议。报告购粮价款搭发节约建国储蓄券拟具办法七项。通过决议中交农三行代中央银行汇解款项等抵还头寸原则。
7月30日	四联总处第136次理事会议。决议统一发行后破损券的收兑全部移交中央银行。决议奉蒋介石令调整党军政款项大小券搭发比例为三七成或四六成,但不能完全废除。报告五六月份重庆对各重要都市国币汇款汇市变动情形。
8月13日	四联总处第138次理事会议。核准统一发行后四行收兑破损法币办法。报告蒋介石同意调整大小券搭发比例。
8月20日	四联总处第139次理事会议。决议各行局发行美金节约建国储蓄券解交储款及结付美金处理办法。
9月1日	四联总处按照国防最高委员会第85次会议通过的《中央中国交通农民四银行办事总处组织章程》修正案。实行第二次改组。战时金融和经济委员会合并为战时金融经济委员会。孔祥熙以行政院长的名义兼任四联总处副主席。
9月3日	四联总处第140次理事会议。公布中中交农四行联合办事总处战时金融经济委员会委员及各小组委员会委员名单。
9月10日	四联总处第141次理事会议。四联总处转发各分支处管理银行抵押放款办法及管理银行信用放款办法。决议银行储蓄和信托两部会计科目名词。
9月17日	四联总处第142次理事会议。为增强宣传效能,奉蒋介石电令,拟就和揭发揭露敌伪盗用中交两行名义广播稿。通过银行人员训练所章程决议。决议生产事业贷款考核办法。
9月24日	四联总处第143次理事会议。拟具执行蒋介石增设西北金融机构指示。
10月	四联总处拟订"生产事业票据保证承兑及贴现暂行办法。"

10 月 1 日	四联总处第 144 次理事会议①。说明拟具四行协助平抑物价办法草案。
10 月 8 日	四联总处第 145 次理事会议。奉蒋介石电令,部队经费只准按大小券三七成搭发。
10 月 9 日	四联总处放款小组委员会第 6 次常会议程。颁布四联总处生产事业票据保证承兑及贴现暂行办法草案。
10 月 15 日	四联总处第 146 次理事会议。报告修正各地四联分支处办理汇款收费原则。
10 月 22 日	四联总处第 147 次理事会议。报告奉蒋介石电令河南各地关金券低折行使,已停发。报告核定中交农三行与中央银行互汇收费办法。
11 月 2 日	四联总处颁布加强管制物价方案。
11 月 4 日	蒋介石电财政部四联总处,强制藏有 500 元以上的人民存储。蒋介石手令财政部和四联总处统制商业银行。
11 月 5 日	四联总处第 149 次理事会议。奉蒋介石手令报告 1942 年办理储蓄情况。报告奉蒋介石令核办中山新会两地停止侨汇情况,并拟具补救办法。
11 月 6 日	四联总处奉蒋介石令核办侨汇,编具太平洋战事发生后办理侨汇困难及其补救设施节略。
11 月 11 日	蒋介石手令财政部和四联总处禁止银钱业非法营业。
11 月 19 日	四联总处第 150 次理事会议。决议 1943 年推行储蓄业务计划纲要。通过实施强制储蓄。

---

① 四联总处史料(下)文后注释第 79 页"秘书处关于重庆四行承做商业汇款情形的报告三(四联总处第 144 次理事会议,1942 年 10 月 10 日)"。经考证,四联总处会议录(十七)册中,四联总处理事会第 144 次会议(即四联总处第 144 次理事会会议)议事日程第 65 页时间为 1942 年 10 月 1 日上午八时,会议记录第 109 页时间为 1942 年 10 月 1 日上午八时,地点:行政院。会议记录第 116 页找到报告内容一致。因此,四联总处史料(下)文后注释第 79 页"秘书处关于重庆四行承做商业汇款情形的报告三"时间实际上为第 144 次理事会议 1942 年 10 月 1 日。

12月3日	四联总处第152次理事会议。报告银行人员训练所筹办经过。报告奉蒋介石电令,恢复皖南汇兑运济小券①。
12月9日	财政部、四联总处致电蒋介石认为不宜限制人民藏有法币数额。四联总处复电蒋介石关于管制商业银行业务的手令。
1942年	1942年度四行二局储蓄存款余额达366452.3万元。1942年度四行在西南、西北共设分支行处661处。

1943 年

1月7日	四联总处第157次理事会议。奉蒋介石令,指派由审计部或四联总处指派会计与审计人员前往官立银行各行局工作。报告财政部函饬四行分支处未经核准不得放款。并决议调查工商业实况以供办理投资放款业务参考。
1月14日	四联总处第158次理事会议。报告敌伪在华北加强统制物资情形。
1月21日	四联总处第159次理事会议。报告修正1943年推行储蓄业务计划纲要。报告截至1942年12月31日,中中交农四行各分支行处共831处。
1月23日	行政院下令撤销战区经济委员会。自此,四联总处直接决策和参与对敌金融经济作战的活动基本结束。
1月28日	四联总处第160次理事会议。报告敌伪破坏法币最近数月以来发展情形的报告。奉蒋介石电令应该将25元券视为小券。
1月29日	奉蒋介石批示,搭付小券应严防弊端。
2月	蒋介石电令四联总处1943年度放款应以增加生产为主。
2月4日	四联总处第161次理事会议。报告1942年11、12月份重庆四行承做商汇情形。公布四联总处1943年度中心工作纲要。
2月11日	四联总处第162次理事会议。报告1942年审核军政汇款情形。1942年度军政汇款总额为1208835万元。

---

① 四联总处史料(中)文后注释第128页"秘书处关于恢复皖南汇兑运济小券的报告(四联总处第151次理事会议,1942年12月3日)"。经考证,四联总处会议录(十七)册中,四联总处理事会第151次会议(即四联总处第151次理事会议)议事日程第487页为1942年11月26日上午九时,其会议记录第136页时间为1942年11月26日上午九时,地点:行政院。因此,显然存误。于是笔者查照四联总处会议录(十八)册四联总处理事会第152次会议议事日程第2页与会议记录第36页果然找到同样报告。因此,四联总处史料(中)文后注释第128页"秘书处关于恢复皖南汇兑运济小券的报告",实际应该为四联总处第152次理事会议(1942年12月3日)会议内容。

2 月 18 日　四联总处第 163 次理事会议。组织调查团调查工商事业实况的报告。奉蒋介石手令报告规定审核银行放款等项实施办法。

2 月 25 日　四联总处第 164 次理事会议。报告蒋介石审核四联总处 1943 年度中心工作纲要意见。将筹划各行局战后业务设施及拟订金融复员方案提上日程。

3 月 1 日　四联总处就增设西北机构致六行局函。蒋介石手令饬扩大开采金矿,大量增产,用以稳定金融。

3 月 4 日　四联总处第 165 次理事会议。通过筹设和调整四行分支机构办法。秘书处规定三行二局头寸应一律存入中央银行。

3 月 15 日　四联总处与经济部接蒋介石电令调查去年厂矿使用贷款情况,并派员考核各厂矿业务。

3 月 18 日　四联总处第 167 次理事会议。通过分支处审核 5 万元以上 100 万元以下放款办法。

3 月 25 日　四联总处第 168 次理事会议①。四行二局核送 1943 年工作计划的报告。奉蒋介石手令,办理放款务宜迅捷。

3 月 29 日　四联总处为蒋介石电示考查各行局业务意见致函中国银行总管理处。

4 月 5 日　奉蒋介石电令,1943 年生产事业贷款应占贷款总额三分之二,应设法增加。刘攻芸陈述改进办理战时生产事业贷款意见呈副主席孔祥熙。

4 月 15 日　四联总处第 170 次理事会议。奉蒋介石代电,通过 1943 年度办理生产事业贷款纲要。

4 月 30 日　奉蒋介石电令,四联总处派员考查拟具报告各行局分支机构业务。

5 月 12 日　四联总处接财政部转发蒋介石抄发《敌规定华中华南对伪满间之汇兑结算办法》。

---

　　① 四联总处史料(下)文后注释第 111 "秘书处关于修正中交农三行代中央银行垫汇库款办法的报告(四联总处第 168 次理事会议,1943 年 3 月 28 日)"。经考证,四联总处会议录(二〇)册中,四联总处理事会第 168 次会议(即四联总处第 168 次理事会议)议事日程第 163 页为 1943 年 3 月 25 日上午九时,其会议记录第 227 页时间为 1943 年 3 月 25 日上午九时,地点:行政院。因此,显然存误。于是笔者查照四联总处会议录(二〇)册四联总处理事会第 168 次会议议事日程第 164 页与会议记录第 228 页果然找到同样报告。因此,四联总处史料(下)文后注释第 111 页"秘书处关于修正中交农三行代中央银行垫汇库款办法的报告",实际时间应该为 1943 年 3 月 25 日。

5 月 20 日	四联总处第 175 次理事会议。奉蒋介石电令,报告敌方发行特别圆的研究结果。
5 月 28 日	奉蒋介石电令,四联总处转知沪港间贩运钞票牟利者甚众致函中央银行。
7 月 22 日	四联总处第 183 次理事会议。报告奉蒋介石电令切实实施检陈监督工矿贷款办法八项。
8 月 26 日	四联总处第 187 次理事会议。杨众先代理会计长。
9 月 2 日	四联总处第 188 次理事会议。通过抢购沦陷区纱布办法原则五项决议。报告撤销钞券国外联运处。
10 月 4 日	蒋介石电四联总处要求对银行资金运用严加管制。
10 月 28 日	四联总处第 194 次理事会议。通过修正分支处组织章则的决议。提出各行局统一会计制度草案。
11 月 4 日	四联总处第 195 次理事会议。通过划一各行局人事制度规则草案。通过暂行各行局统一会计制度。决议收购花纱布搭付储蓄券。
11 月 18 日	四联总处第 197 次理事会议。规定三行办理工矿贷款向中央银行转抵押和重贴现的补充办法。
11 月 29 日	四联总处发布最近伪中储券价值狂跌的原因。1943 年度 1 至 11 月,核准放款总额 895000 万元。
12 月 9 日	四联总处第 200 次理事会议。各行局稽核通则于 1944 年 1 月起实施。
12 月 15 日	1943 年度 1 月至 12 月 15 日,四联总处逐月核准由渝汇往各地大宗汇款共国币 2231713 万元。
12 月 23 日	四联总处第 202 次理事会议。通过修正加强推行储蓄业务办法及全国节约建国储蓄运动三十三年度竞赛及核奖办法。
12 月 30 日	四联总处第 203 次理事会议。决议修正通过联合票据承兑所组织章程修正草案。
12 月 31 日	截至 12 月 31 日,除清偿者外,其余核定各案(包括已用款、订约尚未用款、未订约三部分)放款数额共计国币 1302811 万余元。年底余额计国币 852808.1 万元。截至 12 月份底,中中交农四行各分支行处共 906 处。

1944 年

2 月 3 日	四联总处第 208 次理事会议。报告各行局实务研究委员会人选。报告 1943 年生产事业放款各案办理所历时间。
2 月 8 日	各行局实务研究委员会第 1 次会议。报告各行局实务研究委员会工作纲领。
2 月 10 日	四联总处第 209 次理事会议。四联总处奉蒋介石手令发起各县普遍储蓄运动一案,拟订乡镇公益储蓄办法呈稿孔祥熙。
2 月 24 日	四联总处第 211 次理事会议。四联总处颁布普遍推进全国各市县乡镇公益储蓄办法。
2 月 29 日	各行局实务研究委员会第 2 次会议。报告各行局实务研究委员会各种实务研究小组办事细则。
3 月 2 日	四联总处第 212 次理事会议。报告战后金融复员计划设计委员会人选经指派。将发行科改为购料科。
4 月 6 日	四联总处第 217 次理事会议。报告设立放款考核委员会和考核科。报告联合票据承兑所理事会有关人选名单。
5 月 4 日	四联总处第 221 次理事会议。检陈推进乡镇公益储蓄考核及奖励办法。
5 月 11 日	四联总处第 222 次理事会议。报告商定中国银行解付侨汇调换法币办法。
6 月 1 日	四联总处第 224 次理事会议。审定各行局复员委员会名单。行政院函知乡镇公益储蓄小组委员会组织办法。决议通过修正中交农三渝行代汇军政汇款由中央银行调拨资金办法[①]。报告国民党制订发动党员历行储蓄文件。
6 月 15 日	四联总处第 226 次理事会议。决议各行局所收乡储券款一律转存中央银行。

---

① 四联总处史料(下)文后注释第 119 页"理事会关于修正中中交农四渝行汇解军政款项实施办法的决议(四联总处第 224 次理事会议,1944 年 6 月 10 日)"。经考证,四联总处会议录(二九)册中,四联总处理事会第 224 次会议(即四联总处第 224 次理事会会议)议事日程第 347 页为 1944 年 6 月 1 日上午九时,其会议记录第 483 页时间为 1944 年 6 月 1 日上午九时,地点:行政院。因此,显然存误。于是笔者查照四联总处会议录(二九)册四联总处理事会第 224 次会议议事日程第 391 页与会议记录第 521 页果然找到同样决议。因此,四联总处史料(下)文后注释第 119 页"理事会关于修正中中交农四渝行汇解军政款项实施办法的决议",实际时间应该为 1944 年 6 月 1 日。

7月2日	蒋介石核准四联总处 1944 年度中心工作纲要。
8月3日	四联总处第 233 次理事会议。8 月份起,四联总处秘书科购料科划归原料物资购办委员会直辖。
8月31日	四联总处第 236 次理事会议。公布黄金存款案。
9月4日	四联总处第 237 次理事会议。四联总处秘书处报告最近实施加强管制物价方案情形。
10月2日	联合票据承兑所正式开业
10月4日	四联总处第 240 次理事会议。报告沅陵发行本票情况①。报告各行局存放中央银行资金数额比较表。报告发售黄金按 10% 搭附储券。报告联合票据承兑所于 10 月 2 日正式开业。
11月9日	四联总处第 245 次理事会议。报告筹设台湾金融干部调训班的决议。决议通过联合票据承兑所章程修正草案。
11月16日	四联总处第 246 次理事会议。蒋介石严令所有头寸概应存入中央银行及拟具实施办法。报告遵照蒋介石饬令,行政院转发今后紧缩信用原则。
11月23日	四联总处第 247 次理事会议。报告拟具五行局共同搭销储蓄券内部处理办法。决议修正通过联合征信所修正章程,该所费用由四行两局分担。
12月19日	四联总处转发各分支处关于加强银行监理办法。
12月21日	四联总处第 251 次理事会议。决议修正四行放款投资业务划分实施办法。
12月28日	四联总处第 252 次理事会议。1944 年度四联总处核准贴放款额,除对生产局贷放 100 亿元外,总计 330.1500 亿元。

---

① 四联总处史料(中)文后注释第 55 页"秘书处关于沅陵发行本票的报告(四联总处第 242 次理事会议,1944 年 10 月 4 日)",四联总处史料(上)文后注释第 96 页"秘书处关于财政部规定管理各级办理储汇业务之邮政机构办法的报告(四联总处第 242 次理事会议,1943 年 10 月 19 日)"。经考证,四联总处会议录(三三)册中,四联总处理事会第 242 次会议(即四联总处第 242 次理事会议)议事日程第 1 页为 1944 年 10 月 19 日上午九时,其会议记录第 52 页时间为 1944 年 10 月 19 日上午九时,地点:行政院。因此,四联总处史料显然存误。

1945 年

1 月 11 日　　四联总处第 254 次理事会议。通过加强各行局西北机构计划的决
　　　　　　　议。决议推行 1945 年度储蓄计划。报告 1945 年购办生产原料计
　　　　　　　划。决议再研究四联总处 1945 年度中心工作纲要,蒋介石指示应
　　　　　　　特别注意紧缩发行事宜。

1 月 25 日　　四联总处第 256 次理事会议。报告蒋介石手令宋子文为四联总处
　　　　　　　理事会代理副主席。

2 月 8 日　　 四联总处第 258 次理事会议。报告请交通部部长俞飞鹏为理事。
　　　　　　　决议中交农三行暨中信邮汇两局存放中央银行款项利率调整为改
　　　　　　　按周息八厘计算。

2 月 28 日　　截至 1944 年底,各行局储蓄总数实达 1412000 万元。

3 月 22 日　　四联总处第 264 次理事会议。报告奉蒋介石电令,准四明等三银
　　　　　　　行恢复官商合办。

4 月 5 日　　 四联总处第 265 次理事会议。将上饶支处改为分处。奉蒋介石手
　　　　　　　令 1945 年度乡镇公益储蓄可准停办。惟 1944 年度已认未缴数
　　　　　　　额,仍应限期缴足以示公允。决定酌情赶办结束乡镇公益储蓄。
　　　　　　　决议照办联合票据承兑所,请将承兑总额增为 3 亿元。

4 月 9 日　　 四联总处渝分处转四联总处附发中央银行接济三行二局资金办法
　　　　　　　撮要表致函中国银行重庆分行。蒋介石电令中央银行应切实解决
　　　　　　　各行局周转资金困难问题。

4 月 19 日　　四联总处第 267 次理事会议。报告宋子文出国期间的理事会主持
　　　　　　　办法。

5 月 3 日　　 四联总处第 269 次理事会议①。检送财政部授权中央银行检查金
　　　　　　　融机构业务办法。

5 月 24 日　　四联总处第 270 次理事会议。修订分支处组织通则。

---

　　①　四联总处史料(上)文后注释第 652 页"各行局存放中央银行资金数额比较表表(五)(四
联总处第 269 次理事会议,5 月 37 日)"。经考证,四联总处会议录(三八)册中,四联总处理事会
第 269 次会议(即四联总处第 269 次理事会会议)议事日程第 87 页为 1945 年 5 月 3 日上午九时,
其会议记录第 163 页时间为 1945 年 5 月 3 日上午九时,地点:行政院。因此,显然存误。于是笔
者查照四联总处会议录(三八)册四联总处理事会第 254 次会议议事日程第 112 页找到同样表
格。因此,四联总处史料(上)文后注释第 652 页"各行局存放中央银行资金数额比较表(五)",
实际时间应该为 1945 年 5 月 3 日。

6 月 28 日	四联总处第 275 次理事会议。报告拟订简化放款程序及减少层次转折实施办法。
7 月 13 日	四联总处发布关于法币折合黄金存款收存和停办情况的报告。
7 月 25 日	国民政府令准孔祥熙辞去四联总处副主席职位,派宋子文接任该职。
7 月 26 日	四联总处第 277 次理事会议。报告废止加强推行储蓄办法。报告财政部规定停办法币折合黄金存款。报告中国银行函复办理侨汇情形。
8 月 2 日	四联总处第 278 次理事会议。报告国民政府派宋子文为理事会副主席。
8 月 23 日	四联总处第 281 次理事会议。四联总处设置各收复区分支处并指定负责人。颁布各收复区分支处暂行办法。
9 月 19 日	遵照蒋介石电令,四联总处沪分处开始办公,办理贴放,救济工商。
9 月 27 日	四联总处第 286 次理事会议。公布复员初期四联总处业务方针。
10 月 8 日	四联总处天津分处开始办公。
10 月 18 日	四联总处第 289 次理事会议。蒋介石电令沪分处加强贷放各工厂必需资金。推进天津、汉口、广州、浙江等分处先后成立及各行局复业。检陈接收台湾银行办法。筹议迅速结束乡镇公益储蓄。
11 月 1 日	四联总处第 291 次理事会议。蒋介石手令顾翊群为秘书长,改请中农行新任董事长总经理为理事会理事。转知香港各银行拟于 10 月 17 日恢复营业。
11 月 8 日	四联总处第 292 次理事会议。撤销合川、洪江、江津、老河口、北碚支处。转知收复区敌伪财政金融机构财产接收办法。决议收回国家各行局发行定额本票,并规定商业银行开发本票应以即期为原则。
11 月 15 日	四联总处第 293 次理事会议。蒋介石电饬收复区复业行处对军政汇款应迅速办理。
11 月 22 日	四联总处第 294 次理事会议。报告检送收换伪中央储备银行钞票细则。报告五行局商定减收沪汇收费。
11 月 29 日	四联总处第 295 次理事会议。战时金融经济委员会改称金融经济委员会。四联总处定于 12 月 1 日第三次改组。改组后紧缩员额,裁撤分支处。报告中国银行办理侨汇,解付侨汇调换法币情形。

12 月 1 日	四联总处第三次改组。
12 月 3 日	四联总处督促各行局迅往收复区复业情况报告。
12 月 6 日	四联总处第 296 次理事会议。决议各行局抗战时期所做存放款过期利息计算方法。1937—1945 年,四联总处核放工矿贷款达6906238.8 万元,约占同期核放总额的 55.09%。

1946 年

1 月 10 日	四联总处第 300 次理事会议。派张朔、赵宗溥代理放款小组委员会主任、副主任。修正通过中国农民银行敷设全国农业金融网原则决议。
1 月 30 日	四联总处第 303 次理事会议。报告四联总处复员还都事宜。
3 月 2 日	四联总处理事会临时会议。拟具调整各行局员工待遇办法。蒋介石谕,各行局员工待遇办法在未核定方案前,绝对不得宣布。
5 月 8 日	四联总处第 305 次理事会议①。四联总处秘书长顾翊群另有任用,应予免职,派徐柏园为四联总处秘书长。核准放款普通业务两小组委员会人选。改订各行局放款先做后报限额。报告战后修正核办投资贴放方针。报告后方设有四联分支处地方一律举办赡家费汇款。报告中国银行办理侨汇,解付侨汇调换法币情形。报告中交两行解付侨汇所需钞券拨付办法。
5 月 23 日	四联总处第 307 次理事会议。决议确定复员后各行局放款方针。通过加强行局专业及总处对行局业务考核办法的决议。
6 月 13 日	四联总处第 308 次理事会议。指派四联总处首都地方业务小组委员会人选。知照俞大维、王云五为理事。决议银行本票挂失及挂失手续。报告公务人员赡家费汇款免费。
6 月 20 日	四联总处第 309 次理事会议。决议为发展各行局专业业务,由各行局详细拟订计划。

---

① 四联总处史料(下)文后注释第 493 页"秘书处关于行政院通过财政部管理银行办法的报告(四联总处第 305 次理事会议,1946 年 3 月 2 日)"。经考证,四联总处会议录(四五)册中,四联总处理事会第 305 次会议(即四联总处第 305 次理事会议)议事日程第 43 页为 1946 年 5 月 8 日上午十时,其会议记录第 385 页时间为 1946 年 5 月 8 日上午十时,地点:行政院。因此,显然存误。于是笔者查照四联总处会议录(四五)册四联总处理事会第 305 次会议议事日程第 64 页找到同样报告。因此,四联总处史料(下)文后注释第 493 页"秘书处关于行政院通过财政部管理银行办法的报告",实际时间应为 1946 年 5 月 8 日。

7月18日	四联总处第312次理事会议。拟定各分支处调查原则及修订组织通则。通过金融消息披露办法。
7月25日	四联总处第313次理事会议。通过理事会关于四联总处存废问题的决议。
7月26日	四联总处重新设置农贷小组委员会。
7月29日	四联总处设置盐贷审核委员会。
8月8日	四联总处第315次理事会议①。报告转饬各行局注意放款审核。
8月21日	还都办公后,正式成立首都地方业务小组委员会。裁撤四联总处南京分处。
8月29日	四联总处第318次理事会议。决议准予联合票据承兑所将承兑总额增加为20亿元。
9月12日	四联总处第320次理事会议。颁布四联总处首都地方业务小组委员会组织规程。决议对战时银行存款战后加倍给付问题呈请国防最高委员会核议。
9月19日	四联总处第321次理事会议。决议试办东北与内地工商汇款办法。
10月3日	四联总处第323次理事会议。决议乡储案全部结束后,再商贴补办法。报告关于中国银行函复改进侨汇情形,提出中国银行办理侨汇手续办法。报告复员初期中国银行办理侨汇业务情形。报告邮汇局恢复侨汇。
10月7日	四联总处召集各分支处工作会议。

---

① 四联总处史料(上)文后注释第663页"理事会关于三行二局向中央银行洽做拆款改善办法的决议(四联总处第315次理事会议,1945年8月8日)"。经考证,四联总处会议录(四八)册中,四联总处理事会第315次会议(即四联总处第315次理事会会议)议事日程第367页为1946年8月8日上午十时,其会议记录第409页时间为1946年8月8日上午十时,地点:行政院。因此,显然存误,实际时间考证须看档案原件。据四联总处史料(上)文后注释第663页"业务检讨会议"比照四联总处会议录(四八)册四联总处理事会第315次会议记录第411页"此次本总处召集各行局代表举行业务检讨会议",可推测四联总处史料(上)文后注释第663页"理事会关于三行二局向中央银行洽做拆款改善办法的决议"的实际时间疑为"1946年8月8日"。

11 月 7 日　　四联总处第 327 次理事会议。中央合作金库加入四联总处。粮食部部长谷正伦为理事。饬属执行"绥靖区"财政金融紧急措施实施办法。决议通过公私机关服务人员汇济家属赡养费汇款办法。决议关于承办东北汇款行局向中央银行轧调头寸办法等。通过解决山海关内外汇兑问题治本治标办法。

12 月 5 日　　四联总处第 330 次理事会议。决议修订中央银行办理出口物资贷款转质押暨押汇办法。报告联合票据承兑所 1946 年 10 月份办理票据承兑业务情形。

12 月 8 日　　四联总处临时理事会。核定协助生产实施纲领。

12 月 10 日　四联总处设立生产事业贷款临时审核委员会。并通过该会规程。

12 月 12 日　四联总处第 331 次理事会议。报告制订协助生产实施纲领等项。

12 月 13 日　宋子文为平抑高利贷致电蒋介石。

12 月 19 日　四联总处第 332 次理事会议。四联总处参加行政院最高经济委员会"三十六年度国营民营事业生产计划第二次会议"。

12 月 26 日　四联总处第 333 次理事会议。报告统计研究设计工作讨论会所议重要事项。决议各行局及地方银行代兑小额钞券及销毁办法。决议交通部与四行前订运钞及部路汇款办法仍应有效。决议各行局办理节储券仍应由国库贴息。

12 月 27 日　1946 年度中中交农四行及邮汇局汇出汇款总数计 89498 亿元。1946 年度四联总处共核准贷款国币 73887164.5 万元，又东北流通券 61.8600 亿元。其中工矿贷款数额计 32752940 万元，占放款总额的 44.4％。截至 1946 年底，四行二局所设分支机构已达 933 处，遍布全国 36 省区。其中仅江苏一省就达 118 处，已超过原抗战时期的金融中心省分四川省所设数（110 处）。

1947 年

1 月 16 日　四联总处第 335 次理事会议[①]。报告生产事业贷款临时审核委员会核定国家银行和商业银行向中央银行转质押利率。

2 月 15 日　四联总处放款小组委员会第 232 次常会记录。放款小组委员会决定调整中信局业务范围。

2 月 27 日　四联总处公布各行局应如何推进存款业务和加紧吸收游资以配合金融经济政策方案。

3 月 13 日　四联总处第 339 次理事会议。蒋介石手令俞鸿钧代理四联总处理事会副主席。知照张嘉璈、刘攻芸为理事。报告财政部规定停做汇港国币汇款。

5 月 8 日　四联总处第 343 次理事会议。函请翁文灏为四联总处理事,兼任资源委员会委员长。决议核定国家行局办理出口国外物资贷款办法和协助运销民生日用必需品押汇办法。

5 月 22 日　四联总处第 344 次理事会议。奉国民政府 5 月 12 令,特派张群为理事会副主席。以形成全国金融汇兑网起见,决定统筹和调整国家行局。报告财政部电请取缔国家行局以资金投机套利已转查照。报告各行局人员增减情况。研讨简化统计报表加强统计研究工作联系情况。决议核办放款情形的检讨及今后方针。

6 月 19 日　四联总处第 346 次理事会议。决定国家行局停止商业行庄设行地区筹设分行机构。

7 月 17 日　四联总处第 348 次理事会议。决议准予联合票据承兑所增拨基金2.25 亿元。

7 月 31 日　四联总处第 349 次理事会议。函请俞飞鹏为理事。决议配合动员"戡乱"。报告复准中央银行各分行处办理四行二局间票据收解办法。决议铁路承运钞券暂行办法。

---

　　① 四联总处史料(中)文后注释第 402 页"秘书处关于检陈办理各地生产事业贷款通则的报告(四联总处第 335 次理事会议,1947 年 1 月 14 日)"。在四联总处会议录(五三)册中,四联总处理事会第 335 次会议(即四联总处第 335 次理事会会议)议事日程第 171 页为 1947 年 1 月 16 日上午十时,其会议记录第 295 页时间为 1947 年 1 月 16 日上午十时,地点:行政院。因此,显然存误。于是笔者查照四联总处会议录(五三)册四联总处理事会第 335 次议事日程第 172 页与会议记录第 296 页找到同样报告。因此,四联总处史料(中)文后注释第 402 页"秘书处关于检陈办理各地生产事业贷款通则的报告",实际时间应该是 1947 年 1 月 16 日。

8 月 28 日	四联总处第 351 次理事会议。蒋介石手令裁减冗员等问题。再次核议"民生日用必需品定货贷款办法纲要"。决议检讨今后放款方针意见。
11 月 20 日	四联总处第 357 次理事会议。决议修正通过加强上海四联分处组织计划。报告审计部请扩大各行局开支送审范围。决议慎重考虑调整利率有关事项。
12 月 18 日	四联总处第 358 次理事会议。报告战后核办放款经过和 1947 年放宽情况。决议修正加强金融业务管制办法。
12 月 23 日	1947 年度四联总处共核定放款总额国币 63192 亿元,又东北流通券 308 亿元。

1948 年

3 月 11 日	四联总处第 360 次理事会议。决议通过 1948 年生产事业贷款方针补充办法。决议试办 1948 年各行局办理出口物资定额结汇贷款纲要。
6 月 10 日	四联总处第 365 次理事会议。翁文灏接任四联总处副主席主持理事会议。决议修正办理粮食押款押汇办法。决议照中央银行业务局所拟办法规定各行局代解汇款调拨头寸区域范围。
6 月 24 日	四联总处第 366 次理事会议①。决议通过修正军政教育慈善事业机关服务人员汇济家属赡养费汇款办法。决议检讨各行局库对中央银行提供调整汇率调拨及存放利率的意见。截至 1948 年 6 月底止,四联总处核定国策贷款与业务贷款总计法币 660387 亿元。
8 月 19 日	金圆券改革。
8 月 20 日	即日起,各行局库暂行停业两天。政府公布财政经济紧急处分令,宣布改革币制,发行金圆券。

---

① 四联总处史料(下)文后注释第 504 页"秘书处关于中央银行贴放委员会核准办理重贴现转质押转押汇情形的报告(四联总处第 366 次理事会议,1947 年 11 月 27 日)"。经考证,四联总处会议录(六三)册中,四联总处理事会第 366 次会议(即四联总处第 366 次理事会议)议事日程第 229 页为 1948 年 6 月 24 日上午九时,其会议记录第 330 页时间为 1948 年 6 月 24 日上午九时,地点:行政院。因此,显然存误。于是笔者查照四联总处会议录(六三)册四联总处理事会第 366 次议事日程第 245 页与会议记录第 344 页找到同样报告。因此,四联总处史料(下)文后注释第 504 页"秘书处关于中央银行贴放委员会核准办理重贴现转质押转押汇情形的报告",实际时间应为 1948 年 6 月 24 日。

8 月 23 日	币制改革。银钱业复业。四联总处与财政部、中央银行派员分赴京市各行庄实地视导。正式发行金圆券。
8 月 28 日	四联总处第 370 次理事会议。报告配合实施财政经济紧急处分令情形。报告实施财政经济紧急处分令后重要业务。颁布财政经济紧急处分令颁行后放款方针。决议"币制改革"后调整内汇汇率。通过中央银行贴放委员会办理同业贴放暂行规则。
9 月 11 日	四联总处第 371 次理事会议。说明改革币制后各行局库放款利率等审查意见。报告币制改革后各地收兑金银外币及金融物价变动情形。
9 月 28 日	国民党立法院通过撤销四联总处的议案。
10 月 6 日	行政院通过"四联总处应即撤销,限十月底结束"的决议。
10 月 7 日	四联总处第 372 次理事会即最后一次理事会议。讨论撤销结束事宜,附录结束办法六项。决议修正四联总处生产事业贷款办法草案。报告 1948 年上半年工矿贷款情况。决议中农行中合库三十七年下期农贷贷实收实计划核定。决议币制改革后农贷利率核定。
10 月 8 日	四联总处停止接受申请贷款文件,所有未了放款案件,移由中央银行审核办理。档案文卷,属于行政管理部分者,移由财政部接管。
10 月 12 日	徐柏园在秘书处召开结束工作会议。
10 月底	结束。

参考文献

一、未刊档案资料

1. 美国斯坦福大学胡佛研究所档案馆藏
蒋介石日记手稿(Chiang Kai-shek Diaries)
张嘉璈文件(Chang Kia-ngau Papers)
杨格文件(Arthur N. Young Papers)
2. 美国哈佛大学哈佛燕京图书馆藏
杨格文件(Arthur N. Young Papers)
3. 美国哥伦比亚大学珍本手稿馆藏
中国人口述历史计划档案(Chinese Oral History Project)
陈光甫文件(Chen Kwang Pu Papers)
4. 美国国家档案馆马里兰分馆藏
财政部档案,全宗号 RG56。
5. 台北"国史馆"藏
"蒋介石档案"
"资源委员会档案"
"国民政府档案"等
6. 中国第二历史档案馆藏
财政部档案,全宗号:三(6)
中央银行档案,全宗号:396
7. 上海市档案馆藏
四联总处档案,全宗号:Q322
中央银行上海分行档案,全宗号:Q53

二、已刊档案及文献资料集(以出版时间先后为序)

四联总处秘书处.四联总处章则汇编[M].1940.

四联总处秘书处.四联总处投资放款章则汇编[M].1943.

四联总处秘书处.四联总处农业金融章则汇编[M].1943.

四联总处秘书处.四联总处业务章则汇编[M].1947.

四联总处秘书处.四联总处重要文献汇编[M].1947.

四联总处秘书处.四联总处文献选辑[M].1948.

严中平等.中国近代经济史统计资料选辑[M].科学出版社,1955.

吴岗.旧中国通货膨胀史料[G].上海人民出版社,1958.

中国人民银行金融研究所.中国农民银行[M].中国财政经济出版社,1980.

秦孝仪主.中华民国重要史料初编:对日抗战时期(第三编战时外交)[G].中国国民党中央委员会党史委员会,1981.

荣孟源.中国国民党历次代表大会及中央全会资料(上、下)[G].光明日报出版社,1985.

蔡仁龙、郭梁.华侨抗日救国史料选辑[G].中共福建省委党史工作委员会,中国华侨历史学会,1987.

秦孝仪.中华民国重要史料初编——对日战争时期(第四编)战时建设(三)[G].中国国民党中央委员会党史委员会,1988.

中国第二历史档案馆.中华民国金融法规档案资料选编[G].档案出版社,1990.

广东省档案馆等.华侨与侨务史料选编(广东)(1、2)[G].广东人民出版社,1991.

中国银行总行、中国第二历史档案馆.中国银行行史资料汇编(上编)[G].档案出版社,1991.

中国人民银行总行参事室.中华民国货币史资料 1924—1949 第 2 辑[G].上海人民出版社,1991.

重庆市档案馆,舒福蓉.抗日战争时期国民政府经济法规(上、下册)[G].档案出版社,1992.

万仁元、方庆秋.中华民国史史料长编[G].南京大学出版社,1993.

重庆市档案馆、重庆市人民银行金融研究所.四联总处史料(上中下)3 卷本

［G］.中国档案出版社,1993.

中国人民银行北京市分行金融研究所.北京金融史料银行篇(九)－四联总处专辑［G］中国人民银行北京市分行金融研究所.1993.

交通银行总行、中国第二历史档案馆.交通银行史料第一卷(1907－1949)(上、下册)［G］.中国金融出版社,1995.

中国第二历史档案馆.中华民国史档案资料汇编第五辑第二编(1)－(10)［G］.江苏古籍出版社,1997.

四川联合大学经济研究所、中国第二历史档案馆.抗日战争时期物价史料汇编［G］.四川大学出版社,1998.

中国第二历史档案馆.中华民国史档案资料汇编第五辑第三编(1)－(7)［G］.江苏古籍出版社,2000.

中国第二历史档案馆.四联总处会议录64册影印版［G］.广西师范大学出版社,2003.

洪葭管.中央银行史料(1928.11—1949.5)［G］.中国金融出版社,2005.

唐润明.抗战时期大后方经济开发文献资料选编［G］.重庆档案馆,2005.

吴景平、郭岱君.宋子文驻美时期电报选［G］.复旦大学出版社,2008.

全国图书馆文献缩微复制中心.民国时期上海史料文献丛编［G］.全国图书馆文献缩微复制中心,2009.

张研,孙燕京.民国史料丛刊影印本［G］.大象出版社,2009.

三、报刊类

《北华捷报》

《银行周报》

《中行月刊》

《中央银行月报》

《交通银行月刊》

《东方杂志》

《申报》

《大公报》

四、年谱、日记类(以出版时间先后为序)

Morgenthau Diary(*China*),Volume 2,(U. S. Government Printing Office Washington,1965)

沈雷春. 中国金融年鉴[M]. 中国金融年鉴社,1939.

姚崧龄. 张公权先生年谱初稿[M]. 台湾传记文学出版社,1982.

邢建榕. 陈光甫日记[M]. 上海书店出版社,2002.

翁文灏,李学通. 翁文灏日记[M]. 中华书局,2010.

五、英文、中文专著(以出版时间先后为序)

Frank M. Tamagna. *Banking And Finance In China*. New York:Institute of Public Relations,1942.

United States. *United States Relations with China:with special reference to the period* 1944—1949 *based on the files of the Department of State*. Washington U. S. Government. Print. Office,1949.

Chang Kia-ngau. *The inflationary spiral:the experience in China* 1939—1950. Cambridge Massachusetts: The Massachusetts Institute of Technology,1958.

Arthur N. Young. *China and the Helping Hand* 1937—1945. Harvard University Press,Cambridge,Massachusetts,1963.

Arthur N. Young. *China's Wartime Finance and Inflation*,1937—1945. Cambridge:Harvard University Press,1963.

Arthur N. Young. *China's Nation－Building Effort*,1927—1937:*The Financial and Economic Record*. Stanford:Hoover Institution Press,1971.

邹宗伊. 中国战时金融管制[M]. 财政评论出版社,1943.

寿进文. 战时中国的银行业[M]. [s. 1],1944.

中国通商银行. 五十年来之中国经济(1896—1947)[M]. 1947.

姚公振. 中国农业金融史[M]. 中国文化服务社,1947.

陈行. 中央银行概论[M]. 上海银行通讯出版社,1948.

朱斯煌. 民国经济史[M]. 上海银行周报社,1948.

张郁兰.中国银行业发展史[M].上海人民出版社,1957.

谭玉佐.中国重要银行发展史[M].联合出版中心,1961.

贾士毅.五十年来之中国财政[M].华文书局,1967年版.

许涤新,吴承明.中国资本主义发展史[M].人民出版社,1984.

盛慕杰,于滔等.中国近代金融史[M].中国金融出版社,1985.

张公权,杨志信.中国通货膨胀史(1937—1949年)[M].文史资料出版社,1986.

寿充一,寿乐英.中央银行史话[M].中国文史出版社,1987.

中国人民银行总行金融研究所金融历史研究室.近代中国的金融市场[M].中国金融出版社,1989.

孙学文.中国近代财政史[M].东北财经大学出版社,1990.

陆仰渊,方庆秋.民国社会经济史[M].中国经济出版社,1991.

洪葭管.中国金融史[M].西南财经大学出版社,1993.

黄小坚.海外华侨与抗日战争[M].北京出版社,1995.

中国银行行史编委会.中国银行行史(1912—1949)[M].中国金融出版社,1995.

李平生.烽火映方舟——抗战时期大后方经济[M].广西师范大学出版社,1996.

李一翔.近代银行与企业的关系(1895—1945)[M].东大图书公司,1997.

吴景平.宋子文评传[M].福建人民出版社,1998.

吴景平.宋子文政治生涯编年[M].福建人民出版社,1998.

吴景平.宋子文思想研究[M].福建人民出版社,1998.

虞宝棠.国民政府与国民经济[M].华东师范大学出版社,1998.

林家劲.近代广东侨汇研究[M].中山大学出版社,1999.

程霖.中国近代银行制度建设思想研究(1859—1949)[M].上海财经大学出版社,1999.

吴景平.抗战时期的上海经济[M].上海人民出版社,2001.

李伯重.理论、方法、发展趋势:中国经济史研究新探[M].清华大学出版社,2002.

杜恂诚.上海金融的制度、功能与变迁(1897—1997)[M].上海人民出版社,2002.

崔国华.抗日战争时期国民政府财政金融政策[M].台湾商务印书馆,2004.

蔡志新.孔祥熙经济思想研究[M].山西人民出版社,2007.

洪葭管.中国金融通史(第4卷)[M].中国金融出版社,2008.

吴景平.宋子文与战时中国 1937—1945[M].复旦大学出版社,2008.

郑会欣.国民政府战时统制经济与贸易研究(1937—1945)[M].上海社会科学院出版社,2009.

王建朗.太平洋战争爆发后国民政府外交战略与对外政策[M].武汉大学出版社,2010.

王红曼.国民政府战时金融法律制度研究:1937—1945 年[M].法律出版社,2011.

王红曼.中国近代货币金融史论[M].上海人民出版社,2011.

王红曼.四联总处与战时西南地区经济[M].复旦大学出版社,2011.

石涛.南京国民政府中央银行研究(1928—1937)[M].上海远东出版社,2012.

六、论文(以发表时间先后为序)

期刊论文

洪葭管.四联总处[J].中国金融,1989(4).

姜宏业.四联总处与金融管理[J].中国经济史研究,1989(2).

黄立人.四联总处的产生、发展和衰亡[J].中国经济史研究,1991(2).

缪明杨.抗战时期四联总处对法币流通的调控[J].档案史料与研究,1994(2).

黄立人.论抗战时期国统区的农贷[J].近代史研究,1997(6).

刘祯贵.试论抗日战争时期四联总处的工矿贴放政策[J].四川师范大学学报(社会科学版),1997(2).

董长芝.论国民政府抗战时期的金融体制[J].抗日战争研究,1997(4).

刘祯贵.对抗日战争时期四联总处农贷政策的几点思考[J].四川师范大学学报(社会科学版),1998(2).

吴秀霞.抗战时期国民政府中央银行体制的确立[J].山东师范大学学报(社会科学版),2000(2).

张秀莉.抗战时期中国银行改组述评[J].抗日战争研究,2001(2).

刘慧宇.论抗战时期国民政府中央银行金融监管职能[J].南开经济研究,

2001(3).

　　伍野春、阮荣.蒋介石与四联总处[J].民国档案,2001(4).

　　王红曼.战时四联总处侨汇处经营管理政策分析[J].贵州工业大学学报,
2004(1).

　　王红曼.徐柏园在"四联总处"中的经济金融思想实践[J].贵州大学学报,
2006(5).

　　王红曼.四联总处与战时西南地区的金融业[J].贵州社会科学,2005(2).

　　唐润明.太平洋战事发生后国统区金融经济变动情形[J].民国档案,2006
(4).

　　王红曼.四联总处与战时西南地区的通货膨胀[J].中国社会经济史研究,
2006(4).

　　王红曼.四联总处与战时西南地区工业[J].贵州社会科学,2007(1).

　　王红曼.四联总处对战时银行机构的法律监管[J].安徽史学,2008(6).

　　易棉阳.抗战时期四联总处农贷研究[J].中国农史,2010(4).

　　吴景平.抗战时期宋子文与孔祥熙关系之述评[A]//吴景平.宋子文生平与
资料文献研究.复旦大学出版社,2010.

　　杨雨青.中美英平准基金的运作与中国战时外汇管理[J].南京大学学报,
2010(5).

　　吴景平.蒋介石与抗战时期国民政府的金融政策[C]//"蒋介石与现代中国
再评价"国际学术研讨会论文集.台北"国史馆",2011.

学位论文

　　杨菁.四联总处与抗战时期的中国金融[D].南京大学,1995.

　　王红曼.四联总处与战时西南地区经济[D].厦门大学,2005.

　　刘平.近代中国银行监管制度研究(1897—1949)[D].复旦大学,2008.

　　张乃中.四联总处第三次改组前后国民政府国家银行监管制度研究[D].四
川大学,2007.

后　记

这本书是在我的博士论文基础上润色修改而成的,也是我对于中国金融史研究领域的一个尝试。我很喜悦,她终于要面世了。以后我将与她相伴,不离不弃。

2015年7月盛夏,我的学生生涯在复旦大学画上了一个短暂的句号。博士毕业后,执教家乡的浙江大学,开始了人生新旅程。回头望,11年的历史学专业训练,看似漫长,实际上我羞愧于自己的浅薄无知。一直感恩这么多年来鼓励和帮助我的家人、师长、好友和同学。为了求学,我辗转在浙江、广东、上海、台湾以及美国等地的多所高等学府,尝试不同的研究方向,经历了太多事情。这一路有你们,我安然度过。

首先,我要感谢的人是博导吴景平教授。记得他在我送博士论文盲审版的下午开了一个师门组会,讨论我的论文稿子。他说尤云弟四年也熬过来了,跟刚入学的时候整个人气质都不一样了。博士学位没有把尤云弟打垮,反而让尤云弟成为另一个人。当时我很感动,心中一直翻涌,就差哭出来。我一直好奇"吴老师当初为什么会同意招收我这个从南方学校来的跨领域研究的孩子"。到现在我也没当面问过他。我很愚钝,会担心他突然笑眯眯地说真后悔招了我这么个孩子。正如探索历史问题一样,我开始回顾这些年学习的点点滴滴,好比爬梳史料,希望可以知晓答案。

中国金融史、经济史对于我来说很陌生。我本科和硕士阶段的民国史训练不足,基础不扎实。但我非常幸运,遇到了吴老师。他以身作则的榜样、学霸的精神感染了我。没有他的言传身教,我可能至今还在史学困境中徘徊。读博四年,吴老师在每一次的师门组会上对我的学位论文选题的把握、框架的组织、段落的撰写提出意见,一遍又一遍反复修改我要发表的小论文,甚至每一句话、每一个标点符号都给了严谨的指点。除了在学术论文写作上的严谨要求外,吴老师组织的国际学术会议和频繁的师门组会让我受益匪浅。每一次会议就像一场学术盛宴,新史料和新观点让人回味无穷,不知不觉中教会了我很多,使我逐渐在陌生的领域中,循序渐进地摸索出一条适合自己的道路——"低头看看历史,抬头看看当下"。

吴老师会为我取得的成绩而开心,也会为我存在的不足而着急。第一次要发表四联总处小论文的时候,吴老师说要开师门组会,拿我"开刀",讨论如何修改论文。第一次结束美国查档后,吴老师说要开师门组会,大家一起交流海外留学查资料的经验。第一次在吴老师召集的国际会议发表论文后,老师说要开师门组会总结经验。他拿自身的求学和工作经历来激励我们。一直以来,我都在"赶"——换学校、换导师、换研究方向。说实在的,追赶过程中我都快"飘"了。这个"飘"不是"骄傲",而是我发现了自己的史学基础存在明显不足。好几次碰面,吴老师都当面指出我的缺点所在,希望我不要把不足当成借口原谅自己,时常告诫和教育我打好民国史基础。这一切,我都牢记在心。

除了在学术上的严谨要求外,吴老师还经常在生活上给予我长辈的关怀。攻博期间,每一次出门查资料,都发信息嘱咐我注意平安。老师在治学上的认真精神和生活上的慈祥关怀,像是一股潜隐的力量推动着我前进。他鼓励、支持学生的精神与乐观、热情研究的态度,让我感受到温暖和依靠,使我对这四年学习生涯回味无穷。

纵然我心中有千言万语,但最后还是化作一句简单的"吴老师,谢谢您! 您辛苦了!"。

我感恩吴老师招我入学,给了我复旦大学的平台。在这个充满机遇的平台上,我有两次较长时段的出境交流的机会。一次是在博士二年级去我国台湾地区。另一次是博士三年级在美国耶鲁大学留学一年。这些都是宝贵的人生经历,所得到的成长将伴随我一生。

2012 年 9 月—11 月,在吴老师的资助下,我赴台交流并收集博士论文相关史料。感谢台湾"国史馆"吕芳上老师、陈立文老师、高纯淑老师;感谢台湾政治大学刘维开老师、周惠民老师、邵铭煌老师、李素琼老师;感谢台湾"中研院"黄克武老师、张力老师、林美莉老师等。感谢台湾政治大学"大陆研究中心"王振寰老师和陈琮渊博士(华侨大学任教)、张钧智博士(厦门大学任教)。还有陈英杰老师、侯嘉星博士、杨善尧博士等以及各大馆藏机构的工作人员,感谢你们的耐心帮助! 在台的所见所闻所得,都大大地开拓了我的学术视野。

2013 年 7 月—2014 年 7 月,我荣获美国耶鲁大学福克斯国际学者基金会全额奖学金资助项目和 2014 年复旦大学国际访学经费资助,赴耶鲁大学担任一年的福克斯国际学者。感谢上天眷顾,我多么幸运得到这么宝贵的机会。这一年我得到了来自世界各地的教授、访问学者、在读博士和档案工作人员的帮助和指导。我不仅鼓起勇气单独赴美国各大档案典藏机构收集了大量民国史档案,而且在与17位不同肤色的福克斯国际学者交流过程中,学会了另一种思维方式,鼓起勇气发表英文论文,锻炼了交流能力。有了你们,我在学术上收获满满。其中特别感谢斯坦福大学胡佛研究院的林孝庭研究员对于后辈学生的提携和帮助。哥伦比亚大学王成志老师仔细周到的安排和推介,让我受益匪浅。耶鲁大学韩森教授、濮培德教授、东亚图书馆 Litang 博士和 Cindy 博士的细心关怀,令我难以忘记。波士顿大学 Min Ye 教授多次不厌其烦地为我写了邀请函,使我有幸荣获复旦大学国际访问基金和福克斯田野调查经费,以便我更好地开展学术调查。我仍然记得在2013年的感恩节前夕,所有福克斯访问学者和项目主管教授携手前往福克斯先生家中感谢这位耶鲁校友的无私奉献。同时感谢那些帮助我在异国他乡生活的耶鲁中国学者和当地华侨华人。有了你们,我平安度过这一年。想要感谢的人太多了,不便一一列名。这段孤独的求学岁月为我打开了一扇新世界大门,坚定了我前进的信心,让我从此一头扎进了这片文化纷陈而丰美的史学土地。

在复旦读博四年,要感谢的人太多。感谢每一位授课给予我启迪的老师。另外感谢姜义华老师、戴鞍钢老师、朱荫贵老师、王立诚老师、皇甫秋实老师等在预答辩时候对我的论文修改提出宝贵的指导意见。感谢朱荫贵老师、冯绍霆老师、陈谦平老师和盲审专家们等提出评审修改意见。感谢张忠民老师、冯绍霆老师、朱荫贵老师、戴鞍钢老师、陈雁老师拨冗参加我的论文答辩会,提出了宝贵的建议。感谢上海市档案馆、上海图书馆、中国第二历史档案馆、重庆档案馆等老师的热忱帮助。

回顾大学时代和硕士阶段,感谢张应龙老师、钱江老师、张小欣老师、周旭东老师、王加丰老师、郭剑波老师等一直关心我的学业,给予我无私关爱。远在广东暨南大学的硕士生导师张应龙老师一直关心我的研究和生活,多次打长途电话帮我理顺人生的抉择思路。张应龙老师对于侨乡与侨务的研究见解独到,不吝分享国内外华侨华人研究的最新动态,让我受益匪浅。

在我面临瓶颈与困境时,一句"学问之事,有志者成,不弃不离,犹如为人"总在我耳边响起。这种热情与执着的研究态度与精神,我将谨记在心,并时时刻刻运用之。对于我的研究,每位老师的任何一句洞察入微而含蓄完整的建议,都使我有机会自省、学习、成长。在此我谨向老师们致以深深的谢意。

感谢这些贵人陪伴我走过人生的重要阶段。

此外，辗转历经国内外求学，这期间许多专业兄弟姐妹的相互支持和鼓励，陪伴我度过无比焦虑的写作时间。特别是每次复旦师门聚会大家很少谈及衣食琐事，大多醉心讨论最新学界动态的情形，让我终身难忘。大学、硕士期间的好友时常牵挂我。我不一一列名了。真心祝福你们一切顺利。

本书出版承蒙浙江大学董氏文史哲研究奖励基金、中央高校基本科研业务费专项资金资助。衷心感谢浙江大学马克思主义学院各位领导、老师和办公室诸位同事的关心和帮助。感谢中国近现代史纲要教研中心各位老师的启发和帮助。2015 年 7 月来到浙江大学工作后，我深深爱上"浙里"。温暖的马院集体，给了我投身教学、科研的饱满动力和支持。我有幸旁听历史系陈红民老师团队的"蒋研中心"的学术盛宴，受益良多。同时感谢浙江大学出版社傅百荣编辑，他为本书的修改、编排付出了艰辛的劳动。需要说明的是，本书的部分章节内容已在《史学月刊》、《抗日战争研究》、《华侨华人历史研究》、《民国档案》、《抗战史料研究》等学术刊物发表。

最后感恩这本专著最大的功臣——我的家人。我的父母、姐姐和弟弟是我最大的精神支柱与动力源泉。因为他们无私的爱，我最终选择并坚毅地走上了科研道路。同时感谢傅宏梁先生对我学术事业的鼎力支持。读书时代，我走过国内外大大小小的城市与乡村，遇到各种各样的人，聆听鼓舞或悲情的故事。一个江南弱女子，也锻炼得分外坚韧。然而，坚强的外相终究是他人眼中的自己。在家人眼里，我永远备受关爱。在今后的工作中，我会加倍努力，报答您们的爱。

由于学术水平有限，书中难免存在谬误不当之处，欢迎海内外学界前辈与同仁不吝赐教。

尤云弟
2019 年 2 月 1 日于浙大求是村
12 月 1 日再次修订于紫金西苑

图书在版编目(CIP)数据

　四联总处金融管理研究:1937—1948 / 尤云弟著.
—杭州:浙江大学出版社,2019.12
　ISBN 978-7-308-17497-8

　Ⅰ.①四… Ⅱ.①尤… Ⅲ.①金融－经济史－中国－
1937—1948　Ⅳ.①F832.96

　中国版本图书馆 CIP 数据核字(2017)第 246924 号

四联总处金融管理研究(1937—1948)

尤云弟　著

责任编辑	傅百荣	
责任校对	杨利军　汪　潇	
封面设计	春天书装	
出版发行	浙江大学出版社	
	（杭州市天目山路 148 号　邮政编码 310007）	
	（网址:http://www.zjupress.com）	
排　　版	浙江时代出版服务有限公司	
印　　刷	虎彩印艺股份有限公司	
开　　本	710mm×1000mm　1/16	
印　　张	18.75	
字　　数	336 千	
版 印 次	2019 年 12 月第 1 版　2019 年 12 月第 1 次印刷	
书　　号	ISBN 978-7-308-17497-8	
定　　价	66.00 元	